Hans J. Fröhlich

Schubert

Paul Zsolnay Verlag

1 2 3 4 5 00 99 98 97 96

ISBN 3-552-04816-2
Lizenzausgabe für den Paul Zsolnay Verlag, Wien

Druck und Bindung:
Graphischer Großbetrieb Pößneck
Printed in Germany

Schubert im Alter von 16 Jahren

(Eine Zeichnung aus dem Jahre 1813,
angeblich von Kupelwieser,
der damals aber Schubert noch gar nicht
gekannt haben dürfte.
Es ist zweifelhaft, ob der Dargestellte
wirklich Schubert ist.)

Franz Theodor Schubert,
Schuberts Vater
(1763–1830)

Anna Schubert, geb. Kleyenböck,
Schuberts Stiefmutter
(1783–1860)

Ignaz Schubert, ältester Bruder
Franz Schuberts
(1785–1844)

Ferdinand Schubert,
Schuberts zweitältester Bruder
(1794–1859)

Carl Schubert,
Bruder des Komponisten
(1795–1855)

Maria Theresia (Resi) Schubert,
verehelichte Schneider,
jüngste Schwester Schuberts (1801–1878)

Schubert im Alter von 17 Jahren (oben)
Kohlezeichnung, vermutlich von Schober
Schubert im Alter von 20 Jahren (unten)
(Silhouette von Anna Holzapfel)
Das früheste authentische Jugendbildnis Schuberts

Franz von Schober (1796–1882)
(Bleistiftzeichnung von Leopold Kupelwieser)

Geboren 1796 auf Schloß Torup bei Malmö in Schweden, kam Franz von Schober 1815 nach Wien, um Jura zu studieren. Im Konvikt lernte er, durch Spauns Vermittlung, Schubert kennen. Schober, der sich als Dichter, Schauspieler und Maler versuchte, schrieb Gedichte und das Libretto zur Oper »Alfonso und Estrella«. Durch Schober und Spaun lernte Schubert die zeitgenössische Literatur kennen. Schober war es auch, der den Freund mit den Büchern F. Coopers bekannt machte.
1839 ging Schober nach Ungarn. Er war eine Zeitlang Sekretär Franz Liszts und übersiedelte 1847 nach Weimar. Er wurde Kammerherr und Legationsrat und lebte nach seiner Heirat 1856 in Dresden, wo abermals ein Franz Schubert sein Freund wurde, und zwar jener sich François nennende Sohn des Dresdner Schubert, der sich 1817 in einem Brief an Breitkopf & Härtel energisch dagegen verwahrte, mit dem Komponisten des »Erlkönig« verwechselt zu werden, der mit »dergleichen Machwerk« seinen Namen so »gemißbraucht« habe.
Sein Sohn, François Schubert, gelangte durch Schober in den Besitz verschiedener Original-Manuskripte Schuberts.
Die Freunde Schuberts fanden es unverzeihlich, daß Schober sich nie dazu aufraffen konnte, seine Erinnerungen an Schubert zu schreiben.

Franz v. Schober: ›An Franz Schuberts Sarge‹

Der Friede sei mit dir, du engelreine Seele!
Im frischen Blüh'n der vollen Jugendkraft
hat dich der Strahl des Todes hingerafft,
daß er dem reinen Lichte dich vermähle,
dem Licht, von dem hienieden schon durchdrungen,
dein Geist in heil'gen Tönen uns gesungen,
das dich geweckt, geleitet und entflammt,
dem Lichte, das von Gott nur stammt.

O sieh, verklärter Freund, herab auf unsre Zähren,
vergib den Schmerz der schwachen Menschenbrust
wir sind beraubt, *wir* litten den Verlust;
du schwebst befreit in heimatlichen Sphären.
Für viele Rosen hat dies Erdenleben
dir scharfe Dornen nur zum Lohn gegeben,
ein langes Leiden und ein frühes Grab, –
dort fallen alle Ketten ab!

Und was als Erbteil du uns hast zurückgelassen:
das Wirken heißer Liebe, heißer Kraft,
die heilge Wahrheit, groß und unerschlafft,
wir wollen's tief in unsre Seelen fassen.
Was du der Kunst, den Deinen du geworden,
ist offenbart in himmlischen Akkorden.
Und wenn wir *nach* den süßen Klängen gehen,
dann werden wir dich wiedersehen!

Schubert
(Mit Bleistift auf Gips gezeichnet von M. v. Schwind, 1870)

Antonio Salieri (1750–1825)
(Lithographie von Rehberg)

Pietro Metastasio
(1698–1782)

Beitrag zur fünfzigjährigen Jubelfeyer des Herrn von Salieri, erstem k. k. Hofkapellmeister in Wien, von seinem Schüler Franz Schubert.

Gütigster, Bester!
Weisester, Größter!
So lang ich Thränen habe,
Und an der Kunst mich labe,
Sei beides Dir geweiht,
Der beides mir verleiht.

So Güt' als Weisheit strömen mild
Von Dir, o Gottes Ebenbild,
Engel bist Du mir auf Erden,
Gern' möcht' ich Dir dankbar werden,

Unser aller Großpapa,
Bleibe noch recht lange da!

Der Lehrer Beethovens, Schuberts und Liszts, 1750 zu Legnano geboren, war ein Schüler des Violinvirtuosen Tartini und kam durch Florian Leopold Gaßmann, dem späteren Hofkapellmeister, 1766 nach Wien. Durch Gaßmann in Komposition unterwiesen, trat Salieri 1770 mit seiner ersten komischen Oper »Le donne letterate« hervor, die den Beifall Glucks und bald darauf auch den des Kaisers und des Wiener Publikums fand.
Nach Gaßmanns Tod, 1774, wurde Salieri Kammerkompositeur und

Dirigent der Italienischen Oper. Durch Gluck protegiert, schrieb Salieri etwa 40 Opern (darunter »Armida«, »Semiramide« und »Les Danaides«), mehrere Oratorien, 5 Messen, ein Requiem, Vespern, Offertorien, Kantaten, eine Symphonie, ein Orgelkonzert, 2 Klavierkonzerte, Serenaden und Ballettmusiken. Die Rivalität zwischen Mozart und Salieri ist eine Erfindung von Mozarts Parteigängern. Sie gipfelte in der unglaublichen Behauptung, Salieri habe Mozart vergiftet und diese Tat selber auf dem Totenbett gestanden. Diese Legende hat sich betrüblicherweise bis heute gehalten und dem Andenken dieses fruchtbaren Komponisten und großen Lehrers außerordentlich geschadet. – Kurz nach Salieris Tod am 7. Mai 1825 reiste Schubert nach Steyr. Vermutlich hat er an der Beisetzung seines Lehrers nicht teilgenommen.

Schuberts frühe Vertonungen von Texten des *poeta cesario,* Hofdichters Karls VI. und Freund Casanovas, gehen sicher auf Salieri zurück. Doch ließ sein Interesse an diesem erfolgreichsten aller Librettisten, nach dessen Textbüchern alle großen Bühnenkomponisten, einschließlich Mozart, ihre Opern geschrieben haben, bis zuletzt nicht nach. Noch 1827 komponierte Schubert als Opus 83 die *Drei Gesänge* nach Metastasio »L'incanto degli occhi«, »Il traditor deluso« und (Autorschaft Metastasios unsicher) »Il modo di prender«, dem Sänger Luigi Lablanche, Bassist am Kärntnertortheater, gewidmet. So sehr diese Textwahl auch aus dem Rahmen des Schubertschen Liederkorpus zu fallen scheint, ist sie doch typisch für seine Auffassung des Opernhaften. Das Rhetorische, das gestelzte Pathos und die schablonisierte Evokation gehörten in Schuberts Selbstverständnis zum Genre. Man muß sich vergegenwärtigen, daß Metastasios Libretti oft mehr als ein dutzendmal vertont wurden, was zur Folge hatte, daß die Komponisten, um das Ensemble von Arien, Duetten, Rezitativen und Tutti zu erfüllen, selten mit formalen Innovationen aufwarteten. Das aber bedeutete auch die Schablonisierung von Gefühlen. Die großen oder starken Gefühle, die es musikalisch zu artikulieren galt, waren groß oder stark nur in bezug auf ihre Breitenwirkung. Diese wurde durch Entindividualisierung der Texte erreicht. Für exquisite Gefühle war in der Opera seria kein Platz. Doch finden wir diese entpersönlichten, allgemein nachvollziehbaren Gefühle nicht nur in den Libretti auch Schuberts, sondern desgleichen in den Texten mancher drittrangiger Autoren, die Schubert vertonte, nur daß die Allgemeingültigkeit der in den Gedichten ausgedrückten Gefühle Schubert zu um so subjektiveren musikalischen Transformationen anregte, während er bei der Vertonung von Operntexten, vermutlich durch die festgelegten Rollen blockiert, nur selten seiner eigenen Sprache vertraute.

Zar Alexander I. von Rußland
(1777–1825)
(Stich von P. Auduin
nach P. M. Bourdon)

Nikolaus I.
(1796–1855)

Der älteste Sohn des Großfürsten und späteren Zaren Paul I. und seiner zweiten Gattin Maria Feodorowna von Württemberg, von dem freisinnigen Schweizer Laharpe nach Rousseauschen Grundsätzen erzogen, gelangte nach der Ermordung seines Vaters 1801 auf den russischen Thron.

Während des Wiener Kongresses war Alexander durch seine Liebesabenteuer mit der Prinzessin Sagan zur populärsten Figur der europäischen Fürstenversammlung geworden. Charles Sealsfield berichtet:

»Inmitten der lärmenden Festlichkeiten des Wiener Kongresses wurde plötzlich der Kaiser von Rußland der rauschenden Unterhaltungen müde. Dieser Umschwung schuf dem Staatskanzler (Metternich) natürlich große Verlegenheit. Er mußte die Abreise Alexanders befürchten, die ihn um die Früchte seiner fein ausgesponnenen Pläne gebracht hätte. Er hatte aber die verwundbare Stelle seines neuen Gönners genau ersehen und fand, daß diesem ein neues Reizmittel sehr gut tun würde. Mit einem Schlage wurden die pomphaften Karussells, Bälle und Gastmähler durch kleine, intime Abendgesellschaften Metternichs ersetzt, bei welchen die schöne Prinzessin von Sagan, geborene Prinzessin von Kurland, als Königin der Feste fungierte. Die Familie der Prinzessin sah jedoch die Dinge mit anderen Augen an, und der Versuch Metternichs mißlang. Mit der gleichen Bereitwillig-

keit, mit welcher die Prinzessin an diesen kleinen Festen teilgenommen hatte, entzog sie sich ihnen, verließ Wien und begab sich aufs Land. Alexander folgte ihr, und die schöne Flüchtige war neuerlich genötigt, vor ihrem Verfolger zu entweichen. Dies machte sich Metternich zunutze, und später waren es hauptsächlich die großen Reize dieser Dame, welche Alexander bewogen, den langweiligen Kongressen von Troppau und Laibach anzuwohnen.«
Während einer Reise auf die Krim erkrankte Alexander und starb am 1. Dezember (19. November) 1825 in Taganrog. Metternich erfuhr erst zwei Wochen später von dem Tode des russischen Zaren. Diese Nachricht stiftete einige Verwirrung, da die Nachfolge unsicher war. Als Thronfolger war ursprünglich Konstantin bestimmt. Später aber hatte Alexander heimlich Nikolaus für dieses Amt auserkoren.
Schuberts Trauermarsch auf Alexander entstand vermutlich im Januar 1826. Veröffentlicht wurde er am 8. Februar 1826 bei dem Verleger A. Pennauer in Wien.
Nikolaus I., Bruder Alexanders I., übernahm am 24. Dezember 1825 die Regierungsgeschäfte. Zwei Tage nach seinem Amtsantritt brach der Dekabristen-Aufstand los. Nikolaus schlug ihn mit aller Härte nieder und ließ die Anführer hängen. Am 3. September 1826 wurde Nikolaus zum Kaiser gekrönt. Schuberts Marsch für Klavier zu vier Händen erschien am 14. September 1826 im Verlag A. Pennauer.

Clemens Metternich (1773–1859)
(Kreidezeichnung von A. Graff)

»Niemals hat es einen mehr gehaßten und gefürchteten Mann gegeben als Metternich. Von der Ostsee bis zu den Pyrenäen, von den Grenzen der Türkei bis nach Holland ertönt nur eine Stimme über diesen Minister: die des Abscheues«, schrieb Charles Sealsfield alias Carl Postl über diesen Staatsmann, der fast 40 Jahre im Amt war. 1809 wurde er Außenminister, 1821 österreichischer Kanzler. Erst im Jahre 1848 trat er von seinem Posten zurück. Die Politik des »Fürsten von Mitternacht« wurde einzig bestimmt von seiner Angst vor der Revolution, deren Voraussetzungen er im Liberalismus und Nationalismus sah. Da er die eigenen Befürchtungen aber gleichzeitig bei den europäischen Fürsten geschickt zu verbreiten verstand, konnte er daraus Nutzen für seine Bündnispolitik ziehen. Sein ganzes politisches Konzept bestand letzten Endes aus der Devise: Nur keine Veränderungen! Er hat ausdrücklich versichert, daß er die Rückkehr zum Alten für ebenso gefährlich halte wie den Übergang zum Neuen. Was er verteidigen wollte, war die Gegenwart, den bestehenden Zustand, den europäischen Feudalismus, von dem er so gut wie seine Gegner wußte, daß er nur künstlich noch am Leben gehalten werden könne: kraft einer supranationalen Polizei. Und wenn Friedrich von Gentz, Protokollführer des Wiener Kongresses und »Metternichs Feder« über das in der Agonie liegende System einmal schrieb, ihn und den Metternich halte es noch aus, war das nicht einmal Zynismus, sondern hellste

Schubert im Alter von 23 Jahren
(Zeichnung aus dem Jahre 1821 von Leopold Kupelwieser)

Einsicht eines einst von der französischen Revolution enthusiasmierten Mannes, daß sich das Rad der Geschichte nicht anhalten lasse.
Gentz, das willige Werkzeug der Metternichschen Kabinettspolitik, hat das Ende der Restauration nicht mehr erlebt. Er starb, hochverschuldet, 1832. Metternich jedoch wurde noch Zeuge, wie die 48er Revolution sein Lebenswerk zerschlug. Er floh mit seiner Familie nach England. 1851 nach Wien zurückgekehrt, verlebte er seine letzten Jahre in Österreich.

Katharina (Kathinka) Buchwieser

Katharina (Kathinka) Buchwieser, 1789 in Koblenz geboren. Sängerin an der Wiener Hofoper. In zweiter Ehe mit Ludwig Edlen Lászny von Folkusfálva, Güterdirektor des Fürsten Pálffy, verheiratet. Sie sang u. a. die Susanna in Mozarts »Figaro« und die Cattinka in Boieldieus »Jean de Paris«. Befreundet mit E. T. A. Hoffmann und Theodor Körner, soll sie während des Wiener Kongresses die Geliebte zweier Fürsten gewesen sein. Trotz ihres schlechten Rufs in Wien verkehrten Schwind und Schubert ausgesprochen gern bei ihr. Schubert widmete ihr zwei Lieder (»Der zürnenden Diana«, »Nachtstück«, beide nach Texten von Mayrhofer) und das vierhändige Divertissement nach ungarischen Themen.

Karoline Komtesse Esterházy (1805–1851), Schuberts »anziehender bewußter Stern« in Zseliz. Schuberts Freunden und Bekannten ist seine Verliebtheit in das adelige Mädchen nicht verborgen geblieben. Bauernfeld schreibt, daß Schubert »zum Sterben« in sie verliebt gewesen sei und ihr »eine seiner schönsten Klaviersachen, die vierhändige Fantasie aus f-Moll gewidmet« habe. Baron Schönstein, oft Gast im Hause Esterházy, berichtet: »Bald nach seinem Eintritt in das Esterházysche Haus knüpfte Schubert ein Verhältnis mit einer Dienerin daselbst an, welches aber sofort einer poetischeren Flamme weichen

Karoline von Esterházy

mußte, die für die jüngere Tochter Gräfin Karoline in seinem Herzen emporschlug. Und diese loderte fort bis an sein Lebensende. Karoline schätzte ihn und sein Genie, erwiderte aber seine Liebe nicht und ahnte vielleicht nicht einmal den Grad, in welchem sie tatsächlich vorhanden war. Denn daß die Neigung für sie bestand, mußte ihr durch eine Äußerung Schuberts klar geworden sein. Als sie ihm nämlich einmal im Scherz vorwarf, daß er ihr noch gar kein Musikstück dediziert habe, erwiderte er: ›Wozu denn, Ihnen ist ja ohnehin alles gewidmet!‹« Es versteht sich, daß aus Standesgründen eine ernsthaftere Liaison ausgeschlossen war. Allerdings ist interessant, daß Karoline erst sechzehn Jahre nach Schuberts Tod, 1844, heiratete. Die Ehe mit dem Grafen Karl Folliot de Crenneville-Poutet, Kämmerer und pensionierter Major, wurde aber kurz nach der Heirat annulliert.

Wilhelm Müller (1794–1827)
(Stich von H. Meyer
nach Franz Krüger)

Leopold Kupelwieser (1796–1862)
(Bleistiftzeichnung
von Josef v. Hempel)

Wilhelm Müller, auch unter dem Namen Griechen-Müller bekannt, wurde am 7. Oktober 1794 als Sohn eines Schneiders in Dessau geboren. Nach ersten dichterischen Versuchen – mit vierzehn Jahren hatte er bereits einen Band Gedichte und ein Trauerspiel geschrieben – begann Müller 1812 in Berlin das Studium der alten Sprachen und der Geschichte. 1813 nahm er als Freiwilliger an den Schlachten von Lützen, Bautzen, Hanau und Kulm teil und setzte 1815 seine Studien fort, interessierte sich aber mehr und mehr für altdeutsche Literatur, übersetzte aus dem Mittelhochdeutschen und gab eine »Blumenlese aus den Minnesängern« heraus (von Jakob Grimm in der Leipziger Literatur-Zeitung 1817 ausführlich und kritisch besprochen).
1817 reiste er als Begleiter eines Barons über Wien, Venedig und Florenz nach Rom und kehrte 1819 nach Dessau zurück.
1820 veröffentlichte er die zwei Bände »Rom, Römer und Römerinnen«, in Briefform abgefaßte Berichte über seine Reiseeindrücke. Er war inzwischen Lehrer für Griechisch und Latein am Dessauer Gymnasium und wurde später Verwalter der herzoglichen Bibliothek. 1821 heiratete er Adelheid von Basedow, eine Enkelin des mit Goethe befreundeten Pädagogen Basedow.
1821 veröffentlichte er den ersten Band seiner Gedichte: »Sieben und siebzig Gedichte aus den hinterlassenen Papieren eines reisenden Waldhornisten«, in dem sich der Zyklus »Die schöne Müllerin« findet.

Nach dem Aufstand der Griechen gegen die Türkenherrschaft, an dem Lord Byron teilnahm, veröffentlichte Müller zwischen 1821 und 1824 fünf Hefte seiner »Lieder der Griechen«, denen er seinen Ruhm und seinen Beinamen verdankt.
1824 erschien dann auch der zweite Band der Waldhornisten-Gedichte, in dem die ein Jahr zuvor im Taschenbuch »Urania« vorabgedruckte »Winterreise« zu finden ist.
Wilhelm Müller, von seinen dichtenden Kollegen Rückert, Schwab, Uhland, Kerner, aber auch Heine sehr geschätzt, starb am 30. September 1827, nach lange anhaltenden Depressionen, an den Folgen eines Keuchhustens. (Neuerdings wird auch ein Selbstmord nicht ausgeschlossen.) Sein sehnlichster Wunsch war, einen Komponisten für seine Gedichte zu finden. (Tatsächlich hat der Berliner Ludwig Berger vor Schubert einen Teil der Müller-Lieder in Musik gesetzt.) Daß Schubert seine Lieder vertonte, hat er nie erfahren.

Kupelwieser, geboren am 17. Oktober 1796 zu Piesting in NÖ, einer der engsten Freunde Schuberts, besuchte seit 1809 die Wiener Kunstakademie und wurde zunächst bekannt durch das lebensgroße Porträt des Kaisers Franz für das Prager Appellationsgericht. In den Jahren 1824 und 1825 bereiste er mit dem Russen Alexis von Beresin Italien, um dessen geplante Reisebeschreibung zu illustrieren. (Das Werk wurde durch den plötzlichen Tod Beresins nie veröffentlicht.)
1825 nach Wien zurückgekehrt, malte er – unter dem Einfluß der Hofkreise – vor allem Bilder religiösen Inhalts, u. a. eine »Himmelfahrt Mariä« für die Universitätskirche in Wien, »Mariä Geburt« für Klosterneuburg, und beteiligte sich (neben Führich) an der Ausmalung der Altlerchenfelder Kirche. Seinen Ruf verdankt er in der Hauptsache der Wiederbelebung der Fresco-Malerei in Österreich. Als Hauptwerk zu nennen sind die Fresken im Saal der Wiener Statthalterei.
Neben Schober, Moritz von Schwind und Bauernfeld gehörte Kupelwieser zu den intimsten Freunden Schuberts. An ihn adressierte Schubert 1824 auch den erschütternden Brief, in welchem er ihm seine schwere Krankheit und die gesellschaftliche Isolation in Wien schildert.
Kupelwieser starb am 17. November 1862 als Akademieprofessor in Wien. Seine Frau Johanna, geborene Lutz, gehörte ebenfalls dem Schubertkreis an.

Sophie von Löwenthal, Tochter des Franz Joachim Ritter v. Kleyle, Güterdirektor des Feldherrn Erzherzog Karl, verehelicht mit dem wegen seiner Verdienste in den erblichen Ritterstand erhobenen Obersten Postdirektors von Wien, Max von Löwenthal, Geliebte von Nikolaus Lenau.

Durch ihren Vater war Sophie mit Schubert bekannt geworden. Am 1. Juni 1827 schrieb sie an Ferdinand Walcher in Venedig:

»An Besuchen fehlt es uns nicht, wir haben täglich mehrere; Angerer und Jenger kommen öfter als sonst, auch Schubert hat uns schon einmal beglückt, er war sehr liebenswürdig und gesprächig, entwischte uns aber plötzlich, ohne daß jemand etwas davon ahnte.«

Sophie von Löwenthal
(1810–1889)
Karoline Unger-Sabatier
(1803–1877)

Schubert

Die Sorgen eines angehenden Hausvaters

Es ist dies eine alte Geschichte: einer, der es einmal besser haben möchte als der Vater, zieht aus, in der Fremde sein Glück zu machen. Er wandert von Neudorf in Mähren nach Wien, um nach dem Vorbild des älteren Bruders, der dort, an der Karmeliterschule, schon unterrichtet, als Lehrer sein Brot zu verdienen.

Wer von Haus aus wenig besitzt, kann es – wie das Beispiel des Bruders lehrt – durch einigen Fleiß und die erforderliche Sparsamkeit doch noch zu etwas Tüchtigem im Leben bringen.

Sechs Jahre hat Franz Theodor in Brünn das Gymnasium besucht. Er ist begabt und vielseitig interessiert. Gewiß hätte er auch Arzt oder Advokat werden können. Doch als armer Leute Kind kann er sich ein langes Studium nicht leisten. Dazu fehlt es an Geld. Der Beruf eines Elementarschullehrers dagegen setzt nur eine zehnmonatige Ausbildungszeit voraus, und seit der kaiserlichen Unterrichtsreform dürfen die Lehrer mit einer finanziell gesicherten Zukunft rechnen. Also absolviert er die Präperandie und wird, nach drei Amtsjahren im Heimatort, Schulgehilfe beim Bruder in der Leopoldstadt. Nebenbei hört er Philosophie an der Universität.

Es lebt sich angenehm in Österreichs Metropole, wenn man angenehm lebt. Das kann der mährische Bauernsohn von sich nicht behaupten. Sein Gehalt reicht gerade für ein Brot pro Woche. An dem geselligen und gesellschaftlichen Leben der Stadt mit seinen Bällen, Konzerten und Theateraufführungen, mit seinen Festen und Vergnügungen hat er nicht teil. Aber er ist jung und voller Zuversicht. Eines Tages wird es ihm besser gehen. Dann ist er bestallter Lehrer mit eigener Schule, und die Eltern zu Haus in Neudorf, Bezirk Altstadt, dürfen stolz auf ihn sein.

Noch allerdings ist er fremd in Wien, wenn auch nicht einsam und verloren. Er hat den Bruder und dessen Familie, und draußen, in Lichtental, auf halbem Wege nach Nußdorf, wo der Wein wächst und wohin sonntags die Bürger spazieren, liebt er ein Mädchen. Es heißt Elisabeth und hat sich als Köchin und Magd verdingt. Was für Zufälle gibt es im Leben! Elisabeth ist in Zuckmantel geboren. Das liegt nicht weit von Neudorf, und Franz Theodor hat sogar Verwandte in diesem Ort. So treffen sich zwei Zugewanderte in Wien und sprechen eine Sprache.

Der Vater des Mädchens war Schlossermeister und Büchsenmacher. Ein lange ehrenwerter Mann, soll er, nachdem man ihn zum Vorstand seiner Gilde gewählt hatte, Gelder veruntreut haben. Auf diese Weise plötzlich in Schande geraten, ist er nach Wien geflohen und wenige Stunden nach seiner Ankunft, krank und mittellos, im Gasthaus »Zum goldenen Lamm« in der Naglergasse, die noch heute so heißt, gestorben. Damit nicht genug. Kurz darauf verlor Elisabeth auch die Mutter, die mit ihren drei Kindern dem Gatten nach Wien gefolgt war. Damals war Elisabeth sechzehn, und seither mußte sie – wie auch die beiden Geschwister – den Lebensunterhalt selber verdienen.

Leicht war das nicht immer gewesen. Man muß nur versuchen, sich in ihre Lage zu versetzen.

Als Franz Theodor sie kennenlernt, ist sie siebenundzwanzig, also nicht mehr ganz jung und vielleicht auch nicht mehr ganz unerfahren. Es wird Frühling, und die Liebe nimmt ihren Lauf.

Ein angehender Lehrer, denkt die Magd, wäre keine schlechte Partie. Elisabeth und Franz Theodor beziehen ein gemeinsames Quartier. Sie leben wie Mann und Frau, und schon in den ersten Sommerwochen ist Fräulein Vietz schwanger. Noch sieht man es ihr nicht an, und sie geht weiter ihrer Arbeit nach, wäscht, kocht, besorgt den Haushalt ihrer Herrschaften.

Viel wird nun von der Zukunft gesprochen, vom Heiraten

und von der Gründung eines Hausstandes. Doch Franz Theodor, gefragt, was er davon halte, zaudert und sucht nach Ausflüchten.

Will er ihr die Schmach antun und sie in ihrem Zustand sitzenlassen? Soll das Kind unehelich zur Welt kommen? Die Schande, die mit ihrem Vater über die Familie gekommen ist, nie ein Ende haben?

Man lebt noch nicht im 20. Jahrhundert. Die Kirche hat auch noch ein Wort mitzureden. Keine Frau ist um das Los einer ledigen Mutter zu beneiden.

Franz Theodor weiß das. Er ist jung, doch kein Filou und Schürzenjäger. Er hat nur den Kopf verloren, als er dies Mädchen sah, und als er erfuhr, daß es aus seiner Heimat stammte, als er hörte, daß es den vertrauten Dialekt sprach. Die natürlichen Folgen hat er nicht bedacht. Zwar: er liebt Elisabeth, möchte auch gern weiter mit ihr leben. Sie kann ja auch so gut kochen, gerade wie bei ihm zu Haus die Mutter: Marillenknödel und Mehlspeis und ab und zu Schweinernes. Aber ist er imstande, eine Familie zu ernähren, wo das Geld kaum für ihn selber langt?

Der Sommer vergeht; es kommt der Herbst. Elisabeth ist im fünften Monat. Da bleibt ihr Zustand auch den Nachbarn nicht verborgen. Die Dienstherrschaft verreißt sich den Mund. Wer hoch hinaus will, landet in der Gosse.

Doch Franz Theodor mag sich noch immer nicht entschließen, die um sechs Jahre ältere Frau zu ehelichen.

Elisabeth drängt. Die Leute reden schon. Sie will nicht länger in Sünde mit dem Schulgehilfen leben. Was soll sie dem Priester im Beichtstuhl sagen? Hält er sie nicht längst schon für eine verlorene Tochter? Doch Franz Theodor weicht aus. Möchte er am liebsten alles ungeschehen machen?

Er braucht nach Ausreden nicht zu suchen. Er bewirbt sich um eine freie Schulstelle. Der Bescheid ist abschlägig. Ein anderer wird ihm vorgezogen. Um sein schmales Gehalt aufzubessern, gibt er Lateinstunden. Schon ist der Winter da, und es geht auf Weihnachten zu. Und immer Elisabeths Frage: Was wird? Hast du dich besonnen?

Das Kind im Leib wächst und wächst. Franz Theodor muß sich entscheiden. Länger darf er nicht warten, wenn er nicht als schamloser Verführer dastehen will. Noch vor dem Heiligen Abend wird das Aufgebot bestellt. Im neuen Jahr, Mitte Januar, findet in der Lichtentaler Pfarrkirche »Zu den vierzehn Nothelfern« die katholische Trauung statt. Trauzeugen sind Bruder Karl und ein Schuhmacher namens Ignaz Wagner. Wer ist dieser Ignaz Wagner? Warum hat man ihn zum Trauzeugen bestellt? Warum nicht Elisabeths Bruder?

Der *Instruktor* Franz Theodor macht falsche Angaben. Offenbar ist ihm der Altersunterschied zwischen den Brautleuten peinlich. Obwohl erst 22, läßt der Bräutigam 25 ins Kirchenbuch eintragen.

Sieben Wochen später, am 8. März 1785, früh um halb sechs, wird das Kind geboren – ein bucklichter Junge. Er wird, nach dem Vornamen des Schuhmachers Wagner, Ignaz genannt. Und nun fangen die Sorgen des Hausvaters an.

Zu einer richtigen Wohnung reichen, zumal Elisabeth nichts mehr hinzuverdienen kann, die Mittel bei weitem nicht. Zusammen mit dem Neugeborenen logiert das Ehepaar Schubert weiter im Haus »Zum goldenen Ring«, in einem einzigen kleinen Zimmer. Hier kommt übers Jahr auch das zweite Kind zur Welt, ein Mädchen, das den Namen der Mutter erhält.

Kindertotenlieder

Plötzlich scheint alles sich zum Besseren zu wenden.

Zwei Monate vor dem Tod des gehaßten Preußenkönigs, am 13. Juni 1786, wird Franz Theodor zum Schullehrer auf dem Himmelpfortgrund ernannt. Die Unterrichtsräume (1 Klassenzimmer und 1 Abstellgelaß für das Anschauungsmaterial) befinden sich im Parterre des Hauses »Zum roten

Krebsen«, dessen Besitzer der Maurermeister Matthias Schmidtgruber ist. An diesen muß Vater Schubert einen Jahreszins von 50 Gulden entrichten.

Sechzehn Wohnungen mit je einem Zimmer und einer Küche hat dieses Haus, in dem zeitweilig an die siebzig Menschen leben. Die Schuberts beziehen die Wohnung Nummer 14 in der ersten Etage; ein Appartement von knapp fünfunddreißig Quadratmetern, wo Elisabeth bis 1801 weitere zwölf Kinder zur Welt bringt, von denen allerdings nur fünf überleben. Eines davon, das zwölfte, ist der am 31. Januar 1797 nachmittags um halb zwei in der Küche geborene Franz Peter, und allein auf ihn, der ein weltberühmter Komponist geworden ist, konzentriert sich seit über 150 Jahren das Interesse der Biographen und des musikliebenden Publikums.

Weiß man von den Eltern Schuberts, insbesondere von der Mutter, schon wenig, kennt man von den neun (im Alter zwischen einem Tag und fünf Jahren), verstorbenen Kindern gerade eben nur die Namen und die Eckdaten ihres Lebens, einschließlich der Todesursachen: Fleckenausschlag, Wasserkopf, Gedärmreißen, Schleimfieber, Fraisen, Zahnkatarrh und Blattern. Nur in Umrissen ist die Biographie der vier mit ihm (Franz) aufgewachsenen Geschwister bekannt, den Brüdern Ignaz, Ferdinand, Carl und der Schwester Maria Theresia.

Geburt und Tod liegen in der Familie Schubert näher beieinander, als Spruchweisheit es metaphorisch anschaulich machen kann. Entbindung, schreibt Lichtenberg, kann auch Tod bedeuten. Für Frau Schubert sind die meisten Entbindungen nur solche zum Tode. Und rückblickend muß Vater Schubert erkennen, daß der Wohnungswechsel unter keinem guten Stern gestanden, Franz Theodors Ernennung zum Schulleiter am Himmelpfortgrund der Familie nicht das ersehnte Glück gebracht hat. Das Haus »Zum roten Krebsen« ist ein Totenhaus. Arzt und Priester, Sargschreiner und Totengräber müssen ständig gerufen werden. Allein im Jahre 1788 starben den Schuberts kurz hintereinander drei Kinder weg: zwei Mädchen und ein Junge. Nach der Geburt Franz Peters verlor die Familie weitere zwei Kinder: den fünfjährigen Josef am 18. Oktober 1798 und am 18. Dezember 1799 die nur einen Tag alt gewordene Aloisia Magdalena.

Den Tod seines Bruders wird der kleine Schubert kaum bewußt erlebt haben. Möglicherweise aber schon den seiner Schwester. Doch selbst, wenn er keine konkrete Erinnerung an das Sterben dieser beiden bewahrt haben sollte, darf man davon ausgehen, daß solche Todesfälle sich auf die psychische Entwicklung eines Kindes auswirken.

Mit dem Einsargen und der Beisetzungszeremonie ist ein Mensch nicht aus der Welt geschafft. So bald reißt die seelische Verbindung nicht ab. Ein fünfjähriger Junge hinterläßt deutliche Spuren und handfeste Sachen: sein Spielzeug zum Beispiel und Kleidungsstücke und bekritzelte Papiere. In den Ohren der Überlebenden klingt noch lange seine Stimme nach, bleiben Worte und Sätze, die er gesagt, Lieder, die er gesungen hat, in Erinnerung. Und noch auf andere Weise wird das Gedenken an einen Verstorbenen lebendig gehalten: durch Gebete und Messen, die man für ihn lesen läßt. Und selbstverständlich werden die Gräber der Toten regelmäßig besucht, an Sonn- und Feiertagen und immer zu Allerseelen.

Wer wird bezweifeln, daß ein Dreijähriger den Verlust eines nahen Angehörigen nicht voll wahrnehmen oder in seiner Tragweite abschätzen kann, wer glauben, daß ein Kind noch keine Trauer empfindet?

Der Kleine registriert nicht nur das Fehlen und die dauernde Abwesenheit einer vorher vorhandenen Person. Er stellt auch ein geändertes Verhalten der Erwachsenen fest und braucht bloß in deren Gesichter zu schauen, um wahrzunehmen, daß da etwas nicht mehr stimmt. Recht unwahrscheinlich aber ist es, daß einem Kind entgeht, wenn die Mutter traurig ist und vielleicht sogar in seiner Gegenwart weint.

Schuberts früher Hang zur Melancholie, seine Todessehnsucht und sein schon während der Pubeszenz sich äußernder Fatalismus gehen sicher auf diese Kindheitserlebnisse zurück. Folglich lassen sich auch die zahllosen Vertonungen von Texten, die sich mit den »letzten Dingen« befassen (gleich das erste erhalten gebliebene Lied ›Hagars Klage in der Wüste‹, 1811 entstanden, beginnt mit den Worten: ›Hier am Hügel heißen Sandes sitz' ich, und mir gegenüber liegt mein sterbend Kind‹), nicht allein mit der damals modischen Tränenseligkeit und der ebenfalls zeitbedingten Vorliebe für Grabesstimmung und Friedhofsromantik erklären.

Ein Vergleich mit der Vertonung dieses Textes durch Johann Rudolf Zumsteeg mag beweisen, in welchem Maße sich der damals erst Vierzehnjährige von seinem Vorbild bereits entfernt.

Zumsteeg

Schubert

Durch große Intervallsprünge, durch rhythmische Dehnungen und eingeschobene Leittöne, durch Synkopen und vor allem durch einzelne Wort- und Satzwiederholungen gelingt ihm – im Unterschied zu Zumsteegs vergleichsweise konventioneller Vertonung – ein höchst expressiver Deklamationsstil von geradezu opernhafter Dramatik. Dennoch handelt es sich nicht um ein lediglich theatralisches Pathos, sondern um einen erstaunlichen Ausdruckswillen, auch wenn dieser noch nicht durch die Beherrschung des kompositorischen Handwerks voll gedeckt ist. Aber unverkennbar ist das Ringen um einen eigenen Ton, der Versuch, die starken, andrängenden Gefühle in eine überzeugende Form zu bringen;

denn trotz seiner enormen Belesenheit und eigener schriftstellerischer Hervorbringungen, war Schuberts Verhältnis zum Tode kein literarisches, seine Schwermut keine zeitgebundene Attitüde.

Sein existentielles Urerlebnis war: mit dem Leben noch einmal davongekommen zu sein. Ihm war bewußt, daß er ein Überlebender war, dem der Tod nur Aufschub gewährte.

Spauns Bemerkung über den jungen Schubert: »Immer ernst und wenig freundlich«, die sich von den Äußerungen anderer Schubertianer, die sämtlich fast gleichlautend das Bild eines bis zur Ausgelassenheit sorglosen, heiteren und unbeschwerten Menschen entwerfen, bemerkenswert unterscheidet, scheint die tatsächliche Seelenlage des Konviktszöglings am treffendsten wiederzugeben. Und Franz selber hat – Spaun damit bestätigend – gelegentlich durchblicken lassen, daß niemand ihn wirklich kenne. Er wollte mit seinen Schmerzen allein sein. Herzensergießungen waren nicht seine Sache. Was zu sagen war, sprach er in Tönen aus, darauf vertrauend, daß sich in Musik alles sagen lasse, und daß ihre Sprache ein Esperanto sei, welches von allen, die guten Willens sind, verstanden werden könne.

Aber wer verstand ihn schon von den Zeitgenossen? Das Wiener Publikum kaum, selten die Kritik, und die Herren Verleger saßen auf hohen Rossen.

Gestorben, verdorben

Ist nur die Natur grausam, wenn sie junges Leben schon vor der Blüte zerstört?

Die Frage, was aus den neun verstorbenen Geschwistern Schuberts, wären sie nicht in frühster Kindheit dahingerafft, hätte werden können, hat kaum jemanden beschäftigt. Der Mensch begann erst zu zählen, wenn er zu Leistungen fähig war. Und tatsächlich sind Prognosen schwer, weil man die möglichen Umwelteinflüsse nicht einschätzen kann. Daher ist die Frage nach den potentiellen Begabungen der toten Geschwister im gleichen Maße schwer wie die Spekulation müßig, was der musikalischen Kunst und deren Konsumenten verlorengegangen wäre, hätte auch das zwölfte Schubertkind die ersten Lebensmonate nicht überstanden.

Trotzdem führen solche Überlegungen manchmal weiter. Hypothetisches Denken macht kritisch. Bekanntlich sind mehrere künstlerische Begabungen in einer Familie keine Seltenheit. Erinnert sei nur an die Söhne Johann Sebastian Bachs, von denen vier hochmusikalisch waren und bedeutende Kompositionen geschaffen haben, an den Bruder Joseph Haydns, den von Schubert hochverehrten Michael, an die Söhne und Enkel Richard Wagners. Aber auch Schuberts ältere Brüder Ignaz, Ferdinand und Carl besaßen beachtliche musikalische und künstlerische Talente. Ist es deshalb so unwahrscheinlich, daß auch unter den Frühverstorbenen der eine oder andere mehr als ein großes Talent besessen haben könnte? Aber wir sind auf Vermutungen angewiesen. Selbst Vater Schubert, der mit pedantischem Eifer Familienereignisse notiert, beschränkt sich auf die Eintragung von Geburts- und Sterbefällen. Über die geistig-seelische Entwicklung seiner Kinder teilt er – wenn man von dem kurzen biographischen Versuch über Franz nach dessen Tode absehen will – kaum etwas mit.

Doch allein schon die Vorstellung, welchen Weg die Musik ohne das Werk Schuberts genommen hätte, wäre – bedenkt man seinen Einfluß auf Schumann, Brahms, Hugo Wolf, Bruckner und Mahler – höchst reizvoll. Dennoch erscheint mir an dieser Stelle wichtiger als kulturhistorisch-ästhetische Gedankenspiele und -gespinste die Frage nach der Ursache einer solch hohen Mortalität in der Familie Schubert.

Wem Namen und bestimmte Zahlen Omina sind, der wird schon aus der Tatsache, daß das Brautpaar in der Kirche »Zu den vierzehn Nothelfern« getraut und vom Haus »Zum goldenen Ring« zum »Himmelpfortgrund« gezogen ist, daß es dort die Wohnung Nummer 14 anmietete, daß das 1801 erworbene Haus in der Säulengasse »Zum schwarzen Rössel« ursprünglich ebenfalls die Nummer 14 trug und daß auch die Zahl der den Schuberts geborenen Kinder 14 war, mancherlei tiefere Bedeutung ableiten.

Für den keineswegs abergläubischen, sondern strenggläubigen Franz Theodor allerdings war der Tod der neun Kinder schlicht Gottesfügung. Frömmigkeit verbot ihm, mit dem HERRN zu rechten und zu hadern. Vater Schubert war kein Hiob, dem es einmal gutgegangen war und über den das Unglück plötzlich hereinbrach. Er war Kummer gewohnt. Es fing nicht erst mit der Geburt des verwachsenen Ignaz an. Außerdem war er nicht allein vom Schicksal geschlagen. Auch bei den Nachbarn starben die Kinder reihenweise. Von persönlicher Tragik kann also nicht die Rede sein, kaum auch von einer Strafe des Himmels. Wie den Schuberts ging es den meisten in Lichtental. Also darf man auch gynäkologische Abnormitäten und Erbschäden ausschließen. Mit Ausnahme des Drittgeborenen, der an Hydrocephalie (Wasserkopf) gestorben ist, sind alle übrigen Kinder (von den Verwachsungen des ersten abgesehen) sozusagen gesund zur Welt gekommen. Und selbst wenn angeborene Gehirnödeme die Folge einer venerischen Erkrankung eines Elternteils sein sollten – über den vorehelichen Lebenswandel insbesondere der Mutter, die als Vollwaise von ihrem 16. Lebensjahr an allein mit Bruder und Schwester in Wien lebte, kann man nur Mutmaßungen anstellen –, scheint das für den Tod zumindest der acht anderen Kinder, die sämtlich an epidemisch auftretenden Krankheiten gestorben sind, ohne Bedeutung gewesen zu sein.

Seuchen aber fallen nicht vom Himmel. Sie sind keine Geißel Gottes, sondern haben ihren ganz handfesten Ursprung auf der Erde. Das Massenkindersterben in Wien und seinen Vororten – das wußten nicht nur die Ärzte; auch die städtischen Behörden und kaiserlichen Kommissionen wußten es – ist eindeutig auf den Mangel an hygienischen und sanitären

Einrichtungen, auf die fehlende oder unzulängliche Kanalisation, auf verschmutztes Wasser und überhaupt die katastrophalen Wohn- und Umweltverhältnisse zurückzuführen: die Senkgruben neben den Trinkwasserbrunnen, das Zusammenleben von oft zehn und mehr Menschen auf wenigen Quadratmetern usw. Und nur dem Zufall haben wir es zu verdanken, daß Franz Schubert, der Komponist, trotz dieser Zustände am Leben geblieben ist.

Schuberts Milieu (I)
Rückansicht

Mit der gegen Ende des 18. Jahrhunderts beginnenden Industrialisierung kamen immer mehr Menschen vom Land in die Großstädte. Zu den frühen Ballungsgebieten gehörte auch der Wiener Vorort Lichtental, wo auf dem Gelände des unter Joseph II. säkularisierten Klosters »Himmelpfortgrund« – vom Volksmund ironisch in »Brillantengrund« umbenannt – neben einer Brauerei und Ziegelbrennerei zahlreiche Manufakturen errichtet wurden, vor allem Porzellanfabriken und moderne Spinnereibetriebe.

Infolge der spottniedrigen Grundstückspreise wurde der Wiener Stadtrand für Bauherren und Unternehmer zum interessanten Spekulationsgebiet, das jede Art von Investitionen rasch in Gewinne zu verwandeln versprach. Und tatsächlich entstanden hier – in unmittelbarer Nähe der Fabriken – billig gebaute Massensiedlungen, in denen die Zugewanderten – meist kinderreiche Familien aus der Provinz und den österreichischen Kronländern – untergebracht wurden.

Da die Hauseigentümer in vielen Fällen mit den Arbeitgebern identisch waren, folglich ein Teil des Arbeitnehmer-Lohnes in Form von Mietzins an die Lohnzahler zurückfloß, herrschte ein gesunder Kreislauf des Kapitals, der nicht unwesentlich zur Profitabilität der Betriebe beitrug.

Um Mieter waren die Hauseigentümer nicht verlegen. Wohnungssuchende gab es in hellen Scharen. In den etwa 86 Häusern des Himmelpfortgrundes lebten zur Zeit von Franz Schuberts Geburt rund 3000 Menschen, alle in Unterkünften ohne jeden Komfort und ohne jegliche sanitäre Einrichtungen, häufig ganze Sippen in einer einzigen Stube. Auch die Familie Schubert lebte in solch beengten und bedrückenden Verhältnissen. In den anderthalb Räumen, die zur Verfügung standen, spielte sich ihr Alltag ab. Hier wurden zwölf Kinder gezeugt, hier kamen sie, wie Franz, in der Küche zur Welt, hier wurden sie aufgezogen und starben bis auf die fünf Überlebenden.

Und hier, in der Wohnung Nummer 14, hat Franz Schubert seine vier ersten Lebensjahre verbracht. Hier hat er seinen ersten Schrei getan, seine ersten Laute hervorgebracht, zum ersten Mal Geräusche und Gerüche wahrgenommen, hier hat er krabbeln, gehen und sprechen gelernt, die ersten Eindrücke dieser Welt empfangen, die er zeitlebens nur als Jammertal betrachtet hat.

Armut und räumliche Enge, Krankheit, Tod und Schmerz standen am Anfang wie am Ende seines kurzen Lebens.

Allerdings war dieses Elend in Lichtental nicht die Ausnahme, sondern (innerhalb dieser sozialen Schicht) die Regel, so weit Europa reichte. Aufzeichnungen und Schilderungen aus jener Zeit von Ärzten, Geistlichen, Sozialreformern und kritischen Publizisten geben ein deprimierendes Bild von den Lebensbedingungen der unteren Stände.

Noch gibt es nicht den Typ der sogenannten Mietskaserne, auch keine riesigen Fabriklandschaften. Die Angehörigen des vierten Standes fühlen sich auch noch nicht als Proletarier. Trotzdem unterscheidet sich die Lage des größten Teils der Lichtentaler Bevölkerung – der Manufakturarbeiter, Ziegelbrenner und Bierbrauer, aber auch der niederen Beamten – kaum von jener des späteren Industrieproletariats.

Schon 1796 stellt ein Berliner Berichterstatter fest, daß »die elenden Wohnungen des gemeinen Mannes viel zu den

Krankheiten dieser Klasse beitragen«. Oft finde der Arme kaum ein Obdach und beschränke sich auf ein Zimmer, in dem er zugleich sein Handwerk betreibe. Im Winter schließe er die frische Luft sorgfältig ab, um Heizung zu sparen, und in dieser verdorbenen Luft wüchsen dann die Kinder auf, die steif und krumm und auf alle Art verwachsen seien.

Krumm und verwachsen war in der Familie Schubert nur der Erstgeborene, der vom Vater niedergeduckte Ignaz. Im übertragenen Sinne waren jedoch auch die übrigen Kinder »auf alle Art verwachsen«. Rigide und autoritätsgläubig erzogen, von Franz Theodor zu Kirchenfrömmigkeit und Kaisertreue angehalten, neigten fast alle zu tiefen Depressionen, waren gesellschaftlich unsicher, psychisch gehemmt und weitgehend in der Entfaltung ihrer Möglichkeiten eingeschränkt. Erstaunlich, daß sie sich – bis auf Ignaz – dennoch im Leben behauptet haben: Ferdinand als Direktor der Haupt-Normalschule, Carl als begabter Landschaftsmaler, Zeichen- und Schönschreiblehrer, Maria Theresia als Gattin des Schulprofessors Matthias Schneider.

Am erstaunlichsten ist aber die Entwicklung des zwölften Schubert-Kindes, Franz, dem es schon in jungen Jahren gelang, sich dem Einfluß des Vaters zu entziehen. Dieser für seinen künstlerischen Weg entscheidende Emanzipationsversuch wurde allerdings von dem halsstarrigen Vater insofern ungewollt gefördert, als dieser dem damals Vierzehnjährigen wegen schlechter schulischer Leistungen Vorhaltungen machte und ihm offenbar für ein Jahr sogar die Besuche im Elternhaus verboten hat. Doch wird dieser väterliche Bestrafungsakt kaum mehr als ein Anlaß zur Loslösung gewesen sein. Was Schuberts frühen Schritt in die Unabhängigkeit erleichterte und letztlich möglich machte, war das Bewußtsein, innerhalb des Familienverbandes eine Sonderstellung einzunehmen. Gleichwohl waren die andern für ihn nicht bloß Schemen.

Der eine und die anderen

Wie wird einer, was er ist, was er geworden ist?

Ob man sein Dasein akzeptiert oder verflucht: keiner wird danach gefragt, ob er leben will oder nicht. Mit dem Eintritt in diese Welt sind wir bereits mit hohen Hypotheken belastet. Nie wird einer ins Nichts geworfen. Das Kind, sagt Ronald D. Laing, wird in eine Familie hineingeboren, die das Produkt menschlicher Wesen ist, die bereits in dieser Welt sind. Es ist ein System, das durch Sehen, Hören, Schmecken, Riechen, Berühren, durch Schmerz und Wohlgefühl, Hitze und Kälte vermittelt wird, ein Ozean[1], in dem das Kind schnell schwimmen lernt. Aber aus dieser Gruppe werden *Beziehungen, nicht einfach Objekte,* verinnerlicht und als bedeutsam gedeutet.

Die Tatsache, daß die Bio- und Autobiographien im 19. Jahrhundert – von wenigen Ausnahmen – sich kaum eingehend mit physio-psychologischen Erfahrungen eines Kindes befaßt haben, darf nicht verwundern, da bis in die Tage Freuds hinein das bio- oder autobiographische Subjekt nur in Hinblick auf seine Lern- und Bildungsfähigkeit interessant war. Zwar hat man sich im Zeitalter Darwins ausführlich mit den Vorfahren eines Dargestellten beschäftigt, haben allerdings auch Leute wie Lombroso Genialität mit partiellem Irresein gleichgesetzt und versucht, künstlerische und wissenschaftliche Leistungen großer Männer und deren Neigung zu Schwermut, Wahnsinn oder gewissen Manien auf erbliche Belastung zurückzuführen, aber fast nie wurden Forschungen über Familienstrukturen und Familienkonstellationen angestellt. Wir erfahren daher aus den Standardwerken auch

1 Es ist kein Zufall, daß Laing in diesem Zusammenhang das Wort *Ozean* erwähnt. Das Meer als großes Muttersymbol. Auf die sprachliche Verwandtschaft von *Meer* und *Mutter* (mare, mater; mer, mère) hat 1934 die Freud-Schülerin Marie Bonaparte hingewiesen.

über Schuberts Rolle und Stellung innerhalb seiner Familiengruppe, über sein tatsächliches Verhältnis zu den Eltern und den Geschwistern nur wenig.

Man kann indes davon ausgehen, daß es in der Familie Schubert – einer für ihre Zeit typischen Kleinbürgerfamilie – (in vollkommener Übereinstimmung mit den gesellschaftlichen Normen des frühen 19. Jahrhunderts) eine streng hierarchische Ordnung gegeben hat. Die Dominanz des Vaters als Familienvorstand, Familienplaner, Namensgeber und Hauptverdiener ist unumstritten.

Franz Theodor Schubert bestimmt den Wohnsitz, er führt die Familienchronik, er ist in zweifacher Hinsicht – als Vater und als Lehrer – Erzieher der Kinder, bestimmt ihre Ausbildung und versucht, Einfluß auf ihre Berufswahl zu nehmen. Alle im Hause haben sich nach ihm zu richten. Sein Stundenplan regelt Mahlzeiten und Tagesablauf.

Entsprechend genau verteilt sind die Rollen und Kompetenzen der übrigen Familienmitglieder: der Ehefrau, der Tochter, der vier Söhne.

Über Franz Theodors Verhältnis zu seiner *innigst-geschätzten Ehegattin Elisabeth* ist wenig bekannt. Daß nach ihrem Tode der fünfzigjährige Witwer lange vor Ablauf des Trauerjahrs als Freier auftritt und elf Monate nach Elisabeths Ableben schon wieder verheiratet ist (mit der zwanzig Jahre jüngeren Fabrikantentochter Anna Kleyenböck), mag uns heute verwundern, war aber damals nichts Ungewöhnliches. Man kann im übrigen daraus nur ableiten, daß ihm diese Frau schon vorher bekannt gewesen sein dürfte.

Die Beziehungen des Vaters zu seinen Kindern sind nicht von Anfang an schlecht, doch recht ungleichwertig gewesen. Am besten kam er mit Ferdinand aus. Problematisch war das Verhältnis zu Ignaz. Er, der älteste Sohn, wird nach dem Tode der Mutter von dem im Grundbuch der Stadt Wien gutgeschriebenen Erbe ohne Begründung ausgeschlossen. Als *Stammhalter* der Familie gilt Ferdinand, der Zweitgeborene. Sollte, da Ignaz schon sieben Wochen nach der Eheschließung der Eltern geboren ist, Franz Theodor Zweifel an der Vaterschaft gehabt haben?

Jedenfalls angesichts dieser Enterbung mag man nicht so recht an eine harmonische Familie glauben, nicht an ein konfliktloses Zusammenleben. Charakterielle Unterschiede der einzelnen Familienmitglieder und weltanschauliche Gegensätze werden die Spannungen noch erhöht haben.

Infolge der großen Kinderzahl ist die Altersdifferenz zwischen den Geschwistern beträchtlich. Sie beträgt zwischen Ignaz und der jüngsten Schwester sechzehn Jahre.

Zählt man nur die Überlebenden, ist Franz das zweitjüngste Kind, aber das jüngste männlichen Geschlechts. Der Benjamin der Familie. Daß ihm daraus innerhalb der Gruppe etliche Vorteile und gewisse Privilegien erwachsen sind, bezeugen Briefe und Aufzeichnungen.

Von der Mutter innig geliebt, vom Vater – wenigstens in den ersten Lebensjahren – weit milder und nachsichtiger erzogen als beispielsweise Ignaz, von den älteren Brüdern stolz als *unser kleiner Franz* vorgezeigt, von der Schwester früh als musikalisches Talent bewundert, hat Schubert, was familiäre Zuwendung betrifft, eine nahezu ideale Kindheit gehabt.

Nach außen hin stellte die Familie eine geschlossene Einheit dar, eine vollkommen intakte Gruppe, deren Zusammenhalt durch eine vermeintlich mustergültige Ehe und patriarchalische Umgangsformen gewährleistet schien. So ließ sich beispielsweise der traditionsbewußte und an den höheren Gesellschaftsschichten orientierte Vater von seinen Kindern, was damals schon ganz unüblich war, noch mit »Sie« anreden und war ständig auf einen untadeligen Ruf seiner Familie bedacht. Und wie der Kaiser von seinen Untertanen, ließ Franz Theodor sich am Namenstag von seiner Familie feiern, was Ignaz einmal voller Ironie glossierte:

»Das Namensfest unseres Herrn Papa wurde feierlich begangen. Das ganze Rossauer Schulpersonal samt Frauen, der Bruder Ferdinand samt Frau, nebst unserm Mühmchen und Lenchen und der gesamten Gumpendorfer Sippschaft wurden zu einem Abendzirkel eingeladen, wo wacker geschmauset und getrunken wurde und es überhaupt sehr lustig herging . . .

Tags darauf wurde das Fest unseres heil. Schutzpatrons Franziskus Seraphikus feierlichst abgehalten. Sämtliche Schüler mußten zur Beichte geführet werden, und die größern sich nachmittags um 3 Uhr in der Schule vor dem Bildnisse des Heiligen versammeln; ein Altar war aufgerichtet, zwei Schulfahnen paradierten rechts und links; eine kleine Predigt wurde abgehalten, wo es unter andern ein paarmal hieß, daß man das Gute vom Bösen wohl *entscheiden* lernen müsse, und daß man dem *mühsamen* Lehrer viel Dank schuldig sei; eine Litanei auf den Heilg. wurde auch gebetet, eine Litanei, über deren Sonderbarkeit ich nicht wenig erstaunte; zuletzt wurde gesungen, und sämtlichen Anwesenden eine Reliquie des Heilg. zu küssen gegeben, wobei ich bemerkte, daß mehrere Erwachsene zur Tür hinausschlichen, die vielleicht nicht Lust haben mochten, dieser Gnade teilhaftig zu werden.«

Zu solchen Äußerungen hätten sich Ferdinand und Carl nie hinreißen lassen. Sie haben das vom Vater hochgehaltene Bild einer frommen Christenfamilie verinnerlicht und deshalb auch gegenüber frühen Biographen Schuberts gewisse ihnen unangenehme Fakten aus dem Leben des Komponisten verschwiegen oder gefälscht.

Aber der starke familiäre Zusammenhalt war nur ein nach außen demonstrierter. Selbst das Verhältnis der vier Brüder untereinander war nicht immer ganz unbelastet von emotionalen Irritationen.

Den engsten Kontakt hat Franz zeitlebens zu Ferdinand gehabt. Der nur etwas als zwei Jahre ältere Bruder stand ihm gefühlsmäßig am nächsten. Ihm hat er sich in allen schwierigen Situationen anvertraut, von ihm sah er sich verstanden, er war der Vermittler zwischen Vater und Sohn (Franz), wenn es Ärger gab, an ihn wandte er sich in Geldangelegenheiten, bei ihm hat er Zuflucht gesucht, in seinen Armen ist er gestorben. Im schweren Jahr 1824 schreibt er ihm:

»Du oder Niemand bist mein innigster, mit jeder Faser meiner Seele verbundener Freund!«

Dabei glich Ferdinand im Äußeren wie in seinen Ansichten gegenüber religiösen und politischen Fragen eher dem Vater. Allerdings war er flexibler als dieser, ein ausgeglichener, ausgleichender Charakter, hilfsbereit, konziliant, witzig, mit einer leichten Inklination zum Sentimentalen und Hypochondrischen, worauf eine Briefstelle Schuberts an die Eltern aus dem Jahre 1825 hindeutet:

»Den Ferdinand und seine Frau sam̄t Kinder lasse ich schönstens grüßen. Er kriecht vermuthlich noch immer zum Kreuz und kann Dornbach nicht los werden; auch wird er gewiß schon wieder 77 Mal krank gewesen sein, und 9 Mal sterben zu müssen geglaubt haben, als wenn das Sterben das Schlimmste wäre, was uns Menschen begegnen könnte.«

Aber der Hypochonder wies auch einige bedenkliche Eigenschaften auf, die zumindest zeitweise das Verhältnis zu Franz trübten. Er nahm es nämlich mit den Fragen geistigen Eigentums nicht sehr genau. Die 1818 für ihn komponierte ›Deutsche Trauermesse‹ seines Bruders führte er unter seinem eigenen (Ferdinands) Namen auf. Schubert erfuhr davon und war darüber vermutlich nicht eben erfreut. Aber da er Ferdinands berufliche Schwierigkeiten kannte und dessen Fortkommen fördern wollte, hat er ihm in einem verloren gegangenen Brief dieses eigenmächtige Vorgehen nachgesehen. Worauf Ferdinand betroffen schwieg, und zwar fast zwei Monate lang. Das dann endlich, Mitte Oktober, abgefaßte Antwortschreiben (nur in einer Kopie enthalten) ist am Anfang (höchstwahrscheinlich mutwillig) verstümmelt. Der Grund dürfte nicht schwer zu erraten sein. Schuberts Brief aus dem ungarischen Zseliz vom 29. Oktober gibt weiteren Aufschluß:

Lieber Bruder Ferdinand!
Die Sünde der Zueignung war Dir schon im ersten Brief verziehen, Du hattest also keine andere Ursache, so lange mit

Deinem Schreiben zu säumen, als höchstens Dein zartes Gewissen. Die Trauermesse gefiel Dir, Du weintest dabey und vielleicht bey dem nämlichen Wort, wo ich weinte; lieber Bruder, das ist mir der schönste Lohn für dieses Geschenk, laß ja von keinem andern was hören.

Wenn dieser Brief auch auf geschickte Weise die wahre Autorschaft erhärtet, ist er doch kaum aus juridischer Absicht geschrieben, vielmehr, um Ferdinand seine Großmut zu beweisen, indem er ihm – nicht ohne Ironie – diese *Sünde* verzeiht: eine Anspielung auf des Bruders Frömmigkeit.

Diesen hat dennoch das *zarte Gewissen* nicht davon zurückgehalten, die Trauermesse 1826 bei A. Diabelli & Co. unter seinem Namen (Ferdinand Schubert) zu veröffentlichen. (Erst hundert Jahre später, 1928, druckte Eduard Strache in Wien das Werk unter dem Namen des wirklichen Urhebers: Franz Schubert.) Aber selbst das hat zu keinem ernsthaften Bruderzwist geführt. Ferdinand blieb Schuberts *innigster Freund*.

Demgegenüber war Schuberts Verhältnis zu Ignaz weit problematischer. Schon der beträchtliche Altersunterschied von zwölf Jahren brachte es mit sich, daß Franz zu ihm, dem Älteren und Reiferen, eher aufblicken mußte und nicht von vornherein einen vertrauten Freund in ihm sehen konnte. Ignaz war schon ein erwachsener Mann, als er seinem Bruder die erste Unterweisung im Klavierspiel gab, und gerade diese Lehrer-Schüler-Konstellation dürfte die natürliche altersbedingte Kluft noch vertieft haben. Spätere Aussagen Ignaz' scheinen diese Vermutung andeutungsweise zu bestätigen:

»Ich war erstaunt, als er kaum nach einigen Monaten mir ankündigte, daß er nun meines ferneren Unterrichts nicht mehr bedürfe und sich schon selber forthelfen wolle.«

War er wirklich nur *erstaunt*? Drückt die feierlich-steife Formulierung »als er mir ankündigte, daß er nun meines ferneren Unterrichts nicht mehr bedürfe« nicht eher Befremden aus, verletzten Stolz, vielleicht sogar eine gewisse Entfremdung?

Erstaunen wäre berechtigt gewesen, wenn Schuberts Aufkündigung des Unterrichts aufgrund überragender pianistischer Fähig- und Fertigkeiten erfolgt wäre. Daß er solche bereits *nach einigen Monaten* erlangt und damit den Bruder im Können eingeholt oder sogar überflügelt haben sollte, ist ziemlich unwahrscheinlich, zumal er manuell (kleine Hand, kurze Finger) nicht eben sehr geschickt war. Der Verzicht auf Ignaz' Unterweisung hatte – worauf der brüske Ton hinweist – wahrscheinlich andere Gründe. Nach gewissen Anfangserfolgen im Klavierspiel war Schuberts musikalischer Ehrgeiz geweckt. Es paßte ihm nicht – Höhenflüge eines Achtjährigen –, länger mit trockenen Fingerübungen traktiert zu werden. Möglich auch, daß er die dem Bruder eng gesteckten Grenzen erkannte. Jedenfalls wollte er, der Jüngste, sich nicht weiterhin vom Ältesten bevormunden lassen, sich dessen Anweisungen fügen, sondern sich unabhängig von ihm weiterentwickeln, kann sein, in einen künstlerischen Wettstreit mit ihm treten, ihn herausfordern: Ich weiß mir schon selber fortzuhelfen. Warte ab, was ich allein zuwege bringe! Wirst staunen, staunen wirst! Ich bedarf keiner fremden Hilfe.

Nur zwei Möglichkeiten sah er, sich der Übermacht des älteren Bruders, des ältesten, zu entziehen. Die eine – die totale Verweigerung: Ich will nicht Klavierspielen lernen! Das wäre Kapitulation gewesen. Die andere – zeigen, was man kann: Ich werde mir schon selber forthelfen. Die Herausforderung.

Die Art freilich, wie Ignaz darauf reagierte – selbstlos, voll Verständnis und offener Bewunderung –: »Und in der Tat brachte er es in kurzer Zeit so weit, daß ich ihn selbst als einen mich weit übertreffenden und nicht mehr einzuholenden Meister anerkennen mußte . . .« – die Gelassenheit des Bruders wird Franz zum Nachdenken über Ignaz veranlaßt haben.

Zwar ihre Temperamente waren zu verschieden (Franz impulsiv und leidenschaftlich, Ignaz scheu und zurückhaltend), als daß zwischen beiden herzliche Zuneigung entstehen konnte. (Eine nicht unbeträchtliche Rolle mag auch das körperliche Gebrechen Ignaz' für die emotionalen Reserven seitens Franz gespielt haben, zumindest könnte dieses einen Störfaktor dargestellt haben insofern, als Bedauern oder Mitleid beim jungen Schubert die Basis seiner Beziehungen zum ältesten Bruder bildete.) Dagegen standen sich die Brüder in weltanschaulichen Fragen sehr nahe. Und diese ideologische Übereinstimmung wurde allmählich zur Grundlage eines Geschwisterbündnisses, das durch beider Kontroversen mit dem kleinbürgerlich-konservativen, vor Kaiser und Kirche kuschenden Vater nur um so härter geschmiedet wurde.

Ignaz, republikanischer Freigeist und Sympathisant der Aufklärung – ein typischer Vertreter des *Vormärz* – war ein Mann mit scharfem kritischem Verstand und nicht frei von spöttischem Zynismus, der sich vor allem gegen die herrschenden Gesellschaftskreise und insbesondere gegen das klerikale »Bonzenheer« richtete, dem er sich »als ein elendes Schullasttier . . . in aller Untertänigkeit« unterwerfen mußte:

»Du kannst Dir also leicht denken, daß ich unter solchen Umständen gar oft von innerlichem Ärger ergriffen werde, und die Freiheit nur dem Namen nach kenne.«

Und Franz, der einzig verständnisvolle Adressat dieser Zeilen, antwortete darauf dem Bruder aus Zseliz:

»Du, Ignaz, bist noch ganz der alte Eisenmann. Der unversöhnliche Haß gegen das Bonzengeschlecht macht Dir Ehre. Doch hast Du keinen Begriff von den hiesigen Pfaffen, bigottisch wie ein altes *Mistvieh,* dumm wie ein *Erzesel,* u. roh wie ein *Büffel,* hört man hier Predigten, wo der so sehr venerierte Pater Nepomucene nichts dagegen ist. Man wirft hier auf der Kanzel mit Ludern, Kanaillen etc. herum, daß es eine Freude ist, man bringt einen Todtenschädel auf die Kanzel, u. sagt: Da seht her, ihr pukerschäkigten Gfriser, so werdet ihr einmahl aussehen. Oder: Ja, da geht der Bursch mit'n Mensch ins Wirtshaus, tanzt die ganze Nacht, dann legen sie sich besoffen nieder, u. stehen ihrer drey auf u.s.w.«

Schubert wußte schon, weshalb er nicht in öffentlichen Diensten stehen wollte. Ihm, dem »freien Künstler«, der bei der Vertonung des Messetextes wichtige Glaubenssätze ohne Skrupel strich und nicht mitkomponierte, sah man gelegentlich noch manches nach. Einem Schulmeister wie Ignaz dagegen gestatteten die Metternich-Saurauschen[1] Organe eine freiheitlich-aufrührerische Gesinnung nicht. Sie stand nicht nur einer beruflichen Karriere im Wege, sondern war auch höchst gefährlich.

Bis zu seinem Tode hat Ignaz unter bedrückenden materiellen Bedingungen gelebt, anfangs als Schulgehilfe, später als Nachfolger des Vaters in der Roßau, in ständiger Abhängigkeit von der Familie, verbittert und resigniert ist er gestorben. Sein aus Weltschmerz und politischer Ohnmacht resultierender Zynismus äußert sich in fast allen an Franz gerichteten Briefen, wie in dem folgenden Notabene aus dem Jahre 1824:

»Das Neueste ist, daß ein rasendes Selbstumbringen hier herrscht, nicht anders, als ob die Leute ganz gewiß wüßten, daß sie jenseits schnurstracks in den Himmel hineinspringen könnten.«

Lakonischer läßt sich das Elend in den Wiener Vororten und die allgemeine Depression im nach-josephinischen Österreich nicht beschreiben. Zwar werden die zahlreichen Selbstmorde speziell in Wien und Umgebung bis auf den heutigen Tag gern meteorologisch (Föhn!) erklärt, aber die eigentlichen Gründe wird man – wenigstens zu Schuberts Zeiten – im politisch-gesellschaftlichem Klima zu suchen haben.

Wenn Franz sich auch selten aktiv politisch betätigt hat – bei der Verhaftung seines Freundes Senn durch die Geheimpolizei in einer Wiener Wohnung hat er dem verfolgten Re-

1 Graf Franz Josef Saurau, Minister des Inneren, war der Erfinder und zugleich erfolgreiche Unterdrücker einer österreichischen Jakobinerverschwörung. Seinen besten Freund, den Wiener Magistratsrat Prandstätter, verurteilte er zum Pranger und lebenslänglich schwerem Kerker und bedauerte, daß ein anderer Freund, der Naturwissenschaftler Born, Pranger und Haft »durch den Tod entronnen sei«.

publikaner erregt und empört sekundiert und wurde deshalb auch festgenommen –, war er doch und nicht zuletzt unter dem Einfluß seines ältesten Bruders ein politisch bewußter Mensch und oppositioneller Künstler, der, obwohl oft verzweifelt über seine finanzielle Lage, gleichwohl voll stolzem Selbstbewußtsein sagte:

»Mich soll der Staat erhalten, ich bin für nichts als das Componieren auf die Welt gekommen.«

Zeitweilige Frozzeleien über Ignaz in Briefen an den Vater und die Stiefmutter, besonders im Jahr 1825, als der Bruder der verwitweten Wilhelmine Hollpein (einer Tante von Franz Schuberts Jugendgeliebter Therese Grob) den Hof machte:

»Ignaz wird vermuthlich jetzt eben bei Hollpein sein; denn da er nur Morgens, Nachmittags und Abends dort ist, so wird er schwerlich zu Hause sein. Ich kann nicht aufhören, seine Ausdauer zu bewundern, nur weiß man nicht recht, ob es eigentlich ein Verdienst ist oder keines, ob er sich dadurch mehr den Himmel oder die Hölle verdient ...« beweisen weniger unterschwellige Ressentiments gegenüber Ignaz, noch sind sie als Versuche anzusehen, bei den Eltern Stimmung gegen des Bruders Liaison mit Witwe Hollpein zu machen. Viel eher sprechen diese Sätze für eine lebhafte Anteilnahme am Leben eines Familienmitglieds, für Schuberts Witz und seine Fähigkeit, auf Ignaz' Ironie einzugehen und sie zu konterkarieren.

Neben Schuberts vorwiegend gefühlsbetonten Beziehungen zu Ferdinand und den eher intellektuellen zu Ignaz nehmen sich die zur Schwester Maria Theresia verwandtschaftlich-konventionell aus. Die vier Jahre jüngere Schwester bleibt immer die »liebe Resi«. Von gelegentlichen Trübungen des geschwisterlichen Verhältnisses weiß man nichts. In den Briefen ans Elternhaus wird sie stets mit freundlich-brüderlichen Grüßen bedacht. Nur äußerst selten indes erkundigt sich Franz nach ihrem Ergehen.

Von überschwenglicher Zärtlichkeit oder gar erotischer Zuneigung, wie sie beispielsweise Mozart in den Briefen ans

Bäsle an den Tag legt, ist nichts zu verspüren. Selbst Ferdinands Mitteilung an den Bruder, Resis Schmerz über den Tod ihres erstgeborenen Kindes habe sich bei ihr beinahe in Raserei verwandelt und für einige Wochen aufs Krankenbett geworfen, scheint Franz nicht sonderlich betroffen gemacht zu haben.

Ganz anders die Beziehung zu Carl, der im Unterschied zu dem musikalisch nur mäßig talentierten Ferdinand ein wirklich begabter Künstler war, ein Landschaftsmaler von beachtlichem Können. Mit ihm hat Schubert oft lange Spaziergänge gemacht, und Carl hat ihm dabei die Augen für die Schönheiten der Natur geöffnet. Überhaupt dürfte Carl in sämtlichen Fragen der Ästhetik Schuberts aufgeschlossenster und intelligentester Partner unter allen Verwandten gewesen sein, der sich leider – im Unterschied zu Franz Theodors jüngstem Sohn – nicht gegen den Vater durchsetzen konnte. Wäre ihm eine ähnlich solide handwerkliche und künstlerische Ausbildung wie Franz zuteil geworden, hätte er möglicherweise ein bedeutender Maler werden können. Doch lag es wirklich nur an der mangelhaften Ausbildung, daß er sich nie über das Niveau eines Provinzkünstlers und Sonntagsmalers erhoben hat? Ist der tiefere Grund nicht eher in Carls schwacher Personalität zu suchen, die ihrerseits aus seiner Stellung innerhalb der Familie resultierte? Er nahm ja keine Randposition ein wie Ignaz und Franz. Zwischen Ferdinand und dem jüngsten Bruder geboren, war er sozusagen in der Gruppe eingebettet. Er brauchte sich weder zu behaupten wie Ignaz, noch mußte er sich durchsetzen wie Franz. Man verlangte nichts von ihm, schon gar nichts Außergewöhnliches, also verlangte er auch wenig von sich. Was ihm an Ehrgeiz abging, hat er später bei seinen beiden Söhnen zu entwickeln versucht. Sie sollten als Maler erreichen, was er nicht hatte erreichen können. Er selbst blieb Zeichen- und Schönschreiblehrer, der Typ eines feinsinnigen, kultivierten Schulmeisters ohne Höhenflüge. Seine Bilder sind gediegen gemalt, geschmackvoll und handwerklich sauber. Künstlerische Ekstasen waren ihm fremd. Besessen von seiner Kunst, wie Franz, war er nicht. Ein begabter Freizeitmaler, der sich nie zu einem großen Werk aufschwingen konnte.

Wäre Carl als letztes männliches Kind geboren, vielleicht wäre der Name Schubert dann nicht in die Musik-, sondern in die Kunstgeschichte eingegangen. So aber gab es noch einen unter ihm, der nach oben wollte. Und so stand Carl zwischen Ferdinand und Franz, in der Mitte, doch nicht als das begünstigte Weltkind. Eingekreist von dem strebsamen, designierten Familienoberhaupt (Ferdinand) und einem werdenden Genie, das auf seine Kosten gedeiht; denn mit einem solchen Bruder aufzuwachsen, bedeutet, daß einem Kräfte entzogen werden. Die Zuneigung der Eltern, insbesondere der Mutter, die der Jüngste erfuhr, machte noch den geringsten Teil jenes Kräfteentzugs aus, unter dem Carl litt. Alles, scheint's, konzentriert sich auf Franz. Ihm wird geholfen, weitergeholfen. Die Talente Carls beachtet niemand. Carl kümmert dahin, wird zum Schatten seiner selbst. Woher soll er das Selbstgefühl nehmen? Musikalisch sind alle. Er ist der einzige, der auch malt. Es gibt manchen in Wien, dem seine Bilder gefallen. Aber künstlerisch wird er immer hinter dem jüngsten Bruder zurückbleiben, der seinerseits indes von den Talenten des älteren noch profitiert.

Wenn uns Schubert in seinen Briefen und Tagebuchaufzeichnungen auch von frühster Jugend an als brillanter, mit Sprachwitz begabter Stilist entgegentritt, sind seine anschaulichen Reiseberichte, seine grandiosen Naturschilderungen sicher auf den Einfluß seines Maler-Bruders zurückzuführen, der Franz das genaue Sehen der Landschaft gelehrt hat. Es gibt Stellen in Schuberts Briefen, die von Adalbert Stifter geschrieben sein könnten:

»Wir fuhren also weiter über Golling, wo sich schon die ersten hohen, unübersteigbaren Berge zeigten, durch deren fürchterliche Schluchten der *Paß Lueg* führt. Nachdem wir dann über einen großen Berg langsam hinaufkrallten, vor unserer Nase, so wie zu den beiden Seiten schreckliche Berge, so daß man glauben könnte, die Welt sei hier mit Bretern vernagelt, so sieht man plötzlich, indem der höchste Punct des Berges erreicht ist, in eine entsetzliche Schlucht hinab, und es droht einem im ersten Augenblick einigermaßen das Herz zu schüttern. Nachdem man sich etwas von dem ersten Schreck erholt hat, sieht man diese ragend hohen Felswände, die sich in einiger Entfernung zu schließen scheinen, wie eine Sackgasse, und man studirt umsonst, wo hier der Ausgang sei. In dieser schreckenvollen Natur hat auch der Mensch seine noch schreckenvollere Bestialität zu verewigen gesucht.«

Wirkt der Text bis hierher aber noch wie die Beschreibung eines Moritz von Schwind-Bildes, folgen nun Passagen von solch grandioser Imaginationskraft, daß sie ohne weiteres im ›Witiko‹ stehen könnten:

»Denn hier war es, wo auf der einen Seite die Baiern, und die Tyroler auf der anderen Seite der Salzach, die sich tief, tief unten brausend den Weg bahnt, jenes grauenvolle Morden vollbrachten, indem die Tyroler, in den Felsenhöhen verborgen, auf die Baiern, welche den Paß gewinnen wollten, mit höllischem Lustgeschrei herabfeuerten, welche getroffen in die Tiefe herabstürzten, ohne je sehen zu können, woher die Schüsse kamen. Dieses höchst schändliche Beginnen, welches mehrere Tage und Wochen fortgesetzt wurde, suchte man durch eine Capelle auf der Baiern Seite und durch ein rothes Kreuz in dem Felsen auf der Tyroler Seite zum Theil zu bezeichnen, und zum Theil durch solche heilige Zeichen zu sühnen. Du herrlicher Christus, zu wie viel Schandthaten mußt du dein Bild herleihen. Du selbst das gräßlichste Denkmal der menschlichen Verworfenheit, da stellen sie dein Bild auf, als wollten sie sagen: Seht! die vollendetste Schöpfung des großen Gottes haben wir mit frechen Füßen zertreten, sollte es uns etwa Mühe kosten, das übrige Ungeziefer, genannt Menschen, mit leichtem Herzen zu vernichten?«

Der Brief, unvollendet, war Ferdinand bestimmt, der um eine ausführliche Reisebeschreibung (vom Wildbad Gastein) gebeten hatte. Und obwohl es sich in gewisser Weise also um eine *Auftragsarbeit* handelt, bekundet dieser Bericht stärker noch als jede brüderliche Liebeserklärung Schuberts tiefe Zuneigung zu Ferdinand. Hier hat sich einer nicht nur redlich abgemüht, eine Bitte zu erfüllen, das ist auch mehr als ein braver Schulaufsatz oder die akkurate Aufzählung der Reisestationen. Dieser lange, nie abgeschickte und Ferdinand nach Schuberts Rückkehr persönlich übergebene Brief ist auch ein großartiges Stück Literatur und wurde als solches auch verschiedentlich publiziert, u. a. in Robert Schumanns NEUER ZEITSCHRIFT FÜR MUSIK[1], aber vor allem ist er eines der aufschlußreichsten Dokumente Schubertscher Gesinnung, ein weltanschauliches Bekenntnis, wie er es in dieser Eindeutigkeit selten gemacht hat. Die Tatsache, daß er diesen Brief nicht der Post anvertraut, sondern dem Bruder eigenhändig übergeben hat, legt die Vermutung nahe, daß er den kleinbürgerlich-ängstlichen und eher konservativen Ferdinand nicht unvorbereitet mit dieser Confessio überfallen wollte, und es ist sehr wahrscheinlich, daß er nach seiner Rückkehr von der in Begleitung Vogls unternommenen Oberösterreich-Reise dem Bruder die in dem Schriftstück ausgedrückte Gesinnung ausführlich erläutert hat.

Die historischen Fakten wird er an Ort und Stelle gehört oder in einem Geschichts- oder Heimatkundebuch, wenn auch dort gewiß mit vollkommen anderer Tendenz dargestellt, gelesen haben.

Schuberts Deutung geschichtlicher Vorgänge, seine Zusammenschau von Natur und Geschichte müssen den Bruder mehr als bestürzt haben. Und nicht minder bestürzend dürften für Carl, als er dieses Brieffragment von Ferdinand zur Illustration erhielt, die Naturauffassungen Franzens gewesen sein. Er, der den jüngeren Bruder Landschaft spätklassizistisch sehen gelehrt hatte, wird über diese düstere Darstel-

1 Das Original des Briefes ist verschollen. Schumanns unvollständiger Abdruck in der NZM vom 5. 2. 1839 geht auf eine redigierte Fassung Ferdinands zurück, veröffentlicht in dem Buch ›Der kleine Geograph‹, illustriert von Carl Schubert.

lung erschrocken gewesen sein. Franz war sich dieser schokkierenden Wirkung seines Reiseberichts wahrscheinlich bewußt, und darum hat er es auch nicht gewagt, den Brief abzuschicken. Dennoch hat er ihn nicht zurückgehalten, und dies vermutlich auch aus folgendem Motiv:

Mit diesem Brief (einem Musterbeispiel romantischer Prosa) hat Schubert seine gleichsam *natürliche* Sonderstellung in der Familie in eine *intellektuelle* verwandeln wollen. Drei Jahre vor seinem Tode, auf dem Gipfel seiner Meisterschaft (geschrieben war schon die h-Moll Symphonie, das Oktett, die ersten 20 Müllerlieder, das d-Moll Streichquartett begonnen), offenbart Franz zum ersten Male in aller Deutlichkeit seine emanzipatorische Haltung, gibt er schriftlich zu erkennen, daß er eine Außenseiterposition innehat. Und es ist bezeichnend, daß er dieses Geständnis während seiner Reise – also in großer räumlicher Entfernung von den Angehörigen – niederschreibt. Die tatsächliche Loslösung von der Familie ist zwar weit früher anzusetzen: mit Schuberts Auszug aus dem väterlichen Haus. Aber die innere und äußere Freiheit, die künstlerische und weltanschauliche Emanzipation in Worte zu fassen, offenzulegen, was er dachte und empfand, hat er erst während dieser Reise erlangt. Er brauchte die Distanz, sogar zum Schreiben. Man merkt dem Stil an, welche Überwindung es ihn gekostet hat. Mit diesem Brief war nun endlich gesagt, was gesagt werden mußte, deutlich, doch nicht verletzend. Er hat zwar nie mit seinen *Herzensgefühlen politisiert*[1], ist mit ihnen allerdings auch nicht hausieren gegangen. Er sprach selten von sich. Seine Diskretion, seine Zurückhaltung in allen persönlichen Angelegenheiten wird von den Freunden immer wieder hervorgehoben. Die Geschwister werden ähnliche Erfahrungen gemacht haben. Und dann plötzlich dieser Brief! Daß sich Ferdinand und Carl der eminenten Bedeutung dieser Aussage bewußt waren, scheint die durch die Brüder besorgte spätere Veröffentlichung

1 Brief an Ferdinand aus Zseliz (Ungarn) vom 29. Oktober 1818.

(1833) zu beweisen. Und zweifellos war ihnen auch klar, daß die düsteren Naturschilderungen Spiegelungen der Schubertschen Seelenlandschaft waren. So herb für sie auch die Erkenntnis gewesen sein mag, daß ihr jüngster Bruder nicht nur der große, sie alle überragende Künstler war, sondern vor allem ein ungewöhnlicher Mensch, der sich mehr und mehr von ihnen entfernte, sich in sich selbst zurückzog und immer eigenwilligere Wege ging: sie haben den Mut aufgebracht, dieses Dokument zu veröffentlichen. Dem Bruder konnten sie damit nicht mehr schaden. Er war tot. Sie aber hatten ihn überlebt. Sie haben deswegen nicht triumphiert. Aber sie durften milder, nachsichtiger über ihn urteilen. Auch gegenüber den Biographen. Alle Familienaussagen über Franz sind rührend freundlich. *Nihil nisi bene.* Mein lieber Sohn, unser guter Bruder. Nur das Angenehme wird erinnert. Ferdinand ist am mitteilsamsten und nutzt die Gelegenheit, auch sich selbst in helles Licht zu setzen. Was ihnen allen an Franz nicht recht geheuer war, und was sie gewurmt hat, wird unterschlagen. Gewisse Intimitäten, gewisse Peinlichkeiten, wie gesagt, gehen keinen etwas an. Das bleibt in der Familie. Schließlich war Franz einer der ihren. Man wollte zeigen, daß man stolz auf ihn war. Er stammte aus ihrer Mitte und hatte dem Namen *Schubert* zu höchstem Ansehen in der musikalischen Welt verholfen.

Schuberts Milieu (II)
Vorderansicht

Franz war etwas über vier Jahre alt, da erwarb sein Vater, mit Hilfe einer Hypothek, das Haus »Zum schwarzen Rössel« in der Säulengasse, knapp drei Minuten von der alten Wohnung entfernt, die für die siebenköpfige Familie nicht länger ausreichte. Zunächst verlegte er nur die Schule in die Säulengasse, und erst im Herbst (1801) übersiedelte er mit der Familie und dem gesamten Hausrat in das eigene Anwesen.

Allerdings besagt der Erwerb eines Hauses nicht, daß Franz Theodor während der fünfzehn Jahre Lehrtätigkeit auch nur annähernd soviel Geld erspart hatte, um sorgenfrei Eigentum zu erwerben. Die Kapitalanleihe beweist das. Seine finanzielle Situation hatte sich seit 1786 durch eine ständig wachsende Schülerzahl – im Vergleich zu den ersten Jahren, wo Schubert senior sein Einkommen durch Privatlektionen (für monatlich 1 fl. 30 kr.) anheben mußte – zwar leicht verbessert, von bürgerlichem Wohlstand indes kann kaum die Rede sein. Die zahlenden Schüler brachten wöchentlich je drei bis vier Kreuzer ein, also jährlich etwa 3 Gulden, vorausgesetzt, die Eltern zahlten wirklich; festes Gehalt bezog Franz Theodor nicht.

Im Verlauf von zehn Jahren hatte sich die Schülerzahl von anfangs 30 auf 174 erhöht. Doch da die meisten Kinder aus mittellosen Familien stammten, mußten sie unentgeltlich unterrichtet werden. (Erst ab 1807 bekam Schuberts Vater 20 bis 40 Gulden vierteljährlich für den Unterricht mittelloser Schüler; ein Betrag, der allerdings kaum die Unkosten für die Anschaffung von Lehrmaterial deckte.) Um den Kaufwert eines Gulden richtig einschätzen zu können, muß man wissen, daß man für ein Mittagessen in einem gut bürgerlichen Restaurant 30 Kreuzer (einen halben Gulden) bezahlen mußte, und daß ein möbliertes Zimmer monatlich 10 Gulden kostete.

Wenn man den günstigen Fall annimmt, daß mindestens 80 Schüler ihr Schulgeld pünktlich gezahlt haben, hätte Franz Theodor um 1800 ein Einkommen von 240 Gulden gehabt. Davon mußte er aber eine siebenköpfige Familie ernähren und kleiden, den Mietzins für Wohnung und Schule (zusammen 50 Gulden) bezahlen, Lehrmaterial anschaffen und außerdem das Gehalt für seinen Gehilfen aufbringen. Eine beschämende Existenz für einen fast 40jährigen Lehrer, der immerhin – was damals noch eine Ausnahme war – sechs Gymnasial-Klassen in Brünn (heute Brno in der CSSR) absolviert hatte.

Trotzdem versprach sich Franz Theodor von dem Kauf eines eigenen Hauses – wenigstens auf längere Sicht – eine Verbesserung der materiellen Lage: durch Wegfall der Mieten, durch zusätzliche Unterrichtszimmer (man vermutet: drei bis sieben), durch eine damit verbundene größere Schülerzahl (um 1804: 300) und die Möglichkeit, bis zu sechs Schulgehilfen einzustellen. Vor allem aber bedeutete der Umzug in das kleine zweistöckige Haus das Ende der bedrängend-engen Wohnverhältnisse.

Selbst, wenn man das heute als Museum eingerichtete Geburtshaus Schuberts mit eigenen Augen gesehen, wenn man in der winzigen Küche, wo Franz geboren, und in dem an sie anschließenden einzigen Zimmer, wo er aufgewachsen ist, gestanden hat, fällt es schwer, sich ein Bild von dem alltäglichen Leben der Schuberts in diesen anderthalb Räumen zu machen. Was dem Museum fehlt, ist der Dunst der Enge, die lärmende Gegenwart der paar Dutzend Kinder, die körperliche Nähe der Bewohner, Küchen- und Waschtopfgerüche, der Rauch des Holzfeuers. Aber auch das Mobiliar fehlt. Was besaßen die Schuberts: wieviel Betten, wieviel Stühle, Schränke und Kasten? Wie sah der Tisch aus, an dem sich die Familie zu den Mahlzeiten traf?

Ich stelle die Fragen nicht, um ein detailgetreues Interieur einer Kleinbürgerwohnung um 1800 zu rekonstruieren. Man kennt die Requisiten und Gebrauchsgegenstände. Hier geht es darum, Schuberts Umwelt zu erforschen. Wie erlebt ein dreijähriges Kind seine nächste Umgebung, was sieht es, was nimmt es wahr, wie erlebt es die Erwachsenen: als Schutzfiguren oder drohende Riesen, vor was fürchtet es sich: vor einem Besenstiel im dunklen Hausflur, vor dem Vollmond, den es zum ersten Mal am Himmel erblickt? Wie wirkt sich das Verhältnis der Eltern untereinander auf das Kind aus, wie steht das Kind zu seinen Geschwistern, wie geht es mit anderen Kindern um? Wir wissen nahezu nichts aus Schuberts ersten Lebensjahren und müssen uns daher, wie er selbst als Kind im vorsprachlichen Alter, an die zunächst schattenhaft erlebte und gesehene Umwelt herantasten, uns zurückversetzen in die eigene Kinderzeit und unsere Wahrnehmungssinne zur Erinnerung an diese frühe Zeit aufrufen, wo uns das Dunkel erschreckte, wenn wir nachts aus Träumen erwachten, wo wir aus Angst unter die Decke krochen, die Hände nach der Sonne ausstreckten, als sei's ein roter Ballon. Jedes Stück Holz ist belebt, jeder Gegenstand ein ansprechbares Wesen, dem man Freude und Ärger, Überraschung und Enttäuschung mitteilen kann.

In seinen Aufzeichnungen ›Franz Peter Schubert‹ schreibt der Vater über seinen Sohn:

»In seinem fünften Lebensjahr bereitete ich ihn zum Elementarunterricht vor, und in seinem sechsten Jahre ließ ich ihn die Schule besuchen, wo er sich immer als der erste seiner Mitschüler auszeichnete. Schon in seiner frühesten Jugend liebte er die Gesellschaft, und niemals war er fröhlicher, als wenn er seine freien Stunden in dem Kreise munterer Kameraden zubringen konnte.«

Wenn man diesen väterlichen Aufzeichnungen glauben kann – und dazu hat man alle Veranlassung –, wäre demnach für Franz die Kindheit, womit hier die Vorschulzeit gemeint ist, äußerst knapp ausgefallen. Schon mit vier Jahren mußte er sich ersten schulischen Exerzitien unterziehen, und obwohl der Lernstoff zu Beginn des 19. Jahrhunderts verglichen mit dem heutigen minimal war, konnte Franz, nach dem Umzug der Familie in die Säulengasse, doch nicht mehr frei über seine Zeit verfügen.

Es muß daher die Übersiedlung in das neue Haus in vielfacher Hinsicht für ihn eine einschneidende Veränderung bedeutet haben. Man weiß von unzähligen Erwachsenen, unter welchen Umstellungsschwierigkeiten sie nach Bezug einer neuen Wohnung leiden. Warum sollte nicht auch ein Kind darunter leiden? Der Verlust der vertrauten Umgebung, die räumliche Trennung von den Spielgefährten, die Fremdheit des neuen Quartiers sind allein schon schwer zu verkraften. Wenn ihm nun außerdem noch eine veränderte Lebensweise abverlangt wird – Anpassung nicht nur an die fremde Umgebung, sondern auch an den Stundenplan des Vaters, also Drosselung der Körpermotorik, Einschränkung der Bewegungsfreiheit durchs Gefesseltsein ans Schulpult –, ist das für den noch nicht Fünfjährigen fast eine Überforderung. Aber ich will noch einen unbeweisbaren Schritt weitergehen. Bei aller kindlichen Freude über die Begleiterscheinungen eines solchen Umzugs, dem Einpacken und Auspacken, dem Erforschen des neuen Hauses, den Entdeckungen usw., könnte am Ende doch der Trennungsschmerz überwogen haben, und möglicherweise war dieser erste Verlust der Geborgenheit außerordentlich entscheidend für Schuberts seelische Entwicklung, die dann durch den frühen Tod der Mutter einen weiteren Knick bekommen hat. Und – wie wir später noch sehen werden – scheint dieses Ur-Erlebnis »Umzug« das Syndrom zu Schuberts späterer Unstetigkeit geworden zu sein: den ständig wechselnden Aufenthalten bei Freunden und Verwandten. Steckt hier nicht die Erklärung zu seinem favorisierten literarischen Motiv des Wanderers?

Doch das liegt noch in der Zukunft. An diesem Punkt ist Franz Peter knapp fünf Jahre alt, ein Kind, und doch kein Kind mehr, da man einen fünfjährigen Jungen damals fast wie einen Erwachsenen behandelte. Viele Fünfjährige wurden bereits zu häuslichen Arbeiten herangezogen. Daß solche Kinderarbeit nicht die Ausnahme war, hat Franz Theodor immer wieder erfahren, und um dieser Tatsache gerecht zu werden, war er sogar gezwungen, vormittags und nachmittags zu unterrichten. Kindheit im Sinne einer Entwicklungsphase gab es nicht. Leopold Mozarts Ausbildung seines Sohnes zu einem kindlichen Virtuosen war keine Ausnahme. Franz Theodor Schuberts Ziel war solider, pragmatischer, dennoch nicht weniger ehrgeizig: er brauchte wackere Schulgehilfen, und solche wollte er aus seinen Söhnen machen, auch aus Franz. Und Musikunterricht war für einen angehenden Lehrer obligatorisch. Außerdem gehörte das Spielen eines Instrumentes zum guten Ton in bürgerlichen Kreisen, und der zwar arme, aber standesbewußte Vater legte Wert darauf, zumindest in Bildungsangelegenheiten nicht hinter den besseren Kreisen zurückzustehen. In seinem Buch ›Österreich wie es ist‹ schreibt Charles Sealsfield alias Carl Postl:

»Die Musik ist der Stolz der Wiener und auch so ziemlich der wichtigste Teil ihrer Bildung. Die Kinder beginnen gewöhnlich schon im vierten oder fünften Lebensjahr Musik zu lernen, und mit sechs Jahren sind sie darin schon recht geschickt.«

In dieser Hinsicht war Franz sogar spät dran. Er bekam erst mit acht Jahren seinen ersten Musikunterricht. Ein Wunderkind, wie Mozart, war Schubert also nicht, und es lag auch keineswegs in Vater Schuberts Absicht, ein solches aus ihm zu machen. Man weiß von seinen wütenden Ausfällen gegen Franz, als er erfuhr, daß dieser heimlich komponierte und schließlich sogar durchblicken ließ, daß er die Musik zu seinem Beruf erwählt habe.

Man kann sich natürlich fragen, wann denn dieses Kind eigentlich Gelegenheit gehabt habe, seine kreativen Fähigkeiten auszubilden, da ihm zum Spielen – worin wir heute die wichtigste Voraussetzung zur Phantasiebildung sehen – allenfalls zwei oder drei Jahre zur Verfügung standen. Man kann weiter fragen: was hat Franz gespielt, womit?

Die Erzeugnisse der Spielzeugmanufakturen im 18. und 19. Jahrhundert waren ebenso vielseitig wie phantastisch. Sie reichten vom Hampelmann, dem handgeschnitzten Kasper bis zur vollmechanisierten Puppe, vom einfachen Holzgewehr bis zur silberbeschlagenen Kinderflinte, von der roh gezimmerten Puppenküche bis zur naturgetreuen Nachbildung komplett eingerichteter Schlösser, Bürgerhäuser oder Handelsmagazine. Eine Erwachsenenwelt en miniature mit winzigen Porzellanservices, Nippesfiguren und Möbeln. Doch alle diese Artikel, oft höchst künstlerische Schöpfungen, kosteten viel Geld und waren daher nur dem Nachwuchs des Adels oder dem wohlhabender Bürger vorbehalten. Die Kinder des Mittelstandes konnten froh sein, wenn sie eine selbstgefertigte Puppe, einen Hampelmann oder ein Steckenpferd besaßen.

Es lassen sich nur Spekulationen darüber anstellen, womit die Schubertschen Kinder spielten. Soviel aber dürfte feststehen, daß das Angebot nicht sehr groß war, auch, daß nicht jedes Kind seine eigenen Spielsachen hatte. Wie Franz als letztgeborener Junge zweifellos in den abgelegten Kleidungsstücken der älteren Geschwister aufgewachsen ist, der toten wie der am Leben gebliebenen, darf man vermuten, daß er auch nur von den Älteren übernommenes Spielzeug besaß.

Franz Theodor war auf dem Lande groß geworden, und da hatte ein Holzstück, ein Haselnußstecken und ein zur Trommel erklärter alter Kochtopf den Kindern zum Spielen genügt. Warum sollten es seine Kinder besser haben? Vater Schubert war ein Mann des 18. Jahrhunderts. Spielen war unnützer Zeitvertreib. Schon ein Drei- oder Vierjähriger wurde zu sinnvoller Arbeit angehalten. Mit dem Schuleintritt schließlich war das Kindsein ein für alle Male zu Ende.

Wie ein Kind zu sein habe, beschreibt und rät Andreas Christoph Graf in seinem 1745 veröffentlichten Gedicht *Der höfliche Schüler,* in dem jede Form von Spiel und Sport verpönt wird: Spielen ist *heillos,* Spielen ist *Müßiggang,* Schlittenfahren bringt Gefahren mit sich, zum Baden ist »kein Grund« für einen strebsamen Schüler. – Solchen Ansichten dürfte auch Franz Theodor gehuldigt haben. Und zumal bei den engen Wohnverhältnissen auf dem Himmelpfortgrund versteht sich für ihn, den durch pausenloses Unterrichten nervlich Strapazierten, quasi von selbst, daß die Motorik der eigenen Kinder auf ein Mindestmaß reduziert werden mußte. Herumtollen und Lärmen der Kleinen in dem einzig vorhandenen Zimmer: das war nicht möglich. Also hatte das Spielen im Hof oder auf der Straße stattzufinden.

Als Jean Pauls ›Levana‹ erschien, war Franz schon neun Jahre alt, und in den Augen des Herrn Papa kein Kind mehr. Doch selbst wenn dieses romantische Erziehbuch zehn Jahre früher erschienen wäre, hätte der alte Schubert davon wohl kaum Notiz genommen oder aber nach dem Lesen der ersten Seiten festgestellt, daß ein solcher Rousseauismus ins Verderben führen muß. Sollte er, der gelernte Pädagoge, der es nur durch strenge Zucht geschafft hatte, zum städtischen Lehrer zu avancieren, sich von einem Romanschreiber sagen lassen, daß Erziehung wenig wirke? War die Forderung nach *freier Luft* und *freiem Äther* nicht ein Plädoyer für noch ganz andere Freiheiten, die in einigen Ländern Europas unter dem Begriff Liberalismus durchgesetzt werden sollten? Vor solchen Bestrebungen konnte es dem kaisertreuen Untertanen nur grausen. Seine Schüler und seine Kinder jedenfalls würden nicht in diesem neuen Geiste aufwachsen. Dafür würde er sorgen.

Und wenn es die Kinder schon nach Spiel und Unterhaltung gelüstete, dann müßten es Spiele und Unterhaltungen sein, die auf den Ernst des Lebens vorbereiten. Fang- und Ballspiele, Kreisel und Radschlagen mochten für die Kleinen harmlos sein. Doch sollte ein Fünfjähriger schon wissen, daß solch ein Zeitvertreib die sittlichen Kräfte nicht fördert. Schließlich gab es auch Denk- und Rätselspiele, gab es vor allem lehrreiche Bücher mit biblischen Geschichten, frommen Legenden, moralischen Erzählungen, die im Familienkreise vorgelesen werden konnten. Daran sollten die Kinder sich erbauen, um dermaleinst zuverlässige Staatsbürger zu werden, Schulmeister die Söhne, Schulmeisters-Gattinnen die Töchter.

Die paradiesische Kinderwelt eines Ludwig Richter war dem Lichtentaler Grundschullehrer so fern wie die neuen Erziehungsideale der Basedow, Campe, Salzmann oder Weiße. In seinem Unterricht wurde gepaukt. Für Neuerungen war der böhmische Bauernsohn nicht zu haben. Am meisten wird wohl der ungeliebte Ignaz unter diesem strengen Regiment des Vaters gelitten haben. Ignaz war der erste, an dem der Vater seine pädagogischen Fähigkeiten ausprobierte, mit dem Erfolg, daß er den körperlich Verkrüppelten zur gänzlichen Lebensuntüchtigkeit verbog. Franz hatte etwas mehr Glück, da der Vater inzwischen schon einiges gelernt haben dürfte, obwohl, bei seiner seelischen Starrheit, so sehr viel Beweglichkeit nicht drin war. Immerhin war er bei Franzens Geburt Mitte Dreißig, was damals als ein gesetztes Alter galt. Richtig jung gewesen ist er aber vermutlich nie, und durch den Vorsprung von sechs Jahren, den seine Frau hatte, ist er selber wahrscheinlich noch rascher gealtert. Milder ist er bis zuletzt nicht geworden, aber im Verhältnis zu dem Jüngsten, anfangs zumindest, etwas weniger rigide. Zu beschäftigt mit seinem Schuldienst – sein ganzer Ehrgeiz ging dahin, aus der heruntergewirtschafteten Schule am Himmelpfortgrund wieder (oder zum ersten Male) eine Musteranstalt zu machen – hat er bei Franz anfangs sicher manches durchgehen lassen, was er bei Ignaz nie hätte durchgehen lassen. Das sollte sich jedoch später ändern, als Franz sich nicht so entwickelte, wie Franz Theodor es erwartet hatte. Nun freilich kam die Strenge zu spät.

Franz besaß als einziger den Mut, gegen den Vater zu rebellieren. Ignaz raunzte nur vor sich hin, muckte hinter Franz Theodors Rücken auf, murrte und knurrte, doch letzten Endes duckte er vor ihm. Carl fügte sich und suchte später sein Glück in der eigenen Familie. Ferdinand paßte sich an. Er war als Stammhalter eingesetzt, er glich dem Vater auch am meisten. In ihm sah Franz Theodor seinen Nachfolger, einen Menschen seines Vertrauens und – wenn er auch von republikanischen Einrichtungen nicht viel hielt – eine Art Familiensprecher, dem der Autokrat ein gewisses Mitspracherecht einzuräumen bereit war. Ignaz, Carl und Ferdinand hätten es niemals zum offenen Bruch mit dem Vater kommen lassen. Das hatte nur Franz gewagt. Und diese Stärke, sich mit Franz Theodor anzulegen, scheint mir geradezu der Beweis, daß seine Erziehung anders verlaufen sein muß als die der Brüder. Denkbar wäre, daß der Vater sich beim Jüngsten nicht mehr so hineingehängt hatte, daß er glaubte, sein pädagogisches Soll schon erreicht zu haben, daß das, was er in die ersten Kinder investiert hatte, sich bei den letzten (Franz und Maria Therese) von selbst auszahlen würde.

Dennoch bleibt ziemlich unerklärlich, wie bei den geringen Anregungen des Kleinen, der wohl nie ein Kinder- oder Märchenbuch besessen und gelesen hat und bestimmt nicht wie Goethe mit den ›Vier Haimonskindern‹, dem ›Eulenspiegel‹, der ›Schönen Melusine‹ oder dem ›Fortunatus‹ aufgewachsen ist, sich dessen Phantasie so reich entwickeln konnte. Oder war es gerade der Umstand, daß er auf solche Leseanregungen, aber auch schon auf glückliche und beglükkende Kinderspielzeuge hatte verzichten müssen, der seine Einbildungskraft förderte?

Doch wenn, um es zu wiederholen, auch nicht von einem Wunderkind Schubert die Rede sein kann (allerdings besagt der relativ späte Unterrichtsbeginn im Violinspiel keineswegs, daß der kleine Franz nicht lange vorher schon ein reges Interesse an Musik bekundet hat), so erstaunt dennoch, in welch kurzer Zeit er seine Talente entwickelt hat. Mit zehn Jahren spielt er drei Instrumente (Violine, Viola und Klavier) und singt im Kirchenchor, mit elf übernimmt er Sopransoli, wird in Orgelspiel, Harmonielehre und Generalbaß unterwiesen, besteht kurz darauf vor der strengen Jury (Salieri und Eybler) die Aufnahmeprüfung fürs k. und k. Konvikt und schreibt bald darauf seine ersten Kompositionen. Die Breite der Ausbildung und die rasche Bewältigung dieses Pensums muß aber um so mehr erstaunen, wenn man bedenkt, daß Schubert daneben die Pflichten eines Schülers zu erfüllen hat, täglich also mehrere Stunden Latein, Mathematik, Naturgeschichte, Geographie büffeln muß, dies alles neben regelmäßigen Messebesuchen, Chorsingen und Orchesterproben.

Angeborene Musikalität? Für zwingender halte ich die Frage, welche Anregungen jemand empfängt. Man darf nicht vergessen, daß Schubert in einem Hause aufgewachsen ist, wo in jeder freien Minute musiziert wurde. Er ist also mit Musik großgeworden: mit Instrumenten, mit Noten, mit dem Stimmen der Instrumente, mit dem Einstudieren kammermusikalischer Werke. Und da Kinder gern die Tätigkeiten der Erwachsenen imitieren, jedes Spiel im Grunde als Imitation beginnt, hat Schubert vermutlich schon als Drei- oder Vierjähriger »Musikmachen« gespielt, wozu ihm vielleicht schon ein Küchenbrett der Mutter und ein Kochlöffel genügte, und ich bin überzeugt, daß ein Kind in diesem Alter, wenn es immer wieder Musik hört, etwas von der Organisation eines Kunstwerks begreifen lernt. Ihm teilen sich gewisse formale Abläufe mit, vor allem aber wird es für rhythmische Vorgänge sensibilisiert. Und wenn, wie es heißt, im Anfang der Rhythmus war, dann darf man vermuten, daß Schuberts ausgeprägter Sinn für rhythmische Vielfalt – und Schuberts hochdifferenzierte Rhythmik ist für mich das eigentlich Neue an seiner Musik, die ständige Quelle seiner *Inspiration* – sich in diesen frühen Jahren entwickelt hat. Für dieses Kind, dessen bin ich sicher, bedeutete Musikmachen nicht Lärmmachen, Trommeln nicht Krachschlagen. Musik hat er erlebt als Bewegung, als Körpergefühl. Sie ist für ihn zeitlebens etwas Somatisches geblieben, unmittelbarer körperlicher Ausdruck seiner Schmerzen und Gefühle. In diesem – allerdings auch nur in diesem – Sinne haben jene poetisch empfindenden Biographen recht, wenn sie aus Schuberts Werken den »Aufschrei des menschlichen Herzens« hören wollen, und Schuberts Tagebucheintragung aus dem Jahre 1824 scheint eine solche Auslegung als richtig zu bestätigen:

»Meine Erzeugnisse sind durch den Verstand für Musik und durch meinen Schmerz vorhanden . . .«

Woraus man jedoch nicht ohne weiteres ableiten sollte, der Akt des Komponierens sei ein rein kompensatorischer gewesen. Ich finde es richtiger, Schuberts Aussage wörtlich zu nehmen: daß er seinen Schmerz in ganzer Intensität erst in der Musik erlebt hat, daß der Schmerz in der Musik erst Gestalt angenommen hat. Man weiß, daß Kinder nicht selten ihren Schmerz singend, also durch körperliche Aktivität, artikulieren, und diese Grunderfahrung (etwas aus sich heraus singen zu können) ist für Schubert bestimmend geblieben. Darum ist es auch kein Zufall, daß seine gewichtigsten Aussagen im Lied erfolgt sind, wobei dem Wort, wie ich glaube, eine unmittelbar autobiographische Bedeutung zukommt. Dafür spricht übrigens, daß Schubert öfter Zitate aus von ihm vertonten Liedern als Illustration seiner jeweiligen psychischen Verfassung anführt, etwa in dem berühmten Brief an Leopold Kupelwieser, ebenfalls aus dem Jahre 1824:

»›Meine Ruh ist hin, mein Herz ist schwer, ich finde sie nim̄er und nim̄ermehr‹, so kann ich wohl jetzt alle Tage singen . . .«

Wenn man außerdem die enormen physischen Belastungen berücksichtigt, unter denen bereits der Konviktorist Schubert komponiert hat – nämlich nach Erledigung der schulischen Arbeiten und der Internatspflichten – wird die Beziehung zwischen Psyche und Soma und die aus der körperlichen Erschöpfung sich entwickelnde Phantasietätigkeit vielleicht noch einleuchtender; denn sehr oft resultiert schöpferische Hochstimmung gerade aus einem körperlichen Minus, ist euphorische Kreativität die Kehrseite physischer Depression. Der scheinbare Überschuß an Energie nicht selten ein Kraftakt.

Zu verkraften hatte der Fünfjährige viel, da ihm ein Ausleben, ein Auskosten der Kindheit, des Kindseins nicht gestattet war. Konnte er vor dem Schuleintritt durch Spielen und Herumtollen auf dem Hof und auf der Straße die triste Alltagswelt noch aufhellen, ging nach der Einschulung dieser Freiraum weitgehend verloren. Infolge der gedrosselten Motorik – so scheint es – entwickelt sich Phantasie. Bei ihm äußert sie sich im instrumentalen Phantasieren. Die graue Umwelt wird zum farbigen Klang. Die technischen Schwierigkeiten, die bewältigt werden müssen, erlebt das Kind als aktive Auseinandersetzung mit dem Störenden. Der *Kampf mit der Materie* ist der Kampf gegen die Welt, von der Schubert später gesagt haben soll, ihm komme es manchmal vor, als gehöre er gar nicht mehr in diese.

In der benachbarten Klavierwerkstätte, wohin es ihn immer wieder als Kind zieht, nimmt er teil am Bau der Instrumente, probiert er Akkorde, versucht er, Melodien zu spielen. Seine Schwester berichtet davon. Das Interesse spricht freilich noch nicht für eine frühentwickelte Musikalität, wie Resi meint. Die Werkstätte bedeutet *Gegenwelt.* Auch andere Kinder würden mit der gleichen Freude, mit der gleichen Neugier einen solchen Ort aufsuchen. Nur gibt es nicht allerorts Klavierbauer. Dafür andere Handwerksbetriebe. Die Neugier gilt zunächst der berufsspezifischen Arbeit: dem Tischlern, dem Beizen, dem Zusammensetzen der Teile. Doch was da entsteht, sind keine Schränke oder Tische, sondern Klaviere, und Schubert – das ist der Unterschied – kommt aus einem musikalischen Hause, wo der Vater und die älteren Brüder fast täglich musizieren, die Violine, die Bratsche oder das Cello spielen. Das freilich sind Instrumente, die man wegen ihrer Empfindlichkeit einem Vier- oder Fünfjährigen nicht gern in die Hand gibt. Ein Klavier indes ist robuster. Da kann ein Kind keinen Schaden anrichten. Und so gestattet der freundliche Klavierbauer dem Kind aus der Nachbarschaft *das Klimpern,* das schließlich zum Handwerk wird bzw. in diesem Falle zur späteren Wertschätzung des Handwerks führt.

Franz imitiert im Spiel zunächst die Erwachsenen, und es geschieht dies außerhalb des häuslichen Kreises und folglich nicht unter Aufsicht des Herrn Papa, dessen gefürchtete Autorität hier außer Kraft gesetzt zu sein scheint. Das aber bedeutet: Franz wird selbständig. Er begibt sich aus dem Dunstkreis der Eltern hinaus und entdeckt eine neue Realität: die größere Welt, die *Welt der Töne.* Zugleich aber auch entdeckt er sein Ich. Das Klavier als Instrument ist die Außenwelt: fremde Materie. Die Töne jedoch, die Franz erzeugt, reproduzieren seine Innenwelt. Erik Erikson nennt die bei Vier- und Fünfjährigen energiebesetzten inneren Vorgänge *Entwicklung der Autonomie,* die Voraussetzung für Eigeninitiativen, die besonders stark sind in Fällen, wo das Kind ein stabiles *Urvertrauen* fassen kann. Bei Franz war dies eindeutig gegeben durch den großen Familienverband und die intensive Gefühlsbeziehung der Mutter zu ihrem jüngsten Sohn, die sich im Bewußtsein des Kindes noch dadurch potenzierte, als die emotionale Bindung des Vaters an den Sohn eher schwach entwickelt war.

Mit dem Erwachen des Selbst-Bewußtseins gelingt ihm die erste Ablösung von der Mutter (die wichtigere zweite allerdings gelang ihm zeitlebens nicht), er kann tätig in das Geschehen um ihn herum eingreifen, etwas *machen:* den Klängen des Klaviers, den von ihm produzierten Tönen und Akkorden nachlauschend, schafft er sich seine eigene Welt. Er wird zum Beherrscher der Geister, die einst das Gemüt des Kindes in Furcht und Schrecken versetzt haben. Verzärtelt und schwach war er sicher nie gewesen, gleichwohl kein Rabauke. Er brauchte das Fürchten nicht zu erlernen. Die Zeit, in der, die Umstände, unter denen er aufwuchs, hatten ihm das schon beigebracht. Vieles machte ihm Angst: die knarrende Treppe, das Dunkel im Stiegenhaus, das Gejohle der Betrunkenen, das Rollen der Wagenräder, das ihn aus dem Schlaf weckte. Wenn die Welt nicht voller Teufel war, so war sie doch voller Dämonen, Riesen, Zwerge, die im Alkoven, im Hof, hinter Büschen dem Kleinen auflauerten.

Jetzt kann er sie bannen. Die Schwingungen der Töne, die von den Klängen vibrierende Luft verschaffen Franz ein körperliches Wohlgefühl. Er erfährt, daß er sich mit der Musik einen Schutzwall gegen drohende Gefahren erbauen kann, daß die Töne gute Geister herbeirufen, die die bösen vertreiben. Das Klavier wird zum Medium.

Aus dem Spielen *mit dem Instrument* wird das Spielen *des Instruments,* der Instrumente. Aus dem Vergnügen wird Ernst, aber aus dem Ernst leitet sich höheres Vergnügen ab. Und falls der väterliche Unterricht Dressur gewesen sein sollte, hat Franz es nicht so empfunden. Wenn er später etwas zu kompensieren hatte, dann nur den frühen Verlust der Kindheit. Lange versucht er, diese nachzuholen.

Im Gefängnis

Am 3. August 1808 erschien in der amtlichen WIENER ZEITUNG eine Annonce, die für die Musikgeschichte so bedeutend werden sollte wie für die europäische Politik der Aufstand in Madrid[1] gegen die napoleonischen Truppen am 2. Mai jenes Jahres. Sie lautete:

Erledigte Sopranistenstelle
im k. k. Konvikte

Zu Ende des gegenwärtigen Schuljahres wird in dem k. k. Konvikte eine Stelle für einen Sopranisten erledigt. Wer für seinen Sohn oder Mündel diesen Platz zu erhalten wünscht, hat bei der Direktion des genannten Konviktes, wo am 1. Oktober früh um 9 Uhr die Prüfung vorgenommen werden wird, zu erweisen, daß der Kandidat in die erste lateinische Klasse eintreten könne, eine gute Singstimme besitze und im Singen gut unterrichtet sei. Vorläufig aber ist mit Zeugnissen der Fortgang des Kandidaten in den letzten zwei Semestern und dessen körperliche Gesundheit, wie auch, daß er die Pocken bereits überstanden habe, bei der erwähnten Direktion auszuweisen.

Von der k. k. ni. öst. Landes-Regierung. Wien am 11. Juli 1808.

Jos. Schürer v. Waldheim, Sekretär.

Vater Schubert bewarb sich für seinen jüngsten Sohn um die vakante Stelle. Die erforderlichen Voraussetzungen besaß Franz Peter. Fast sechs Jahre hatte er die väterliche Schule besucht und war daher, vom Lehrer-Vater vermutlich strenger und unnachsichtiger angepackt als die meisten Mitschüler, auch genügend vorbereitet, in die erste Lateinklasse einzutreten. Auch die Pocken scheint Franz zu dieser Zeit schon überstanden zu haben. Was den Besitz einer guten Singstim-

1 Vgl. Goyas Bild »Erschießung spanischer Bürger«.

me betraf, brauchte der Vater sich nicht zu sorgen. Seit über drei Jahren schon wirkte Franz im Chor der Lichtentaler Pfarrkirche mit, hatte zunächst die Singstunden besucht und war dem *Regens chori* Michael Holzer sofort aufgefallen durch seine hohe Musikalität sowie eine sichere und angenehme Stimme. Der Eifer des kleinen Schubert war so groß, seine musikalische Intelligenz so wach, daß Holzer ihm bald auch den Unterricht in Theorie (Kontrapunkt und Generalbaß), Orgel, Klavier und Violine erteilte, also keine Spezialisten-Ausbildung, aber auch keine Höhere-Tochter-Erziehung zum dilettierenden Ein-Mann-Orchester.

Holzer, »ein etwas weinseliger, aber gründlicher Kontrapunktist«[1], soll Vater Schubert, oft mit Tränen in den Augen, immer wieder versichert haben, einen solchen Schüler habe er noch nie gehabt, dem Franzl stecke die Harmonie im kleinen Finger und

»wenn ich ihm was Neues beibringen wollte, hat er es schon gewußt. Folglich habe ich ihm eigentlich keinen Unterricht gegeben, sondern mich bloß mit ihm unterhalten und ihn stillschweigend angestaunt.«

Letzteres dürfte allerdings bei dem vermutlich oft angetrunkenen Chorleiter nicht ausschließlich ein Beweis seiner Bewunderung gewesen sein, sondern ein bißchen auch Folge seiner unter Alkoholeinfluß geminderten pädagogischen Präsenz; dennoch hat Meister Holzer seinem genialischen Schüler eine solide handwerkliche Basis gegeben, was Franz zeitlebens dankbar anerkannt und durch die Michael Holzer gewidmete erste Messe auch ausgedrückt hat. Franz Theodor konnte also, wie die Dinge standen, der strengen Auswahl-Prüfung seines Sohnes durch die Herren Eybler, Salieri und Korner ruhig entgegensehen.

Am 1. Oktober[2] 1808 begab sich der elfjährige Franz in

1 Aus den Mitteilungen von Schuberts Konvikts-Kommilitonen Anton Holzapfel (1792–1868), Magistratsrat in Wien.

2 Nach dem Datum des Prüfungszeugnisses war es der 30. September. Möglicherweise war der 1. Oktober der Tag der schulischen Aufnahmeprüfung.

einem *lichtblauen, weißlichen Rock*[1] von Lichtenthal in die Innere Stadt zum Universitätsplatz, an dem das Konvikt noch immer steht, um sich von den Juroren examinieren zu lassen. Das Resultat war eindeutig. In Salieris Annahme-Begründung (das Dokument ist verlorengegangen) hieß es u. a.:

»Fra li Soprani li migliori sono: Francesco Schubert, e Francesco Müllner . . .«

Für sechs Jahre mußte Franz nun, zum ersten Mal von seinen Angehörigen getrennt, die betreßte Konviktsuniform[2] tragen, den Schulunterricht besuchen und als Hofsängerknabe (bis zum Stimmbruch) in der Augustinerkirche zu Gottes und des Kaisers Ehre liturgische Texte singen.

Neben (und dies im wörtlichen Sinne) den schulischen Fächern Religionslehre (an erster Stelle), Latein, Sprache, Stil, Mathematik, Naturgeschichte und Naturlehre, Geographie und Geschichte wurden die Zöglinge, außer im Singen, auch im Violin- und Klavierspiel unterrichtet. War das Konvikt also eine Art musisches Gymnasium? Ja und nein.

Das kaiserlich-königliche Stadtkonvikt war 1803 von Franz II. gegründet worden, als Ersatz für das von Joseph II. aufgelöste kaiserliche Konvikt bei St. Barbara, das von Jesuiten geleitet worden war. Das neue Institut unterstand den Piaristen, dem Orden der *Fratres piae scholae,* der »Armen der Mutter Gottes zu den hohen Schulen«. Einziger Zweck der Ordensleitung war die dem Kaiser so wichtige Überwachung seiner restaurativen Erziehungspolitik durch die Geistlichkeit. Diese war nicht nur verpflichtet zur Durchsetzung seiner pädagogischen Ideale, sondern hatte auch Spitzeldienste zu leisten und jede verdächtige Regung unter den Zöglingen unverzüglich zu denunzieren.

1 Mitteilung von Ferdinand Schubert.

2 »Sie bestand aus einem altmodischen niederen Dreispitz, weißem Halstuch, einem ausgeschnittenen Rock von schwarzbrauner Farbe mit einer kleinen goldenen Epaulette auf der linken Achsel, lichten, glatten Knöpfen, altväterlicher Weste über den Bauch hinunter, kurzen Beinkleidern mit Schnallen, Schuhen mit Schnallen. Einen Degen durften die Konviktisten nicht tragen.« (O. E. Deutsch)

Eine Wohltätigkeits-Institution, um mittellosen Kindern eine Gymnasial-Ausbildung zu ermöglichen, war das Konvikt keineswegs. Es gab eine Anstalt für Adelige und eine für die Söhne von Beamten, und nur die letztgenannten, wozu auch Schubert zählte, waren Stipendiaten, die die vom Kaiser beigesteuerten Schulgelder als Sängerknaben in der Hofkapelle »abzusingen« hatten, wohingegen für die adeligen Konviktisten das Fach Musik nicht obligat war.

Der in der Wiener Vorstadt »im Kreise munterer Kameraden« aufgewachsene Schubert empfand das Leben in den nüchtern-kahlen Konviktsräumen, vor allem aber die paramilitärische Disziplinierung der Schüler (Prügelstrafe und Karzer gehörten zu den geläufigsten Erziehungsmethoden), die beorderten Messebesuche sowie die täglichen Gebetsstunden und das wöchentliche Beichten als unerträglichen Zwang. Kein Schüler durfte allein das Konvikt verlassen, nur in Gruppen und unter geistlicher Bewachung die Straße betreten. Wer sich dennoch in die Stadt gewagt hätte, wäre sofort an der Stiftsuniform erkannt worden.

Welchen Repressalien Jugendliche in solchen k. und k. Schleifanstalten ausgesetzt waren, hat hundert Jahre später Robert Musil in den ›Verwirrungen des Zöglings Törless‹ dargestellt. Zur Zeit Schuberts dürften die Verhältnisse eher noch drastischer gewesen sein. In ihrer Phobie vor einer bürgerlichen Revolution verlangten die um ihren Thron bangenden Monarchen von ihren Untertanen striktesten Gehorsam. In Instituten wie dem k. k. Konvikt konnte diese bedingungslose Unterwerfung unter die Staatsraison den Heranwachsenden durch Zusammenspiel von Kirche und Hof am nachdrücklichsten eingepaukt werden.

Die von Schuberts Mitschüler Anton Holzapfel beschriebene »glückliche Marotte« des Konviktsdirektors, des geistlichen Herrn Hofrat Innocenz Lang, die darin bestand,

»ein volles Orchester lediglich aus Konviktszöglingen zusammenzustellen und uns junge Leute des verschiedenen Alters und kaum zureichender musikalischer Kenntnisse dahin zu dressieren, daß wir täglich abends eine ganze Sinfonie[1] und zum Schluß eine möglichst rauschende Ouvertüre aufzuführen vermochten«.

– gehörte noch zu den relativ harmlosen Dressurakten dieses Mannes, der selber zwar unmusikalisch, aber ehrgeizig und machtbesessen war. Dieser Hofrat, die Antizipation eines Professor Unrat und zugleich dessen schlimmere Variante, ein Katheder-Tyrann, der jeden Anflug von Ungehorsam drakonisch bestrafte, Störenfriede sofort in den Karzer stecken ließ, sorgte denn auch nicht selten dafür, daß Schüler, die sich mehrfach unangepaßt verhalten hatten, ihr Stipendium verloren.

Schuberts Freund Josef Kenner berichtet von einem Aufstand im Jahre 1813, als Klassenkameraden den heimlich zu Karzer verurteilten Johann Bacher mit Gewalt befreien wollten:

»Senn[2] war Teilnehmer, wie Rueskäfer, der nun Unterstaatssekretär im Finanzministerium ist. Rueskäfer trat sogleich freiwillig aus dem Konvikte; Senn verlor seinen Stiftsplatz, weil er, obschon arm, nicht gegen seine Überzeugung zur Anerkennung der Rechtmäßigkeit jener Strafe sich verdemütigen konnte; seine Freisinnigkeit wurde anrüchig, seine Unbeugsamkeit schien gefährlich. Ich habe ihn nicht mehr gesehen. Schubert dürfte er schon früher im Konvikt gekannt haben; später muß er ihn wohl bei Spauns oder Mayrhofer – vielleicht bei Schober – gesehen haben.«

Verantwortlich für die Relegierung Senns war hauptsächlich dieser Innocenz Lang, der auch Schubert mehrfach »we-

1 Nach Eduard Hanslick wurden vor allem Symphonien von Haydn und Mozart sowie Ouvertüren von Cherubini und Weigl gespielt.

2 Johann Chrisostomus Senn (1795–1857), dessen Gedichte ›Schwanengesang‹ und ›Selige Welt‹ Schubert 1822 vertonte, wurde im Frühjahr 1820 wegen revolutionären Verhaltens (u. a. hat man ihm auch Atheismus vorgeworfen) aus Wien ausgewiesen und lebte dann, unter ständiger Polizeiaufsicht, in Tirol, erst als Soldat, später als Kanzlist einer Anwaltskanzlei. In dem Protokoll über den o. e. Aufstand wird sein Name nicht genannt. Franz von Bruchmann hat Senn in Innsbruck besucht und Schubert vermutlich dessen Gedichte überbracht.

gen Vernachlässigung aller Disziplinen« mit Ausschließung gedroht und letztlich auch zu dessen vorzeitigem Verlassen des Konvikts beigetragen hat; denn Schubert, dem der Zwang einfach unerträglich geworden war, weigerte sich 1813, ins Konvikt zurückzukehren. Er *ging durch,* wie Franz von Schober es nannte.

Schon im Kriegsjahr 1809 (am 13. Mai war Wien nach fünftägiger Beschießung, bei der auch das Konvikt einen Treffer erhielt, an die Franzosen gefallen) hatte Schubert seinem damals liebsten Freund, Josef von Spaun, als dieser im September die Anstalt verließ, gesagt:

»Sie Glücklicher entgehen jetzt dem Gefängnis, mir ist so leid, daß Sie fortkommen.«

Diese Worte sagen deutlich genug, wie Schubert unter diesem Anstaltsleben gelitten hat, und man muß es schon für Zynismus halten, wenn der berühmte und gefürchtete Musikkritiker Hanslick in seiner Erinnerung an Schuberts Geburtstag 1863 in der Wiener PRESSE schrieb, das Konvikt sei

»ein Konservatorium im kleinen Stil (gewesen), gleichsam ein letzter weltlicher Nachklang jener segensreichen Sängerschulen, in welchen früher Klöster und Domkapitel für die Heranbildung junger Sänger vorsorgten«.

Dennoch hat Schubert dem Konviktsaufenthalt außerordentlich viel zu verdanken gehabt. Er erhielt eine umfassende musikalische Ausbildung, lernte Klang und technische Möglichkeiten des klassischen Orchesters kennen, hatte in dem Tschechen Wenzel Ruzicka, Hoforganist und Bratschist am Burgtheater, einen erstklassigen Lehrmeister und generösen Förderer, der allerdings bald gestehen mußte – womit musikalische Enthusiasten, besonders in Österreich, offenbar schnell bei der Hand sind –:

»Dem kann ich nichts mehr lehren, der hat's vom lieben Gott gelernt!«

Aber so wichtig die geradezu universale musikalische Ausbildung, die praktischen Erfahrungen als Instrumentalist und Dirigent, als Sänger und Begleiter für den Komponisten

Schubert auch gewesen sind, genauso wichtig, wenn nicht für seine künstlerische Existenz noch wichtiger, waren die zahlreichen Freundschaften, die Franz im Konvikt schloß. Und da er, wie Anton Holzapfel berichtet, schon »nicht zu den besonderen Lieblingen der geistlichen Herren Professoren« gehörte, wurden diese Freundschaften um so notwendiger für ihn, da die Sympathie und die hilfreiche Unterstützung dieser jungen Leute ihm das Anstaltsleben wesentlich erleichterten. Zu Schuberts Freunden aus der Konviktszeit gehörten, neben den schon genannten Holzapfel und Spaun: Josef Kenner, Georg Franz Eckel, Albert Stadler, Josef Kleindl und Benedikt Randhartinger. Vor allem aber war es der neun Jahre ältere Spaun, der ein lebhaftes Interesse an dem hochmusikalischen Jungen gefaßt hatte.

In seinen Erinnerungen an Schubert erzählt Spaun, wie er ihn einmal im Musikzimmer beim Üben einer Mozart-Sonate angetroffen und daß er darauf »ein Menuett von seiner eigenen Erfindung« gespielt habe:

»Er war dabei scheu und schamrot, aber mein Beifall erfreute ihn. Er vertraute mir an, daß er seine Gedanken öfter heimlich in Noten bringe; aber sein Vater dürfe es nicht wissen, da er durchaus nicht wolle, daß er sich der Musik widme. Ich steckte ihm dann zuweilen Notenpapier zu.«

Ob Franz Theodor damals schon vom Umfang der kompositorischen Tätigkeit seines Sohnes wußte, ist ungewiß. Möglich, daß er die eine oder andere kleine Komposition zu sehen bekommen hat. Aber dagegen hätte er wohl kaum etwas eingewendet, da auch Ferdinand sich gelegentlich mit dem Aufzeichnen musikalischer Gedanken befaßte. Was den Vater beunruhigte war, daß Franz in den schulischen Leistungen nachließ, und darum hielt er jede Ablenkung von den Pflichten eines Schülers für bedenklich.

Vermutlich war Spaun der erste, dem Schubert seine kompositorischen Neigungen anvertraute; eine Gunst, die der wesentlich Ältere durch sein Interesse und durch Sympathiebekundungen erworben hatte. Schubert sah in ihm vermutlich eine kritische Instanz, einen Mann von Geschmack und Bildung. Was er brauchte, war ein künstlerischer Gedankenaustausch, das Gespräch, und mit Gleichaltrigen hätte er vermutlich kaum über seine Probleme sprechen können. Weniger, weil er sie für inkompetent in musikalischen Fragen hielt (in der Praxis wären die meisten ja dem Juristen Spaun[1] überlegen gewesen), als vielmehr, weil er nach einer erwachsenen Vertrauensperson suchte, die er weder in den Lehrern noch in seinem Vater fand. Der belesene Spaun wird es auch gewesen sein, der den angehenden Komponisten mit den klassischen und modernen Werken der Literatur bekannt gemacht hat; denn wenn man sich die frühen Vertonungen Schuberts ansieht, wirkt die Auswahl der Texte verblüffend. Zwei Dichter haben es dem Vierzehnjährigen besonders angetan: Schiller und Matthisson.

Will man sich der infolge ständigen (biographischen) Repetierens gleichsam kanonisierten Auffassung anschließen, daß Schubert mit Goethes »Gretchen am Spinnrad« sein erstes Wunderwerk, einen ganz neuen Lied-Typus mit ganz originalem Ton geschaffen hat, sind 28 Lieder erhalten geblieben, die man als Vorläufer dieses großen Wurfs betrachten muß: 14 Matthisson-Lieder, 8 Schiller-Lieder, je ein Lied von Schücking, Pfeffel, Rochlitz, Hölty, Pope, Fouqué, also durch die Bank bedeutende oder für die Zeit repräsentative Autoren. Und da ist die Frage schon angebracht: woher kannte Schubert diese Namen, wie ist er auf diese Texte gestoßen, mit wessen Hilfe hat er sich die Bücher beschafft?

Die Anstaltsbibliothek war klein und eher unbedeutend. Zeitgenössische Lyrik wie Matthisson oder Fouqué dürfte allenfalls in Anthologien zu finden gewesen sein. Auch in seinem Elternhaus wird Franz kaum Belletristik und Poesie vorgefunden haben. Von besonderen literarischen Neigungen des Vaters weiß man nichts, obwohl der humanistisch gebildete Schulmann in seinem Reisegepäck durchaus den

1 Allerdings spielte Josef von Spaun bei den zweiten Geigern im Schülerorchester.

einen oder anderen römischen Klassiker nach Wien mitgebracht haben könnte. Aber an Neuanschaffungen – außer notwendiger Fachliteratur und Didaktika – war nicht zu denken. Bücher waren teuer. Den Luxus einer schöngeistigen Bibliothek konnte sich ein Lehrer mit Franz Theodors Gehalt nicht leisten.

Spaun dagegen war mit Kunst und Literatur aufgewachsen, und so besteht kaum ein Zweifel, daß er Schuberts literarischer Mentor war, der den neun Jahre jüngeren in die Literatur einführte.

Die dennoch erstaunliche Sicherheit, mit der Schubert »vertonbare« Texte auswählte, erklärt sich allerdings aus einem anderen Grunde. Der große Liedermacher der Zeit war Johann Rudolf Zumsteeg. Besonders dessen Balladen erfreuten sich einer ungemeinen Beliebtheit. Wo immer einer den Mund zum häuslichen Singen öffnete, war auch ein Zumsteeg dabei: in geselligen Zirkeln des Adels und des Bürgertums, in musikalischen Abendveranstaltungen, im Familienkreis und bei festlichen Anlässen. Auch im Konvikt kamen die Zumsteegschen Balladen und Lieder *in Mode.* Josef Kenner:

»Im Fortepiano-Zimmer des Konvikts übten sich während der freien Zeit nach dem Mittagessen der nunmehrige Statthaltereirat Albert Stadler zu Salzburg – selbst Komponist, der mit mir bereits im Kremsmünsterer Konvikte gewesen war, und der nun pensionierte Wiener Magistratsrat Anton Holzapfel, ein Klassengenosse, im Vortrage Beethovenscher und Zumsteegscher Kompositionen, wobei ich als Laienpublikum Zutritt fand und das Ganze meistenteils allein vorstellte, denn das Lokal wurde nicht geheizt und war daher erstarrend kalt. Dann und wann kamen jedoch auch von Spaun und nach seinem Austritte aus dem Konvikte auch Schubert dazu.«

Man kennt das. Es wird jugendlicher Enthusiasmus genannt, von den Erwachsenen meist abfällig. Sie besaßen ihn auch einmal, möchten aber lieber daran nicht mehr erinnert werden. In gehobener bürgerlicher Position ist man kein Schwarmgeist mehr. Eines Tages werden auch die Freunde Schuberts sämtlich als Hofräte oder hohe Staatsbeamte ihr Leben beschließen. Er selber wird es zu nichts Rechtem bringen. Noch aber begeistert man sich gemeinsam an musischen Idealen. Beethoven und Zumsteeg: das scheint ihnen kein großer Unterschied gewesen zu sein. Beide waren Zeitgenossen, das Neueste, Avantgarde. Zumsteeg als Liederkomponist sogar der populärere. Auch Franz war ein begeisterter Anhänger dieses Lied- und Balladenmeisters. Spaun, 1811 nach Wien zurückgekehrt, besuchte seinen jungen Freund im Musikzimmer des Konvikts:

»Er hatte mehrere Päcke Zumsteegscher Lieder vor sich und sagte mir, daß ihn diese Lieder auf das tiefste ergreifen. ›Hören Sie‹, sagte er, ›einmal das Lied, das ich hier habe‹, und da sang er mit schon halb brechender Stimme ›Kolma‹, dann zeigte er mir ›Die Erwartung‹, (die ›Maria Stuart‹), den ›Ritter Toggenburg‹ etc. Er sagte, er könnte tagelang in diesen Liedern schwelgen. Dieser Vorliebe in seiner Jugend verdanken wir wohl auch die Richtung, die Schubert genommen, und doch, wie wenig war er Nachahmer, und wie selbständig der Weg, den er verfolgte.

Er hatte damals schon ein paar Lieder versucht, so z. B. ›Hagars Klage‹. Er wollte Zumsteegs Lied, das ihm sehr gefiel, in anderer Weise setzen.«

Und damit ist eine weitere wichtige *Text-Quelle* genannt. Die Zumsteegschen Päcken haben Schubert nicht nur kompositorisch inspiriert, sondern auch literarische Vorlagen geliefert, so zu den beiden ersten Liedern ›Hagars Klage‹ und ›Des Mädchens Klage‹ nach Gedichten von Schücking und Schiller. Durch Zumsteeg auf Schiller gestoßen, suchte er nun selbständig nach weiteren zur Vertonung geeigneten Gedichten dieses Autors und fand sie in dessen früher Lyrik. Und bezeichnenderweise fällt seine Wahl als erstes auf ›Eine

Leichenphantasie‹ und damit zum dritten Mal auf das Thema Vergänglichkeit und Tod, das bis zu seinem Lebensende das zentrale seines Werkes bleiben wird. Allein schon deshalb geht es nicht an, Schuberts Textwahl der zwischen 1811 und 1814 entstandenen Lieder mit pubertärem Interesse am Makabren und Unheimlichen zu erklären. Wenn man sich anschaut, auf welche Weise der Vierzehnjährige diese Schauerballade vertont, wie er den moritatenhaften Ton

Horch! der Sarg versinkt mit dumpfigem Geschwanke,
Wimmernd schnurrt das Totenseil empor!

ins dramatisch Expressive steigert, wenn man vor allem sieht, mit welcher Freiheit, mit welcher Kühnheit er die Zumsteegsche Balladenform weiterentwickelt, dann könnte man etwas überspitzt sagen, ›Hagars Klage‹ von Zumsteeg verhält sich zu Schuberts ›Leichenphantasie‹ wie Loewes ›Uhr‹ zu einem Stück aus dem ›Pierrot lunaire‹.

Hier sind nicht Worte vertont, sondern Emotionen in Musik übersetzt. Mit dieser lyrisch-dramatischen Szene beweist Schubert zum ersten Mal seine einzigartige Fähigkeit, sich einen fremden Text so anzuverwandeln, daß zum Wort nicht nur eine adäquate Musik hinzukommt, sondern das Wort erst aus der Musik hervorzugehen scheint.

Schubert selbst hat immer wieder erklärt, wie sehr das Gelingen eines Liedes von der Qualität der Wortvorlage abhänge, und das bedeutet auch: wie stark ihn der Inhalt eines Gedichtes affizierte. Folglich ist es wohl kaum abwegig, Schuberts wichtigste Liedkompositionen, angefangen von ›Hagars Klage‹ bis hin zum ›Doppelgänger‹, auch vom Text her als persönliche Aussagen zu verstehen, zumal er, wo es ihm notwendig oder richtig erschien, eigenmächtig Änderungen vornahm: Zeilen oder einzelne Worte wiederholte, austauschte, umstellte bzw. ganze Strophen strich, also sich quasi seine eigenen Texte herstellte. Wäre unter diesen Voraussetzungen nicht denkbar, auf dem Wege über die Textinterpretation die emotionalen Inhalte sogar der absoluten Musik Schuberts (bei analogen formalen Strukturen, angefangen von Tonarten und -geschlecht über Tempi, Dynamik bis hin zur Rhythmik, Melodik und Harmonik) konkreter zu deuten; aus der bevorzugten Thematik (seiner Textwahl) Rückschlüsse auf Schuberts psychische Disposition zu ziehen, selbst wenn handfestere Beziehungen zwischen dem eher eindimensionalen Wort und der Musik, zwischen Werk und Leben nie herzustellen sein werden?

Und da man schwer leugnen kann, daß Schuberts Musik uns in einer ganz bestimmten Weise anspricht, zumindest aber feststeht, daß der musikalische Formelvorrat nicht größer als unser Gefühlspotential ist, allerdings weniger differenziert, sollte es möglich sein, die Aussage dieser Musik nicht nur als eine formale und abstrakte zu verstehen, sondern als Ich-Aussage des Komponisten, dessen Freud und Leid uns (durch Musik sublimiert) akustisch vermittelt werden.

Wenn Schubert auch nur äußerst selten Konzessionen ans Publikum machte, allenfalls an die Interpreten: kompromißloser als während der Konviktszeit hat er nie komponiert, nie auch ehrgeiziger. Der Grund dafür ist nicht zuletzt der, daß die Chance, die Werke aufzuführen, außerordentlich gering war. Zweifellos sah der junge Schubert sich damals schon als der zukünftige große Komponist.[1] (Die Schamröte, die Spaun erwähnt, war eher Lampenfieber.) Aber da er vorerst nicht öffentlich hervortreten konnte, schrieb er in erster Linie für sich selber. Und da er sich nicht einer größeren Zuhörerschaft zu stellen brauchte, konnte er um so rücksichtsloser komponieren, also auch um so persönlicher. Gerade deshalb kommt der Textwahl dieser Jahre eine besondere Bedeutung zu, zumal sie unter vorwiegend inhaltlichen Kriterien getroffen wurde, die mit der Ästhetik der neuen Sensibilität, wie sie Christian Daniel Schubart 1785 formulierte, im wesentlichen übereinstimmten:

1 Vgl. die Bemerkung gegenüber Spaun: »Heimlich im stillen hoffe ich wohl selbst noch, etwas aus mir machen zu können, aber wer vermag nach Beethoven noch etwas zu machen?«

»Ich fühle was ich schreibe und rede. Ich hasse den Schreiber und Schwätzer, dem ewige Lügen aus der Feder und von den Lippen sprudeln, weil er nicht fühlt – oder was mir eins ist – nicht weiß, was er sagt.«

Schubarts Bekenntnis zum Subjektivismus, das in den Worten gipfelte, er »blute« seine Lieder oft mehr nieder als daß er sie niederschreibe, entsprach genau den künstlerischen Vorstellungen des jungen Schubert. Und obwohl er erst 1816 das erste Gedicht des unglücklichen Schubart vertonte (›An mein Clavier‹) dürfte ihm die Poetik des Sturm und Drang 1811 bekannt gewesen sein; denn was Schubart vor fünfundzwanzig Jahren ausgesprochen hatte, war mittlerweile durch die weite Verbreitung der Werke Matthissons, Claudius' und Stolbergs Mode geworden. Für sie wie für Schubart bestand wirkliche Kreativität im starken Gefühlserlebnis. Durch größtmögliche Natürlichkeit des Ausdrucks (Rückbesinnung auf ältere Sprachschichten, auf Lutherdeutsch und Kirchenliedertexte des 17. Jahrhunderts) und Schlichtheit der Empfindungen versuchte man, einen volksliedhaften Ton zu schaffen, der in seiner Intimität ganz die Nähe echter Volksweisen erreichen sollte. Daß Franz Schubert diese künstlerischen Bestrebungen sehr entgegenkamen, beweist seine besondere Affinität zu solchen Texten; dennoch ist es schwer, zwischen Trend und individueller Kunstauffassung zu unterscheiden. Aber die eigentliche Entdeckung Schuberts in diesen Jahren war – und das hatte ihn die Beschäftigung mit Zumsteeg und dessen Text-Autoren gelehrt –: Endlich kann ich, was bislang nur dumpf in mir rumorte, deutlich ausdrükken. Meine Sprache ist die Musik. Das Handwerk habe ich gelernt. Die Regeln kenne ich. Eigenes werde ich indes nur aussagen können, je weniger ängstlich ich mich ans Handwerk klammere, je freier ich mit den Regeln umspringe. Zumsteeg ist der Beweis. Er hat gezeigt, daß unter allen Künsten die Musik als einzige imstande ist, in jedem Augenblick von vorn zu beginnen. Das ist ihre Freiheit, der einzige Weg zum Neuen und Unerhörten.

Tatsächlich sind die technischen Innovationen und die vielfältigen Ausdrucksmöglichkeiten des Vierzehnjährigen stupend. Man schaue sich nur die Klavierbegleitung bei Schuberts Vorläufern, den Komponisten der Berliner Liederschule und den Wienern Krufft, Fuß oder Teyber, an, dann wird man bemerken, welche Selbständigkeit bei ihm bereits die Klavierstimme erlangt hat. Sie hat keineswegs bloß mehr Stützfunktion der Melodie, wie noch bei Reichardt oder Zelter, und geht auch weit über die Versuche Johann Ernst Bachs, Valentin Herbings und Johann Christian Schmügels hinaus, dem Klaviersatz eine größere Bewegungsfreiheit zu geben. Nun machten zwar auch schon die Komponisten des frühen 18. Jahrhunderts regen Gebrauch von der Möglichkeit, über dem Generalbaß zu improvisieren, d. h. »mit der rechten Hand ganz alleine eine Melodie, Passagien, Harpeggiaturen und allerhand Variationes zu machen«[1], eine Technik, die ebenfalls auf den Baß (Baß-Variationen) angewendet wurde. Aber erst als man anfing, diese Umspielungen und Improvisationen schriftlich zu fixieren, als man dazu überging, die Fiorituren auszuschreiben, entwickelten sich daraus überraschend neue Begleittypen. Die Notation allein wirkte inspirierend, insofern, als plötzlich das Notenbild bewegter wurde und Sechzehntel- und Zweiunddreißigstel-Figuren ihren rein ornamentalen Charakter verloren und eigene, genau festgelegte rhythmische Zellen und Gruppen bildeten, die zur motivischen Wiederaufnahme und Weiterverarbeitung anregten, wenn auch zunächst nur in Vor-, Zwischen- und Nachspielen.

Zumsteeg war einer der ersten, der durch diese Derivate vor allem auch schon die Begleitstimmen polymorpher gestaltete. Insbesondere füllte er den streng zwei- oder dreistimmigen homophonen Satz der Berliner durch Oktavverdoppelungen und volle vierstimmige Akkordfolgen auf, die ihrerseits durch Brechungen, Tremoli und Ostinati motivbildende Elemente abgeben.

1 Siehe Joh. David Heinichen: ›Der Generalbaß in der Komposition‹, 1728.

Fraglos hat Schubert da vieles profitiert. Dennoch lassen seine Einfälle die seiner Vorgänger weit hinter sich. Was bei Zumsteeg oder Krufft bloß harmonische Auffüllung war, wird bei ihm klangliche Verdichtung, bis hin zu beinahe orchestraler Wirkung. Von einer nur stützenden Funktion der Klavierstimme kann keine Rede mehr sein. In der ›Leichenphantasie‹ hat sich das begleitende Instrument bereits vollkommen vom *accompagnato*-Stil befreit.[1]

Seine technischen Mittel sind: Verlegung der stützenden Melodiebegleitung in die Mittel- oder Baßstimme, antiparallele Stimmführung zwischen Singstimme und Begleitung, chromatische Akkordrückungen, Glissandi und rhythmische Verschärfung der Klavierstimme gegen die Singstimme.

Was bei allem persönlichen Attachement an die Texte am meisten erstaunt, ist – trotz gelegentlicher Kraftgesten und gesteigerter Melodramatik – der hohe Objektivierungsgrad dieser frühen Lieder, die ja partieweise deutlich spätere Meisterwerke vorwegnehmen, etwa wenn man die folgenden Takte aus der ›Leichenphantasie‹ mit dem Anfang des ›Erlkönig‹ vergleicht:

Und überhaupt ist es ein merkwürdiges und bemerkenswertes Phänomen, daß in den frühen Schubert-Werken bis 1816 potentiell der ganze spätere Schubert schon vorhanden ist.

1 Daß ihn speziell die grellen, pathetischen Stellen in den Gedichten interessieren, ist fraglos auch auf biographische Momente zurückzuführen. Aber die Vorliebe für Schauer-Gedichte hat auch praktische Gründe: ihre Umsetzung in musikalische Symbole war insofern technisch leichter zu bewältigen, als Schubert in der dramatischen Literatur (etwa bei Mozart) Vorbilder fand.

Sicher liegen Welten zwischen ›Hagars Klage‹ und dem ›Doppelgänger‹, zwischen den ersten sechs Streichquartetten und dem Streichquintett; dennoch ist alles, was wir in den Werken der letzten Jahre, zwischen 1824 und 1828, finden, in den Jugendarbeiten angelegt, man höre sich nur das *Andante* und das *Presto vivace* aus dem 1812 komponierten 1. Streichquartett an, die *ff*.-Ausbrüche und die chromatischen Tremolo-Rückungen, und man hat – bis auf die abrupten Satzschlüsse – schon die Vorwegnahme von Passagen des d-Moll und G-Dur Streichquartetts (op. posth. 161) vor sich.

Das entscheidende Erlebnis um 1811 war der Kampf mit dem Vater. Spaun spricht von einem »Sturm«. Das schlechte Verhältnis zu Franz Theodor, die geringe Unterstützung (auch in materieller Hinsicht), die er bei ihm fand[1], haben Schubert außerordentlich bedrückt. Dazu erzogen, die Eltern zu verehren, die Mutter zu lieben und dem Vater in Gehorsam zu folgen, geriet er in den schwersten Konflikt mit der ihm vermittelten Moral. Er wollte komponieren, der Vater verbot es ihm. War das Komponieren – auch – Kompensation der mangelnden Zuwendung, verschärfte das Verbot noch das Gefühl des Nichtverstandenwerdens. Und so plausibel auch die Begründung des väterlichen Verbots war (Angst, der Sohn vernachlässige seine Schulpflichten), so mußte Schubert im Interesse seines Selbstwertgefühls sich gegen diese Bevormundung zur Wehr setzen.

Das wirkliche Ausmaß der Rebellion gegen den Vater können wir nur ahnen. Aber die zurückhaltenden Andeutungen Spauns besagen genug. Schuberts Bettelbrief an den Bruder ist ein weiterer Hinweis auf das Verhältnis zwischen Vater und Sohn. Ziehen wir außerdem Schuberts vertonte

1 Ein halbes Jahr nach dem Tode der Mutter schrieb er an seinen Bruder Ferdinand (oder Ignaz?): »Du weißt aus Erfahrung, daß man doch manchmal eine Semmel und ein paar Aepfel essen möchte, um so mehr wenn man nach einem mittelmäßigen Mittagsmahle, nach 8 1/2 Stunden erst ein armseliges Nachtmahl erwarten darf... Die paar Groschen, die ich vom Herrn Vater bekomme, sind in den ersten Tagen beim Teufel... Was wär's denn auch, wenn du mir monatlich ein paar Kreuzer zukommen ließest.«

Texte aus dieser Zeit hinzu, verwundert kaum, daß darunter auch Pfeffels ›Vatermörder‹ ist.

Wenzel Ruzicka war es, der den Hofkapellmeister Antonio Salieri auf Schubert aufmerksam machte. Im April 1811 zeigte er ihm ›Hagars Klage in der Wüste‹. Salieri erkannte sofort die große Begabung des Konviktlers Schubert und versprach Ruzicka, der sich nicht mehr imstande sah, einen so fortgeschrittenen Schüler weiter zu unterrichten, Schubert kostenlos Privatstunden zu geben.

Dazu kam es allerdings erst ein Jahr später. Die Möglichkeit, daß der Vater im Konvikt vorstellig geworden ist und gegen Salieris Bereitschaft, Franz außerhalb des Institutes Kompositionsunterricht zu geben, interveniert hat, kann man nicht ausschließen. Spauns ansehnliche Kollekte günstiger Urteile über Schuberts Kompositionen, die Franz Theodor vorgelegt wurden, zur Beschwichtigung und mit der Absicht, beim prinzipientreuen Vater einen Sinneswandel zu bewirken, scheinen einen solchen Verdacht zu bekräftigen. Aber da geschah, was Schubert sein ganzes Leben nicht verwunden hat: Seine Mutter Elisabeth erkrankte schwer an Typhus und starb, sechsundfünfzig Jahre alt, am 28. Mai 1812. Schubert, dem der Vater Hausverbot erteilt haben soll, hat sie nicht mehr lebend gesehen. Vermutlich hat ihm einer der Brüder die Nachricht überbracht. Der Schmerz des Fünfzehnjährigen über diesen Verlust muß grenzenlos gewesen sein.

Durch den Tod der Mutter scheinen sich Vater und Sohn wieder etwas nähergekommen zu sein. Spaun, der als Vermittler zwischen beiden eine bedeutende Rolle gespielt haben dürfte, schreibt in seinen Erinnerungen:

»Nun waren die Schranken gefallen; der Vater erkannte das große Talent seines Sohnes und ließ ihn gewähren.«

Ob er das Talent tatsächlich *erkannt* hatte, bleibe dahingestellt. Auf jeden Fall hat er sich überzeugen lassen. Das *ließ ihn gewähren* besagt freilich nicht mehr, als daß er Franz keinen Widerstand mehr entgegensetzte. Im stillen rechnete er jedoch nach wie vor damit, daß sein Sohn eines Tages schon noch vernünftig und Lehrer werden würde.

Knapp sechs Wochen nach dem Tod seiner Mutter notiert Franz:

»Den 18. Juny 1812 den Contrapunkt angefangen.«

Schubert hatte erreicht, was er wollte: er war Schüler bei Salieri, dem Lehrer Beethovens, Hummels und Franz Liszts.

Nach Schuberts Austritt aus dem Konvikt

War Franz möglicherweise des Vaters Schmerzenskind, und hat sich gerade deshalb das Verhältnis zwischen beiden so schwierig angelassen?

Ein überliefertes Wort Franz Theodors, der Junge komponiere ihm »zu leidenschaftlich«, scheint, da sich dahinter doch so etwas wie Sorge um das seelische Wohl verbirgt, diese Annahme zu bestätigen. Ein unkompliziertes Kind war »der gute Franz« sicher nicht. Jedenfalls war die Versöhnung am Grabe der Mutter nur vorübergehend, ein notwendiger Kompromiß. Franz brauchte Unterstützung.

Nach den Sommerferien 1813 kehrte Schubert nämlich nicht ins Konvikt zurück. Ferdinand berichtet 1839[1]:

»Da Schubert nun wegen seines außerordentlichen Hanges zur Musik das Konvikt verließ und später von der Konskription dreimal aufgefordert wurde, sich als Soldat zu stellen, entschloß er sich endlich, Schulgehilfen-Dienste zu leisten. Er tat dann auch wirklich durch drei Jahre hindurch an der Schule seines Vaters wesentliche Dienste und hielt daselbst strenge Ordnung.«

Der Schriftsteller Ludwig August Frankl hält diese Begründung Ferdinands, der »vor allem k. u. k. ungeheueren Respekt hat«, für sehr fadenscheinig und glaubt (wie er in seinem *Memorandum* über die Lebensspuren Schuberts schreibt) eher an die Version Schobers: weil der Direktor Lang ihm wiederholt wegen Vernachlässigung aller Disziplin mit Ausschließung gedroht habe, er sich »diesfalls nicht besserte und der angedrohte Erfolg in Aussicht stand«, sei er faktisch durchgegangen. Der Vater, der jetzt helfen sollte,

1 In seinem Aufsatz ›Aus Franz Schuberts Leben‹, erschienen in Rob. Schumanns NEUE ZEITSCHRIFT FÜR MUSIK.

sah hier die Chance, aus seinem Sohn doch noch einen Schulmeister zu machen. Wie schwer es Schubert gefallen ist, auf diesen Vorschlag einzugehen, besagt das Wörtchen »endlich« in Ferdinands Bericht. Franz blieb freilich, wie es aussah, keine andere Wahl, da er auf keinen Fall zum Militär wollte. Folglich trat er noch im Herbst desselben Jahres in die Wiener Normalschule Sankt Anna ein, eine von Joseph II. gegründete Lehrerbildungsanstalt. Der Komponist von sieben Streichquartetten, verschiedenen liturgischen Werken, zahlreichen Liedern und Terzetten – auf der Präparandie: man braucht nicht viel Phantasie, um sich vorzustellen, wie demütigend diese Zeit für ihn gewesen ist. Aber er mußte leben! Und was danach kam, war noch schlimmer. Im Herbst 1814 besteht Schubert, wenn auch nur knapp, das Lehrerexamen und wird sofort als sechster Schulgehilfe beim Vater eingestellt. Für ein Jahresgehalt von 80 Gulden muß er nun Erstkläßlern Lesen, Schreiben und Rechnen beibringen. Den Rest für seinen Lebensunterhalt verdient er sich durch Musikstunden.

Franz Lachner erzählte er später von dieser Zeit:

»Es ist wahr, stets, wenn ich dichtete, ärgerte mich diese kleine Bande so sehr, daß ich regelmäßig aus dem Konzept kam. Natürlich verhaute ich sie dann tüchtig.«

Eine besondere Eignung für den Lehrerberuf hatte er demnach gewiß nicht. Ob er die kleine Bande tatsächlich tüchtig verhaut hat, läßt sich nicht beweisen. Aber Prügel waren ein anerkanntes pädagogisches Mittel, um Ruhestörer zur *Räson* zu bringen. Daß er aber »gedichtet« hat – so nannte er das Komponieren –, beweist die Fülle seiner Werke, die neben den ihm lästigen Pflichten entstanden sind. Zwischen 1814 und 1817: vier Symphonien (die zweite bis fünfte), vier Messen, fast 300 Lieder, fünf Bühnenwerke, vier Streichquartette, verschiedene Orchester- und Klavierwerke.

Am 17. Juni 1816 notiert er in sein Tagebuch:

»An diesem Tage componirte ich das erste Mahl für Geld. Nähmlich eine Cantate für die Nahmensfeyer des Hn. Professors Wattrot von Dräxler. Das Honorar ist 100 Fl. W.W.«

Mehr als ein Jahresgehalt des Schulgehilfen.

Das genannte Werk ist die verschollene ›Prometheus-Kantate‹ für Chor, Soli und Orchester. Diese Musik begeisterte die Zuhörer so sehr, daß der Student und Mitkonviktist Franz von Schlechta ein Gedicht auf Franz Schubert schrieb und in der Wiener Allgemeinen Theaterzeitung publiziert:

An Herrn Franz *Schubert*
(Als seine Kantate ›Prometheus‹ aufgeführt ward)

In der Töne tiefem Beben
wie die Saiten jubelnd klangen,
Ist ein unbekanntes Leben
in der Brust mir aufgegangen.

In dem Sturmeston der Lieder
klagt der Menschheit jammernd Ach –
kämpfend steigt Prometheus nieder,
und das schwere Dunkel brach!

Mich hat's wunderbar erhoben
und der Wehmut neue Lust,
wie ein schimmernd Licht von oben,
kam in die bewegte Brust!

Und in Tränen und Entzücken
fühlte ich mein Herz zerstücken,
jauchzend hätte ich mein Leben
wie Prometheus hingegeben!

Es war das erste Mal, daß Schuberts Name in einer Zeitschrift erwähnt wurde. Obwohl sich Schubert bewußt war, daß Schlechta ihm damit einen Freundschaftsdienst erweisen wollte (Schubert hatte 1815 Schlechtas Gedicht ›Auf einem Kirchhof‹ vertont), darf man vermuten, daß ihm in seiner damaligen Lage als Schulgehilfe diese Veröffentlichung außerordentlich viel bedeutete. Falls er nicht bereits die Kantate mit der Absicht geschrieben hatte, den Schuldienst zu quittieren und sich selbständig zu machen (Deutsch vermutet, daß Schubert schon im Herbst 1816 den Schuldienst das erste Mal verließ und für ein Jahr bei Schober Zuflucht fand), könnte auch diese Publikation, zumal nach der erfolglosen Bewerbung Schuberts um die Musikdirektorenstelle in Laibach, seinen Entschluß bestärkt haben, dem Schuljoch zu entfliehen. Dieses sollte mit Beginn des Jahres 1817 noch härter werden, da die Volksschullehrer von jetzt an auch verpflichtet waren, den Fortbildungsunterricht für Schulentlassene zu erteilen.

Schubert suchte Hilfe bei den Freunden. Spaun schrieb an Goethe und schickte ihm Schuberts Lieder. Er bekam nie eine Antwort. Daraufhin arrangierten Spaun und Schober ein Zusammentreffen Schuberts mit dem berühmten Hofopernsänger Johann Michael Vogl, und diese Begegnung führte schließlich zu einer tatsächlich unvorhergesehenen Wende in Schuberts Leben. Vogl, von Schuberts Vertonungen nach anfänglicher Skepsis begeistert, wird zum ersten großen Interpreten Schubertscher Werke. Durch Vogls (oft sehr eigenwilligen) Vortrag werden Schuberts Lieder bald auch über die Grenzen Wiens hinaus bekannt. Das hat zur Folge, daß in Wien selbst Schuberts Ansehen wächst und damit zugleich die Aussicht, den Schulberuf aufzugeben, wogegen sich der Vater allerdings heftig wehrt. Gerade jetzt; denn Ende 1817 bekommt er endlich, nach mehr als dreißig Jahren Lehrtätigkeit, eine neue Schule zugewiesen, noch dazu in einer besseren Wohngegend, wo er gewiß sein kann, daß die Schüler auch tatsächlich die jährlichen drei Gulden Schulgeld bezahlen. Franz erkennt sofort: eine solche ehrenvolle Beförderung kann für den Vater nur bedeuten, noch serviler gegenüber der Obrigkeit, noch rigider gegen die Familie zu werden; denn er will höher hinaus. Und nur strikteste Staatstreue führt zur Belohnung.

(Erst 1826, anläßlich des fünfundvierzigjährigen Dienstjubiläums und aufgrund einer Bittschrift der Nachbarn und Bürger des Bezirks Roßau an den Rat der Stadt Wien, erhält er das Bürgerrecht. Am 23. Februar leistete Franz Theodor den Bürgereid. Franz scheint dieses »bedeutende Ereignis«, von dem die Stiefmutter annahm, es handle sich um die Verleihung der Ehrenbürgerrechte, vollkommen ignoriert zu haben.)

Doch die Freude des Vaters war sehr beeinträchtigt durch den Tod des kleinen Theodor Kajetan, der, erst ein halbes Jahr alt, am 30. Juli 1817 gestorben war. Auch dieser Trauerfall konnte Franz nicht bewegen, dem Vater länger als Schulgehilfe zu dienen. Er wollte raus aus dieser bedrückenden Enge, aus diesem Familienclan. Die Atmosphäre im Elternhaus wurde ihm unerträglich, die bloße Nähe des Vaters zum Alpdruck.

Schubert will weg. Weg auch aus Wien.

Durch Johann Karl Unger, dem Vater der berühmten Sängerin Karoline, wird Schubert dem Grafen Esterházy als Musiklehrer empfohlen. Monatssalär: 75 Gulden, fast soviel, wie er als Schulgehilfe im ganzen Jahr verdient.

Im Juli 1818 tritt er seine erste große Reise an, nach Zseliz, vierzehn Poststationen von Wien entfernt.

Über seinen »Rang« ließ man ihn nicht im unklaren. Er gehörte zum »Personal«, wohnte nicht im eigentlichen Schloß, sondern in einem Seitengebäude, dem *Inspectorat*. Doch die täglichen Lektionen, die er den beiden Komtessen zu geben hatte, ließen ihm genügend Freizeit fürs Komponieren. Am 3. August schreibt er den Freunden nach Wien:

Liebste, theuerste Freunde!

Wie könnte ich euch vergessen, euch, die ihr mir alles seyd! Spaun, Schober, Mayrhofer, Senn, wie geht es Euch, lebt ihr wohl? Ich befinde mich recht wohl. Ich lebe und componire wie ein Gott, als wenn es so seyn müßte.

Fünf Wochen später schreibt er einen weiteren Brief, der schon nicht mehr ganz so enthusiastisch klingt:

»Für das Wahre der Kunst fühlt hier keine Seele, höchstens dann und wann (wenn ich nicht irre), die Gräfinn. Ich bin also allein mit meiner Geliebten, u. muß sie in mein Zimmer, in mein Klavier, in meine Brust verbergen. Obwohl mich dieses öfters traurig macht, so hebt es mich auf der andern Seite desto mehr empor. Fürchtet Euch also nicht, daß ich länger ausbleiben werde, als es die strengste Nothwendigkeit erfordert.«

Diese Sätze (an *Schobert* gerichtet: »Ich sehe denn schon, es bleibt bey dieser Nahmens Verwandlung.«) – wie übrigens der ganze Brief – sind überaus aufschlußreich für Schuberts Lebenseinstellung, seine starken Gefühlsschwankungen, die innere Unruhe (kaum hat er Wien verlassen, zieht es ihn schon wieder an), aber auch seine erstaunliche Beobachtungsgabe und Menschenkenntnis. Besonders typisch für Schubert indes erscheint mir der erwähnte Umschlag der Depression in ein seelisches Hochgefühl: die Nachbarschaft von Leid und Freud, auf die er selbst immer wieder hingewiesen hat. Aber man denkt auch an Schlegels ›Wanderer‹:

Wähle keine Heimat nicht.
. . . .
Fort zu andern
sollst du wechseln, sollst du wandern

In der *Beschreibung für alle,* die dem Brief an *Schobert* folgt, erfahren wir Näheres über das Schloß und dessen Bewohner:

»Unser Schloß ist keins von den größten, aber sehr niedlich gebaut. Es wird von einem sehr schönen Garten umgeben. Ich wohne im Inspectorat. Es ist ziemlich ruhig, bis auf einige 40 Gänse, die manchmahl so zusammenschnattern, daß man sein eigenes Wort nicht hören kann. Die mich umgebenden Menschen sind durchaus gute. Selten wird irgendein Grafen-Gesinde so gut zusammen gehen, wie dieses. Der H. Inspector, ein Slavonier, ein braver Mann, bildet sich viel auf seine gehabten Musiktalente ein. Er bläst jetzt noch auf der Laute zwei 3/4 Deutsche mit Virtuosität. Sein Sohn, ein studirender Philosoph, kam gerade auf die Ferien, ich wünsche ihn recht lieb zu gewinnen. Seine Frau ist eine Frau wie alle Frauen die gnädig heißen wollen. Der Rentmeister paßt ganz zu seinem Amte, ein Mann mit außerordentlichen

Einsichten in seine Taschen u. Säcke. Der Doktor, wirklich geschickt, kränkelt mit 24 Jahren wie eine alte Dame. Sehr viel Unnatürliches. Der Chirurgus, mir der liebste, ein achtbarer Greis von 75 Jahren, stets heiter u. froh. Gott gebe jedem ein so glückliches Alter. Der Hofrichter, ein sehr natürlicher, braver Mann. Ein Gesellschafter des Grafen, ein alter lustiger Geselle, u. braver Musikus, dient mir oft zur Gesellschaft. Der Koch, die Kammerjungfer, das Stubenmädchen, die Kindsfrau, der Beschließer etc. 2 Stallmeister, sind gute Leute. Der Koch ziemlich locker, die Kammerjungfer 30 Jahre alt, das Stubenmädchen sehr hübsch, oft meine Gesellschafterin, die Kindsfrau eine gute Alte, der Beschließer mein Nebenbuhler. Die 2 Stallmeister taugen viel besser zu den Pferden als zu den Menschen. Der Graf, ziemlich roh, die Gräfinn stolz, doch zarter fühlend, die Contessen gute Kinder. Vom Braten bin ich bisher verschont geblieben. Nun weiß ich nichts mehr; daß ich mit meiner natürlichen Aufrichtigkeit recht gut bey allen diesen Leuten durchkomme, brauche ich euch, die ihr mich kennt, kaum zu sagen.«

Der Biograph Harry Goldschmidt fühlt sich bei Schuberts Beschreibung dieser Verhältnisse unwillkürlich an Beaumarchais' ›Hochzeit des Figaro‹ erinnert. Es gibt kaum ein zweites Dokument von Schuberts Hand, das eine derartige Ironie aufweist, von der er sich selber nicht ausnimmt; denn mit der »natürlichen Aufrichtigkeit« hat er selbstverständlich nicht seine eigene Tugend herausstreichen wollen, sondern auf seine Anpassungsfähigkeit angespielt. Und daß er die ihn umgebenden Menschen durchweg so gut und brav fand, wie er schreibt, muß man wohl auch bezweifeln, zumal er sie gleich darauf so anschaulich karikiert. Da er nun aber keineswegs das gesamte Personal am Hofe der Esterházys aufzählt, muß man annehmen, daß er die Auswahl nur getroffen hat, um den Freunden in Wien die ihm wichtigste Person – das sehr hübsche Stubenmädchen – leichter erkennbar zu machen. Ihr Name ist bekannt: Josefine (Pepi) Pöckelhofer, und sie soll es gewesen sein, bei der sich Schubert luetisch infiziert habe. Bauernfeld suggeriert das zumindest. Nur hat Bauernfeld den Komponisten erst 1825 kennengelernt, und außerdem scheint er von Schuberts zweitem Aufenthalt in Zseliz 1824 zu sprechen, wenn er schreibt:

> Verliebt war Schubert; der Schülerin
> galt's, einer der jungen Komtessen;
> doch gab er sich einer – ganz anderen hin,
> um die – andere zu vergessen.

Der Mediziner Franken nimmt jedoch an, daß der Krankheitsbeginn schon auf das Ende des Jahres 1822 festgelegt werden könne. Schuberts erste Nachricht über seine Krankheit datiert vom 28. Februar 1823, als er in einem Brief an Ignaz von Mosel erwähnt, daß ihm »Gesundheitsumstände noch immer nicht erlauben außer Haus zu gehen«. Einleuchtender ist die These, daß Schubert sich erst nach dem Aufenthalt in Zseliz infiziert habe, in Wien, und daß Schober, der ebenfalls an Syphilis erkrankt war, den Freund in »schlechte Gesellschaft« geführt hätte. Ganz aufzuhellen wird dieses Kapitel in Schuberts Leben wohl nie mehr sein, und wenn diese Erkrankung auch indirekt an seinem frühen Tod schuld gewesen ist, die Ursache und letzte Erklärung seiner Schwermut ist sie nicht. Jedenfalls hat der Aufenthalt in Ungarn, trotz Schuberts Behauptung, er *componire wie ein Gott,* nicht die danach zu erwartende Schaffensfülle gebracht. Außer einem knappen Dutzend Liedern – darunter ›Einsamkeit‹ nach Mayrhofer (Schubert hielt es für das beste, was er bis dahin komponiert hatte) –, der Trauermesse ›Deutsches Requiem‹, geschrieben für Ferdinand, der das Werk bekanntlich später unter seinem Namen publiziert, den Beethoven gewidmeten vierhändigen Variationen op. 10 über das Lied ›Le bon Chevalier‹, entstanden nur einige kleinere vierhändige Klavierwerke (Polonaisen, Märchen), die fragmentarische f-Moll Sonate und die vierhändige B-Dur Sonate.

Bislang hatte Schubert kaum vierhändige Klavierwerke geschrieben. Die Tatsache, daß er in Zseliz fast ausschließlich

Werke für Klavier zu vier Händen schreibt, ist mit Sicherheit darauf zurückzuführen, daß der Musiklehrer Schubert um vierhändige Literatur verlegen war. Er brauchte die Werke für den Unterricht. Doch mit welchem Kunstverstand sind sie gemacht! Die B-Dur Sonate insbesondere ist eines der frühen Meisterwerke dieser Gattung, kühn in den Modulationen, verschwenderisch in den melodischen Einfällen, viel zu selten in den Konzertsälen zu hören.

Schubert hat denn auch bald begriffen, daß er mit dieser vierhändigen Form die Kammermusik unendlich bereichern kann, weshalb er denn auch, im November 1818 nach Wien zurückgekehrt, fortfährt, Klavier-Duos zu schreiben, die er im Sonnleithnerschen Haus mit Gahy, später mit Lachner und Jenger aufführt: die Ouvertüren g-Moll und F-Dur (Oktober/November 1819), die Ländler und Ecossaisen (Mai 1820), die Militärmärsche (1822), das während seines zweiten Ungarnaufenthaltes (1824) geschriebene ›Grand Duo‹ (Sonate in C); die As-Dur Variationen über ein eigenes Thema, das ›Divertissement à la Hongroise‹ (alle 1824) sowie die Bearbeitung der Ouvertüre zur Oper ›Fierabras‹ für Klavier zu vier Händen.

Nach der Rückkehr aus Zseliz (1818) stand für Schubert fest, daß er nie mehr zu seinem Vater in die Schule zurückkehren werde. Er zieht zu Mayrhofer in die Wipplinger Straße. Die Zahl der Schubert-Anhänger hat sich, seit Vogl für den jungen Liederkomponisten wirbt, erheblich vergrößert. Aber auch andere Sänger setzen sich für das Werk Schuberts ein. Am 28. Februar singt Franz Jäger erstmals öffentlich ein Schubert-Lied: ›Des Schäfers Klage‹. Über die musikalisch-deklamatorische Akademie Eduard Jaells im »Römischen Kaiser« schrieb die WIENER ALLGEMEINE THEATERZEITUNG:

». . . Schäfers Klagelied, von Goethe, mit Musik von Herrn Franz *Schubert,* gesungen von Herrn *Jäger,* Opernsänger im Theater an der Wien. Eine schöne Komposition, mit der entzückenden Stimme des Herrn *Jäger* voll Gefühl gesungen.«

Der Bruch mit dem Vater schien vollzogen. Im Juli reist Schubert zusammen mit seinem Star-Interpreten Vogl nach Steyr. Sie musizieren in den Klöstern Melk und St. Florian. Auf einem Abstecher nach Linz erfährt Schubert, daß man auch dort in vielen Häusern bereits seine Werke kennt, die in Abschriften verbreitet sind. Musikalischer Mittelpunkt in Steyr ist Sylvester Paumgartner, bei dem musikalische Abendveranstaltungen abgehalten werden. Paumgartner ist es auch, der bei Schubert ein Klavierquintett in Auftrag gibt: das Forellenquintett.

Zu den weiteren Schubert-Enthusiasten in Steyr gehören der Eisenhändler Josef von Koller, für dessen sechzehnjährige Tochter Pepi Schubert die A-Dur Klaviersonate schreibt, Advokat Schellmann und dessen Neffe Albert Stadler, Schuberts Freund aus Konviktstagen.

In jenem Jahre entstanden auch eine Reihe von Liedern, die, obwohl zu seinen kühnsten Werken gehörend, die unbekanntesten geblieben sind: die ›Vier Hymnen‹ (I: »Wenige wissen das Geheimnis«, II: »Wenn ich ihn nur habe«, III: »Wenn alle untreu werden« und IV: »Ich sag' es jedem«), die ›Nachthymne‹ und ›Marie‹ nach Texten von Novalis. Von den meisten Biographen werden sie entweder überhaupt nicht oder (wie bei Alfred Einstein) nur beiläufig erwähnt, und es ist nicht Höflichkeit, die die Biographen schweigen läßt, sondern unverzeihliche Ignoranz; denn wie die ebenfalls sechs Heine-Lieder sind die sechs Novalis-Vertonungen intimste Offenbarungen Schuberts, der als erster Musiker Texte des schon 1801 verstorbenen Dichters komponiert hat. Vorangegangen waren dieser Gruppe zwei Marienlieder: ›Marienbild‹ nach Aloys Schreiber und ›Vom Mitleiden Mariä‹ nach Friedrich Schlegel. Während der Schreibersche Text (*mit heiliger Rührung* zu singen) eher konventionell vertont ist, zeigt die Schlegel-Vertonung einen vollkommen unbekannten Schubert. Wer dieses kleine Stabat Mater zum ersten Mal hört, wird als Komponisten kaum Schubert vermuten, sondern es für ein unbekanntes Werk Bachs halten. Streng dreistimmig (Kreuzsymbolik) geschrieben, gehört es, neben der 4händigen Fuge aus dem Todesjahre 1828, zu den bei Schubert raren Beispielen rein linearen Denkens.

Von dieser strengen Mehrstimmigkeit sind die Novalis-Vertonungen nicht, aber dafür, jedenfalls in den Hymnen II und III, die strophisch komponiert sind, von vergleichbarer melodisch-harmonischer Askese, von einer Einfachheit, wie wir sie erst wieder in einigen Liedern der ›Winterreise‹ antreffen. Nur die Hymne I (»Wenige wissen das Geheimnis der Liebe«) und die im Januar 1820 entstandene aus den ›Hymnen an die Nacht‹:

Hinüber wall ich
Und jede Pein
Wird einst ein Stachel
Der Wollust sein

transponieren den mystisch-erotischen Textinhalt in eine musikalische Sprache dionysischer Entzückung und weltabgewandter Entrückung, deren narkotische Intensität ›Tristan‹-Ekstasen vorwegnimmt.

Daß von Schubert keine Äußerung über diese Lieder vorliegt, ist weniger ein Beweis dafür, daß er diese Werke nicht wichtig nahm, als vielmehr fürs Gegenteil: daß sie ihm so persönlich, fast privat erschienen, daß er sie am liebsten, wie später die ›Winterreise‹, unter Verschluß gehalten hätte, da ohnehin nicht mit viel Verständnis zu rechnen war. (Dies Unverständnis beweist noch Kreißles abfälliges Urteil über die Hymnen, und er ist nicht der letzte Biograph, der sich auf diese Weise äußert.)

Zu den wenigen Zeitgenossen, die Schuberts Novalis-Vertonungen nicht nur kannten, sondern auch schätzten, gehörten Vogl, Spaun und Josef Groß. Letzterer nannte, was Spaun übertrieben fand, die Hymne ›Wenn ich ihn nur hab‹ »das schönste aller Lieder, das Schubert schrieb«. Es ist zumindest das innerhalb dieser Gruppe für Schubert typischste.

Wer mag Schubert auf die Dichtungen des Novalis aufmerksam gemacht haben? Schober sicher nicht. Vielleicht

Spaun? Oder hat Schubert sie selber entdeckt? Wie immer: Schuberts Begegnung mit dieser Lyrik gehört zu den Sternstunden seines Künstlerlebens. Man darf wohl davon ausgehen, daß Schubert auch die übrigen ›Hymnen an die Nacht‹ gelesen hat und daß ihm das Gedankliche der Prosa erst den rechten Zugang zu dieser poetischen Kabbalistik verschafft hatte.

Dagegen ist eher unwahrscheinlich, daß er das zentrale autobiographische Moment des Novalis (das Erlebnis am Grabe der Geliebten) kannte. Aber bei den Worten:

Einst, da ich bittre Tränen vergoß, da in Schmerz aufgelöst meine Hoffnung zerrann, und ich einsam stand am dürren Hügel, der in engen, dunkeln Raum die Gestalt meines Lebens barg – einsam, wie noch kein Einsamer war . . . da kam aus blauen Fernen – von den Höhen meiner alten Seligkeit ein Dämmerungsschauer – und mit einemmale riß das Band der Geburt – des Lichtes Fessel . . . ein ernstes Antlitz seh ich froh erschrocken, das sanft und andachtsvoll sich zu mir neigt, und unter unendlich verschlungenen Locken der Mutter liebe Jugend zeigt . . .

mußte es ihm vorkommen, als seien diese Texte plötzlich entsiegelt, als lese er im Buche seines eigenen Lebens. Hier hatte ein Dichter genau das ausgesprochen, was er (Schubert) empfand. Wort für Wort konnte er auf sich beziehen. Schmerz, Trauer, Todesverlangen, die Sehnsucht nach schöneren Welten (»ein unnennbar süßer Himmel«): alles ist in diesen Gedichten ausgedrückt, und wie Novalis, hatte auch Schubert eine Geliebte, von der noch die Rede sein wird, verloren: Therese Grob. Zu einem Bruch mit ihr, zumindest zu größeren Auseinandersetzungen, war es vermutlich um die Jahreswende 1817/1818 gekommen, und wenn Schubert wahrscheinlich auch nie ernsthaft an eine Heirat gedacht hat, wünschte er offenbar auch keine endgültige Trennung. Am 13. Juli 1819 schrieb er aus Steyr seinem Bruder Ferdinand:

»Ich bitte dich, beiliegenden Brief weiter zu (be)fördern.

Du siehst, daß ich gar nicht so treulos bin, als du vielleicht glaubst.«

War dieser beigelegte Brief der Freundin zugedacht? Er ist verlorengegangen. Besser: zum Verschwinden gebracht worden. Hatte Schubert vielleicht erneut versucht, mit Fräulein Grob in Kontakt zu kommen? Hatte er sich aber im Ton vergriffen und damit Ferdinand veranlaßt, den Brief zu beseitigen? Jedenfalls ist nicht auszuschließen, daß Schubert, einundeinhalbes Jahr vor Therese Grobs Vermählung mit dem Bäckermeister Bergmann – eine wahrscheinlich solide, wenn auch keineswegs standesgemäße Heirat –, sich in Gedanken wieder intensiver mit der Jugendgeliebten beschäftigte, und daß diese Beschäftigung in Zusammenhang mit der Arbeit an den Novalis-Liedern stehen könnte. Die marianische Mystik aber, die Gleichsetzung bei Novalis von Sophie und Maria (»liebliche Sonne der Nacht«) scheint auch für Schubert eine gedankliche Kohärenz gehabt oder ausgelöst zu haben, in dem Sinne, daß die Trauer um die verlorene Mutter (»Ich sehe dich in tausend Bildern«) mit dem Schmerz um die verlorene Geliebte zusammenfällt. Beide jedoch, Mutter und Geliebte, verklären sich zum Himmelsgestirn. Um diese Hypothese zu stützen, ist es erforderlich, daß wir uns noch einmal den Jahren vor dem Novalis-Erlebnis zuwenden, Schuberts früheren Vertonungen und seinen eigenen Gedichten.

Hätten die Nüchternen einmal gekostet

Wie oft hat man Schubert Unbekümmertheit, Geschmack- und Bedenkenlosigkeit in der Wahl der vertonten Gedichte nachgesagt. Überblickt man die von ihm geschätzten Autoren (Goethe, Schiller, Claudius, Heine, Novalis, Hölty, Müller, Klopstock, Matthisson, Petrarca, Schlegel, Schubart, Stolberg, Scott und selbst Mayrhofer), zeigt sich, wie unbegründet dieser Vorwurf ist, und wie kritisch Schubert war, verdeutlicht die folgende Erinnerung Hüttenbrenners:

»Lobte ich irgendeine Nummer besonders, so sagte er: ›Ja, das ist halt ein gutes Gedicht; da fällt einem sogleich was Gescheites ein . . . Bei einem schlechten Gedicht geht nichts vom Fleck . . . Ich habe schon viele mir aufgedrungene Gedichte zurückgewiesen.‹«

Entscheidend bei der Wahl ist, daß Schubert eine persönliche Beziehung zu dem Text findet. Von Anfang an haben die Gedichte, die er vertont, einen Bekenntnischarakter. Die Aussage ist wichtig. Der zumeist ernste Ton der Mehrzahl der vertonten Gedichte garantiert, daß ein gewisses poetisches Niveau nicht unterschritten wird.

Aus dem Todesjahr der Mutter (1812) sind nur zwei Lieder überliefert: die Vertonung von Schillers ›Jüngling am Bache‹ und das ›Klaglied‹ nach Rochlitz. Die Vertonung der Worte »Meine Ruh' ist dahin« wird man wohl kaum und ausschließlich auf Schuberts objektives Wohlgefallen an dem Gedicht zurückführen können. Es waren gleichsam seine *eigenen* Worte, die er in Musik setzte. Der Tod in der frühlingshaften Natur hat in dem frühen Dahinsterben der Mutter am Fronleichnamstage (!) seine unmittelbare Entsprechung. Insbesondere der Schiller-Text drückt die Schubertsche Verfassung zu dieser Zeit ganz *unverblümt* aus: »Eine nur ist's, die ich suche, sie ist nah und ewig weit.« Und – noch deutlicher –: »Sehnend breit ich meine Arme nach dem teuren Schattenbild.«

In diesem Falle nur von einer adäquaten Vertonung zu sprechen, ist eine Untertreibung. Schubert ist auf ein Gedicht gestoßen, das – wie später die Novalis-Hymnen, wie die ›Winterreise‹, wie die Heine-Lieder – haargenau seiner seelischen Verfassung entsprach. Und tatsächlich ist es ihm gelungen, durch Wortwiederholung, durch melodische Erfindung und die trauermarschähnliche Begleitung, Schillers Worte seinem eigenen Aussagebedürfnis vollkommen anzupassen.

Existierten nur diese beiden Lieder, ließe sich schon daraus Schuberts Gemütszustand im ersten halben Jahr nach dem

Tod der Mutter ablesen; denn es wird wohl niemand in Abrede stellen können, daß Schubert sich nicht aus Zufall gerade solche Gedichte wie die von Schiller und Rochlitz zur Vertonung auswählt. Jeder Zweifel aber wird behoben, wenn man Schuberts erstes eigenes Gedicht ›Die Zeit‹ liest:

Unaufhaltsam rollt sie hin
Nicht mehr kehrt die Holde wieder
Stät im Lebenslauf Begleiterin
Senkt sie sich mit uns ins Grab hernieder.

Nur ein Hauch! – und er ist Zeit
Hauch! schwind' würdig ihr dort nieder
Hin zum Stuhle der Gerechtigkeit
Bringe deines Mundes Tugendlieder!

Nur ein Schall! und er ist Zeit
Schall! schwind' würdig ihr dort nieder
Hin zum Sitze der Barmherzigkeit
Schütte reuig Flehen vor ihm nieder!

Unaufhaltsam rollt sie hin
Nicht mehr kehrt die Holde wieder
Stät im Lebenslauf Begleiterin
Senkt sie sich mit uns ins Grab hernieder.

Nach Schuberts eigener Datierung ist dieses Gedicht im Mai 1813 entstanden. »Der Anlaß dieses Gedichtes«, schreibt O. E. Deutsch[1], »ist nicht bekannt.« Wissenschaftlich ist das korrekt, weil es verbürgte Mitteilungen darüber nicht gibt. Aber gelegentlich können ja auch Hypothesen die Wissenschaft unterstützen oder ihr auf die Sprünge helfen. Immerhin ist die Angabe des Entstehungsdatums ziemlich aufschlußreich.

1 Otto Erich Deutsch: ›Schubert – Die Dokumente seines Lebens‹, Leipzig 1964.

Mai ist der Sterbemonat der Mutter. Knapp elf Monate später, am 25. April 1813, hatte Schuberts Vater wieder geheiratet. Franz Theodors rasch geschlossene Ehe mit Anna Kleyenböck hat Schuberts Gefühle der Pietät gegenüber der Mutter sicher tief verletzt. Daß der Vater für die elfjährige Resi eine Pflegerin brauchte, sah Franz vielleicht noch ein. Aber mußte er das Fräulein Kleyenböck noch vor Ablauf des Trauerjahres zur Frau nehmen? Und außerdem eine um zwanzig Jahre jüngere Person, die gut und wer weiß auch gern sein Sohn Ignaz geheiratet haben könnte?

Nein, billigen konnte er diesen Schritt des Vaters nicht, und letztlich wird diese Ehe auch Zweifel in ihm wachgerufen haben, ob Franz Theodor seine Frau Elisabeth wirklich geliebt hatte. Die vielen Schwangerschaften besagen wenig, und vielleicht starb sie rechtzeitig, ehe er sich jüngeren und unverbrauchten Frauen zuwenden konnte. Ist die Vermutung, daß er Anna Kleyenböck schon länger den Hof gemacht hatte, so abwegig? Eine Fabrikantentochter ihres Alters hätte mit knapp dreißig doch verheiratet sein können. Aus welchem Grund ist sie bis dahin ledig geblieben?

Solche Fragen müssen Franz beschäftigt haben. Und wie konnte er sie sich anders beantworten, als den Vater zumindest der Untreue in Gedanken zu bezichtigen? Durch das negative Vaterbild aber wurde die Beziehung zur toten Mutter nur verstärkt. Die angeblich guten Kontakte zur zweiten Frau des Vaters halten einer genaueren Prüfung nicht stand.

Daß Anna Schubert die Gunst der Kinder aus erster Ehe zu erwerben suchte und besonders Franz öfter mit Wäsche und etwas Geld versorgte, ist verbürgt. Sie wollte schließlich nicht als Eindringling in die Familie dastehen. Schuberts Dankadressen an die »Frau Muhme Schubert« lesen sich indes äußerst reserviert. Auffallend ist auch, daß er spezielle Wünsche über den Bruder Ferdinand an sie ausrichten läßt. So im Brief vom 24. August 1818:

»Meiner Mutter berichte, dß meine Wäsche sehr gut besorgt wird, dß mir Ihre Sorgfalt mütterlich wohl thut.

(Wenn ich aber noch Wäsche haben könnte, so wäre es mir außerordentlich angenehm, wenn Sie mir einen Nachtrab von Schnupftüchern, Halstüchern und Strümpfen schickten. Auch brauchte ich sehr nothwendig zwey Paar – casimirne Beinkleider, das Maß kann der Hart nehmen, wo er will. Das Geld dafür würde ich sogleich schicken.)«

Viel mehr als ein Arrangement aus praktischen Gründen mit der Frau des Vaters spricht aus keinem der Briefe. Und das distanzierte Verhältnis zur »Frau Muhme« äußert sich nicht nur in dem Umweg über den Bruder, sondern auch in der Großschreibung des Personal- und Possessiv-Pronomens *(Ihre Sorgfalt / wenn Sie mir . . . schickten).* Auch die angebotene Bezahlung dieser Gefälligkeiten scheint nicht gerade auf die herzlichsten Beziehungen zu schließen. Bemerkenswert aber ist der Schluß des Briefes:

»Nach Wien, nach Wien! Ja, geliebtes Wien, Du schließest das Theuerste, das Liebste, in Deinen engen Raum, und nur Wiedersehen, himmlisches Wiedersehen wird dieses Sehnen stillen.«

Es ist nicht schwer zu erraten, wem dieses Sehnen gilt und was mit dem *engen Raum* gemeint ist. Raum und Zeit müssen überwunden werden, dann erst ist das himmlische Wiedersehen möglich. Hier wie in dem Gedicht ist das Verlangen nach dem Tode unüberhörbar.

Selbst wenn der Titel des Gedichts nicht bloß eine bewußte Irreführung sein sollte, um einen möglichen Entdecker dieser Verse über den wahren Inhalt zu täuschen, verwundert zunächst die Personifizierung der Zeit. Das ist zwar ein gebräuchliches literarisches Mittel; dennoch machen einen die ausgefallenen Attribute stutzig. »Die Holde« wird sie genannt, »ein Hauch«, »ein Schall« und »Stät im Lebenslauf Begleiterin«. Handelt es sich tatsächlich um Metaphern, wird die Zeit anthropomorphisiert, nicht vielmehr allegorisiert? »Nicht mehr kehrt die Holde wieder«: ist das nicht ein logischer Widerspruch zu der Apposition »Stät im Lebenslauf Begleiterin«? Ist die Zeit als Tod in Permanenz verstanden?

Wird das Verlieren oder der Verlust der Zeit betrauert? Eine weit zurückliegende oder eine unmittelbar erlebte?

Nehmen wir an, Schubert habe mit der holden Zeit seine Kindheit gemeint. In diesem Falle leuchtet ein, weshalb sie »die Holde« genannt wird: weil sie Geborgenheit vermittelt hat. Doch dieses Gefühl der Geborgenheit hatte schließlich eine konkrete Ursache; denn nicht ein Abstraktum wie die Zeit kann einem Kinde (einem Menschen) Geborgenheit vermitteln, sondern eine Person. Und eine solche wird in Wahrheit als »die Holde« apostrophiert. Wie in dem Brief an Ferdinand der *Raum* (Heimat/Grab), so ist in dem Gedicht die *Zeit* eine Chiffre. »Stät im Lebenslauf Begleiterin«: das heißt nichts anderes, als daß Schubert sich mit dem Tode der *theuersten* und *liebsten* Person nicht abfinden kann. Er will nicht an ihren Tod glauben. Darum auch die scheinbare Unlogik: »Nicht mehr kehrt die Holde wieder.« Sie, die *stäte Begleiterin,* braucht nicht wiederzukehren, da sie für ihn gar nicht gegangen ist.

Ganz eindeutig aber wird in Schuberts Erzählung ›Mein Traum‹ vom 3. Juli 1822 die Zeit mit der (toten) Mutter gleichgesetzt:

»Da sah ich (ihre) Leiche. Thränen entflossen meinen Augen. Wie die gute alte Vergangenheit . . . sah ich sie liegen.«

Doch man sehe, wie sich die Biographen gegen jeglichen autobiographischen Bezug sperren.

O. E. Deutschs nüchtern-sachliche Feststellung, der Anlaß dieses Gedichtes sei nicht bekannt, verrät die gleiche Abwehr wie seine Ansicht, Schuberts Erzählung sei »einfach ein literarischer Erguß (!) der Phantasie eines Zeitgenossen der deutschen Romantik«. Da sträubt sich sogar seine Sprache. Durch einen dreifachen Genetiv wird sie hindurchgejagt, weil der Autor mit Kopf und Hand sich wehrt, in diesem Text ein autobiographisches Bekenntnis zu sehen. »Einfach ein literarischer Erguß« – womit gleich auch die gesamte romantische Literatur als freischwebendes Phantasieprodukt desavouiert wird, desavouiert werden soll. Die Sprache indes bringt an den Tag, was Deutsch verdrängen möchte. Diese Analyse-Phobie des wohl bedeutendsten Schubertforschers legt die Vermutung nahe, daß dieser gründliche Kenner der Lebensgeschichte Schuberts sich gewissermaßen den Standpunkt der Familie angeeignet hat, nur ja kein peinliches Faktum der Nachwelt zu überliefern, jede Andeutung zu vermeiden, die das Bild des Künstlers trüben könnte. Da seine gesammelten Dokumente aber Hauptquelle aller Biographen ist, hätte Deutsch gleichsam die Rolle eines Engels mit dem Flammenschwert. Und tatsächlich mangelt es allen Standardwerken über Schubert an einer kritisch-analytischen Beschäftigung mit dem zusammengetragenen Material.

Am meisten verwundert, mit welch interesseloser Unschuld man bisher die ohnehin sehr spärlichen Selbstäußerungen Schuberts zur Kenntnis genommen hat: die Briefe, Tagebücher und vor allem die Gedichte.

Daß Schubert kein epochaler Lyriker gewesen ist, seine sieben oder acht überlieferten Gedichte keine künstlerischen Offenbarungen sind (allerdings durchaus Offenbarungen eines Künstlers), ist in diesem Zusammenhang von nur geringer Bedeutung.

Was dennoch an seinem ersten lyrischen Elaborat sofort besticht, ist die formale Strenge: vier Strophen zu je vier Zeilen, wobei die erste und die letzte Strophe identisch sind und die beiden Binnenstrophen eine analoge Bauweise haben. Es gibt keine Kommata im ganzen Gedicht (in Schuberts Handschrift), nur Punkte und Ausrufezeichen. Auffallend ist die häufige Verwendung der Reimwörter *nieder* und *hernieder,* die insgesamt fünfmal erscheinen. Diese Adverbien der Deszendenz drücken zweierlei aus: Devotheit und Depression. Vollkommen überraschend und zunächst kaum motiviert ist der Plural *uns*:

Senkt sie sich mit *uns* ins Grab hernieder.

In Heinrich Werlés[1] Kommentar zu diesem Gedicht, wor-

1 Heinrich Werlé (Hg.): ›Franz Schubert in seinen Briefen und Aufzeichnungen‹. Leipzig, 1948.

in hauptsächlich auf den »Reichtum an Selbstlauten, Umlauten und Doppellauten« hingewiesen wird, heißt es plötzlich:

»Inhaltlich zeichnen Schuberts Gedichte öfters ein Bild jenes Menschen, der eigentlich ein ganzes Leben lang einzig und unablässig zuerst mit sich selber Zwiesprache gehalten hat.«

Eine solche Feststellung trifft nun so ziemlich auf alle Gedichte zu. Dennoch ist Werlé möglicherweise dem wirklichen Tatbestand näher als ihm selber bewußt war, wenn wir nämlich das Wort *Zwiesprache* wörtlich nehmen, es nicht als Spiegel-Monolog verstehen, sondern als imaginären Dialog. Die Frage ist: mit wem spricht der Verfasser hier? Wem werden da die Anweisungen erteilt, würdig niederzuschwinden, Tugendlieder zu bringen, reuig Flehen niederzuschütten? Der Zeit, dem Hauch, dem Schall?

Die beim ersten Lesen des Gedichtes vermeintliche Klarheit der Aussage wird bei genauerem Hinsehen zunehmend weniger klar. Schall und Hauch als Metaphern für die Zeit: das ist noch durchaus verständlich. Was aber bedeutet »Schwind' würdig ihr dort nieder«, was heißt *niederschwinden,* worauf bezieht sich das Personalpronomen *ihr*?

Unklar ist vor allem die Abwärtsrichtung. Wenn mit dem *Stuhle der Gerechtigkeit,* mit dem *Sitze der Barmherzigkeit* eine richtende und Schuld vergebende göttliche Instanz gemeint sein sollte – was die beiden Genitivmetaphern, die dem bekannten lyrischen Formelvorrat für transzendente Einrichtungen entstammen, nahelegen –, dann fällt die Lokalisierung dieser Instanz (unten) völlig aus dem Rahmen der traditionellen christlich-abendländischen Vorstellung; denn der Inhaber dieses Gerechtigkeitsstuhles, der Inhaber dieses Barmherzigkeitssitzes wird *oben* vermutet.

Sollte sprachliche Ungeschicklichkeit die Erklärung sein? Meinte Schubert: *Hauch entfliehe ihr von dort unten hinauf zum Stuhle der Gerechtigkeit*? Möglich auch das. Aber was besagt das Wort *würdig* in diesem Falle? Ein würdig flüchtender

Hauch: das ergibt kaum einen Sinn. Zu welcher Lesart wir uns auch entschließen, das stark akzentuierte Wort *Grab* disponiert den Leser eindeutig, sich eine Abwärtsbewegung vorzustellen, den *Stuhl der Gerechtigkeit* wie den *Sitz der Barmherzigkeit* noch unterhalb des Grabes, also gleichsam im Erdinneren, im Mittelpunkt der Erde anzunehmen. Und selbst wenn Schuberts Aussage-Intentionen ganz andere gewesen sein sollten, uns kann hier nur beschäftigen, was da tatsächlich geschrieben steht, und das kommt den unbewußten Absichten wahrscheinlich sehr viel näher als den bewußten. Was hier tatsächlich intendiert ist, scheint die chymische Hochzeit von Zeit und Ewigkeit zu sein. Das Grab, in der barocken Metaphorik das ewige Ruhelager, das Bett, ist der Platz der Vereinigung. Hinter dem Bild der Endlichkeit, der unaufhaltsam ablaufenden Lebensuhr, steht der Todeswunsch. Sterben als Streben zueinander hin. Und nur bei der Mutter darf der Sohn hoffen, Gerechtigkeit und Barmherzigkeit zu erfahren. Sechs Jahre später hat die Trauer, hat der Schmerz über die verlorene Mutter noch immer nicht an Intensität nachgelassen. Schubert schreibt im Juni 1818 – vermutlich wenige Tage nach dem Jahrestage ihres Todes – das ›Grablied für die Mutter‹, und vermutlich stammen auch die Worte von ihm:

Hauche milder Abendluft
klage sanfter, Philomele
eine schöne, engelreine Seele
schläft in dieser Gruft.

Bleich und stumm am düstern Rand
steht der Vater mit dem Sohne,
denen ihres Lebens schönste Krone
schnell (schnell) mit ihr verschwand.

Und sie weinen in die Gruft,
aber ihrer Liebe Zähren
werden sich zum Perlenkranz verklären,
wenn der Engel ruft.

Wenn Schubert tatsächlich der Verfasser dieser Strophen sein sollte[1] – das Reimschema a b b a und die sichere Beherrschung des Enjambements lassen sich auch bei seinen anderen Gedichten feststellen –, fällt inhaltlich das traute Miteinander von Vater und Sohn (Singular!) auf. Daß es zwischen Franz Theodor und Franz im Laufe der Jahre zu einer gewissen Annäherung gekommen sein könnte, wenn auch nicht zu einer echten Aussöhnung, ist bei dem im Grunde friedfertigen Charakter Schuberts, bei seinem starken Schutzbedürfnis und der zunehmenden Unfähigkeit, Spannungen zu ertragen, durchaus denkbar. Wahrscheinlicher aber, daß dieses poetische Bild gemeinsamer Trauer lediglich eine Wunschvorstellung war.

Selbst wenn O. E. Deutsch recht hat, daß Schubert das »Grablied« für die verstorbene Mutter seines Konviktskollegen Josef Ludwig von Streinsberg geschrieben habe (dabei offenlassend, ob auch den Text), schließt das nicht Schuberts starke Identifikation mit dem Schicksal des Freundes aus, durch das er nicht nur an die eigene Mutter erinnert wurde, sondern das die ständige Erinnerung an sie noch vertiefte; denn er hat, wie man noch sehen wird, diesen Verlust nie *verschmerzt*. Schon die Wahl der Tonart (h-Moll) ist charakteristisch. Es ist u. a. die des Liedes ›Der Jüngling am Bache‹ in der ersten Fassung. Der Tod der Frau von Streinsberg wäre also allenfalls für Schubert ein weiterer Anlaß gewesen, seine Trauer über die eigene tote Mutter in Noten und (vermutlich auch) Worte zu fassen. Für letzteres spricht sehr viel. Man vergleiche nur den Brief an Ferdinand vom 24. August desselben Jahres mit gewissen Wendungen in diesem Gedicht, z. B. die Superlative »das Theuerste, das Liebste« im Brief mit »ihres Lebens schönste Krone« in der zweiten Strophe des Gedichts sowie die anklingende Todessehnsucht im einen wie im anderen Text (»himmlisches Wiedersehen wird dieses Sehnen stillen« und »ihrer Liebe Zähren werden sich

1 Scherings Überzeugung.

zum Perlenkranz verklären, wenn der Engel ruft«) – in beiden Fällen eine Futurum-Konstruktion –, dann möchte man Schuberts Urheberschaft eigentlich nicht bezweifeln. Ein weiteres Indiz liefert das Wort *Krone*. Das etwas angestrengte Bild von der Mutter als Krone der Hinterbliebenen (Vater und Sohn) suggeriert ein zweites, vom ersten überlagertes Bild: das der gekrönten Mutter, dem Katholiken Schubert kein unbekanntes Bild. Die poetische Überhöhung der Mutter zur »hohen Frau«, zur Himmelskönigin, ist alte literarische Tradition. Für Schubert freilich ist das nicht nur ein lyrischer Topos. Das Sterbedatum seiner Mutter im Marienmonat Mai hat für ihn symbolische Bedeutung angenommen, und es ist alles andere als Zufall, daß unter den wenigen im Todesjahr der Mutter (1812) entstandenen Werken (die Ouvertüre D-Dur, ein Sonatensatz für Klavier, Violine und Violoncello in B-Dur, den zwei Liedern nach Schiller und Rochlitz und einem Kyrie) ein ›Salve regina‹ ist, geschrieben am 28. Juni, also genau einen Monat nach dem Tode der Mutter.

Von Schubert selber immer wieder darauf hingewiesen, wie wichtig ihm Texte sind, können wir die Vertonung des ›Salve regina‹, der Worte an die *Mutter der Barmherzigkeit* (»unser Leben, unsere Wonne und unsere Hoffnung, sei gegrüßt«), nicht einfach als Gelegenheitsarbeit abtun. Gerade im Hinblick auf das Entstehungsdatum kommt dieser Komposition eine besondere Bedeutung zu.

Nach einem auffallenden Arbeits-Stau im Jahre 1812 setzt in den darauf folgenden fünf Jahren (bis 1817) eine unwahrscheinlich rege Kompositionstätigkeit ein. Es entstehen über 300 Lieder, fünf Symphonien, acht Streichquartette, vier Messen, drei Singspiele, eine Oper sowie verschiedene Chorwerke. Allein nach der Anzahl der Werke gehören diese fünf Jahre zu den fruchtbarsten in Schuberts Leben. Wenn man die biographischen Umstände berücksichtigt, unter denen Schubert in dieser Zeit produzierte, bekommt seine Tagebucheintragung aus dem Jahre 1824: »Meine Erzeugnisse sind durch den Verstand für Musik und durch meinen Schmerz vorhanden« rückwirkend noch eine ganz spezifische Bedeutung; denn sie besagt nicht mehr und nicht weniger, daß der praktisch und musik-theoretisch ausgebildete Schubert zum Komponisten, zum *Künstler* erst geworden ist durch seine Schmerzen. Anders gesagt: Schubert komponierte, um zu vergessen, komponierte, wenn er vergessen wollte. Er flüchtete sich in die Arbeit, um die Gedanken an die Mutter zu bannen. Nach Monaten dumpfer Benommenheit, in denen seine schöpferischen Kräfte wie gelähmt waren, schreibt er mit manischer Besessenheit Werk um Werk. Nur ja nicht zu Bewußtsein kommen! Jede untätige Minute verführt zum Grübeln. Die Arbeit aber betäubt. Sie lenkt ab. Er liebt das Leben nicht, doch muß er mit ihm zu Rande kommen. Schlimm sind die Nächte, das Müdesein und Nichteinschlafenkönnen. Überreizt vom Komponieren, vom immer wieder überprüfenden Aushören der Stimmen und Harmoniebewegungen, vom körperlichen Nachvollziehen der Rhythmik, vom *Kampf mit der Materie* (Rastrieren des Papiers, Spitzen der Feder), läßt ihn nachts, auf dem Bett liegend, oft in voller Kleidung, in der Dunkelheit des Zimmers, keine Ruhe, was er tagsüber, bei der Arbeit, verdrängen konnte.

Die Ereignisse überstürzen sich. Es wird zuviel. Dem Leistungsdruck nicht mehr gewachsen, verläßt er, ehe man ihn verjagt, das Konvikt und zieht, ganz gegen seine Neigung, zum Vater. Es bleibt ihm, wie schon gesagt, keine andere Wahl. Daß er die erste Symphonie ausgerechnet seinem Direktor Innozenz Lang widmet, ist nur als reine Ironie zu deuten. Er will diesem Ignoranten zeigen, wer er (Franz Schubert!) ist.

Finis et fine schreibt er unter die Partitur. Ein für alle Male Schluß mit dem Drill. Aber wie steht es mit der Freiheit? Wo findet er sie? Nicht im Hause des Herrn Papa. Dort bringt am 22. Januar 1814 die Frau Muhme ihr erstes Kind zur Welt, *Maria Barbara Anna,* Schuberts Halbschwester. Ob ihm das klar ist? Was kümmert ihn dieser schreiende Säugling, der nur stört? Diese kleine, kreischende Kreatur: meine Schwester? In diesem Hause – das begreift er sofort – wird er die ersehnte Freiheit nie erlangen.

Aber auch der Staat will ihm die Freiheit beschneiden. Dreimal wird Franz von der Konskription aufgefordert, sich als Soldat zu stellen. Das bedeutet vierzehn Jahre Militärzeit. Befreit waren Geistliche, Adelige, Beamte, Rechtsanwälte, Großkaufleute, fest engagierte Schauspieler und Lehrer. Als Gehilfe seines Vaters war er, wie bereits erwähnt, dem Militärdienst entgangen. Den Beruf eines Hungerleiders dem Soldatenleben vorziehend, hatte er die Lehrerbildungsanstalt St. Anna besucht und am 19. August 1814 – wenn auch nur knapp – die Prüfung bestanden. Die Aversionen gegen den Lehrstoff schlagen sich in dem schlechten Ergebnis sicher nieder, freilich auch Examensangst.

Wenn es um Musik geht, ist er imstande, sein Können unter Beweis zu stellen. Aber Musik ist kein Prüfungsfach. Dafür – neben Latein, Mathematik und Didaktik – Religion. Und im letzteren schneidet Schubert besonders schlecht ab. Aber eben darauf legt nicht nur die Präparandenanstalt großen Wert, sondern auch der Vater, den das »Mangelhaft« in Religion recht gewurmt haben muß. Kein Grund also zur Annahme, daß Schuberts Entschluß, sein unfreiwilliger Entschluß, Lehrer zu werden, das Verhältnis zwischen Vater und Sohn, zumal nach diesem Ergebnis, erträglicher geworden wäre. Eher haben sich speziell die weltanschaulichen Gegensätze noch verschärft.

Indes war Franz unzureichend informiert. Er hätte gar kein Soldat zu werden brauchen; denn die Musterung ergab, daß er untauglich war, zu klein: 4 Schuh 11 Zoll 2 Strich und schwach. Nach heutigem Maß: 1,57 m.

Vier Jahre nach dem Tod der Mutter notiert Schubert in sein Tagebuch unter dem *14. Juny 1816:*

»Nach einigen Monathen machte ich wieder einmahl einen Abendspaziergang. Etwas angenehmeres wird es wohl schwerlich geben, als sich nach einem heißen Somertage Abends im Grünen zu ergehen . . . Im zweifelhaften Dämerschein, in Begleitung meines Bruders *Carl* ward mir so wohl ums Herz. Wie schön, dacht' ich u. rief ich, u. blieb ergötzt stehen. Die Nähe des Gottesackers erinerte uns an unsere gute Mutter. So kamen wir unter traurig traulichen Gesprächen auf den Punkt, wo sich die Döblinger Straße theilt. Und wie aus himlischer Heimath hörte ich von einer haltenden Chaise herab eine bekannte Stime. Ich schaute auf – u. es war Hr. Weinmüller, welcher eben ausstieg u. sich in seinem herzlichen biedern Tone empfahl. – Gleich wandte sich unser Gespräch auf die äußere Herzlichkeit in Ton u. Sprache der Menschen. Wie mancher bemühet sich sein redliches Gemüth vergebens in eben so herzlicher, biederer Sprache zu zeigen; wie mancher würde da nur zum Gelächter der Menschen dienen. Man kann solches nicht als ihr erstrebtes Gut, sondern als Naturgabe ansehen.«

Diese Tagebucheintragung ist nun wirklich ein außerordentlich aufschlußreicher Text, obwohl er – wie fast alle schriftlichen Äußerungen Schuberts – mehr andeutet als ausspricht. Daß Schubert hier nicht lediglich einen zufälligen Spaziergang mit Bruder Carl mitteilt, das angenehme Gefühl, sich nach einem heißen Sommertage abends im Grünen zu ergehen, wird schon nach wenigen Sätzen deutlich. Das Ziel dieses Abendspaziergangs war eindeutig der Friedhof, wo die Mutter beerdigt lag. Schubert allerdings versucht dem Leser (welchem? – sich selber?) zu suggerieren, er sei nur zufällig in die *Nähe des Gottesackers* gelangt, der ihn und seinen Bruder an die *gute Mutter* erinnert habe. Beim ersten Lesen dieses Textes kann man den Eindruck haben, jeder Satz bringe eine vollkommen neue Information, die mit der vorangegangenen und folgenden nahezu nichts zu tun habe.

Untersucht man das Textgefüge genauer, stellt man fest, daß sämtliche Haupt- und Nebensätze sowohl syntaktisch wie auch assoziativ miteinander aufs engste verknüpft sind.

So wird beispielsweise gleich der zweite Satz mit dem ersten verbunden durch den Komperativ »Etwas angenehmeres«. Noch interessanter ist die Verknüpfung des dritten mit dem vierten: Das Prädikative »ward mir so wohl ums Herz« findet seine Entsprechung in dem Ausruf »Wie schön« zu Anfang des vierten Satzes, während der Anfang des dritten Satzes »Im zweifelhaften Däm̄erschein« in unheimlicher Weise mit dem Anfang des fünften Satzes »Die Nähe des Gottesackers« korrespondiert.

Völlig unerwartet aber ist der relativische Anschluß · im sechsten Satz: »So kamen wir unter traurig traulichen Gesprächen auf den Punkt, wo sich die Döblinger Straße theilt.« Beim Wort *Punkt* und nach Erwähnung der »traurig traulichen Gespräche« denkt man als erstes an einen *wunden Punkt*. Um so überraschter ist man, wenn dieser sich dann als geographischer erweist. Hat die Teilung der Straße, ihr Auseinandergehen in zwei verschiedenen Richtungen, nicht möglicherweise den Verfasser auch zu einem gedanklichen Richtungswechsel veranlaßt? Verrät nicht vielleicht aber der siebte Satz (»Und wie aus him̄lischer Heimath hörte ich . . .« – was? – »von einer haltenden Chaise herab eine bekannte Stim̄e«) die unterdrückten Gedanken? Die Stimme des Herrn Weinmüller[1], des Bassisten am Kärtnertor-Theater – wie aus himmlischer Heimat? Wohl kaum. Hier liegt ein bezeichnender Gedankensprung vor. Selbstverständlich löst nicht der joviale Bassist, der gerade aus der Kutsche steigt, die Assoziation *himmlische Heimat* aus, sondern Schuberts Erinnerungen an die Mutter. Die nun fällige Assoziation zur Himmelskönigin scheint dann nicht mehr allzu kühn. Sie findet sich in der nächsten Eintragung vom 15. Juni:

»Gewöhnlich ist's, dß man sich von zu erwartenden zu große Vorstellungen macht. So ging es auch mir, als ich die bey St. Anna gehaltene Ausstellung vaterländischer Gemähl-

1 Karl Friedrich Weinmüller, den Schubert von der Hofkapelle her kannte, hatte 1814 den Rocco in Beethovens ›Fidelio‹ gesungen. Weinmüller besaß eine Villa in Ober-Döbling.

de sah. Unter allen Gemählden sprach mich ein Madonnen-Bild mit einem Kinde von Abel am meisten an.«

Das erwähnte Bild Josef Abels hat im Katalog den Titel ›Maria zeigt in mütterlicher Lust den Engeln das schlafende Kind‹. Das Original ist verschollen. (Allerdings befindet sich in der Wiener Staatsbibliothek eine Radierung Abels, ›Maria mit Kind und Engel‹, vermutlich eine Vorstudie.)

Daß Schubert dieses Werk nicht allein wegen seiner malerischen Qualitäten schätzte, darf man annehmen. Enttäuscht von den Historienmalereien dieser Ausstellung, hat ihn bei dem Abelschen Bilde in erster Linie wahrscheinlich das Sujet angesprochen, gewiß aber auch der ausgefallene, erotisch angehauchte Titel.

Trotz seines malenden Bruders[1], besaß Schubert vermutlich kein ausgeprägtes Urteil über bildende Kunst. Daß er dennoch sehr wohl handwerkliche Details bemerkt hat, beweist die Beobachtung eines weiteren, in diesem Text erwähnten Bildes: »Sehr getäuscht wurde ich durch den Samtmantel eines Fürsten« – gemeint ist der täuschende Realismus der Malerei. Insofern ist schon ungewöhnlich, daß er bei dem Abelschen Madonnenbild seinen Blick offensichtlich nur auf das Zentralmotiv gelenkt hat und die (oder den) Engel zu erwähnen vergißt. Hat er die Engel-Darstellung übersehen, nicht bemerkt? Naheliegender ist, daß ihn diese geflügelten Wesen nicht interessiert haben. Für ihn war dieses Bild eine weltliche Darstellung von Mutter und Kind. Seine Erinnerung an dieses Bild hat die Engel als überflüssig eskamotiert. Wichtig war ihm einzig die innige (lustbetonte) Mutter-Kind-Beziehung.

Doch mit der Feststellung allein, aus dem Interesse an diesem Bilde lasse sich die starke Mutterbindung oder sogar Mutterfixierung Schuberts ableiten, kann man es nicht bewenden lassen. Entscheidender sind deren Folgen, die auch nicht ausbleiben.

1 Und der Freundschaft mit den Malern Schwind und Kupelwieser.

Zum Hundertjahr-Jubiläum der Lichtentaler Pfarrkirche schreibt Schubert seine erste, dem Chorleiter Holzer gewidmete Messe in F-Dur. Arbeitszeit acht Wochen. Trotz einiger Mozart-Anklänge, besonders im ›Benedictus‹, ein erstaunlich eigenständiges und bemerkenswert ausgefeiltes Werk. (Einstein spricht von einem österreichisch-dekorativen Katholizismus, der sich in dieser Kirchenkomposition zeige.) Die zahllosen Veränderungen und Korrekturen im Manuskript widerlegen die immer tradierte Behauptung, Schubert habe kaum an seinen Werken gearbeitet und seine Einfälle niedergeschrieben, wie sie ihm aus dem Kopf in die Feder geflossen seien. Die peinlich genaue und technisch kunstvolle Komposition (Salieri, dem der Schüler zeigen wollte, was er gelernt hatte, war unter den Zuhörern bei der Uraufführung) machen es auch unglaubwürdig, daß der Komponist gerade die Worte »in unam sanctam catholicam ecclesiam« im ›Credo‹ vergessen habe mitzukomponieren. Sie fehlen in allen Messen Schuberts.

Die Aufführung findet, unter Leitung des Komponisten, am 16. Oktober 1814 statt. An der Orgel Ferdinand Schubert. Das Sopran-Solo singt die schon genannte Therese Grob, Tochter eines nach Wien eingewanderten Seidenfabrikanten. Franz verliebt sich in das sechzehnjährige Mädchen. Das Verhältnis dauert drei Jahre. In einem (verlorengegangenen) Brief an Anton Holzapfel berichtet er dem Freund aus Konviktstagen ein halbes Jahr später *lang* und *enthusiastisch* von dieser Liebesbeziehung. Ob Schubert sich damals oder überhaupt je mit Heiratsabsichten getragen hat, ist nicht erwiesen. Immerhin interessant, daß Holzapfel in seinen Aufzeichnungen von 1858 mitteilt, er habe in »lächerlicher Weise durch eine weitläufige, mir damals höchst weise dünkende, chrienmäßige Epistel« den Freund von diesem Mädchen »abzubringen« versucht. Er beschreibt Therese als »durchaus keine Schönheit, aber gut gewachsen, ziemlich voll, ein frisches kindliches Rundgesichtchen, mit schöner Sopranstimme (bis zum hohen D reichend)«. War es Übermut oder Eifersucht? Wollte Holzapfel seinen Freund vor einem unbedachten Schritt warnen?

Schubert ließ sich indes von diesem Brief nicht beeinflussen. Er warb weiter um Therese und gestand in späteren Jahren Anselm Hüttenbrenner auf dessen Frage, ob er denn nie verliebt gewesen und dem weiblichen Geschlechte ganz abgeneigt sei:

»O nein! Ich habe Eine recht innig geliebt und sie mich auch. Sie war eine Schullehrerstochter, etwas jünger als ich, und sang in einer Messe, die ich komponierte, die Sopransoli wunderschön und mit tiefer Empfindung. Sie war eben nicht hübsch, hatte Blatternarben im Gesicht; aber gut war sie, herzensgut. Drei Jahre lang hoffte sie, daß ich sie ehelichen werde; ich konnte jedoch keine Anstellung finden, wodurch wir beide versorgt gewesen wären. Sie heiratete dann nach dem Wunsche ihrer Eltern einen anderen, was mich sehr schmerzte. Ich liebe sie noch immer und mir konnte seither keine andere so gut oder besser gefallen wie sie. Sie war mir halt nicht bestimmt.«

Wenn Schubert Hüttenbrenner gegenüber tatsächlich dieses Geständnis abgelegt haben sollte (bei seiner Verschlossenheit sehr unwahrscheinlich), Hüttenbrenner den Inhalt richtig wiedergegeben hat, wäre es demnach Therese gewesen, die unbedingt heiraten wollte. Nur stimmen Hüttenbrenners Angaben in verschiedenen Punkten nicht. Weder war Therese Grob eine Schullehrerstochter, noch hat sie sich, wie er an anderer Stelle schreibt, »gegen ihre Neigung dem Willen ihres Vaters gefügt«; denn dieser lebte schon nicht mehr, als Schubert Therese kennenlernte.

Interessant, aber völlig im Widerspruch zu anderen Berichten, ist die Bemerkung, Schubert habe »von jener Zeit an, da er seine Liebste für immer verloren sah, eine vorherrschende Antipathie gegen die Töchter der Eva« gehabt. Da Hüttenbrenner selbst angibt, Schubert 1815 bei Salieri kennengelernt zu haben, Schuberts Beziehungen zu Therese aber mindestens bis 1817 andauerten, muß der folgende Bericht erst recht stutzig machen:

»Von der Zeit an, als ich Schubert kennen lernte, hatte er nicht die mindeste Herzensangelegenheit. Er war gegen das schöne Geschlecht ein trockener Patron, daher nichts weniger als galant. Er vernachlässigte seinen Anzug, besonders die Zähne, roch stark nach Tabak, war sonach zu einem Kurmacher gar nicht qualifiziert und auch nicht salonfähig, wie man sagt.«

Es gibt andere Berichte, die einen weniger verwahrlosten Schubert schildern. Einer stammt von Heinrich Hoffmann von Fallersleben und schildert Schubert als einen Mann, der sich in nichts von einem anderen Wiener unterscheide:

»Franz Schubert, der damals erst etwas über 30 Jahre alt, schien mir eine recht gesunde, lebenskräftige Wiener Natur zu sein . . . Er spricht Wienerisch, hat wie jeder Wiener feine Wäsche, einen sauberen Rock, einen blanken Hut . . .«

Hoffmanns im übrigen nicht gerade enthusiastische Beschreibung von Schuberts Erscheinung mag allerdings damit zusammenhängen, daß der Komponist dem Dichter offenbar nicht allzu begeistert entgegengekommen ist und es z. B. abgelehnt hat, ein Gedicht Hoffmanns, das dieser ihm übergeben hatte, zu vertonen. Hüttenbrenners Darstellung eines schlecht riechenden, wenig gepflegten Schubert wäre damit noch nicht widerlegt, auch nicht die Behauptung, er sei spröde gegenüber dem »schönen Geschlecht« gewesen. Was hatte es aber nun mit dieser Liebe zu Therese Grob auf sich? Hat er tatsächlich ernsthaft mit dem Gedanken gespielt, dieses Mädchen zu heiraten? Waren es nur finanzielle Gründe, die ihn von der Heirat absehen ließen?[1] Liest man seine Tagebucheintragung aus dem Jahre 1816 – also noch während seiner Liebesbeziehung zu Therese –, muß man letzteres als reine Zweckbehauptung ansehen:

1 Am 9. April 1816 hatte sich Schubert um die Musiklehrerstelle an der deutschen Normalschulanstalt zu Laibach beworben, unterstützt durch ein Zeugnis Salieris. Die Bewerbung wurde abschlägig beantwortet.

»Ein schreckender Gedanke ist dem freyen Manne in dieser Zeit die Ehe; er vertauschet sie entweder mit Trübsinn, oder grober Sinnlichkeit. Monarchen dieser Zeit, ihr seht dieß, u. schweiget. Oder seht ihr's nicht? Dann, o Gott, umschleyere uns Sinn u. Gefühl mit Dumpfheit; doch nimm den Schleyer einmahl wieder ohne Rückschade.«

Es ist nicht auszuschließen, daß Schubert diese Sätze unter dem Eindruck heftiger Auseinandersetzungen mit Therese und (oder) deren Familie (Mutter und Bruder) niedergeschrieben hat. Doch das würde ihnen nichts von ihrer Aufrichtigkeit nehmen.

In Äußerungen gegenüber Freunden, in Briefen an die Verwandten klingt wiederholt an, daß der Künstler ehelos bleiben müsse. Künstlerisches Schaffen könne mit einem bürgerlichen Familienleben nicht zusammengehen. So reagierte er teils belustigt, teils ärgerlich auf Moritz von Schwinds Werbung um die frömmelnde Anna (Nettl) Hönig. Nur mit Mühe war es dem verliebten Maler gelungen, Schubert in die Familie des kaiserlichen Hofrats einzuführen. Als Franz schließlich dem Hause Hönig einen Besuch abstattete, kam es sofort zum Eklat. Schubert hatte der religiösen Fanatikerin gerade einen Walzer auf ein Albumblatt geschrieben, da fiel eine ihm ärgerliche Bemerkung, und er sprang auf und ließ die ganze Gesellschaft sitzen.

Über seinen Bruder Carl schreibt er ironisch: »Ein verheiratheter Künstler ist verpflichtet, sowohl Kunst- als Naturstücke zu liefern, und wenn beide Arten gerathen, so ist er doppelt zu loben, denn das ist keine Kleinigkeit. Ich leiste Verzicht darauf.« Das impliziert, daß er keineswegs davon überzeugt ist, Carl habe wirklich in beiden Arten, vor allem aber in der Lieferung von Kunststücken, reüssiert.

Dennoch läßt der letzte Satz aufhorchen. Diese Mischung aus Ironie und Bekenntnis verdeutlicht die Antinomie seines Lebens; denn das Wort *Verzicht* drückt ja unumwunden den inneren Widerstreit zwischen Vernunft und Neigung aus. Man kann nicht auf etwas verzichten, was man gar nicht begehrt. Nur Einsicht in die Notwendigkeit absoluter Freiheit könnte ihn zu diesem Verzicht auf eine eheliche Bindung veranlaßt haben. Dennoch – das Argument der Freiheit, der Unabhängigkeit von Frau und Familie überzeugt nicht. Die Tagebucheintragung läßt andere Gründe vermuten. Einer könnte Angst sein. Angst vor der Ehe und Angst, in der Ehe zu versagen. »Ein schreckender Gedanke« – das bedeutet sowohl: ein *abschreckender* (im Sinne von: *eine schreckliche Vorstellung*) als auch: ein *beunruhigender*. Man muß fragen, wie frei »der freye Mann« Schubert in seinem Entschluß war, nicht zu heiraten. Hat er nur wegen der Kunst auf die Ehe Verzicht geleistet – oder hat er nicht die rechte Frau gefunden? Und wie hätte eine solche beschaffen sein müssen, um ihm zu gefallen? Suchte er nach einem Ebenbild seiner Mutter, hatte er dieses in Therese Grob gefunden? Was liebte er an dieser nicht eben hübschen Person?

Vielleicht deren mütterliche Eigenschaften? Therese Grob starb kinderlos, und das könnte fast sogar der Beweis sein, daß sie solche Eigenschaften in besonderem Maße gehabt hat.

Doch kehren wir noch einmal zur Tagebucheintragung vom 8. September 1816 (Mariae Geburt) zurück. Was heißt eigentlich: »Er (der freye Mann) vertauschet sie (die Ehe) entweder mit Trübsinn, oder grober Sinnlichkeit«? Heinrich Werlé meint, Schubert spräche vom freien Mann, »der die Ehe meiden müßte, wollte er nicht dem Trübsinn oder grober Sinnlichkeit anheimfallen«. Das würde bedeuten, die Ehe (als Institution) führe zu Trübsinn oder grober Sinnlichkeit. Das Wort *vertauschen* könnte indes auch mit *fliehen* übersetzt werden: Statt sich zu verheiraten, flüchtet sich der freie Mann in Schwermut oder ins Laster. Beide Auslegungen laufen auf Kierkegaards Satz hinaus:

»Heirate, du wirst es bereuen; heirate nicht, du wirst es auch bereuen; heirate oder heirate nicht, du wirst beides bereuen.«

Was immer Schubert mit dieser Tagebucheintragung gemeint hat: auffallend ist die Disqualifikation des Erotischen und Sexuellen. Diese Abwehr ist gewiß auch eine Folge der strengen Internatserziehung, selbst wenn Schubert als Konviktorist sich gerade gegen die moralische Strenge auflehnte. Doch ist diese Internatserziehung nicht der einzige Grund für diese lustfeindliche Einstellung. Ein weiterer Grund – und bei den engen Wohnverhältnissen in der Nußdorfer Straße ein recht naheliegender – könnte sein, daß Schubert als Kind öfter den ehelichen Verkehr der Eltern miterlebt hat. Welche Angstphantasien ein Drei- oder Vierjähriger dabei entwickelt oder entwickeln kann, ist bekannt. Bekannt auch, daß die Mutter dabei nicht selten als stumme Dulderin gesehen wird. Entsprechend feindselig (da das Kind sich als Beschützer der gedemütigten Mutter aufgerufen fühlt) ist die Haltung gegenüber dem Vater. Und an keinen anderen dürfte Schubert gedacht haben bei dieser Philippika gegen die Ehe. Aus Schuberts Sicht hatte jener sich nach der für ihn freudlosen Ehe mit Elisabeth in die grob-sinnliche Verbindung mit der zwanzig Jahre jüngeren Anna Kleyenböck gestürzt, was die ohnehin schon bestehende Rivalität zwischen dem geschlechtsreifen Sohn und dem immer noch zeugungsfähigen Vater verstärkt haben muß. Dreifacher Haß auf ihn: weil er die Mutter *besaß,* sie *demütigte* und sie schließlich *betrog*. Ambivalenz der Gefühle: in den Augen des Sohnes hätte der Vater seiner Frau nicht nur *Treue bis zum Grabe,* sondern übers Grab hinaus halten sollen. Ein Labyrinth der Gefühle.

Bei solch emotionaler Verwirrung wird die negative Einstellung zur Einrichtung »Ehe« schon plausibler. Schubert aktiviert seinen Schmerz: »Ich leiste Verzicht darauf.« Drastischer ausgedrückt: Er für seinen Teil pfeift darauf! Aber was wie eine Demonstration der Stärke aussieht, ist in Wahrheit Ohnmacht; denn nach *Lage der Dinge* bleibt ihm gar keine andere Wahl. Womit aber das Verhältnis zum Vater noch nicht geklärt ist.

Am 27. September 1813 feierte Franz Theodor seinen Namenstag. Schubert schreibt zu diesem Anlaß eine ›Kantate zur Namensfeier des Vaters‹ auf eigene Worte:

Terzetto

Ertöne Leyer
Zur Festesfeier!
Apollo steig hernieder
begeistere unsere Lieder!

Lange lebe unser Vater Franz!
lange währe seiner Tage Chor!
Und im ewig schönen Flor
blühe seines Lebens Kranz.

Wonnelachend umschwebe die Freude
seines grünenden Glückes Lauf.
Immer getreñt vom trauernden Leide,
nehm' ihn Elysiums Schatten auf.

Endlos wieder töne holde Leyer,
bring des Jahres Raum die Zeit zurück,
sanft u. schön an dieser Festes-Feyer
ewig währe Vater Franzens Glück!

Auf die Nahmensfeyer meines Vaters!!!
Fine, den 27. September 813.

Ein Jubel-Lied auf den Vater, so sieht es aus, eine Eloge, denkt man. Ein Hymnus des Sohnes auf seinen Herrn Vater. Und wundert sich. Ist das die totale Versöhnung?

Klammern wir uns nicht an die Wörter! Wir müssen sie aufspießen. Geschrieben ist die Kantate für drei Männerstimmen mit Gitarrenbegleitung, und ›Terzetto‹ stand auch auf der (inzwischen verschollenen) Partitur. Man kann das so hinnehmen und es in Zusammenhang mit der Aufführungspraxis bringen. Drei Söhne Franz Theodors haben singend ihrem Vater gratuliert. Aber warum nur drei, da ihrer vier waren? Und: welche drei? Carl, Ferdinand und Franz? Weshalb nicht Ignaz? Daß der Erstgeborene mit der Grundbucheintragung vom 16. Juli 1812 praktisch enterbt worden war und Ferdinand als Stammhalter der Familie galt, dürfte ausgerechnet Franz nicht davon abgehalten haben, ihn zu übergehen. Falls aber das Terzett für Ignaz, Ferdinand und Carl bestimmt gewesen sein sollte, bleibt die Frage offen, aus welchem Grund Franz sich von der Gratulationskur ausgenommen hat. Weil er mutierte? Für den häuslichen Anlaß hätte seine Stimme zweifellos noch ausgereicht. Nun, wer auch immer die drei singenden Gratulanten gewesen sein mögen: sie haben mit Schuberts Text den Vater nicht *bejubelt*, sondern *hoch*gejubelt.

Das Vokabular ist unverkennbar Schillers Frühwerk entlehnt. Aber im Zusammenhang wirkt dies weniger wie ein Plagiat, vielmehr wie eine Parodie. Das pathetische *Ertöne Leyer* und die variierte Wiederholung (zu Anfang der vierten Strophe) *Endlos wieder töne holde Leyer* wirkt sicher nicht erst auf uns unfreiwillig komisch. Indes wäre zu fragen, ob diese Komik wirklich *unfreiwillig* zustande gekommen ist? Denkt man beim Wort *Leyer* nicht unwillkürlich an die *ewige Leier,* also an das *Herunterleiern* von Phrasen? Evoziert das *endlos* nicht solche pejorative Auslegung?

Nicht minder komisch mutet die Anrufung Apollos an. Daß er erst in die Säulengasse herniedersteigen soll, um die Lieder zu begeistern, d. h. deren Vortrag, spricht auch nicht unbedingt von einem spontanen Enthusiasmus. Ungebrochen, frei von Ironie sind diese vier Zeilen nun gewiß nicht.

Und nach dieser pseudo-hymnischen Introduktion mutet dann der erste Satz der zweiten Strophe um so trivialer an: *Lange lebe unser Vater Franz.* Dieser biedere Vereinston scheint dann freilich durch das Folgende wieder ausgeglichen:

Wonnelachend umschwebe die Freude
seines grünenden Glückes Lauf.
Immer getreñt vom trauernden Leide
nehm' ihn Elysiums Schatten auf.

Der Adorationsstil dieser Kantate täuscht uns nicht. Die blühenden Metaphern besagen nicht mehr als: hier wird durch die Blume gesprochen! Die Imitation des *hohen Tons* verbirgt Satire. Jedes Wort ist bittere Ironie; denn dem zu diesem Zeitpunkt keineswegs glücklichen Schubert konnte des Vaters frisches Glück in der neuen Ehe (wo schon wieder Nachwuchs unterwegs war) wohl nicht so am Herzen liegen, daß er ihm davon noch mehr wünschte. *Immer getreñt vom trauernden Leide* ist folglich nicht als Optativ zu verstehen, sondern als Behauptung: er, der Vater, im Gegensatz zu mir, leidet nicht, hat nie gelitten, ist gar nicht zu leiden imstande. Was verbindet mich denn mit einem solchen Menschen? Gar nichts! Wir haben uns absolut nichts zu sagen. Soll ihn doch *Elysiums Schatten* aufnehmen! (Was heißt: Fahr zur Hölle!)

Merkwürdig sind die drei Ausrufezeichen am Ende des Postskriptums: *Auf die Nahmensfeyer meines Vaters!!!* Während O. E. Deutsch in seinem Kommentar darauf mit keiner Silbe eingeht, fragt Heinrich Werlé immerhin vorsichtig an, ob Schubert sich damit selber habe *offenlegen* wollen, *und zwar angesichts seines andersgearteten Verhältnisses zum Vater.* Bedurfte es dazu erst dieser dreifachen Interpunktionszeichen? Und wie steht es mit dem Wort *Fine*? Es stand auch unter der Partitur der ersten Symphonie und bedeutete Schluß mit dem Konviktsleben. Sollte es jetzt und hier das Ende seiner Beziehungen zum Vater signalisieren?

Nein, Schubert *legt* nichts *offen,* es widerspricht seiner verschlossenen Natur. Er deutet an und setzt Zeichen. Der Musiker ist es gewohnt, sich in Symbolen auszudrücken. Er *legt nahe*; das ist alles.

Der ›Kantate‹ war voraufgegangen (am 19. September) eine ›Kleine Trauermusik‹ für 2 Klarinetten, zwei Fagotte, Kontrafagott, zwei Hörner und zwei Posaunen. Von *fremder Hand* stammt die Überschrift ›Franz Schuberts Begräbnis-Feyer‹. Der Biograph Walter Dahms bemerkt dazu:

»Erklärungsversuche für den Grund zu dieser Bezeichnung können nur Vermutungen bleiben.«

Welche Vermutungen Dahms selber angestellt hat, teilt er nicht mit. Wir können also auch nur Vermutungen über diese Vermutungen anstellen. Hat sich der junge Komponist sein eigenes Requiem geschrieben? War er lebensmüde oder glaubte er, bald sterben zu müssen?

Und abermals ist es O. E. Deutsch, der heftig dagegen argumentiert, daß die ›Kleine Trauermusik‹ in Zusammenhang mit dem Tod der Elisabeth Schubert gebracht wird; es sei »unsinnig«, schreibt er, daß diese Musik mit dem Tode von Schuberts Mutter im Mai 1812 etwas zu tun haben könne; »denn die spätere Aufschrift von fremder Hand . . . sagt natürlich nichts über die ursprüngliche Bestimmung aus«. Wieso »denn« und weshalb »natürlich«? Und: um welche »fremde Hand« handelt es sich?

Freilich, das Entstehungsdatum (September 1813) schließt aus, daß diese Musik zum Begräbnis der Mutter geschrieben worden ist. Aber es gibt ja viele Anlässe (Geburts- und Namenstage), um der Mutter zu gedenken.

Paul Stefan gehört zu den wenigen Biographen, die die Möglichkeit, daß es sich dennoch um eine Komposition »zur Bestattung der Mutter« gehandelt haben könnte, nicht rundweg verneinen. Was im übrigen ja auch keineswegs bedeuten muß, daß dieses Werk zur Aufführung während der Beisetzung gedacht war.

In hohem Maße verwundern muß es jedoch, wenn Deutsch, der sich sonst fast nie Spekulationen hingibt, gerade in diesem Falle für möglich hält, daß Schubert die ›Kleine Trauermusik‹ zu Ehren Theodor Körners geschrieben habe. Zur Unterstützung dieser Hypothese führt er an, daß Körners Freund Theodor von Sydow am 14. März 1814 eine Trauerakademie für ihn in Wien abgehalten habe. Aber aus welchem Grunde sollte Schubert wohl sechs Monate früher sich zum Komponieren dieses Werks veranlaßt gesehen haben? Körner fiel am 26. August 1813 in einem Vorpostengefecht bei Gadebusch. Sollte Schubert sich schon aufgrund der Todesnachricht zu dieser Komposition entschlossen haben?

Es ist zwar bekannt, daß er sich sehr für den Dichter des ›Zriny‹ begeistert hat und ihn unbedingt kennenlernen wollte.[1] Körners früher Tod wird ihn zweifellos stark betroffen haben.

Dennoch: die Sicherheit Harry Goldschmidts, der in seiner Schubert-Biographie als Tatsache hinstellt:

»Die Nachricht von seinem (Körners) Tode löste auch unter den österreichischen Patrioten tiefen Schmerz aus. Der junge Schubert komponierte eine Trauermusik für Blasorchester . . . Elf Jahre später verwendete er den melodischen Gedanken wieder in seinem ergreifenden vierhändigen Trauermarsch in es-Moll (op. 40, Nr. 5).«

– vermag ich nicht aufzubringen. Allerdings scheint mir auch das Vorhandensein eines solchen Werkes wichtiger als die Frage nach dem Anlaß, einfach, weil es Schuberts anhaltende Beschäftigung mit *den letzten Dingen* beweist. Was nun aber den ›Marche funèbre‹ für Klavier zu vier Händen betrifft, entbehrt es nicht einer gewissen Pikanterie, wenn Franz von Hartmann in seinem Tagebuch über das Trio dieses Marsches schreibt, es erinnere ihn »immer« an seine »liebe gute Mutter«. Sollte ihm da jemand souffliert haben, daß auch der Komponist dieses Marsches dabei »an seine liebe gute Mutter« gedacht habe? Jedenfalls hat er 1824 sicher nicht mehr an den Soldatentod Theodor Körners gedacht.

Drei Jahre vor diesem vierhändigen Marsch, fünf Monate vor dem Ausbruch seiner *Krankheit zum Tode,* dem syphilitischen Leiden, das er sich wahrscheinlich Ende 1822 zugezogen hatte, schrieb Franz Schubert einen ›Mein Traum‹ betitelten Prosatext, über dessen Anlaß wie Inhalt die Meinungen der Schubert-Forschung diametral auseinandergehen. Während Deutsch und alle, die ihm folgen, dieser Aufzeichnung jegliche autobiographische Relevanz absprechen (»wahrscheinlich einfach ein literarischer Erguß«, »jeu d'esprit«), haben die älteren Biographen diesen Text als poetisch einge-

1 Es kam auch zu einer Begegnung, die, wie Ferdinand schreibt, »großen Eindruck« auf Schubert gemacht habe.

kleidetes Leidensdokument betrachtet. Arnold Schering meinte sogar, in ›Mein Traum‹ die erste Niederschrift der h-Moll Symphonie sehen zu können. Werlé, der sich Scherings Auffassung anschließt, schreibt:

»Von da führen Linien unmittelbar zum Aufbau des Werkes (der h-Moll Symphonie), Denkmal und Inbegriff alles Schubertischen. Die Zweiteiligkeit der Traumerzählung erweist auch die Endgültigkeit der zweisätzigen Sinfonie, die man nicht länger als unvollendet angekündigt sehen möchte.«

Es soll hier nicht noch einmal der Meinungsstreit um diese sogenannte ›Unvollendete‹ angefacht werden. Wir wissen heute genau, daß Schubert die h-Moll Symphonie viersätzig geplant hatte, daß die erste Partiturseite des Scherzo in Reinschrift vorliegt. Wir werden uns damit abfinden müssen, daß der Rest des Scherzos von Anselm Hüttenbrenner vermutlich verschlampt worden ist, und vielleicht sogar auch das vollständige Finale. Es ist darum völlig absurd, in dem *Traum*-Text so etwas wie eine erste Niederschrift oder gar das Programm für dieses Werk zu sehen.

Nicht weniger absurd sind freilich die Vermutungen, die Maurice J. E. Brown über die Entstehung dieser Prosa anstellt:

»Man hat den blumigen Stil Novalis' und zeitgenössischer deutscher Romantiker hierfür verantwortlich machen wollen. Dies ist wahrscheinlich der Fall. An anderer Stelle habe ich dargetan, daß im besonderen Wilhelm Heinrich Wackenroders Werk, das Schubert im *Stadtkonvikt* gelesen haben mag, streng nachgeahmt ist. Ohne zu den bereits über *Mein Traum* existierenden Theorien eine weitere hinzufügen zu wollen, kam mir der Gedanke, daß dieses Geistesprodukt aus Schuberts Feder aus irgendeiner Tätigkeit der Freunde während der Ferien in Atzenbrugg entsprungen sein könne. Sein Datum, 3. Juli 1822, leiht diesem Gedanken einige Unterstützung; und das tut auch der Umstand, daß in der Handschrift Franz Schobers eine Abschrift des Œuvre *Mein Traum* existiert. Die jungen Leute schwelgten im Atzenbrugger Schloß in allen Arten von ›Feder-und-Papier-Spielen‹; eines dieser Spiele bestand darin, zu gegebenen Worten Gedichte zu verfassen; ein anderes bestand darin, aus Punkten auf einem Blatt Papier Melodien zu gestalten. Möglicherweise war Schuberts *Mein Traum* der gelungenste Versuch aus einem ähnlichen, vergessenen *jeu d'esprit* der Gesellschaft...«

Es ist tatsächlich überliefert, daß Schubert und seine Freunde (Spaun, Kupelwieser, Gahy, Ferdinand Mayerhofer v. Grünbühel etc.) auf Gut Atzenbrugg, wo Schobers Onkel Derffel Verwalter war, während ihrer Sommerferien sich mit derartigen Papierspielen unterhalten haben. Doch daraus abzuleiten, daß auch Schuberts *Traum*-Erzählung auf diese Weise entstanden sei, scheint mir so an den Haaren herbeigezogen wie das Argument, schon das Datum (3. Juli) leihe diesem Gedanken einige Unterstützung. Da einige dieser *jeux d'esprit* erhalten sind, kennt man deren Niveau. Ist es nicht grotesk, auf welche Spitzfindigkeiten einer kommt, um das Nächstliegende ignorieren zu können: daß es sich hier – wie bei dem Brief an Kupelwieser vom März 1824 und dem Gedicht ›Mein Gebet‹ – um ein autobiographisches Dokument handelt, also weder um das Produkt einer Freizeitbeschäftigung noch um einen bloß »literarischen Erguß«?[1]

Schuberts Bemühen, seiner Aussage eine poetische Form zu geben, mindert selbstverständlich nicht nur nicht den Bekenntnischarakter dieses Textes, sondern gibt ihm gerade dadurch eine höhere Gültigkeit:

Ich war ein Bruder vieler Brüder u. Schwestern. Unser Vater, u. unsere Mutter waren gut. Ich war allen mit tiefer Liebe zugethan. – Einstmahls führte uns der Vater zu einem

1 Deutschs Versuch, jeglichen autobiographischen Bezug abzuwiegeln, ist deshalb besonders grotesk, weil gerade auch die Phantasie der romantischen Dichter (Novalis, Wackenroder, Fouqué) sich immer wieder an autobiographischen Momenten inspiriert hat. In welchem Maße diese Werke zum Teil verschlüsselte Lebensdarstellungen sind, hat Arno Schmidt in seinem Fouqué-Buch aufgezeigt.

Lustgelage. Da wurden die Brüder sehr fröhlich. Ich aber war traurig. Da trat mein Vater zu mir, u. befahl mir, die köstlichen Speisen zu genießen. Ich aber konnte nicht, worüber mein Vater erzürnend mich aus seinem Angesicht verbannte. Ich wandte meine Schritte und mit einem Herzen voll unendlicher Liebe für die, welche sie verschmähten, wanderte ich in ferne Gegend. Jahre lang fühlte ich den größten Schmerz u. die größte Liebe mich zertheilen.

Da kam mir Kunde von meiner Mutter Tode. Ich eilte sie zu sehen, u. mein Vater von Trauer erweicht, hinderte meinen Eintritt nicht. Da sah ich ihre Leiche. Thränen entflossen meinen Augen. Wie die gute alte Vergangenheit, in der wir uns nach der Verstorbenen Meinung auch bewegen sollen, wie sie sich einst, sah ich sie liegen.

Und wir folgten ihrer Leiche in Trauer u. die Bahre versank. – Von dieser Zeit an blieb ich wieder zu Hause. Da führte mich mein Vater wieder einstmahls in seinen Lieblingsgarten. Er fragte mich, ob er mir gefiele. Doch mir war der Garten ganz widrig u. ich getraute mir nichts zu sagen. Da fragte er mich zum zweytenmahl erglühend: ob mir der Garten gefiele? Ich verneinte es zitternd. Da schlug mich mein Vater u. ich entfloh. Und zum zweytenmahl wandte ich meine Schritte, u. mit einem Herzen voll unendlicher Liebe für die, welche sie verschmähten, wanderte ich abermals in ferne Gegend. Lieder sang ich nun lange lange Jahre. Wollte ich Liebe singen, ward sie mir zum Schmerz. Und wollte ich wieder Schmerz nur singen, ward er mir zur Liebe.

So zertheilte mich die Liebe und der Schmerz.

Und einst bekam ich Kunde von einer frommen Jungfrau, die erst gestorben war. Und ein Kreis sich um ihr Grabmahl zog, in dem viele Jünglinge u. Greise auf ewig wie in Seligkeiten wandelten. Sie sprachen leise, die Jungfrau nicht zu wecken.

Himmlische Gedanken schienen immerwährend aus der Jungfrau Grabmahl auf die Jünglinge wie lichte Funken zu sprühen, welche sanftes Geräusch erregten. Da sehnte ich mich sehr auch da zu wandeln. Doch nur ein Wunder, sagten die Leute, führt in den Kreis. Ich aber trat langsamen Schrittes, innerer Andacht u. festem Glauben, mit gesenktem Blicke auf das Grabmahl zu, u. ehe ich es wähnte, war ich in dem Kreis, der einen wunderlichen Ton von sich gab; u. ich fühlte die ewige Seligkeit wie in einen Augenblick zusammengedrängt. Auch meinen Vater sah ich versöhnt u. liebend. Er schloß mich in seine Arme und weinte. Noch mehr aber ich. –

Franz Schubert.

Nun heißt *autobiographisches Dokument* in diesem Falle nicht, jeder Satz sei eine greifbar-konkrete Aussage, Schuberts äußere Lebensumstände betreffend. Zwar ist einiges Faktische beim Namen genannt: der Tod der Mutter, ihre Beisetzung, die Versöhnung des Ich-Erzählers mit dem Vater nach der Verbannung. Doch muß man Deutsch zustimmen, wenn er es nicht überzeugend findet, »des Vaters Schule als Lustgelage und dann als Lieblingsgarten geschildert zu sehen«. Solche Auslegungen hat es gegeben, und sie erinnern in ihrer hanebüchenen Beschränktheit an die Symboldeutungen in populären Traumbüchern.

Auch wenn wir uns Browns Auffassung, Schuberts ›Mein Traum‹ könne aus den *jeux d'esprit* der Atzenbrugger Zeit hervorgegangen sein, nicht anschließen können, setzen uns deren Spielregeln in den Stand, methodisch den Text zu analysieren, indem wir, umgekehrt wie die Schubertianer, die aus aufgegebenen Wörtern ein Gedicht verfertigten, aus dem vorliegenden Text gewisse inhaltlich zusammengehörige Wörter herauslösen, z. B. *unendliche Liebe, Jungfrau, köstliche Speisen, (Lieblings-)Garten, Lustgelage, Schmerz, Seligkeit.* Diese extrapolierten Wörter von eindeutig erotisch-sexueller Färbung verweisen auf eine tiefere Textschicht, die durch den von Schubert mitgeteilten Text nur rudimentär durchscheint. Will man diese tiefere Schicht ins Licht des Bewußtseins heben, muß man die angeführten Schlüsselwörter als quasi untereinander korrespondierende Obertonreihe auffassen. So wird etwa das Wort *Garten* bzw. *Lieblingsgarten* in seiner schon aus dem »Hohen Lied« Salomos bekannten Symbolik durch das Wort *Lustgelage* noch verstärkt. Wenn Schubert diesen *Lieblingsgarten* des Vaters als ihm *ganz widrig* bezeichnet (gesetzwidrig?), er den Vater, wie ihm (dem Erzähler) der Garten gefalle, in der Chronologie des Textes erst nach erfolgter Beerdigung der *Mutter* fragen läßt, fällt es nicht schwer, den autobiographischen Bezug herzustellen: Haß auf den Vater und Ablehnung der Stiefmutter. Komplexer schon ist die Aussage des Ich-Erzählers, er habe von den köstlichen Speisen nichts essen können. Aber das ist nicht Unvermögen, sondern eine Weigerung, und diese erzürnt den Vater so, daß er den Sohn »aus seinem Angesicht verbannte«. Da der Sohn indessen die Speisen selber *köstlich* nennt, setzt das voraus, daß sie seinen Appetit stimuliert haben müssen. Aber paradoxerweise – so muß man annehmen – scheint ihm dieser Anblick den Hals – ? – zuzuschnüren. [1] Oder wagt er nur nicht zuzugreifen? Hält er die köstlichen Speisen für verbotene Früchte? Zum Genuß welcher verbotenen Früchte bei welchem Lustgelage könnte aber der Vater seine Söhne aufgefordert haben? Wie erklärt sich des jüngsten Sohnes von den Brüdern abweichende Reaktion, wie seine Trauer gegenüber ihrer Fröhlichkeit? Und ist es wirklich Trauer, die Franz empfindet, nicht vielleicht Angst? Hat wirklich der Vater den Befehl zum *Genuß* der köstlichen Speisen gegeben, nicht eher Schuberts Über-Ich? Vertieft der Befehl nicht die Kluft zwischen Lust und Verweigerung? Ist der Befehl nicht letzten Endes nur der Ausdruck für den uneingestandenen Bestrafungswunsch?

»Ich wandte meine Schritte und mit einem Herzen voll un-

1 Man könnte auch sagen: der Anblick verursachte bei ihm ein Würgegefühl. Er *schluckt*, um nicht erbrechen zu müssen, den Appetit, den Hunger oder wie immer man das Bedürfnis nach oraler Befriedigung nennen will, *herunter*. Und dieses *Herunterschlucken* würde tatsächlich in Schuberts auffallender Verschlossenheit seine Entsprechung finden: er schluckt seinen Kummer herunter, spült ihn, wenn Rachen und Hals vor lauter Kummer trocken sind, mit Bier, Kaffee und Wein weg.

endlicher Liebe für die, welche sie verschmähten, wanderte ich in ferne Gegend. Jahre lang fühlte ich den größten Schmerz u. die größte Liebe mich zertheilen.«

Und kommt dieses Wandern nicht einer Selbstbestrafung gleich? Wenn dieser Text, wie der von Ferdinand Schubert beigefügte Titel nahelegt, tatsächlich auf einem Traum basiert, dann darf man vermuten, daß das Traummaterial weit in die Kindheit des Träumers zurückreicht, dann sind hier Erinnerungen *hochgespült,* die »dem Wachen unzugänglich sind« (Freud). Da die, aufgrund der beengten Wohnverhältnisse, schon angedeutete Möglichkeit, daß Franz als Kleinkind einen Koitus der Eltern erlebt hat, nicht ausgeschlossen werden kann, wäre die Frage, um welche Art *Lustgelage* es sich handelt, freilich unschwer zu beantworten. Das Wort selbst allerdings gehört einer späteren Bewußtseinsphase an, wenn auch in einen Textzusammenhang, der – wie gesagt – gleichsam als Palimpsest, zerstört und zerstückelt, durch den vorliegenden Erzähltext nur fragmentarisch durchscheint.

»Schmerz schärfet den Verstand«, notiert Schubert zwei Jahre später (1824) in sein Tagebuch. Ist es darum abwegig, in dieser Prosa den Versuch einer Selbsterkenntnis zu erblicken? Daß Eigenzensur zu gewissen Entstellungen und Verschiebungen geführt hat, auch zu gewissen Auslassungen des Trauminhalts, die durch Formalisierung der Sprache (Analogiebildung, Parallelismus) kompensiert wird, ist gerade auch für Schubert typisch und sollte nicht irritieren.

Das Resultat dieser Erforschung ist nicht, daß ihn der größte Schmerz und die größte Liebe »zertheilten«, sondern daß er *die Liebe* teilen muß, den Gegenstand seiner Liebe:

. . . mit einem Herzen voll unendlicher Liebe für die, welche sie verschmähte(n) . . .

Es bedarf keiner Spitzfindigkeit, um zu belegen, *mit wem* er sie teilen muß und wodurch er nicht seine Liebe, sondern sich selber verschmäht glaubt.

Wesentlich einfacher ist nun auch der zweite Absatz zu deuten:

»Da führte mich mein Vater *wieder* einstmahls in seinen Lieblingsgarten. Er fragte mich ob er mir gefiele. Doch mir war der Garten *ganz widrig* u. ich getraute mir nichts zu sagen. Da fragte er mich zum zweytenmahl *erglühend*: ob mir der Garten gefiele? Ich verneinte es zitternd. Da schlug mich mein Vater u. ich entfloh.«

Das *wieder* stellt nun ganz eindeutig einen Bezug zwischen dem *Lustgelage* und dem *Lieblingsgarten* her. Und hier, in diesem zweiten, scheinbar unverfänglicheren Absatz erfolgt nun der wirkliche Bestrafungsakt: die körperliche Züchtigung. Und das ist traumlogisch ganz konsequent, da es sich abermals um eine Entstellung handelt. Bestraft wird der Träumer, weil er (unbewußt) den Garten keineswegs *ganz widrig* fand. Widrig fand er nur den Vater, der mit der Rute davorstand und den Eintritt verwehrte; denn er war ja der *Besitzer* (Ehemann) des Gartens (Schuberts junger Stiefmutter).

Im dritten Absatz[1] geschieht nun etwas außerordentlich Verblüffendes: in einem kühnen Salto wird die gestorbene Mutter sozusagen re-virginalisiert:

»Und einst bekam ich Kunde von einer frommen Jungfrau, die erst gestorben war. Und ein Kreis sich um ihr Grabmahl zog, in dem viele Jünglinge u(nd) Greise auf ewig wie in Seligkeiten wandelten. Sie sprachen leise, die Jungfrau nicht zu wecken. Himmlische Gedanken schienen immerwährend aus der Jungfrau Grabmahl auf die Jünglinge wie lichte Funken zu sprühen, welche sanftes Geräusch erregten. Da sehnte ich mich sehr auch da zu wandeln. Doch nur ein Wunder, sagten die Leute, führt in den Kreis. Ich aber trat langsamen Schrittes, innerer Andacht u. festem Glauben, mit gesenktem Blikke auf das Grabmahl zu, u. ehe ich es wähnte, war ich in dem Kreis, der einen wunderlichen Ton von sich gab; u. ich fühlte die ewige Seligkeit wie in einen Augenblick zusammenge-

1 Die von Werlé behauptete Zweiteiligkeit der Erzählung (er folgt darin Schering) ist schon bei oberflächlicher Strukturanalyse nicht aufrechtzuerhalten. Allenfalls läßt sich von einer a-a1-b-Form sprechen.

drängt. Auch meinen Vater sah ich versöhnt u. liebend. Er schloß mich in seine Arme und weinte. Noch mehr aber ich. –«

Man hat diesen Absatz, auf der Suche nach literarischen Vorbildern im romantischen (Wackenroderschen) Sinn als Berufung Schuberts zum Liederkomponisten am Grabe der heiligen Cäcilia, der Schutzpatronin der Musik, gedeutet, ungeachtet der vorangehenden Sätze:

Lieder sang ich nun lange lange Jahre. Wollte ich Liebe singen . . . etc.

Eine Deutung, an den Haaren der Jungfrau herangezogen. Die römische Cäcilia war nicht »erst« gestorben, sondern im Jahre 177 getötet worden. Vor allem besagt der Text, daß Schuberts musikalische Berufung zeitlich viel früher anzusetzen ist, da er ja, bevor er Kunde von dieser erst gestorbenen Jungfrau bekam, »lange lange Jahre« schon »gesungen« hatte. Nein, diese Jungfrau ist zwar eine Heilige, aber nicht die heilige Cäcilia. Es ist die Transsubstantion der Mutter zur Jungfrau, und diese magische Verwandlung (»nur ein Wunder«) war allein durch einen nun keineswegs magischen Akt möglich: nämlich die Wiederverheiratung des Vaters. Allerdings schließt sich dieser ersten Metamorphose sogleich die zweite an: die zur Himmelskönigin. Des Doctor Marianus' Reihenfolge *Jungfrau, Mutter, Königin* variiert in *Mutter, Jungfrau, Königin.*

Ihr, der Jungfrau-Königin, kann der Erzähler sich gefahr- und bedenkenlos nähern; denn die in ihrer Aura wandelnden Jünglinge und Greise bilden keine *Leibgarde,* sie stellen keine Bedrohung dar für den, der da auch wandeln möchte, sondern sind göttlich inspirierte Andächtige, gleichsam geschlechtsneutrale Wesen, deren höchstes Anliegen ist, die Jungfrau nicht zu (er)wecken. Nach richtiger Einschätzung der Lage, wird der Wunsch lebendig, ebenfalls in diesen Kreis zu gelangen:

Da sehnte ich mich sehr/auch da zu wandeln.

Gewiß, da klingt Schubertsche Todessehnsucht an, wie sie

ein Jahr später (1823) in dem (im Todesmonat der Mutter) geschriebenen Gedicht ›Mein Gebet‹ noch deutlicher ausgesprochen wird:

Tiefer Sehnsucht heil'ges Bangen
Will in schön're Welten langen;
Möchte füllen dunklen Raum
Mit allmächt'gem Liebestraum.

Aber die Sehnsucht nach der himmlischen Heimat ist wieder einmal der Wunsch nach Geborgensein; denn was *himmlische Heimat* tatsächlich bedeutet, wissen wir aus der Tagebucheintragung des Jahres 1816: der »Himmelspfortgrund«, das Geburtshaus Schuberts in der Nußdorferstraße. Die Sehnsucht nach der schöneren Welt ist also letztlich die Sehnsucht nach der Kindheit, nach dem Nicht-Getrenntsein von der Mutter.[1]

Allerdings, die *Leute* haben recht: einzig ein Wunder führt in diesen (frühen) Kreis. Aber im Traum hilft schon das Wünschen. Der Träumer, ohne sich dessen bewußt zu sein, ist der Erwählte – er gelangt in den Kreis, keiner verwehrt ihm den Eintritt:

». . . u. ehe ich es wähnte, war ich in dem Kreis, der einen *wunderlichen Ton* von sich gab; u. ich fühlte die ewige Seligkeit wie *in einem Augenblick zusammengedrängt.*«

Wie stark man sich auch gegen diese Deutung sperren mag: was der Traum hier allegorisch verhüllt, ist die Darstellung einer Defloration, ist der Inzest mit der jungfräulichen Mutter, als Erzählung aufgeschrieben und insofern von Deutsch – wider seine Absicht – zutreffend als *literarischer Erguß* bezeichnet. Sehr einleuchtend ist deshalb auch die »Versöhnung« mit dem Vater. Diesen schon zu Lebzeiten

1 Vgl. Schuberts Brief an Schober vom 21. September 1824:
». . . so aber sind wir getrennt, jeder in einem andern Winkel, und das ist eigentlich mein Unglück. Ich möchte mit Göthe ausrufen: ›Wer bringt nur eine Stunde jener holden Zeit zurück!‹ Jener Zeit, wo wir traulich beyeinander saßen, und jeder seine Kunstkinder den andern mit mütterlicher Scheu aufdeckte . . .«

unter den Seligen wandeln zu sehen, legt die geheimsten Gedanken des Träumers offen.[1]

Und infolge dieser gerade auch aus diesem Text hervorgehenden neurotischen Mutterbindung[2] erklärt sich auch das gestörte Verhältnis zu anderen Frauen. Die Vernachlässigung des Äußeren, Schuberts ungepflegte Kleidung, die Uneleganz seiner Erscheinung war nicht der Grund für seine Mißerfolge, es war der Schutz vor dem weiblichen Geschlecht.

1 Der dem Vater unbewußt gewünschte Tod korrespondiert mit Schuberts starker Todessehnsucht. Zum einen bedeutet das Verlangen, in *schön're Welten* zu gelangen, Erfüllung des *Liebestraums*: Vereinigung mit der Mutter. Zum andern spiegelt es ein Schuldgefühl gegenüber dem in Gedanken totgewünschten Vater, das sich als Bestrafungsbedürfnis äußert. Unzweideutig für jeden, der sich die analytische Methode als Erkenntnismittel nicht selber verbietet, artikuliert in dem Gedicht ›Mein Gebet‹ aus dem Jahre 1823, wo es, eine Umkehrung des Bann-Strahls, nach der Anrufung des *Großen Vaters* heißt:

> . . . reich' dem Sohne,
> Tiefer Schmerz nun zum Lohne,
> Endlich als Erlösungsmahl
> Deiner Liebe ew'gen Strahl

Und dann die Bitte um Auslöschung der Existenz:

> Tödt' es (das Leben) und mich selber tödte,
> Stürz' nun Alles in die Lethe . . .

Was nur heißen kann: Vergiß und vergib mir, was ich dir angetan habe. Ich habe dich (den Vater) getötet oder töten wollen, nun töte mich dafür. Vgl. S. Freud: ›Dostojewski und die Vatertötung‹. Was Freud über Dostojewskis Destruktionstrieb sagt, der sich in sado-masochistischer Ambivalenz ausdrücke, trifft – mit kleinen Einschränkungen – auch auf Schubert zu: »Seine (Dostojewskis) Person behält immerhin genug sadistische Züge übrig, die sich in seiner Reizbarkeit, Quälsucht, Intoleranz, auch gegen geliebte Personen, äußern und noch in der Art, wie er als Autor seine Leser behandelt, zum Vorschein kommen, also in kleinen Dingen Sadist nach außen, in größeren Sadist nach innen, also Masochist, das heißt der weicheste, gutmütigste, hilfsbereiteste Mensch.«

Wenn man Schubert auch keine Intoleranz nachweisen kann, so besitzt er doch einen hohen Grad an Reizbarkeit und auch eine gewisse Quälsucht.

Seinen Sadismus nach außen beweist er in der herablassenden Behandlung Josef Hüttenbrenners, in den verschiedenen Sticheleien gegen Vogl, Mayrhofer, aber auch gegen Schober (vor Spaun). Und die Art, wie er vermutlich – aus welchen Gründen immer – Therese Grob hingehalten hat, dürfte wohl auch für diesen Sadismus nach außen sprechen. Sein Sadismus nach innen offenbart sich nicht nur in dem oben zitierten Gedicht, sondern in den meisten Tagebuchaufzeichnungen und nicht zuletzt in dem Brief an Kupelwieser aus dem Jahre 1824.

2 Paul Stefan: »Die letzten zwei Absätze auszudeuten, scheint mir nicht angebracht.«

Schubert war sicher keine unbedingt attraktive Person. Die überlieferten Porträts und die Beschreibungen seiner Freunde und Bekannten bestätigen das. Er besaß die Korpulenz eines Melancholikers, und diese war ihm nicht angeboren, er hatte sie sich angegessen, auch angetrunken. Es existiert eine Kreidezeichnung, Leopold Kupelwieser zugeschrieben, die angeblich Schubert im Alter von sechzehn Jahren darstellt. »Die Identität des Modells mit Schubert«, schreibt Felix Weingartner, »ist nicht über jeden Zweifel erhaben.« Nach einem genauen Vergleich mit dem Bild von Rieder, das Schwind für das »beste Porträt« Schuberts hielt, kann ich den Zweifel nicht teilen. Jedenfalls muß man wohl davon ausgehen, daß Schubert als Jüngling ein eher schmächtiger, zarter und verträumt aussehender junger Mann gewesen ist, vollkommen anders als ihn uns die meisten (späteren) Bilder zeigen.[1]

Und da selbst der bucklige Ignaz eine Frau gefunden hatte, muß man sich fragen, ob nicht auch Franz eine hätte finden können. Stellte er zu hohe Ansprüche, gemessen an seinem Aussehen? Wollte er sich mit einem bloß braven Hausmütterchen nicht zufriedengeben? Nein, die Wahrheit ist: er wollte gar keine finden. Der Gedanke ans Heiraten war ein ihn schreckender, wie es im Tagebuch heißt.

Darum war es auch nicht Resignation, wenn er nach der Trennung von Therese Grob keine länger andauernde Beziehung mehr einging. Er hatte eine geradezu panische Angst vor der Ehe, und es wird berichtet, daß die verschiedenen Kuppel-Versuche Franz von Schobers in einem Falle dazu geführt haben, daß Schubert, als Schober diesem eine anwe-

1 Aber man schaue sich diese Porträts einmal genau an! Diesen dicken Kinderkopf mit der babyhaft gewölbten Stirn, diesen Schmollmund, diese Augen, diese Nase, diese Ohren, diese – trotz pianistischen Trainings – fast ungeformten Kinderhände, die übrigens sehr den Händen des Vaters auf dem Ölbild im Wiener Schubertmuseum ähneln. »Schwammerl« oder »Schwämmelein«, wie Doblhoff (in einem Brief aus dem Jahre 1823 an Schober) ihn nannte, war nicht der einzige Scherzname Schuberts. Bei den Freunden hieß er auch »Butscher«, »Bertel« oder »Volker der Spielmann«.

sende junge Dame, vielleicht nur im Scherz, als Heiratspartie vorschlug, mit hochrotem Kopf den Raum verließ und sich tagelang nicht mehr zeigte.

All die Pepis und Nettis, die in den Biographien genannt werden, waren flüchtige Bekanntschaften, kurze Flirts, erotische Abenteuer, wobei er sich schließlich »mit seinen lebensdurstigen Neigungen«, wie Wilhelm von Chézy es ausdrückt, »auf jene Abwege verirrte, die gewöhnlich keine Rückkehr mehr gestatten, wenigstens keine gesunde«. Daß Schober, dessen »zweideutig moralische Haltung« den meisten Freunden Schuberts bekannt war, an diesen »Verirrungen« schuld trug, steht für die Zeitgenossen außer Frage. Obwohl von allen Seiten immer wieder vor ihm gewarnt, hat Schubert diesem Manne zeitlebens die Treue bewahrt. Was ihn anzog, war offenbar das seinem eigenen Naturell vollkommen entgegengesetzte Schobers. Er brauchte ihn als Gegengewicht zu seinen Depressionen. Er beneidete ihn um seine Lebensart, um seine Weltläufigkeit, sein sicheres Auftreten, seine Brillanz. Nicht Mayrhofer, den schwermütigen Mayrhofer, sondern Schober wählte er zum Leitbild, den eleganten, optimistischen Schober. Von ihm erhoffte er sich eine Heilung von seinen Leiden. Er ahnte nicht, daß gerade Schober ihm nur noch schwerere bringen sollte. Oder hat er unbewußt diesen körperlichen Verfall angestrebt, sich selbst zerstört, um das dauernde Leid des Immer-Getrenntseins zu überwinden, in der flüchtigen Liebe das Wundermittel gesucht, das ihn in schön're Welten, in jenen lichtdurchfluteten Kreis der Jungfrau bringt?

Es ist jedenfalls auffallend und bezeichnend zugleich, daß von allen Mädchen und Frauen des Schubert-Kreises (Johanna Lutz, Betty Wanderer und Betty Schröder, Erika Anschütz, Sophie Hartmann, Sophie Müller, Sophie von Schober, Antonie Adamberger, Justine von Bruchmann, die Schwestern Kleyle, die Schwestern Fröhlich etc.) nicht eine ihm wirklich begehrenswert schien. Allen hat er Artigkeiten gesagt, vielen etwas ins Stammbuch komponiert, für manche auch romantisch geschwärmt, aber leidenschaftlich geliebt hat er keine von ihnen. Die mädchenhafte Komtesse Karoline Esterházy war die einzige, zu der er nach Therese Grob eine tiefere Zuneigung empfand. Aber die große Passion war auch das nicht, eher ein Verhältnis, wie es Lewis Carroll zu seinen kleinen Freundinnen hatte, mit dem einen, allerdings gravierenden Unterschied, daß Schubert hier die Grenze seiner eigenen sozialen Schicht überschritt. Es war ihm völlig bewußt, daß Karoline aufgrund der Standesunterschiede weder als Verhältnis noch als Ehegefährtin für ihn in Betracht kam.

Der Wanderer

Die Jahre 1815/1816 waren die schöpferischsten in Schuberts Leben. Es entstanden 4 Symphonien, zwei Streichquartette, das Streichtrio B-Dur in einem Satz, das Konzertstück in D-Dur für Violine und Orchester (für Ferdinand komponiert), drei Sonatinen für Violine und Klavier, zahlreiche Klavierwerke (Sonaten, Variationen, Walzer, Ländler, Menuette, drei Messen, 2 Stabat Mater, die Bühnenwerke ›Adrast‹, ›Der vierjährige Posten‹, ›Fernando‹, die Musik zu Goethes ›Claudine von Villa Bella‹ und zu Mayrhofers ›Die Freunde von Salamanca‹, zahlreiche Chorwerke (u. a. die verlorengegangene ›Prometheus-Kantate‹) und fast 250 Lieder, darunter ›Rastlose Liebe‹, ›Schwager Kronos‹ und ›Erlkönig‹. Geschrieben alles während der wenigen freien Stunden, die dem Komponisten der Schulgehilfendienst beim Vater ließ.

Im Oktober 1816 vertonte er ein Gedicht des Lübecker Georg Philipp Schmidt. Es ist heute bekannt unter dem Titel ›Der Wanderer‹ und war im 19. Jahrhundert Schuberts populärstes Lied neben dem ›Erlkönig‹.

Ohne Schubert würden wir diesen Verse-Schmidt wohl kaum noch kennen. Die Literaturgeschichte hat ihn übergangen. Und das lag keineswegs an seinem ehrlichen Namen, dem der Autor durch das Attribut *von Lübeck* mehr Gewicht glaubte verleihen zu können. Es hat ihm dies wenig geholfen. Auch die Annäherungsversuche des Mediziners und späteren Bankfachmanns Schmidt an die Weimarer Künstlerkreise blieben erfolglos. Selbst Schubert war dieser Amateurdichter kein Begriff gewesen. Er glaubte, ein Gedicht von Zacharias Werner vertont zu haben. Unter dessen Namen waren die Verse nämlich in der Anthologie ›Dichtungen für Kunstredner‹, herausgegeben von Deinhardtstein, 1815 erschienen. Erst Jahre später, als das Lied von Cappi &

Diabelli verlegt wurde, gab man als Autor richtig Schmidt von Lübeck an.[1]

Der ungeheure Erfolg dieses Liedes ist eindeutig auf das in der Romantik beliebte Motiv des (unglücklichen) Wanderers zurückzuführen. Für Schubert, wie wenig er sich dieser Mode auch entziehen konnte, war indes die Vertonung eines solchen Textes mehr als bloß ein Zugeständnis an den Zeitgeschmack. Überblickt man sein Werk, stellt man fest, daß Wanderschaft das Zentralthema seines Schaffens ist. ›Der Wanderer‹ von Schmidt eröffnet nur die unendlich lange Reihe von Schubert-Liedern, die sich mit diesem Sujet befassen. Sie reicht von ›Wanderers Nachtlied‹ (nach Goethe) über die Vertonungen nach Schlegel und Seidl bis hin zu den beiden Müller-Zyklen.

In der Affinität zum Wander-Motiv unterscheidet sich Schubert kaum von den Romantikern. Überall bei Brentano und Eichendorff, bei Novalis, Tieck, Uhland oder Kerner wird gewandert. In ›Des Knaben Wunderhorn‹, das Schubert aber offenbar nicht gekannt hat, wimmelt es nur so von fahrenden Gesellen aller Schattierungen. Oft ist die Liebe, die hoffnungslose oder unglückliche, der Grund für das unstete Umherziehen, manchmal, wie in den wiederentdeckten Sagen und Legenden, auch ein Verbrechen oder ein Fluch, so z. B. in den Sagen vom ›Fliegenden Holländer‹, vom ›Wilden Jäger‹ oder – der ältesten – vom ›Ewigen Juden‹.[2]

1 Es existieren zwei voneinander abweichende Fassungen. Die frühere trägt den Titel ›Der Unglückliche‹. Schmidt änderte ihn später um in ›Der Fremdling‹, worauf Schubert seinerseits die zweite Version ›Der Wanderer‹ nannte. Bei der 1818 eigens für seinen Arbeitgeber Esterházy angefertigten Transskription nach h-Moll führte er spaßeshalber sämtliche Titel auf:

Der Wanderer: oder
Der Fremdling: oder
Der Unglückliche.

2 Die älteste Darstellung der Ahasverus-Sage findet sich in Bologna in der um 1230 entstandenen Schrift *Ignoti Monachi Cisterciensis S. Mariae de Ferraria Chronica et Ryccardi de Santo Germano Chronica prioria.*

Die erste ausführliche Biographie des Ewigen Juden gibt das um 1650 in Frankreich erschienene und in ganz Europa verbreitete Volksbuch ›Histoire admirable du juif errant‹. 1777 erschien in der *Bibliothèque de Romans* eine Ausgestaltung dieses

Alle diese mythologischen Figuren können von ihrem Fluch, ewig umherziehen zu müssen, nur durch Liebe – oder Tod erlöst werden. Letzterem aber gilt die eigentliche Sehnsucht.

Der *Todessehnsucht* dieses Sagenkreises steht die *Todesangst* im altbabylonischen ›Gilgamesch‹-Epos gegenüber. Gilgameschs Wanderungen durch die Unterwelt haben ja bekanntlich den einzigen Zweck, das *Lebenskraut* vom Meeresgrund zu holen, was nicht gelingt, da eine Schlange es dem Helden entwendet.

Gilgameschs Dialog mit Engidu:

»Sag an, mein Freund, sag an die Satzung der Erde, die du schautest, sag an!

Wenn ich die Satzung der Erde, die ich schaute, dir sagte, würdest du dich hinsetzen und den ganzen Tag weinen.«

Angst und Trauer, Wanderschaft und Sehnsucht nach Erlösung: die Verwandtschaft beider epischer Stoffe, des ›Gil-

Volksbuches, das 1782, abermals erweitert, auch in deutscher Übersetzung herauskam. Jahre vorher hatte schon Goethe sich mit diesem Stoff beschäftigt. Erhalten ist allerdings nur ein Knittelvers-Fragment aus dem Jahre 1774.

1783, ein Jahr nach Erscheinen des Volksbuches, erschien Ch. D. Schubarts lyrische Rhapsodie ›Der ewige Jude‹, 1800 Wordsworth' ›Song for the wandering jew‹, 1801 Schlegels ›Warnung‹. Weitere Bearbeitungen des Stoffes erfolgten durch Platen, Beranger, Chamisso, Lenau, Arnim, F. Horn, A. Klingemann, J. von Zedlitz, L. Köhler, Shelley, Mazurin, Hauff, J. G. Seidl und Andersen, sämtlich zwischen 1820 und 1850.

Nicht uninteressant sind in diesem Zusammenhang zwei Tatsachen: einmal, daß Schuberts Lied ›Der Wanderer‹ in Frankreich um die Mitte des 19. Jahrhunderts unter dem Titel ›Der wandernde Jude‹ bekanntgeworden ist, zum andern, daß auch Wilhelm Müller, Schuberts Müller, in seinen 1824 veröffentlichten ›Liedern des Lebens und der Liebe‹ den Stoff behandelt. Wie für Wordsworth ist auch für Müller die »Sehnsucht nach Ruhe« Hauptmotiv der Darstellung. Insofern ist es wiederum nicht ganz zufällig, daß Schuberts ›Wanderer‹ nach Schmidt von Lübeck (»Ich bin ein Fremdling überall«) von einem Bariton der Opéra 1835 erstmals unter dem o. e. Titel vorgetragen wurde.

So eigenmächtig da auch mit diesem Lied umgesprungen wurde (Heine berichtet in der ›Lutezia‹ noch viel Haarsträubenderes, auf welche Weise die Popularität Schuberts in Paris ausgebeutet wurde), in gewisser Hinsicht war dieser Sänger damit, ohne es selber zu wissen, durchaus Schuberts geheimsten Gedanken und Gefühlen auf der Spur.

gamesch‹-Epos mit der Legende vom ›Ewigen Juden‹ (bzw. vom ›Fliegenden Holländer‹) ist nicht zu bestreiten.

Für die Psychoanalyse steht fest, daß Reise und Wanderschaft Todes- und Sexualsymbole sind. (*Verkehr* für Geschlechtsverkehr, die *letzte Reise antreten* eine umgangssprachliche Umschreibung des Sterbens). In Wagners ›Fliegendem Holländer‹[1] wird diese Doppelsymbolik besonders deutlich. Im Meer, in das Senta sich gestürzt hat, kommt es zur sinnbildlichen Vereinigung des »zum gräßlichsten der Lose« Verdammten mit der geliebten Frau, die natürlich die *Mutter* symbolisiert, siehe die Regieanweisung: »Senta erhebt den Holländer, drückt ihn an die Brust und deutet mit der Hand wie mit ihrem Blicke himmelwärts.« Ohne die psychoanalytische Deutung herabsetzen zu wollen (oder zu können), scheint es mir doch notwendig, sie um gesellschaftliche Aspekte zu ergänzen; denn so alt das Thema Wanderschaft auch ist (vom Gilgamesch-Epos bis zu Homer, von der Bibel – die Geschichte Kains – bis zum Faust), es ist kein Zufall, daß es gerade die Romantiker so lebhaft aufgegriffen haben. Unter Hinweis auf Goethes ›Wilhelm Meister‹ läßt sich dieser Tatbestand nur unzureichend erklären. Mignons Lieder haben sicher vieles ausgelöst. Aber auch Ossians Gesänge. Heimweh und Fernweh: das wechselt miteinander. Der eine will in die Welt hinaus, der andere immer nach Hause. Aber was steckt hinter diesem *nach Hause*? Der Wunsch nach dem heimischen Herd? Die Suche nach dem stillen Glück im Winkel?

Die gemalten oder geschriebenen Idyllen sind Gegenentwürfe zu einer alles andere als idyllischen Realität, Reaktionen auf den politischen Druck, keine Flucht in die Innerlichkeit, aber Besinnung auf geistige Kräfte, die es zu mobilisieren gilt.

Man hat Schwierigkeiten mit der Gegenwart, mit den Faktizitäten des Daseins. So wie es ist, ist es fürchterlich. Die

1 Nach F. Marryats berühmtem Abenteuerroman ›Das Gespensterschiff‹.

napoleonischen Kriege, soziale Umschichtungen, der Staatsbankrott in Österreich, überhaupt die materielle Unsicherheit haben zu Ängsten und existentiellen Erschütterungen geführt, denen man nur durch eine totale Umkehr im Leben glaubt begegnen zu können. Was zeitlich lange zurückliegt, läßt sich idealisch verklären. Das Mittelalter wird zum goldenen Zeitalter, der Eremit zur Schlüsselfigur der Romantik.

1808 gründeten Arnim und Brentano die ZEITUNG FÜR EINSIEDLER, also genau in dem Jahre, wo Napoleon seine größte Macht entfaltete und diesseits des Rheins tiefe Mutlosigkeit um sich griff.

Wichtigster Programmpunkt dieser Zeitschrift, an der die ganze literarische Prominenz mitarbeitete: *die Liebe zur alten Zeit.* Das sah aus nach Idolisierung und Idealisierung von Verhältnissen, die es in dieser märchenhaft beschriebenen und dargestellten Form nie gegeben hatte. In Wirklichkeit war der Rückzug in die goldene Mittelalterlichkeit ein geistiger Partisanenkampf gegen die Fremdherrschaft. In der poetischen Beschwörung einer großen Epoche der deutschen Geschichte sah man die Möglichkeit eines intellektuellen Widerstands gegen die um sich greifende Mutlosigkeit und einen Appell an die Nation, die Ohnmacht zu überwinden und sich der Volkskräfte zu besinnen. Zugleich aber verbarg sich dahinter zweifellos auch das Verlangen nach einer Sicherheit und Geborgenheit, die es nirgendwo in Europa seit den Tagen der Französischen Revolution mehr gab.

Indes: welche Konsequenzen hatte man denn aus der gesellschaftlichen Umwälzung gezogen? 1795, vier Jahre nach Errichtung der konstitutionellen Monarchie in Frankreich, mit der die alte Ordnung wiederhergestellt schien, meinte Friedrich Schlegel: »Der Augenblick scheint in der Tat für eine ästhetische Revolution reif zu sein.« War das die komplette Resignation? Sollte eine ästhetische Revolution leisten, was die politische nicht geschafft hatte? Die Gegner der Romantik sahen in der ganzen Bewegung nur eine der Flucht ins Illusionäre:

»Man erzählt Märchen, lustig leichtflüssig, aber die Laune ist erheuchelt, die Verlegenheit wäre schrecklich, müßte man ein einziges Mal die unverblümte Wahrheit hinschreiben – noch schlimmer: ein wahres Wort über Dinge, die da kommen. Die deutschen Romantiker sind keine Analytiker (bis auf einen) und werden niemals zu Propheten. Die Atmosphäre der Zeit ist ihnen zu dick, um hindurchzublicken. Sie wissen sich nicht zu helfen gegen all die Heuchelei, sind selbst auch eingefangen«, schrieb Heinrich Mann. Leider muß man den Vorwurf, die deutschen Romantiker seien keine Analytiker, gegen ihn selbst wenden, da er die listige Tarnung als Heuchelei mißversteht und – in anderen Fällen – die tieferen Verdrängungsmomente nicht erforscht: die Kompensation. Diese wird überdeutlich erst im späten 19. Jahrhundert, wo sich die *Liebe zur alten Zeit* in eine Liebe zur *guten alten Zeit* gewandelt hatte. Damit war nun aber nicht mehr das Mittelalter gemeint, sondern das Biedermeier, also die Epoche zwischen 1815 und 1848, der Ludwig Eichrodt mit seiner 1850 erschienenen Sammlung »Biedermaiers Lebenslust« den Namen gab und die Historiker je nach politischer Einstellung *Vormärz* oder *Das Zeitalter der Restauration* nennen. Auf diese Zeit trifft freilich zu, was Heinrich Mann in seiner Autobiographie schrieb. Es war die Ära des Turnvaters Jahn, der die Errichtung einer künstlichen Wüstenei zwischen Deutschland und Frankreich wünschte, die Ära Metternichs, die Zeit der Zensur und Studentenverfolgungen, der Cholera- und Selbstmordepidemien. Es war auch die Zeit, in der Franz Schubert sein Lebenswerk schuf.

Das Bürgertum gab den Ton in der Kultur dieser Epoche an. Die Kunst war sein Ventil, auch sein Refugium. Österreich war unter dem Fürsten zu einem großen Friedhof geworden. Ein Hort des Stillstands. Auf dem Sterbebett hatte sich Kaiser Franz vom Erzherzog Ludwig das Versprechen geben lassen, *um keinen Preis Veränderungen in Österreich einzuführen, sondern das Bestehende zu erhalten*. Metternich sorgte dafür, daß dieses Versprechen eingehalten wurde. Auch wenn er selbst immer wieder zur Unruhe reizte: sein erklärtes Ziel war die Ruhe, seine größte Angst galt der Zukunft.

Die Maler jener Zeit haben diese Friedhofsruhe mit Symbolen des Friedens, der häuslichen Harmonie und Behaglichkeit dargestellt: Interieurs mit schönen Möbeln, Familienszenen mit vielen engelgleichen Kindern, Gesellschaften mit Hausmusik treibenden Bürgern, kurz: die Welt des schönen Scheins, das Ambiente des Philisters, jenes spießbürgerlichen Typs, gegen den die Romantiker, aber auch noch Heine zu Felde zogen. Mehr noch als den Regierenden galt ihr Spott den Regierten. Diese literarische Avantgarde predigte den Aufbruch. Nur wer die Sehnsucht kennt, entkommt der philiströsen Enge. Das Fenster bei Eichendorff wird zum Topos der Ferne. Man begibt sich tatsächlich oder in Gedanken auf die Suche nach einer besseren Welt, nach einem idealeren Land. Das faktische Dasein hat ihnen nichts zu bieten außer Verdruß. Die Wirklichkeit wird nur negativ erlebt. Dargestellt wird sie satirisch oder ironisch, boshaft oder zynisch. So schützt man sich vor der Misere, auch vor der persönlichen, zum Beispiel einer unglücklichen Liebe.

In Schmidt von Lübecks ›Wanderer‹-Gedicht wird deutlich ausgesprochen, was die unglückliche Liebe symbolisiert: Trauer. Sehnsucht nach einem geahnten, nie gekannten Land, »wo meine Todten aufersteh'n, das meine Sprache spricht«.

Überliefert ist Schuberts Streit mit seinem Freund Johann Umlauff, der die Textzeile »O Land, wo bist du« anders deklamiert haben wollte. Schubert hatte »wo *bist* du« (Betonung auf *bist*) komponiert. Umlauff meinte, es müsse das *du* betont werden. Gesangsästhetisch gesehen, könnte man Umlauff recht geben. Ein Hilfsverb auf einen schweren Taktteil zu singen, ist zweifellos ästhetisch unbefriedigend, wurde aber von Schubert auch in anderen Liedern (z. B. in Goethes ›Auf dem See‹, wo es heißt: ». . . wie *ist* Natur so hold und gut«) praktiziert. Nur glaube ich, daß Umlauff in diesem Falle mit Schubert keineswegs um das Metrum stritt.

(Wobei Schuberts Lösung mir die naheliegendere zu sein scheint; denn wer würde schon beim Lesen dieses Gedichts auf den Einfall kommen, das »du« zu betonen?) War dieser Streit nicht möglicherweise ein ideologischer?

Umlauff, so scheint es, dachte an ein konkretes Land, das durch die politischen Verhältnisse seine Identität verloren hatte. Er verstand die Frage des Dichters »wo bist du?« im Sinne von: »Was ist aus dir geworden?« Für Schubert dagegen bedeutete sie eindeutig: »Wo bist du überhaupt« oder »Gibt es dich denn eigentlich«?

Das heißt: er glaubte nicht an die Existenz eines solchen Landes, und die letzte Gedichtzeile »Dort, wo du nicht bist, dort ist das Glück« scheint diese Auffassung zu bestätigen.

Man hat diese Zeile als Schuberts Lebensmotto mißverstanden, als eine Art Selbstbekenntnis, mit dem er seine Unfähigkeit zum Glücklichsein ausdrückt. Wie die Vertonung indes zeigt, hat Schubert diesen Satz wörtlich genommen und ihm damit eine viel allgemeinere Bedeutung unterlegt, eine philosophisch-pessimistische: Glück in seiner höchsten Form gibt es nur dort, wo man nicht *ist*: also im Nichtsein, im Nirwana, wie Schopenhauer es genannt hätte. Und so war es auch vermutlich vom Dichter gemeint; denn diese Antwort auf die Frage, wo das gesuchte Land sei, geben in Schmidt von Lübecks Gedicht die Toten:

Im Geisterhauch tönt's mir zurück:
Dort, wo du nicht bist, dort ist das Glück.

Gleichwohl wäre es falsch, Schuberts Interpretation des Textes als vollkommen unpolitisch zu verstehen. Er hat sein politisches Unbehagen, wie so oft, ins Private verlagert. Und wenn Wilhelm von Chézy in seinen Erinnerungen an Schubert – süffisant auf dessen peinliche Krankheit anspielend – schreibt, er hätte die reizenden Müllerlieder unter ganz anderen Schmerzen gesetzt, als jene waren, die er im Munde des armen Müllerknappen mit seiner verschmähten Liebe durch seine Noten unsterblich machte, hat er, obwohl er es anders meinte, insofern doch das Richtige getroffen, als Schubert im Liebesleid des Müllerburschen seinen wirklichen Schmerz nur verschlüsselt. Denn das Persönliche, Private ist nicht nur nicht vom Politischen zu trennen, es *ist* das Politische. Und insofern sind die Texte der Romantiker eben nicht nur erheuchelt, keine märchenhaften Überhöhungen der Wirklichkeit, sondern gerade auch in ihrem angeblichen Eskapismus deren genaueste Spiegelung. Erst wenn man dies akzeptiert kann man sich ohne Bedenken der psychoanalytischen Deutung des Wanderer-Motivs anvertrauen.

Was immer die romantischen Dichter dazu bewegt haben mag, Wanderlust und Wanderleid in dieser sinistren Epoche zu besingen (man darf nicht vergessen, daß Wanderschaft auch Handwerkerbrauch gewesen ist), Schuberts starke Affinität zur Figur des Wanderers reicht weit über das populäre Interesse hinaus.

Man schaue sich nur die Behandlung des Wandermotivs in Eichendorffs ›Taugenichts‹ an mit *Wem Gott will rechte Gunst erweisen* und *Viel Wandrer lustig schwenken die Hüt im Morgenstrahl,* mit Waldhornschall und Mondscheinserenaden. Und wenn der Eskapismus hier auch kein *verantwortungsloser* ist, wie man behauptet hat, die südliche Serenität, mit der dieses Wanderleben dargestellt wird, unterscheidet sich extrem von den zumeist schmerzlich-düsteren Tönen und Stimmungen bei Schubert.

Es ist tatsächlich äußerst problematisch, Biographie und Werk zueinander in Beziehung zu bringen, weil man allzu schnell Gefahr läuft, die Kunst lediglich als eine Art Illustration zum Leben anzusehen. Im Falle Schubert ist es besonders problematisch, weil es hier um die abstrakte Kunst der Musik geht, auch wenn sein Werk – und zwar insgesamt, keineswegs nur die Vertonungen – solche Wechselbeziehungen nahezulegen scheint, seine Briefe und Tagebücher zu Analogien geradezu herausfordern, wie etwa die Eintragung vom 27. März 1824:

»Meine Erzeugnisse sind durch den Verstand für Musik

und durch meinen Schmerz vorhanden; jene, welche der Schmerz allein erzeugt hat, scheinen am wenigsten die Welt zu erfreuen.«

Das 19. Jahrhundert hat aus solchen Sätzen sehr schnell die von der Kunstphilosophie postulierte Einheit von Mensch und Werk abgeleitet. Aber die Dinge sind verwickelter. Schmerz allein, wie wild er auch ist, kann keine Kunst hervorbringen. Es muß etwas hinzukommen: außer dem *Verstand für Musik,* für Kunst überhaupt, die *Erkenntnis der Schmerzen.* Sonst bleibt es bei dumpfem Brüten.

Schubert, der – was seine Person betraf – mehr andeutete als aussprach, wußte das. Wenn er trotzdem behauptet, Musik geschrieben zu haben, *welche der Schmerz allein erzeugt hat,* ist damit die Transformation des Schmerzes in kreative Energien gemeint, die ihrerseits im Hörer nun den Eindruck von Schmerz (oder Schwermut oder Trauer) vermitteln.

Wenn sich auf diese Weise auch keine ganz spezifischen Gefühle darstellen lassen – zumindest nicht in der absoluten Musik –, sind unsere Höreindrücke wiederum auch nicht beliebig, sondern Resultat kompositorischer Techniken: bei Schubert z. B. der charakteristische Wechsel von Dur und Moll, die häufig verwendete Chromatik, bestimmte harmonische Fortschreitungen, die Art der Melodiebildung, Tonrepetitionen, vor allem die hochdifferenzierte Rhythmik. Trotzdem, das alles erklärt noch nicht die Intensität, mit der Gefühle in Musik umgesetzt werden. Die Frage ist: werden sie es? Werden nicht überhaupt nur durch die Intensität eines musikalischen Satzes bestimmte Gefühle und Vorstellungen ausgelöst? Sind solche Vorstellungen nicht bloß Eselsbrükken auf dem Wege zum Verständnis eines musikalischen Werkes?

»Der Komponist offenbart das innerste Wesen der Welt und spricht die tiefste Weisheit aus, in einer Sprache, die seine Vernunft nicht versteht.«

Es war Arthur Schopenhauer, der diesen Satz geschrieben hat. Dennoch haben selbst Komponisten wie Beethoven immer wieder versucht, ihre Werke literarisch zu erklären, ihnen ganze Programme zu unterlegen.

Schubert macht da im allgemeinen eine Ausnahme. Für ihn haben es die Freunde besorgt. Dennoch, in einem Falle ist er von seiner Gewohnheit abgewichen, als er die ›Winterreise‹ einen »Zyklus schauerlicher Lieder« nannte. Nun ist das freilich noch kein literarisches Programm. Was heißt *schauerlich*? Meinte er den Text oder seine Musik? Was empfinden wir beim Hören dieser Lieder? Hat uns erst die Schubert-Literatur gelehrt, daß dieser Zyklus, in einer Phase der tiefsten Depressionen geschrieben, Schuberts ganze Verzweiflung, seine Todessehnsucht und seinen unendlichen Schmerz ausdrückt?

Spaun berichtet, daß Schubert ihm gesagt habe:

»Sie (diese Lieder) haben mich mehr angegriffen, als dieses je bei anderen Liedern der Fall war.«

Und da dies ja wohl zuallererst *psychisch angegriffen* heißt, kann man daraus nur schließen, daß Schubert sich mit dem Schicksal des Wanderers vollkommen identifiziert hat. Insofern scheint es mir doch gerechtfertigt, die Biographie zur Werkinterpretation heranzuziehen. Als erstes taucht die Frage auf: gibt es in Schuberts Leben Ereignisse oder Vorfälle, die dieses Attachement an das Wanderer-Motiv erklären?

Daß Schuberts Eltern zu den Abwanderern aus den österreichischen Kronländern Böhmen und Schlesien gehörten, ist – wenn man dies als Grund auch gelegentlich angeführt findet – zu weit hergeholt, um Schuberts *Unrast* plausibel erscheinen zu lassen. Franz wurde in Wien geboren, sprach Wienerisch, fühlte sich als Wiener und hat nie den dringenden Wunsch geäußert, die Heimatorte seiner Vorfahren aufzusuchen. Ein anderer Grund mag auf den ersten Blick (und wenn man die Hintergründe nicht berücksichtigt) trivial wirken: nämlich die Tatsache, daß Schubert im Laufe seines Lebens – ähnlich wie Mozart und Beethoven – über zwanzigmal das Quartier gewechselt hat bzw. wechseln mußte.

Mit knapp vier Jahren mußte er sein Geburtshaus verlassen und mit den Eltern und Geschwistern in das vom Vater erworbene Haus in der heutigen Säulengasse ziehen. Von 1808 bis 1813 wohnte er im Konvikt, anschließend beim Vater. Im Frühjahr 1816 im Watterothschen Haus, zeitweilig mit Josef von Spaun. Im Herbst zog er zu Familie Schober, Ende 1817 wieder zum Vater in die Säulengasse. Anfang 1818 übersiedelte er mit der Familie ins neue Schulhaus in der Roßau. Im Sommer 1818 lebte er auf Schloß Zseliz in Ungarn (als Musiklehrer beim Grafen Esterházy). Von Herbst 1818 bis Ende 1820 wohnte er mit Johann Mayrhofer zusammen. Nach dem Zerwürfnis mit Mayrhofer bezog er erstmals allein eine Wohnung: im ehemaligen Theatinerkloster, heute Wipplingerstraße. Im Herbst 1821 war er auf Reisen in Niederösterreich. 1822 bis Sommer 1823 war er wieder Gast bei Familie Schober, die jetzt im »Göttweigerhof« (heute Spiegelgasse 9) wohnte, zwischendurch lebte er beim Vater. Im Sommer 1823 war er auf Reisen in Oberösterreich. Nach seiner Rückkehr wohnte er mit Josef Huber zusammen auf der Stubenbastei. Im Sommer 1824 war er wieder auf Schloß Zseliz. Zurückgekehrt, zog er zum Vater in die Roßau, von der Roßau in die Vorstadt Wieden, wo er zum zweiten Mal ein eigenes Zimmer gemietet hatte. Dann zog er mit Schober und Schwind zusammen, die in Währing wohnten. Im Herbst 1826 zog er mit Schober in die Innere Stadt. Von Ende 1826 bis Februar 1827 wohnte er allein. Im März 1827 zog er wieder mit Schober zusammen, ins Haus »Zum blauen Igel«, dann wohnte er bis zu seinem Tode beim Bruder Ferdinand, in der heutigen Kettenbrükkengasse.

Seit 1816 hat er es nie länger als höchstens zwei Jahre in einem Quartier ausgehalten. Meist lebte er als Gast oder Untermieter bei Freunden, da er selten Geld für den Mietzins hatte. Aber war die schlechte finanzielle Lage der einzige Grund für diesen häufigen Wohnungswechsel? Schließlich gab es noch die Verwandten. Doch bei denen hielt er es am wenigsten aus. Daß er 1816 zu Spaun und Schober gezogen ist, scheint darauf zu deuten, daß es erneut zu Krächen mit dem Vater gekommen war. Nach seiner Rückkehr aus Zseliz und weiterem Streit mit dem Vater war er froh, zunächst einmal einen Unterschlupf bei Mayrhofer gefunden zu haben. Und er hat diese zwei Jahre bei ihm auch zu intensiver Arbeit genützt, vor allem versucht, sich als Bühnenkomponist durchzusetzen. Doch weshalb mußte es zu einem so spektakulären Auszug aus Mayrhofers Zimmer kommen?

Weil Schubert unabhängig bleiben wollte, und weil er diese Unabhängigkeit durch Mayrhofer gefährdet sah. Angeblich wie kaum ein zweiter zur Freundschaft begabt, war Schubert in Wahrheit ein Einzelgänger und vermutlich mehr noch: ein Solipsist, tief bindungsunfähig, was sich nicht nur in der unter recht fadenscheinigen und äußerlichen Gründen abgebrochenen Beziehung zu Therese Grob zeigt. Zwar: die Zahl seiner Freunde war groß, aber immer wieder hatte er Favoriten, mal war es Schober, mal Spaun, mal Schwind. (Daß er auch die Verleger ständig wechselte, hatte natürlich andere Ursachen und scheint nicht hierher zu gehören. Dennoch hat auch die Tatsache dieses materiell bedingten Verlagswechsels die tendenzielle Bindungsunfähigkeit verstärkt.)

Und damit kommen wir zum zweiten Punkt der Unstetigkeit Schuberts: dem psychologischen; denn ebensowenig wie die schlechte finanzielle Lage das wahre Motiv für seine Ehelosigkeit darstellt, ist sie der tatsächliche Grund für seine häufigen Umzüge. Aber wie ein Wohnungswechsel bei vielen Menschen psychische Störungen (oft schwere Depressionen, Schlaflosigkeit etc.) zur Folge hat, kann andererseits öfteres Umziehen bereits das Anzeichen für psychisches Gestörtsein bedeuten.

Partnerwechsel und Wohnungswechsel: liegen beiden gleiche Motive zugrunde? Man kann mit Namenssymbolik seinen Scherz treiben. Der Mann, der durch seinen sagenhaft häufigen Partnerwechsel weltberühmt wurde, hieß *Casanova,* übersetzt: *neues Haus.*

Von Schubert kann man sagen, daß er seine Wohnungen

so häufig gewechselt hat wie mancher Schürzenjäger die Frauen. Nirgendwo hält er es lange aus. Er rationalisiert diese Umzüge mit erstrebter Unabhängigkeit.

Seit den ersten Klavierstunden beim Bruder Ignaz war es sein Ziel, aus dem Stadium der Unzulänglichkeit hinauszugelangen, *unabhängig* zu werden, d. h. wenn er schon jüngster Bruder war, die älteren Brüder durch Leistung zu überflügeln.

Ein Kind will Erwachsener nicht werden, sondern *sein.*

Plötzlich aber, durch den Tod der Mutter, wird dieser Wunsch, erwachsen zu sein, konterkariert durch den Wunsch nach Geborgenheit, die ihm durch das Ableben der Mutter verlorengegangen ist. Eine natürliche Entwicklung ist unterbrochen, durch den Widerstand des Vaters blockiert, der es nicht zulassen will, daß sein Sohn freier Künstler wird. Das hat zur Folge, daß Franz in doppelter Hinsicht am Erwachsenwerden gehindert wird: durch die andauernde Abhängigkeit vom Vater einerseits, durch den Verlust der Mutter, den er zeitlebens nicht *verschmerzt,* andererseits.

Er bleibt ein Kind, innerlich wie äußerlich, und sehnt sich nach Zuwendung und Bemutterung, ohne sie zu finden, weder bei den Freunden, noch bei Frauen.

Es gibt nur die Flucht in die Neurose. Sie manifestiert sich in der absoluten Bindungsunfähigkeit, die die Angst vor dem weiblichen Geschlecht einschließt.

Alfred Adler sieht in dieser Angst den *stärksten Antrieb zur Phantasie* und zum Künstlertum und zitiert eine Stelle aus Grillparzers Autobiographie:

»Wie jeder wohlbeschaffene Mensch fühlte ich mich von der schöneren Hälfte der Menschheit angezogen, war mit mir aber viel zu wenig zufrieden, um zu glauben, tiefe Eindrücke in kurzer Zeit hervorbringen zu können. War es aber die vage Vorstellung von Poesie und Dichter, oder selbst das Schwerflüssige meines Wesens, das, wenn es nicht abstößt, gerade aus Widerspruchsgeist anzieht; ich fand mich tief verwickelt, während ich noch glaubte in der ersten Annäherung zu sein. Das gab nun Glück und Unglück in der nächsten Nähe, obwohl letzteres in verstärktem Maße, da mein eigentliches Streben doch immer dahin ging, mich in jenem unbetrübten Zustande zu erhalten, der meiner eigentlichen Göttin, der Kunst, die Annäherung nicht erschwerte oder wohl gar unmöglich machte.«

Sätze, die mit kleinen Einschränkungen auch von Schubert hätten geschrieben werden können. Da ist einmal das Minderwertigkeitsgefühl (»war mit mir viel zu wenig zufrieden«), das sich bei Schubert sowohl in seinem Verhältnis zu Therese Grob (»Sie war mir halt nicht bestimmt«) als auch in seinem Verhältnis zu Beethoven (»Wer vermag nach Beethoven etwas zu machen?«) zeigt. Da ist die Melancholie (»das Schwerflüssige meines Wesens«), da ist vor allem bei beiden die Verklärung der vielgeliebten Frau (und das ist letztendlich die Mutter) zu einem überirdisch-göttlichen Wesen. Die Flucht in die Neurose ist bei einem Künstler wie Schubert freilich nicht mit Passivität verbunden, sondern wird (Flucht!) in schöpferische Aktivität umgeleitet. Das heißt: Schuberts Flucht ist eine in die Kunst, die diese Flucht (= Bewegung) thematisiert. Die Kunst (das Komponieren) wird Schubert sozusagen zur zweiten Natur. Um leben, um überleben zu können, muß er Kunst produzieren, zwanghaft, und in diesem Sinne ist auch seine gegenüber Hüttenbrenner gemachte Äußerung zu verstehen: »Ich bin für nichts als das Componiren auf die Welt gekommen.«

Die Masse seines Werkes (man hat ausgerechnet, daß allein das Kopieren aller Kompositionen mehr Zeit erfordern würde als Schuberts Arbeitsjahre zusammen genommen) beweist, daß er mit diesem Satz den Sinn seines Lebens formuliert und nach ihm gelebt hat.

Er hat sich mit seiner Neurose in die Arbeit *gerettet,* d. h. die Neurose blieb an seiner Seite, während der Arbeit, und am Ende *war* die Neurose die Arbeit, die Arbeit die Neurose, und zugleich war die Arbeit die einzig mögliche Therapie der Neurose.

Wenn *Leiden* viele seiner Werke *erzeugt* haben, wie er behauptet, muß das nicht bedeuten, daß er auch während der Arbeit litt. Eher ist zu vermuten, daß die Stunden, wo er komponierte, die einzig leidensfreien waren. Aber: brauchte er die vorangegangenen Leiden als Stimulans? Wäre er möglicherweise ohne seine Leiden nicht der geworden, der er war?

Solche Fragen werden immer wieder gestellt. Aber – wer leidet schon gern? Nur ein falsch verstandener Masochismus-Begriff kann zu der Annahme führen, Leiden verschaffe dem Masochisten Wohlbefinden.

Leidenkönnen ist – wie das Trauern – eine Fähigkeit, also auch eine Kunst. Wer *fähig* ist zu leiden, wer mit seinem Leid umgehen kann – nicht wer es verdrängt oder sich dagegen panzert –, muß Leid nicht tragen oder *er*tragen, sondern *aus*tragen.

Schubert scheint diese Fähigkeit früh gelernt zu haben, und immer war es Trennungsschmerz, unter dem er zu leiden hatte: 1798 verlor er seinen fünfjährigen Bruder Josef, drei Jahre später die gewohnte Umgebung (durch den Umzug), mit dem Eintritt ins Konvikt mußte er sich vom Elternhaus trennen. Als er fünfzehn war, starb die Mutter. Und damit fehlt ihm der Lebensmittelpunkt, das Zentrum der Geborgenheit. Er kann diesen Tod nicht einordnen. Der Schmerz geht über seine Kraft. Die Vorwürfe, die er dem Vater gemacht haben wird, daß dieser ihn zu spät benachrichtigt und folglich daran gehindert habe, die Sterbende noch zu sehen, sich von ihr zu verabschieden, waren nicht nur Auflehnung gegen den (erwachsenen) Rivalen, sondern ohnmächtige Versuche, eigene Schuldgefühle zu betäuben, die den Schmerz noch verstärkten. Aber jeder Schrecken ist kurz. Das Leben geht weiter. Nur scheint es durch den Schmerz unwirklich geworden.

Nach einem Augenblick des stummen Entsetzens stürzt er sich in die Arbeit, wühlt sich in sie ein wie ein Tier in die Erde. In raschester Folge entsteht Werk um Werk: Streichquartette, das einsätzige Klaviertrio in B-Dur, das (Fragment gebliebene) Bläseroktett. Er komponiert die beiden Ouvertüren in D und B, die nicht nur schon ganz schubertisch, sondern (wie das Thema der B-Dur Ouvertüre) bereits Bruckner antizipieren, schreibt Klaviervariationen, Gebrauchsmusik, ein ›Kyrie‹, ein ›Salve Regina‹, kaum jedoch Lieder. Nur während der Arbeit vergißt er seinen Schmerz. Sonst brütet er vor sich hin, vernachlässigt seine Schülerpflichten.

Er steckt mitten in der Pubertät. Um so deutlicher wird ihm der Konviktszwang bewußt. Dieses Eingesperrtsein zerrt an den Nerven. In Gegenwart seiner Kameraden überspielt er seine Trauer mit Humor. Er will nicht als Schwächling und Muttersöhnchen dastehen. Manchmal wird er sogar rebellisch. Öfter frißt er den Verdruß in sich hinein. Er lernt sich zu verstellen, auch: sich anzupassen. Er ist kein Opportunist, doch er hat die Befähigung zur Konzilianz. Direkten Konfrontationen weicht er lieber aus. Was ihn bedrückt, versucht er in Musik auszusagen. So bleibt sein Schmerz zwar wortlos, aber nicht stumm.

Erst drei Jahre später findet er zum Wort zurück. In diesem sogenannten *Liederfrühling* des Jahres 1815 entstehen über hundert Werke für Singstimme und Klavier, Lieder nach Goethe, Schiller, Hölty, Klopstock, Kosegarten, Matthisson und Mayrhofer. Fast alles Texte, die genau seiner schwermütigen Stimmung entsprechen. Gleich eines der ersten Lieder (geschrieben am 2. Februar) beschäftigt sich mit dem Tod: ›Auf einem Kirchhof‹, auf Worte des Baron Franz von Schlechta. Kurz darauf entsteht ›Das Bild‹:

»Allein, das Bild, das spät und früh mir vor der Seele schwebet,
Ist's nur Geschöpf der Phantasie, aus Luft und Traum gewebet?«

In fließenden Sechsachteln der Klavierbegleitung wird eine ruhige, gelegentlich leicht schwankende Gehbewegung dargestellt, wie wir sie später in der ›Winterreise‹ antreffen. Eine Vorwegnahme des Wanderer-Rhythmus'.

Sollte Schubert bei der Vertonung dieser Verse eines Anonymus tatsächlich, wie einige Biographen behaupten, an Therese Grob gedacht haben?

Der Liederfrühling war kein Liebesfrühling. Schuberts Sinn ist düster gestimmt, wie die ebenfalls im Februar entstandenen Ossian-Gesänge zeigen, wildbewegte Deklamationen, die den genuinen Opernkomponisten verraten. Der größte Wurf dieses Jahres gelingt ihm erst im Herbst: ›Erlkönig‹.[1] Mit diesem Lied beginnt die große Epoche des europäischen Kunstliedes. Das Anekdotische über die Entstehung dieses Werkes, das Spaun in seinen Memoiren erzählt, ist zu bekannt, aber auch zu unwahrscheinlich, als daß man es wiederholen muß. Eine solche Komposition, in der Schubert seinen Materialstand zur höchsten Entwicklung gebracht hat, kann nicht im Fluge aufs Papier geworfen sein. Trotz der Popularität des ›Erlkönig‹ ist die Kühnheit und das absolut Neue dieses Werkes unüberhörbar. Daß Schuberts Freunde immer wieder betonen, er habe hauptsächlich Ge-

1 Am 17. April 1816 (nicht 1817, wie Dahms behauptet) schickte Josef von Spaun den ›Erlkönig‹ zusammen mit anderen Goethe-Vertonungen (u. a. ›Gretchen am Spinnrad‹, ›Heidenröslein‹, ›Schäfers Klagelied‹, ›Rastlose Liebe‹) an den Weimarer Dichter. In einem Begleitbrief schrieb er: »Die im gegenwärtigen Heft enthaltenen Dichtungen sind von einem 19jährigen Tonkünstler namens Franz Schubert, dem die Natur die entschiedensten Anlagen zur Tonkunst von zartester Kindheit an verlieh . . . Diese Sammlung nun wünscht der Künstler Eurer Exzellenz in Unterthänigkeit weihen zu dürfen, dessen so herrlichen Dichtungen er nicht nur allein die Entstehung eines großen Teils derselben, sondern wesentlich auch seine Ausbildung zum deutschen Sänger verdankt. Selbst zu bescheiden jedoch, seine Werke der großen Ehre werth zu halten, einen, soweit deutsche Zungen reichen, so hoch gefeierten Namen an der Stirn zu tragen, hat er nicht den Mut, Euer Exzellenz selbst um diese große Gunst zu bitten . . .« etc. – Die Sendung wurde kommentarlos an Spaun retourniert. Offenbar mißfiel Goethe der devote Stil des Briefes. Die Kompositionen wird er kaum angeschaut haben. In der Korrespondenz und in den Tagebüchern Goethes kommt der Name Schubert nicht vor, allerdings in den Gesprächen, u. a. mit Johann Gottlieb von Quandt, Frühjahr 1826: »Unter anderm erwähnte Goethe: Ihre Madame [Devrient (?)] war auch vor kurzem hier und hat mir eine Romanze [Erlkönig] vorgesungen – nun, man muß sagen, daß der Komponist [Schubert] das Pferdegetrappel vortrefflich ausgedrückt hat. Es ist nicht zu leugnen, daß in der von sehr vielen bewunderten Komposition das Schauerliche bis zum Gräßlichen getrieben wird, zumal wenn die Sängerin die Absicht hat, sich hören zu lassen.«

dichte vertont, die ihn persönlich angesprochen hätten, scheint mir Grund genug, sich eingehender mit diesen Texten zu beschäftigen.

Schauen wir uns nur die Titel der zwischen 1814 und 1828 entstandenen Lieder an: ›Wanderers Nachtlied‹ (Über allen Gipfeln), ›Wanderers Nachtlied II‹ (Der du von dem Himmel bist), ›Der Wanderer‹ (Ich komme vom Gebirge her), ›Der Wanderer‹ (Wie deutlich des Mondes Licht), ›Der Wanderer an den Mond‹, das Eingangslied zum ersten Müllerzyklus (Das Wandern ist des Müllers Lust), ›Die böse Farbe‹ (Ich möchte ziehn in die Welt hinaus), ›Gute Nacht‹ (Fremd bin ich eingezogen), ›Erstarrung‹ (Ich such im Schnee vergebens), ›Rückblick‹ (Es brennt mir unter beiden Sohlen), ›Der Wegweiser‹ (Was vermeid ich denn die Wege), ›Das Wirtshaus‹ (Auf einem Totenacker), ›Todesmusik‹, ›Todtengräber Weise‹, Todtengräbers Heimweh‹, ›An den Tod‹, ›Am Grabe Anselmos‹, ›Abschied von der Erde‹, ›Auf einem Kirchhof‹, ›Bei dem Grabe meines Vaters‹, ›Der Geistertanz‹ (Die bretterne Kammer), ›Ihr Grab‹, ›Die frühen Gräber‹, ›Grablied‹, ›Grablied für die Mutter‹, ›Fahrt zum Hades‹, ›Der Jüngling und der Tod‹, ›Litanei‹ (Ruh'n in Frieden), ›Der Tod und das Mädchen‹, ›Wonne der Wehmut‹ (Trocknet nicht, Tränen), ›Tiefes Leid‹, ›Letzte Hoffnung‹, ›Klage an den Mond‹, ›Klagelied‹, ›Kolmas Klage‹, Lieder des Abschieds: von der Erde, von der Harfe, von einem Freunde, Lieder der Einsamkeit, Lieder der Sehnsucht.

Es sind dies von den über 600 Liedern nur wenige Titel. Aber wir werden, wenn wir das ganze Liedschaffen Schuberts durchgehen, beinahe überwiegend Vertonungen von Texten mit dieser Thematik finden: Einsamkeit, Sehnsucht, Liebe, Trennung, Trauer und – alle Themen verbindend – Wanderschaft. Die Unstetigkeit – als Folge der Bindungsunfähigkeit Schuberts – wird zum Zentralthema auch seines Werkes.

»Gibt es eigentlich lustige Musik? Ich weiß von keiner.«

Aber: hat er nicht selber zahlreiche lustige Werke geschrieben? Waren sie ihm nicht wichtig? Betrachtete er sie nur als Gelegenheitsarbeiten? Was heißt *lustige Musik*? Was meinte Schubert damit, er wisse von keiner lustigen Musik? Musik, die lustig *macht* oder Musik, die lustig *ist*?

Alfred Einstein vermutet, Schubert habe, indem er das Vorhandensein lustiger Musik verneinte, damit auf die *immanente Trauer*[1] der Musik angespielt.

Wenn das zutrifft und Schubert tatsächlich Trauer nicht als Ursache oder Wirkung von Musik, sondern als etwas der Musik Innewohnendes verstanden hat, wenn Musik für ihn – unabhängig von der Gemütsverfassung des Komponisten wie des Hörers – Ausdruck und Symbol einer metaphysischen, der Weltschöpfung inhärenten Tragik gewesen sein sollte, ist die Physiognomie seines Werkes doch so stark von seiner Persönlichkeit und eigener Leiderfahrung geprägt, daß man sein Schaffen gleichwohl als Beleg für seine Lebensproblematik ansehen kann.

Es bedeutet keine Herabsetzung der künstlerischen Leistung, wenn man z. B. die beiden Müller-Zyklen unter diesem Aspekt als besonders aufschlußreiches Anamnese-Material heranzieht, weil in diesen zwei Werken konzentriert und in höchster Vollendung anzutreffen ist, was Schubert seit 1814 in Hunderten von Einzelliedern persönlich und kompositorisch beschäftigt hat. Ein Satz Johann Mayrhofers ermuntert zu dem Versuch:

»Es scheint nun an der Ordnung, zweier Gedichte Wilhelm Müllers zu erwähnen, die einen größeren Zyklus bilden und tiefere Blicke in des Tonsetzers Innere gestatten.«

Mayrhofer dürfte schon gewichtige Gründe zu dieser Annahme gehabt haben, die im übrigen Schuberts eigenes Be-

1 Daß diese oft behauptete Immanenz, die auf dem *harmonikalen System* beruht, keine Mystifikation ist, beweist noch die Wirkung der Trivialmusik, auch wenn darin die Trauer zur bloßen Sentimentalität heruntergekommen ist. Psychologische Forschungen haben ergeben, daß diese Musik schwere psychische Schäden bewirken kann. Interessant hierzu Hermann Brochs Definition des Kitsches als Repräsentanz des Bösen. (s. H. Broch, Ges. Werke, Band 6)

kenntnis, daß Schmerz seine Werke hervorgebracht habe, nur bestätigt.

Sehen wir uns die beiden Zyklen daraufhin an: das lyrische Ich ist jeweils ein Wanderer. Hier ein blonder Müllerbursch, dort ein schwarzhaariger Geselle, dessen Beruf nicht genannt wird.[1]

Der Müllerbursch steht am Anfang seines Lebens, der Geselle am Ende. Dem Müllerburschen ist das Wandern eine Lust, dem Gesellen ein Fluch. Der Müllerbursch zieht in den Frühling hinaus, der Geselle in den Winter. Welche tieferen Einblicke in des Tonsetzers Innere gestatten nun diese beiden Zyklen? Beginnen wir unsere Recherchen zunächst anhand des ersten: ›Die schöne Müllerin‹.[2]

Der Inhalt dieses »Monodrams«, wie Wilhelm Müller seinen Zyklus nennt, ist bekannt und war es eigentlich schon vor der Veröffentlichung, da die ganze Romantik daran gewissermaßen *mitgedichtet* hatte: Ein Müllerbursch wandert in die Welt hinaus, voller Lust und Tatendrang. Er gelangt an einen Bach. Soll er ihm folgen? Seine Straße verlassen?

Ich weiß nicht, wie mir wurde
Nicht, wer den Rat mir gab,
Ich mußte auch hinunter
Mit meinem Wanderstab.

Der Bach hat ihn *verführt*:

Hinunter und immer weiter,
Und immer dem Bache nach,
Und immer heller rauschte
Und immer heller der Bach.

1 Das hat durchaus seinen tieferen Grund. Der soziale Status dieses Wanderers ist ohne Bedeutung. Einer, der von sich sagt, er sei am Ende aller Träume, der überall ein Fremder ist und sich nur nach dem Tode noch sehnt, braucht keinen Beruf, keine Arbeit mehr. Er ist ein Ausgesteuerter, steht außerhalb aller sozialen Bindungen.

2 Baron von Schönstein gewidmet.

Er kommt an eine Mühle. Ist sie das Ziel? Hat er überhaupt eines? *Halt!* ist dieses dritte Gedicht überschrieben, und es bedeutet dieses sowohl Anhalten (Rast) als auch Haltsuche (Sicherheit):

> Und das Haus, wie traulich!
> Und die Fenster, wie blank!

Der Müllerbursch sucht um Arbeit nach. Er wohnt in der Mühle, lernt die Müllerstochter kennen, verliebt sich in sie. Nach langem Werben erhört diese ihn endlich. Das Liebesglück scheint den jungen Mann fast um den Verstand zu bringen. Doch da taucht ein Jäger auf, der sozial besser gestellte Rivale. Die ländliche Idylle ist gestört. Eifersucht plagt den Müllerknecht, noch bevor der Jäger dem Mädchen nachstellt. Als dieses schließlich dem Jäger ihre Gunst zuwendet, ertränkt sich der Müllerbursche im Bach.

Die Geschichte einer unglücklichen Liebe, die es, wenn auch nicht immer mit so tragischem Ausgang, myriadenmal gibt. Ein altes Thema, aber im *allerfunkelnagelneusten Stil,* wie es selbstironisch im Prolog heißt, geschrieben, *schlicht ausgedrechselt, kunstlos zugestutzt.* So ernst ist es Müller indes mit der Absicht, die rührselige Lyrik seiner Zeit zu parodieren, nicht gewesen. Der Prolog, mit dem er sich von den eigenen Versen distanzieren wollte, ist ein Programm, an das der Autor sich selbst nicht hält. So wenig originell diese Gedichte auch sind, ihr volksliedhafter Ton ist bestechend, und es überrascht nicht, daß Heine mit spontaner Begeisterung auf diese Verse reagiert hat. Er sah hier bereits ansatzweise verwirklicht, was ihm selber vorerst nur als Möglichkeit vorschwebte: das ironische Spiel mit lyrischen Versatzstükken. Aber da dieses Spielen auch eines mit Gefühlen ist, wird die Ironie zum Rettungsanker, und aus den großen Schmerzen werden die kleinen Lieder.

Schubert muß ähnlich wie Heine empfunden haben. Mit künstlerischer Intuition hat er auf die Vertonung des Pro-

und Epilogs verzichtet und – im doppelten Sinne – die Gedichte für sich sprechen lassen.

Von Frühsommer bis November 1823 hat er an dem Zyklus gearbeitet. Als er im Mai die Vertonung der Müllerschen Gedichte beschloß, war er schwer krank und mußte für einige Zeit das Spital aufsuchen. Es besteht heute kein Zweifel mehr, daß es sich, wie erwähnt, bei dieser Krankheit um eine Syphilis gehandelt hat. Schubert war in ständiger ärztlicher Behandlung. Durch Ausschlag hatte er die Haare verloren und mußte bis 1824 eine Perücke tragen.

Die ersten Anzeichen der Krankheit hatten sich schon im Dezember 1822 gezeigt. Die gesellschaftliche Ächtung fürchtend, wagte er sich niemandem anzuvertrauen. Erst am 31. März 1824 schrieb er Leopold Kupelwieser einen verzweifelten Brief nach Rom, in dem er sich rückhaltlos offenbart. Dennoch hatte sich in den Wiener Kreisen, wo der Klatsch blühte, rasch herumgesprochen, um welche Art von Krankheit es sich handelte, an der Schubert laborierte. Die Folge war, daß einige Freunde sich stillschweigend oder – wie Sonnleithner – unter fadenscheinigen Gründen von Schubert zurückzogen. Und darunter hat er, der von seinen Freunden nicht zuletzt auch materiell abhängig war, am meisten gelitten.

Auf dem Höhepunkt seiner Krankheit, im Mai 1823 – zu einer Zeit, wo er möglicherweise sogar schon das eine oder andere Müllerlied skizziert hatte, schrieb er das ›Mein Gebet‹ betitelte Gedicht:

Tiefer Sehnsucht heil'ges Bangen
Will in schön're Welten langen;
Möchte füllen dunklen Raum
Mit allmächt'gem Liebestraum.

Großer Vater! reich' dem Sohne
Tiefer Schmerzen nun zum Lohne
Endlich als Erlösungsmahl
Deiner Liebe ew'gen Strahl.

Sieh, vernichtet liegt im Staube,
Unerhörtem Gram zum Raube,
Meines Lebens Martergang
Nahend ew'gem Untergang.

Tödt' es und mich selber tödte,
Stürz nun Alles in die Lethe,
Und ein reines, kräft'ges Sein
Lass', o Großer, dann gedeih'n.

Der Kommentar des Schubert-Biographen Walter Dahms zu diesem Gedicht:

»Aber Schubert war kein Hypochonder. Der Schmerz konnte ihn wohl vorübergehend niederdrücken. Im Schaffen jedoch richtete er sich bald wieder auf, und das schwere Jahr seiner Schmerzen ist mit Werken reich bedacht.«

Nein, er war kein Hypochonder – oder nicht mehr; denn seine Schmerzen waren keine eingebildeten. Er litt, und keineswegs nur unter der Krankheit. In der Krankheit war der Schmerz nur konkretisiert. Das Gedicht ist nicht das Erzeugnis einer vorübergehenden Depression, sondern Ausdruck existentieller Verzweiflung. Hier spricht ein Mensch am Rande des Selbstmordes, den nur die Arbeit vor diesem Schritt bewahrt hat. Darum die vielen Werke, nicht, wie Dahms meint, weil er sich im Schaffen bald wieder aufgerichtet habe.

Sind die Verse der ›Schönen Müllerin‹ auch kunstvoller und sprachlich gekonnter als die Schuberts, das Gedicht Schuberts macht uns betroffener. Hier ist – nicht in der Gestalt, aber im Gehalt – antizipiert, was Müller erst später in der ›Winterreise‹ zu genialer Gestaltung bringt. Dieses ergreifende Lebensdokument Schuberts mit seinem vehementen Todesverlangen beweist, daß seine Leiden, als er ›Die schöne Müllerin‹ komponierte, in der Tat andere waren als die des jungen Müllerburschen, aber nicht, weil er an Syphilis litt, sondern weil er ein anderer Mensch war: eine komplizierte Künstlernatur und ein schöpferischer Neurotiker. Was aber hat ihn dann zur Vertonung dieser Gedichte gereizt? Wie ist es ihm gelungen, sich diese Texte auf eine Weise anzuverwandeln, als seien sie ihm nicht nur auf den Leib, sondern von ihm selber geschrieben? Die schlichten Leiden eines Naturburschen werden dem Stadtmenschen Schubert wenig zu sagen gehabt haben, und er dürfte sich wohl kaum mit dem Mühlknappen wahlverwandt gefühlt haben. Was ihn zur Vertonung dieser Gedichte drängte, was ihn magisch anzog, war wieder einmal das Wanderer-Motiv, die Erlösung von den Leiden durch den Tod. Mit dem Müllerburschen als armen Wanderer (arm im doppelten Sinn) hat er sich identifiziert. In ihm sah er sich selber, sein eigenes, unstetes Leben, seinen *Martergang*:

Tödt' es und mich selber tödte

Mit Todes-*Sehnsucht* kann man einen solchen Wunsch nach physischer Vernichtung wohl nicht mehr bezeichnen. Und mit Hypochondrie hat diese Lebensverneinung nicht das mindeste zu tun. Hinter diesen Worten, wenn auch unverhüllt, steht ein Selbstzerstörungstrieb, daß sich dagegen Schopenhauers Willensverneinung, die Aufhebung des Individuationsprinzips, wie ein Euthanasierezept ausnimmt: das Verlangen, wie ein Wurm zertreten zu werden.

Stürz' nun Alles in die Lethe

Man kann sich vorstellen (und die Erwähnung ausgerechnet dieses mythologischen Flusses ist keine Bildungsreminiszenz), wie betroffen Schubert das Schlußgedicht des Zyklus' gemacht hat. War es für ihn, den Fatalisten, nur ein Zufall, daß diese Verse in seine Hand gekommen waren? Hatte er nicht eher in einem Zustand von Clairvoyanz nach diesem Buch gegriffen?

Obwohl der in Dessau lebende Wilhelm Müller Schubert womöglich nicht einmal dem Namen nach gekannt hat, könnte man meinen, er habe diese Gedichte eigens für Schubert geschrieben. (Er hat es nicht. Aber überliefert ist, daß er sich sehr gewünscht habe, einen Komponisten zu finden, der seine Gedichte vertone.)

Als immens belesener Autor und Bibliothekar an der herzoglichen Bibliothek zu Dessau war er selbstverständlich mit der klassischen Literatur der Antike bestens vertraut. Er kannte sich in der Mythologie aus, beschwor sie indes nicht, wie Schubert, durch Namen, sondern durch Symbole, wie ›Des Baches Wiegenlied‹ beweist:

Wandrer, du müder, du bist zu Haus.
Die Treu ist hier,
Sollst liegen bei mir,
Bis das Meer will trinken die Bächlein aus.

Will betten dich kühl,
Auf weichem Pfühl,
In dem blauen kristallenen Kämmerlein.
Heran, heran,
Was wiegen kann,
Woget und wieget den Knaben mir ein!

So spricht der Bach. Man weiß, was er symbolisiert.[1]

Ob Schubert – im Unterschied zu Richard Wagner, der durch den Text der Regieanweisung im ›Fliegenden Holländer‹ deutlich auf die Sexual- und Muttersymbolik hinweist – sich dieser Bedeutung ganz bewußt war, muß dahingestellt bleiben. Vielleicht konnte er eine solche Auslegung auch gar nicht *annehmen*. Gleichwohl hat er sie intuitiv in der Komposition des ›Wiegenliedes‹ erfaßt. Während Müller seinen Zyklus durch den Rahmen von Pro- und Epilog zusammenhält, gelingt es Schubert, der diesen Rahmen nicht mitkomponiert, das Wander- mit dem Wiegenlied durch melodische Analogien zu verbinden:

1 C. G. Jung: »Die mütterliche Bedeutung des Wassers gehört zu den klarsten Symboldeutungen im Gebiete der Mythologie . . . Jene schwarzen Wasser des Todes sind Wasser des Lebens, der Tod mit seiner kalten Umarmung ist der Mutterschoß . . .«

Damit wird musikalisch kurzgeschlossen, was Müller dem Leser als Deutung nahelegt: die psychologische Zusammengehörigkeit von Wander- und Todesmotiv.[1]

Der Bach hat den Wanderer an sein wahres Ziel geleitet: er ist zu den *Quellen des Seins* zurückgekehrt. Der Inzestcharakter des Gedichts

Die Treu ist hier,
Sollst liegen bei mir

wird durch den schlichten Volksliedton verdeckt. Durch die Musik aber wird er als Pseudo-Schlichtheit decouvriert. Der Tritonus, einmal in aufsteigender, einmal in absteigender Richtung, signalisiert drohende Gefahr resp. die Katastrophe. Das Wiegenlied erklingt als das, was es in Wirklichkeit ist: ein Trauermarsch. Erreicht wird dies durch den charakteristischen Todesrhythmus, den Schubert u. a. auch in ›Der Tod und das Mädchen‹, ›Der Tod Oscar's‹ oder ›Todtengräbers Heimweh‹ verwendet:

Das dem Monodramisten bestimmte ebenso traurige wie wohlfeile Ende befriedigt künstlerisch durchaus. Es ist weder an den Haaren herbeigezogen noch kommt es überraschend. Der Zyklus ist von Anfang an auf dieses Ende hin angelegt, auf diesen sanften Tod. Es ist der Ophelias, und

1 C. G. Jung: »Das Wandern ist ein Bild der Sehnsucht, des nie rastenden Verlangens, das nirgends ein Objekt findet, des Suchens nach der verlorenen Mutter.«

wie diese ist auch der Müllerbursche von einem Schleier des Wahnsinns umhüllt. Mehr noch als der Verlust der Geliebten bzw. deren Untreue hat ihn das Drehen der Mühlräder um den Verstand gebracht. Diese Räder, angetrieben von der Romantik, gingen ihm marternd wie dem nackten Heiligen Wackenroders im Kopf herum und erinnerten ihn unablässig an das verlorene Glück. (Und darum ist, schlimmer als der Verlust, die im Bewußtsein rotierende Vorstellung dieses Verlustes, der auch einer der Lust, der Lebenslust ist.) So gut die Flucht in den (Wasser-)Tod auch motiviert ist, was dann folgt, gehört bereits der *Machtsphäre des Kitsches* (Broch) an. Schubert konnte solch beschwichtigenden Schluß nicht akzeptieren. Mit künstlerischer Souveränität läßt er sich auf die Trivialität ein und gibt dem Wiege-Rhythmus eine eigentümliche Zweideutigkeit[1], die das scheinbar verklärende Schlußtableau – im Unterschied zu Müllers angeblich parodistischer Absicht – auf unheimliche Art in Frage stellt.

1 Im November 1822 hatte Schubert die Wanderer-Fantasie op. 15 geschrieben und dem jüdischen Gutsbesitzer Emanuel Karl Edlen von Liebenberg, einem Schüler Hummels gewidmet. Man vergleiche den Anfang dieses Werkes mit den angeführten Takten aus ›Des Baches Wiegenlied‹:

a) Wanderer-Fantasie:

b) Des Baches Wiegenlied:

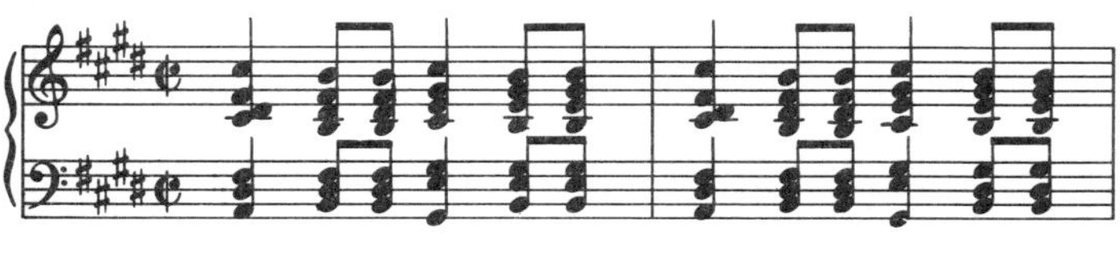

Möglich, daß Müller das künstlerisch Verlogene dieses Schlußgedichts später selbst eingesehen hat. Der Müllerbursch zwar war unwiederbringlich tot. Mit dem Thema des Wanderers aber war der Autor nicht fertig.

Im selben Jahr (1823), da Schubert ›Die schöne Müllerin‹ komponierte, veröffentlichte Müller im Taschenbuch ›Urania‹ die ersten 12 Lieder der ›Winterreise‹. Ein in der Literaturgeschichte zwar äußerst seltenes, aber auch nicht vollkommen unbekanntes Phänomen, daß einem Durchschnittstalent plötzlich ein großer Wurf gelingt.

Von heute auf morgen hatte er einen ganz neuen Ton in die Lyrik gebracht. Nichts in Müllers äußerem Leben deutet darauf hin, was das Entstehen dieser Gedichte erklären kann. Die Sprache mit ihren prosaischen Einspengseln, die Verse, Reime und Metaphern sind von einzigartiger Kühnheit und Modernität.

Mit dem Einsetzen des ersten Gedichts (»Fremd bin ich eingezogen«) ist die eigentliche Handlung schon abgeschlossen: ein dem Handwerksgesellen zur Ehe versprochenes Mädchen heiratet einen anderen, der die bessere Partie darstellt. Mit dem Auszug aus der Stadt während einer kalten Winternacht beginnt der Zyklus, dessen zweiter Teil 1824 erschien. Der arme Flüchtling, wie der Geselle sich nennt, ist zu Ende mit allen Träumen, er wandert durch den Schnee, auf der Fährte wilder Tiere. Ihm graut vor seiner Jugend: ein scheinbares Paradox, da die meisten Menschen sich vor dem Alter fürchten. Aber was heißt *Jugend*? Bedeutet sie hier nicht nur *Abstand zum Tode*? Wie lange soll dieser Lebensmüde noch auf den Tod warten?

Ihr grünen Totenkränze
Könnt wohl die Zeichen sein,
Die müde Wandrer laden
In's kühle Wirtshaus ein.

Aber alle Kammern sind besetzt. Rastlos wie Ahasverus muß er weiter durch die Welt ziehen, durch Winter und Erstarrung. Hat Müller bei seinem Gesellen auch an den Ewigen Juden gedacht? Mit der Treulosigkeit einer Geliebten ist dieses Getriebensein kaum zu erklären. Eifersucht scheint dieser Wanderer nicht zu kennen. Oder – da von Liebe in diesen Gedichten wenig die Rede ist – verdrängt er diese Gedanken? Warum dieser Selbstzerstörungswille? Was quält ihn, woran leidet er, weshalb fühlt er sich ausgestoßen? Lastet ein Fluch auf ihm? Hat er etwas verbrochen?

Wir erfahren nichts von einer Schuld, weder von einer realen noch von einer imaginierten. Und doch wird die Möglichkeit einer Schuld im ›Wegweiser‹ suggeriert:

Was vermeid ich denn die Wege,
Wo die andren Wandrer gehn . . .

Weshalb oder vor wem flieht er? Kann er entfliehen? Werden ihn die Spuren im Schnee nicht verraten? Und weil er eben dieses zu fürchten scheint, gleich die präventive Verteidigung:

Habe ja doch nichts begangen,
Daß ich Menschen sollte scheun

Gibt es vielleicht doch eine uneingestandene Schuld?

Nietzsches *bleicher Verbrecher* fällt einem ein, E. A. Poes ›The man of the crowd‹. Ist dieser vom Sterbenwollen besessene Wanderer das *Urbild und der Genius tiefer Schuld*? Aber was ist seine Schuld? Diese Frage ist zugleich eine nach der Ursache seines Schmerzes. Trauert er wirklich bloß um die verlorene Liebe? Leidet er unter Armut und Einsamkeit? Gewiß, das alles trägt zu seinem Schmerz bei, aber macht ihn nicht aus. Sein Leiden ist die Verzweiflung, und diese läßt ihn vereinsamen. Er sondert sich ab. Er hat keinen Mitwisser, will oder kann sich niemandem anvertrauen. Darum meidet er die Wege, die andere Wandrer gehn. Und diese verweigerte Kommunikation wird als Schuld erlebt.

Doch – sprechen wir noch von dem Gesellen? Er ist eine

fiktive Person. Ihr Autor ist Wilhelm Müller, und dieser hat nicht zuletzt mit diesem Zyklus ein Selbstbekenntnis ablegen wollen, das Psychogramm eines Künstlers, für den Einsamkeit unabdingbare Voraussetzung zur schöpferischen Arbeit ist, die ihrerseits gesellschaftliche Absonderung zur Folge hat. Hinter den Worten »Was vermeid ich denn die Wege« verbirgt sich auch der solitäre Stolz des avantgardistischen Schriftstellers, die konventionellen Bahnen verlassen zu haben, in dichterisches Neuland vorzustoßen. Es verlangt dies eine Strategie, die der eines geplanten Verbrechens gleicht.[1]

Von hier aus wird verständlich, was Schubert an Müllers Texten fasziniert hat, weshalb er sich mit dem Schicksal des Wanderers identifizieren konnte, mehr als ihr Autor, dessen Leiden vermutlich nur berufsspezifischer Art waren. Schubert aber litt physisch und psychisch, wie der Wanderer, und war ebenso verzweifelt, ebenso besessen von einem Todesverlangen.

Die tiefste Ursache seines Schmerzes – wir behaupten es – war der Verlust der Mutter. Er kam darüber so wenig weg wie der junge Heine über seine unglückliche Liebe zu Amalie. Aber wenn Schubert auch die Mutter nicht vergessen konnte, die *Ursache* seines Schmerzes hat er im Laufe der Zeit durchaus *vergessen,* und das heißt: verdrängt. Er hat versucht, diesen Schmerz zu anästhesieren: zum Beispiel durch Arbeit. Es ist ihm dies vorübergehend gelungen. Aber trotz solcher Betäubungen blieb das Bewußtsein vom Schmerz. Daraus wurde allmählich ein dumpfes Gefühl, ein Knäuel von unauflösbaren Leidensqualitäten, die sich gleichsam verselbständigt hatten, immer neue Metastasen bildend. Wer einmal mit Leiden angefangen hat, wird weiter leiden, weil der Organismus für Leiden empfänglich geworden ist. Schuberts Kopfschmerzen, seine Migränen, seine Schlafstörungen und De-

1 Ein Wort Degas' fällt mir ein: der Künstler müsse an sein Werk in derselben Verfassung herangehen, in der ein Verbrecher seine Tat begehe. Was Degas meint, ist das Wagnis, das Risiko, das den Einsatz nicht nur aller künstlerischer Fähigkeiten, sondern den der ganzen Existenz verlangt.

pressionen sind nur verschiedene Symptome, Ableger und Auswucherungen seines Grundübels: der Unfähigkeit, dieses frühe Trauma zu überwinden. Wie Krankheiten im Körper wandern und heute in dieser, morgen in jener Gestalt auftauchen, mal als Kopfschmerz, mal als Kreuzschmerz, können auch seelische Leiden die unterschiedlichsten Erscheinungsformen annehmen, und weil sie letztlich dem Betroffenen selbst undefinierbar sind, haben Skeptiker schnell das Wort Hypochondrie bei der Hand, womit alles und nichts gesagt ist.

Schubert, für viele noch immer Inbegriff eines gemütlichen Wieners, eines lebenslustigen Kunstzigeuners und heiteren Trinkkumpans, der sich selbst als »den unglücklichsten, elendsten Menschen auf der Welt fühlte«[1], sah sich darum auch vollkommen unverstanden.

»Keiner, der den Schmerz des Andern, und Keiner, der die Freude des Andern versteht!«

Mit dieser Tagebucheintragung vom März 1824 (er hatte gerade das Oktett op. 166 beendet und arbeitete am d-Moll Streichquartett ›Der Tod und das Mädchen‹) sprach er wieder einmal sehr allgemein aus, was ihn ganz persönlich betraf. Im Grunde müßte dieser Satz heißen:

»Keiner versteht meinen Schmerz, keiner versteht meine Freude.«

Nicht: ich *habe* keinen, der mich versteht, sondern: es *gibt* keinen; denn das hatte Schubert erkannt: Schmerz und Freude sind nicht zu vermitteln. Man kann nicht mit einem anderen leiden. Man kann Verständnis für die Seelenregungen eines anderen aufbringen, man kann verbal darauf eingehen. Mit*empfinden* kann man nicht, weil Gefühle jeweils auf eine Person zugeschnitten sind und sich der Sprache entziehen. Daraus, vor allem aber aus der tiefen Sprachlosigkeit (Müller spielt in dem Gedicht *Ungeduld* darauf an) leitet sich Schuberts Einsamkeit her. Abgesondert, eingekapselt in seinen

1 Brief an Leopold Kupelwieser vom 31. 3. 1824.

Schmerz, der namenlos bleibt, bringt er seine Tage dahin, *freud- und freundelos*. Es gab zwar den Kreis der unermüdlichen Anhänger seiner Musik, es gab die *Schubertiaden* genannten geselligen Kränzchen – nach Anzahl der Teilnehmer nicht mal das, was man heute eine *Gemeinde* nennt. Aber war das das Wiener Musikpublikum? Das hatte andere Vorlieben.

Was er gebraucht hätte, wäre der große Erfolg gewesen, der plötzliche *Durchbruch* mit einem Werk, so wie dieser Weber mit dem ›Freischütz‹ gelungen war. Er hätte das Theater, die Musikbühne erobern müssen. Aber alle Versuche in diese Richtung waren mehr oder weniger fehlgeschlagen. Die Wiener Gesellschaft nahm von Franz Schubert keine Notiz. Er lebte isoliert. Und infolge dieser gesellschaftlichen Isolierung, der noch zunehmenden Vereinsamung, blieb ihm nur die Möglichkeit des Rückzugs auf sich selbst. Wer ahnte schon, daß sich hinter der kleinen, schwammig aufgedunsenen Gestalt, dem Schwammerl, eine hoffmanneske Figur verbarg, daß dieser scheinbar spießbürgerliche Mensch ein Maniak des Notenschreibens war, dem die Arbeit, das Komponieren lebenserhaltendes Prinzip bedeutete, auch in ökonomischer Hinsicht. Seine Werke haben ihn zwar nicht ernährt[1], aber *man* (einige Gönner und Mäzene) hat ihn dieser Werke wegen am Leben zu erhalten versucht, jedenfalls solange ein Interesse daran vorlag. Allerdings mußte er mit jedem neuen Werk sein Können wieder unter Beweis stellen.

Er hat selten Konzessionen an den Publikumsgeschmack gemacht. Doch bei der wachsenden Isolierung fing er in den 20er Jahren an, rücksichtslos seine kühnen Intentionen

1 Während zwölf Arbeitsjahren hat Schubert mit seinen Werken insgesamt knapp 9000 Gulden verdient, das entspricht einem Jahreseinkommen von 750 Gulden. Allerdings waren die Einnahmen sehr unregelmäßig und lagen in manchen Jahren nicht höher als 10 Gulden. Zur gleichen Zeit bezog ein hoher Staatsbeamter bzw. ein Feldmarschall jährlich 10000 Gulden. Paganini, der 1828 in Wien zehn Konzerte gab, hatte allein pro Abend Einnahmen von fast 3000 Gulden. – Wie hanebüchen gering Schuberts Einnahmen waren, wird einem erst bewußt, wenn man sich ausrechnet, was seit Schuberts Tod Dirigenten, Solisten und die Schallplattenindustrie kassiert haben.

zu verfolgen, die kompositorischen Experimente bis zu einem Grad voranzutreiben, wo er mit dem Verständnis selbst gutwilliger Freunde nicht mehr rechnen konnte.[1]

Eine Straße muß ich gehen,
Die noch keiner ging zurück.

Als wolle er den Hörern diesen Satz einhämmern, wiederholt Schubert ihn dreimal. Auf gleicher Tonhöhe wird er mehr gesprochen als gesungen und so zum Bekenntnis eines emanzipierten Künstlers, der neue Wege geht, die keiner vor ihm gegangen ist. Avantgardismus als Schicksal. Man denkt an Schönbergs Worte: »Einer hats sein müssen; da hab ich mich dazu hergegeben.« Oder an den Satz Franz Kafkas aus den ›Betrachtungen‹: »Von einem gewissen Punkt an gibt es keine Rückkehr mehr. Dieser Punkt ist zu erreichen.«

Schuberts kompositorische Entwicklung geht in Sprüngen und Schüben vor sich. Nach der »Sturm und Drang«-Phase bildet das Jahr 1820 eine erste entscheidende Zäsur. Es entstehen der Streichquartett-Satz in c-Moll, der ›Gesang der Geister über den Wassern‹ und Schuberts vielleicht kühnstes Werk: ›Lazarus oder Die Feier der Auferstehung‹. Drei geniale Fragmente. Eine Wandlung bahnt sich an, ein künstlerischer Umbruch, der sich vor allem in der Kammermusik zeigt, wie Schubert stets seine wesentlichen Experimente in kleineren Formen macht. Neue Beschäftigung mit Goethe: er vertont die Mignon-Lieder, aber schreibt daneben auch ein so esoterisches wie die ›Nachtviolen‹ nach Mayrhofer, dessen fast Georgesche Symbolik ihre Schwere und Dunkelheit durch die Musik verliert, da Schubert die Worte ganz transparent begleiten läßt. Ein weiteres meisterhaftes Kleinwerk leitet zur letzten Schaffens-Phase über: die ›Introduktion und

1 Schon das 1824 aufgeführte a-Moll Streichquartett ließ die Hörer ratlos. Schwind berichtet über die Aufführung in einem Brief an Schober: »Ein Chineser neben mir fand es affektiert und ohne Styl.« Mit der ›Winterreise‹ konnten dann selbst die besten Freunde nichts mehr anfangen.

Variationen über Trockene Blumen‹ (aus den Müllerliedern), 1824 komponiert für den Flötisten Ferdinand Bogner[1], ein Virtuosenstück, aber zugleich eine wichtige Vorarbeit zum d-Moll Streichquartett, diesem genialen Stück Kammermusik, vermutlich zwei Monate nach dem Flötenwerk entstanden und nur ein einziges Mal (1826) zu Schuberts Lebzeiten aufgeführt. In diesem Werk ist nun alles Biedermeierliche überwunden. Mit seinen rhythmischen Kühnheiten (besonders im Finale), den Akkordballungen, dem Wechsel zwischen extrem hohen und tiefen Lagen, ist dieses Quartett von einer Kompromißlosigkeit, von einer künstlerischen Radikalität, die seine Zeitgenossen vor den Kopf stoßen mußte. Schuberts espressive Entladungen in den Jugendwerken sind oft nur theatralische Posen. Hier dagegen ist alles Pathos abgelegt, der Schmerz Struktur geworden. So stark die Sätze und Satzteile untereinander in den Stimmungen kontrastieren, die organische Einheit, basierend auf Schuberts Lieblingsrhythmus (wir kennen ihn schon als »Todesrhythmus« aus vielen Liedern und der ›Wanderer-Fantasie‹), ist unüberhörbar. Wenn das 19. Jahrhundert in seinen Deutungsversuchen oft auch übers Ziel hinausschießt, halte ich die Theorie, Schubert habe nicht nur den Variationssatz, sondern alle Sätze des Quartetts »unter dem Aspekt des Todes verstanden wissen wollen«, für durchaus nicht abwegig. Browns Versuch, diese Theorie zu widerlegen (u. a. damit, daß der Tarantella-Rhythmus des Finale kein ›Totentanz‹ sei) überzeugt weniger als die vielleicht allzu poetischen Auslegungen älterer Biographen.

Wenn solche Ausdeutungen auch viel dazu beigetragen haben, daß dieses Streichquartett ›Der Tod und das Mädchen‹ heute zu Schuberts bekanntesten und beliebtesten Werken gehört, ändert das nichts daran, daß es für seine Zeit etwas unerhört Kühnes war. Der wilde Schmerz, der alle

1 F. Bogner war, wie Schubert, Mitglied des kleinen Hausorchesters, das seit 1815 im Hause Otto Hartwigs im Schottenhof musizierte. Er heiratete 1825 »zu seinem und zu ihrem Unglück« (Einstein) Barbara Fröhlich.

Sätze durchzieht, wird nicht durch die Form gezähmt, sondern erst durch diese zum vollen Ausdruck gebracht. Das »gesteigerte Lebensgefühl«, das sich für Brown in diesem Werk offenbart, ist in Wahrheit gesteigerte Todesangst, Angst nicht mehr vor einer Allegorie des Todes, sondern vor dessen Gewaltsamkeit, die zur physischen Vernichtung führt. Über den *Schrecken der Natur* wird nicht hinwegmusiziert, doch versucht, diesen durch Musik zu bannen.

Von diesem Werk führt eine direkte Linie zur ›Winterreise‹ und zu den Heine-Liedern, vor allem zum ›Doppelgänger‹.

Seit Jean Pauls ›Siebenkäs‹ war das Motiv des Doppelgängers literarisch scheinbar Mode geworden. In Gedichten, Märchen, Erzählungen und Romanen tauchte es auf. In seinem Aufsatz ›Der Doppelgänger‹ beschäftigt sich Otto Rank[1] u. a. mit der Behandlung dieses Motivs bei E. T. A. Hoffmann, Lenau, Chamisso, Heine, Raimund, Andersen, Musset, Maupassant, Dostojewski und Oscar Wilde und hebt den autobiographischen Charakter vieler dieser einschlägigen Werke (besonders Chamissos ›Peter Schlemihl‹) hervor:

»Es muß auffallen, daß so viele von den hier in Betracht kommenden Dichtern an schweren Nerven- oder Geisteskrankheiten zugrunde gingen ... So war Lenau unstät, lebensüberdrüssig, melancholisch und trübsinnig ... In seinen Memoiren spricht Heine davon, daß er als Knabe selbst eine Art altération de la personnalité erlitten und das Leben seines Großoheims zu führen geglaubt habe ... Ferdinand Raimund (litt) vorwiegend an schwereren Verstimmungen, Melancholie und hypochondrischen Befürchtungen, die ihn schließlich zum Selbstmord trieben.«

Wie bei diesen Dichtern die Sujetwahl, war bei Schubert die Textwahl von persönlichen Gründen bestimmt. Wenn auch kein ›Dorian Gray‹, war er als schöpferischer Mensch naturgemäß mit sich selbst beschäftigt und mithin stark narzißtisch.

1 Otto Rank: »Der Doppelgänger‹. In IMAGO, 3. Jg., 2. Heft, 1914, S. 97ff.

»Ich habe mich zu stark auf mich selbst konzentriert. Die eigene Persönlichkeit ist mir eine Last geworden. Ich möchte entfliehen, weggehen, vergessen.«

Entfliehen, weggehen, vergessen: dieser Wunsch ›Dorian Grays‹ könnte auch von Schubert ausgesprochen sein. Ganz explizit taucht dieses Fluchtmotiv in seiner Erzählung ›Mein Traum‹ auf, gekoppelt mit einem Schuldbewußtsein, nach Rank auffälligstes Symptom der meisten dichterischen Gestaltungen des Doppelgänger-Motivs. Auch in Müllers ›Winterreise‹ (»Was vermeid' ich denn die Wege«) wird ein Schuldbewußtsein zumindest angedeutet, sehr deutlich aber in ›Die Wetterfahne‹ von der Flucht gesprochen (»Da dacht' ich schon in meinem Wahne, sie pfiff' den armen Flüchtling aus«). Wenn bei Müller der Begriff ›Doppelgänger‹ auch nicht vorkommt, wird im ›Leiermann‹ das Phänomen immerhin suggeriert: in der Figur des irren Spielmanns auf dem Dorfteich erkennt der gleichfalls vom Wahnsinn umspielte Wanderer sich selbst. Im Spiegel der Eisfläche schaut er seinen Tod.

In Heines ›Doppelgänger‹ wird das Entsetzen vor der eignen Gestalt deutlich artikuliert (auch musikalisch durch ein dreifaches Forte): der Schatten, der vom Mondlicht gespiegelte Körper, löst dieses Entsetzen aus, da nach altem Aberglauben das Spiegelbild den Tod ankündigt. Zugleich ist aber der Spiegel auch Insignie des Narziß und Zauberinstrument, in dem man eine geliebte Gestalt, die fern oder gestorben ist, erblicken kann. Sieht man sich die von Schubert vertonten Texte an, fällt auf, wie oft das Symbol des Spiegels darin vorkommt, vor allem in Gestalt des Wasserspiegels: in Müllers ›Tränenregen‹, Scotts ›Gesang der Norna‹, Mayrhofers ›Auf der Donau‹, Schlechtas ›Widerschein‹, Claudius' ›An eine Quelle‹ usw., was einmal mehr demonstriert, wie homogen das Schubertsche Liedschaffen ist und welchen geschlossenen Organismus – bei allen Qualitätsunterschieden im einzelnen – die von ihm ausgewählten Texte bilden. Gegen die weit verbreitete Behauptung, daß Schuberts literarisches

Urteilsvermögen nur schwach entwickelt gewesen sei, spricht allein schon die Tatsache, mit welch sicherem Instinkt er Texte weniger auswählt als sucht, die thematisch einen geschlossenen Zirkel darstellen.

Liebesleid und Todessehnsucht, Schuldbewußtsein und Erschrecken, Einsamkeit und Rivalitätsgefühle: im ›Doppelgänger‹ fand Schubert seinen gesamten Themenkanon, alles, was ihn selber bewegte, und so war dieses Gedicht nicht *ein,* sondern *sein* Gedicht. Das typisch romantische Sujet war Ausdruck des Lebensgefühls während der Romantik, was vielfach nur als literarischer Trend klassifiziert wird, persönliche Aussage.

Man stelle sich nur vor, Schubert hätte aus dem Stoff des ›Doppelgänger‹ eine Oper gemacht, statt Bauernfelds Libretto ›Der Graf von Gleichen‹ (mit dem Thema der *Doppelehe*) hätte ihm ein Libretto mit dem Thema des ›Doppelgänger‹ zur Verfügung gestanden! Aber möglich auch, daß er für solche persönliche Aussage die intime Form des Liedes der theatralischen vorzog. Und so wie das Lied vorliegt, kann man es als Summa des Schubertschen Liedwerks auffassen, als reifstes künstlerisches und menschliches Dokument.

Daß Schubert sich von Heines Gedicht ›Der Doppelgänger‹ sofort angezogen fühlte, begreift man, wenn man es mit den Texten der ›Winterreise‹ vergleicht.

Es ist bekannt, daß der junge Heine die Lyrik Wilhelm Müllers außerordentlich geschätzt hat. Das veröffentlichte Lob, das er Müllers Versen spendete, war sicher nicht ganz uneigennützig. (Müller war nämlich auch ein bekannter und einflußreicher Rezensent.) Aber die Tatsache, daß Heines frühe Gedichte deutlich den Einfluß Müllers zeigen, weist auch auf eine geheime Bewunderung hin.

Die Vorstellung, nicht Heine, sondern Müller wäre der Verfasser des ›Doppelgänger‹ ist nicht ohne Reiz. Es wäre nicht einmal ein Stilbruch, wenn statt des ›Leiermann‹ der ›Doppelgänger‹ am Ende der Winterreise stände.

Die in jüngster Zeit oft zu hörende oder zu lesende Ansicht, Schubert habe die Gedichte nicht nach ihrem Inhalt, sondern nach ihrer Struktur und ihrer Vertonbarkeit ausgesucht, er habe nicht an die Texte, sondern nur an die Musik geglaubt, läßt sich allein schon durch die engbegrenzte Thematik widerlegen. Ihm war es sehr wohl um den Inhalt zu tun. Robert Schumanns halbspöttisches Bonmot, Schubert, wäre er länger am Leben geblieben, hätte nach und nach die ganze deutsche Literatur in Musik gesetzt, und »wenn Telemann verlangt, ein ordentlicher Componist müsse den Thorzettel komponieren können, so hätte er an Schubert seinen Mann gefunden«, mag auf Gelegenheitsarbeiten zutreffen, auf die meisten von Schubert ausgewählten Gedichte nicht, in keinem Fall jedoch auf den ›Doppelgänger‹. Da ist nicht wahllos ein x-beliebiger Text *vertont,* sondern das Gedicht eines großen zeitgenössischen Autors, mit dessen Aussage Schubert sich sofort identifizieren konnte. Wenn schon bei der ›Winterreise‹ gefragt wurde, ob man ein so intimes Seelentagebuch überhaupt öffentlich singen solle, vor einem Publikum, das größtenteils nur gepflegte ästhetische Unterhaltung erwarte, scheint mir diese Frage beim ›Doppelgänger‹ um so berechtigter, da dieses Lied, wenn es noch zu dieser Gattung gezählt werden kann, sich jedem ästhetischen Kriterium entzieht. Die strenge Form der Begleitung (quasi eine Passacaglia) täuscht Formstrenge nur vor, damit bei der Dominanz des Wortes die Musik nicht ganz aus der Fassung gerät. Das Perpetuieren der viertaktigen Begleitphrase ist Ausdruck der Erstarrung. Der Wanderer ist nicht nur am Ende seiner Träume, sondern am Ende seines Weges angelangt. Aus der Kreisbahn gerissen, wird er mit sich selber konfrontiert.

Schubert war sich völlig im klaren, was er da komponierte. Er hat sich Heines Gedicht so zu eigen gemacht, daß er mit dessen Worten seinen Bewußtseinszustand formulierte: seine Doppelrolle als Künstler und Bürger. Diesen Antagonismus, dem wir so fatale Fehldeutungen seiner Person verdanken, konnte er nur in seinem Werk austragen, in seinem Werk überwinden.

». . . und mit einem Herzen voll unendlicher Liebe für die, welche sie verschmähten, wanderte ich abermals in ferne Gegend. Lieder sang ich nun lange lange Jahre. Wollte ich Liebe singen, ward sie mir zum Schmerz. Und wollte ich wieder Schmerz nur singen, ward er mir zur Liebe. So zertheilte mich die Liebe und der Schmerz.«

Diese Sätze des Fünfundzwanzigjährigen (aus der Erzählung ›Mein Traum‹) muten wie ein Rückblick auf sein Gesamtwerk und Analyse seines Lebens an: Wanderschaft aus verschmähter Liebe.[1]

Bauernfeld, der einzige Psychologe unter den Schubertianern, scheint Schuberts ambivalenten Charakter am besten erkannt zu haben. In seinen Erinnerungen an den Komponisten schreibt er:

»Schubert war gewissermaßen eine Doppelnatur, die Wiener Heiterkeit mit einem Zuge tiefer Schwermut verwebt und veredelt. Nach innen Dichter und von außen eine Art Genußmensch.«

Muß man bei dieser Charakterisierung nicht sofort an Heinrich Heine denken, und hat Schubert diese Wahlverwandtschaft nicht selber stark verspürt, als er dessen Gedichte vertonte? War dieser unglückliche Lyriker, dessen Verse Schubert zu den schönsten, reifsten und tiefsten Liedern inspirierten, sein wahrer Doppelgänger?

Daß diese beiden Künstler, der getaufte Jude und der abtrünnige Katholik, sich nie persönlich begegnet sind, gehört zu den tragischen Kapiteln der Literatur- und Musikgeschichte. So können wir nur ahnen, zu welchen Höhen sich die Künstlerfreundschaft zwischen Heine und Schubert hätte

1 Wanderschaft ist nicht nur thematisch für Schuberts Werk bestimmend, sondern – worauf Adorno in seinem Schubert-Essay aus dem Jahre 1928 aufmerksam macht – vor allem auch für die Struktur dieses Werkes. »Denn Schuberts Themen wandern nicht anders als der Müller oder der, den im Winter die Geliebte verließ . . . dem Wandernden allein begegnen unverändert, aber anderen Lichtes die gleichen Partien wieder, die ohne Zeit sind und unverbunden vereinzelt sich darstellen.«

entwickeln können. Heine wäre der kongeniale Dichter und der ideale Weggefährte Schuberts gewesen.

Bauernfeld täuscht sich nur in einem: daß Schuberts Doppelnatur eine typisch Wiener Mischung gewesen sei. Eine solche sehe ich denn doch eher in der Melange von Weltschmerz und Raunzertum, wie sie Grillparzer und vermutlich auch Mayrhofer verkörperten. Schuberts ganz anderes Temperament und seine Gefühlsambivalenz haben mit seiner geographischen Herkunft und seinem Leben in Wien nur sehr am Rande zu tun. Tatsächlich war er auch innerhalb des Freundeskreis, der vorwiegend aus Beamten und Adeligen bestand, eine Ausnahme-Erscheinung, in gewissem Sinne sogar ein Außenseiter, freilich begabt mit der Fähigkeit, sich ohne Schwierigkeiten der gesellschaftlichen Umgebung anzupassen, zu assimilieren. Was ihm deshalb verhältnismäßig leicht fiel, weil die Gesellschaft – einschließlich der Enthusiasten – ihm letzten Endes gleichgültig war. Zwar: er brauchte sie, als Publikum, als Hörergemeinde, sie war ihm nicht selten sogar recht nützlich, wenn es um materielle Unterstützung ging. Doch die Zahl derer, die ihn verstanden, denen er sich rückhaltlos anvertrauen mochte und die seine künstlerischen Intentionen teilten, war gering. Eigentlich gehörten zu diesen wenigen nur Schwind, Kupelwieser, Bauernfeld, zeitweilig Mayrhofer und – außer Konkurrenz – Schober.

Entsprechend widerspruchsvoll sind die Urteile über Schubert, weil jeder ihn anders, kaum einer ihn so erlebt hat, wie er wirklich war. Ernst, schwermütig, verschlossen nennen ihn die einen, gesellig, heiter, naiv-offen die anderen. Alle haben aus ihrer Sicht recht.

Was ihn indes wirklich beschäftigte, was ihn bedrückte, ihm zu schaffen machte, hat er den meisten vorenthalten. Das waren seine Probleme, und mit ihnen wollte er auch auf seine Art fertig werden, und zu seiner Art gehörte es, *Zwiesprache mit sich selbst* zu halten, wie Heinrich Werlé es nennt. Das aber gelang am besten beim Komponieren. Statt zu grübeln, zog er es vor, zu arbeiten, sein Leid musikalisch zu reflektieren. Worüber soll er sich mit diesen Leuten der Wiener Gesellschaft auch unterhalten? Was hat er ihnen, was haben sie ihm zu sagen? Man macht Konversation, er spielt Klavier, spielt zum Tanz auf, als wäre die mit den Fingern produzierte Heiterkeit auch die seine.

Was er tatsächlich von Wien und den Wienern denkt, teilt er 1827 Marie Pachler mit:

»Schon jetzt erfahre ich, daß ich mich in Grätz zu wohl befunden habe, und Wien will mir noch nicht recht in den Kopf, 's ist freylich ein wenig groß, dafür aber ist es leer an Herzlichkeit, Offenheit, an wirklichen Gedanken, an vernünftigen Worten, und besonders an geistreichen Thaten ... zu einer innigen Fröhlichkeit gelangt man selten oder nie.«

Er fügt allerdings hinzu, es sei zwar möglich, daß er selbst viel schuld daran sei mit seiner »langsamen Art zu erwarmen«, doch das ändert nichts an der Tatsache, daß er unter diesem Mangel an Herzlichkeit, an Offenheit leidet. Was er vermißt, ist intensive Zuwendung. Daß er diese nicht erfahren haben will, verwundert um so mehr, als die Schubertianer in ihren Erinnerungen so voller Emphase betonen, wie ungemein beliebt »unser Franz«, »unser Schubert« gewesen sei, wie glücklich er sich bei ihnen allen gefühlt habe. In Wahrheit hat er innerlich vermutlich gar nicht mehr an diesen Geselligkeiten teilgenommen. Das Geschwätz in den Salons, die ewige gute Laune, die die Gastgeber zu verbreiten suchten, die witzigen Bonmots und faden Klatschgeschichten müssen ihn angeödet haben. Es ist sogar denkbar, daß er sich als musikalischer Unterhalter und künstlerische Sehenswürdigkeit, mit dessen Bekanntschaft man sich brüstete, mißbraucht sah; denn schließlich war er Komponist und kein Entertainer.

Schubert am Klavier bei Sonnleithners, bei Spaun und Mosel, bei Witteczek und den Schwestern Fröhlich, bei Anschütz oder den Bruchmanns: er war, wenn er spielte oder mit ernstem Gesicht den Unterhaltungen folgte, nicht immer mit seinen Gedanken nur bei der Musik, in Musik versunken. Was man für Versenkung hielt, war oft tiefe Abwesenheit. Die ausgelassene Fröhlichkeit der geselligen Kreise erreichte ihn nicht. Eingesponnen war er in seinen Kummer, beschäftigt mit seinem Leid, angeödet von den kindischen Aktivitäten. Der Melancholiker langweilte sich in dem Maße, wie er zur Zerstreuung der Monotonie in den Salons beitragen sollte, und am liebsten hätte er wie Mme du Deffand ausgerufen: »Um Himmels willen, retten Sie mich vor meiner Langeweile . . . Ich kann mich für nichts interessieren, alles langweilt mich zu Tode.« Nur arbeitend war das Leben zu ertragen. Man denkt an Strindberg:

»Wenn ich am Schreibtisch sitze, dann lebe ich . . . Dies ist ein Zustand, der ein unbeschreibliches Glück schenkt. – Aber wenn er aufhört zur Mittagszeit, und das Schreiben für diesen Tag zu Ende ist, wird mein eigenes Dasein zur Qual; es ist, als ob der Tod sich nähert.«

Was Schubert von der Gesellschaft, die zuallererst auf ihr Amüsement bedacht war, trennte, war das künstlerische Bewußtsein, weniger das Denken an die Arbeit, das ständige Befaßtsein mit formalen Problemen, sondern seine Einsichten in das Wesen der Kunst, mit denen er in diesen Kreisen ziemlich allein war. Das war es, was ihn isolierte, wie das Leid, das nicht zuletzt Folge dieses Bewußtseins war.

Man darf sich unter diesem Leid, unter diesen Schmerzen, unter dieser Schubertschen Schwermut indes nichts Abstraktes vorstellen, kein nur zeitbedingtes und an die Epoche gebundenes Unglück, nicht lediglich das Resultat eines Eskapismus, das traurige Schicksal eines Spätgeborenen, die Tragik eines Epigonen. Zwar ist die Schwermut *die* Krankheit und *das* Thema der Zeit und wird es, über Kierkegaard hinaus, noch Jahre bleiben. Doch unter ausschließlich gesellschaftlichem und kulturgeschichtlichem Aspekt läßt sich eine Individual-Biographie nur unzureichend darstellen. Selbst der Beruf *Künstler* (wenn das nicht nur eine Existenzform war) ergibt keinen gemeinsamen Nenner. Hundert andere, die zur Zeit Schuberts lebten und arbeiteten, haben sich persönlich recht wohl gefühlt. Die Ära Metternich war eine finstere Zeit. Doch ist es keineswegs so, daß problematische Epochen zwangsläufig problematische Naturen hervorbringen.

Komponisten wie Hummel, Weber, Rossini haben es sich in den Tagen des *Vormärz* recht gut gehen lassen. Auch die meisten der Freunde Schuberts waren eher lebensfrohe Naturen. Man ließ sich gern sentimental anrühren, konnte bei traurigen Romanen und Geschichten schluchzen und weinen. Doch litt man wirklich? Schlug sich Leid bei ihnen körperlich nieder, wie bei Schubert, dessen Schwermut zwar dem allgemeinen Lebensgefühl der Zeit entspricht, doch sich nicht darin erschöpft?

Echte Melancholie äußert sich selten in Tränenausbrüchen, und feuchte Taschentücher sind noch kein Beweis für starke Affekte. Schuberts Schwermut ist komplexer. Ihren tiefsten Grund können wir nur ahnen. Wenn der Tod der Mutter und die nachfolgende Trauer um die verlorene Geliebte auch nicht der einzige und lebenslange Inhalt seines Schmerzes gewesen sind, haben diese Verluste Schuberts Leben doch die dunklen Vorzeichen gegeben. Als Melancholiker *geboren* ist er gewiß nicht, sondern zu einem solchen in dieser Welt, die er miserabel nannte und die für ihn seit den Tagen im Konvikt arm und leer war, *geworden*, und dies keineswegs bloß infolge allgemein-unglücklicher Zeitläufte, vielmehr aufgrund der erwähnten, aber auch noch weiter zurückliegender frühkindlicher Verletzungen und nie geheilter seelischer Blessuren.

Dem Außendruck nicht gewachsen, hat er sich ins Gehäuse seines Schmerzes zurückgezogen, zumindest weitgehend zurückzuziehen versucht, überzeugt, daß keiner ihn und seinen Schmerz verstehe. (Und in der Tat ist dieser Schmerz so vielschichtig, so vielgesichtig wie Schuberts Musik.) Die Flucht in den *spleen* wäre eine mögliche Therapie gewesen. Doch Schubert war nicht, wie Baudelaire, der Typ des Dandy. Er war auch nicht der Kierkegaardsche Flaneur, der im Zimmer spazieren ging. Schuberts Intérieur war kein Spiegelkabinett, sondern eine Werkstätte. Die Welt sah er nur durch deren schmalen Lichtschacht. Am Schreibtisch und in der Einsamkeit wurde ihm *jede Pein* zum *Stachel der Wollust,* wie es in den Novalis-Hymnen heißt: zum kreativen Antrieb, zum künstlerischen Experiment; denn zumindest seit den großen Manieristen wissen wir um die Zusammenhänge von Melancholie und Avantgardismus, den für Schubert übrigens einzig möglichen Formen von Exzentrik.

Mit der Kennmarke *romantischer Weltschmerz* läßt sich Schuberts Schwermut freilich nicht versehen. Romantisch bei Schubert ist allenfalls, daß auch für ihn Lust und Leid untrennbar miteinander verbunden ist.

»Unsere süßesten Lieder sind jene, die von den traurigsten Gedanken singen . . .«
heißt es bei Shelley. Und bei Schubert in der Erzählung ›Mein Traum‹:

»Wollte ich Liebe singen, ward sie mir zum Schmerz. Und wollte ich wieder Schmerz nur singen, ward er mir zur Liebe . . .«

Allerdings kam das romantische Zeitalter Schuberts Melancholie entgegen: in Gestalt der Sentimentalität. Und es war diese nicht nur eine Modetorheit, als die Nestroy sie in der Posse ›Der Zerrissene‹ darstellt. Schuberts *Krankheit,* seine Schmerzen unterschieden sich sowohl von denen des reichen Lips bei Nestroy als auch von denen der meisten Zeitgenossen, die sich mit ihren Leiden behaglich einrichteten.[1]

Schubert brauchte nicht »besondere Gefühlsaufregungen«, um traurige Stimmungen voll auskosten zu können. Sein Leidensdruck war so stark, daß er sich nach »schön'ren Welten« sehnte, um sich diesem zu entziehen:

1 Vgl. das Kapitel *Weltflucht* in Wolf Lepenies: ›Melancholie und Gesellschaft‹, Frankfurt/Main 1969.

Schöne Welt, wo bist du? Kehre wieder,
holdes Blütenalter der Natur!

Schmerzlicher noch als Schiller war Schubert bewußt, daß dieses Blütenalter unwiederbringlich zu Ende gegangen war und nur im »Feenland der Lieder« noch eine »fabelhafte Spur« des Paradieses lebte. Er betrauerte nicht den Untergang einer bestimmten Epoche, das Ende einer geschichtlichen Gesellschaftsform, sondern klipp und klar den Verlust der ersten Unschuld, die vorgeschichtliche Zeit der menschlichen Kindheit, deren Ende für ihn mit dem Ende der eigenen Kindheit – auch wenn er diese zu verlängern suchte – zusammenfällt. Insofern ist seine Trauer mit der zur Sentimentalität geschrumpften bürgerlichen Melancholie nicht dekkungsgleich. Der von frühauf Schwermütige wird allmählich in die Verzweiflung getrieben – und das erklärt Schuberts Differenzen mit der Gesellschaft. Daß schon der Zwanzigjährige resignierte, beweist das Lied ›Der Jüngling und der Tod‹:

Die Sonne sinkt, o könnt ich mit ihr scheiden,
Mit ihrem letzten Strahl entflieh'n,
Ach, diese namenlosen Qualen meiden
Und weit in schön're Welten zieh'n!

Es ist nicht auszuschließen, daß Josef von Spaun diese Verse eigens für Schubert verfaßt hat und wir in diesem Gedicht ein unmittelbares Zeugnis über Schuberts psychischen Zustand im Jahre 1817 sehen können. Nicht von zahllosen, sondern von namenlosen Qualen ist hier die Rede, was den Tatbestand vermutlich ziemlich genau trifft: jene deprimierende Untergangsstimmung, an der viele damals zu zerbrechen drohten, viele auch zerbrochen sind. Doch parallel zu dieser allgemeinen Stimmung bedrücken Schubert ganz persönliche Dinge: Am 30. Juli stirbt sein Halbbruder Theodor Kajetan Anton; der Bruch mit Therese Grob bahnt sich an; Albert Stadler, Librettist von Schuberts ›Fernando‹, verläßt Wien;

kurz darauf geht Franz von Schober für ein Jahr nach Schweden. Trennungsschmerz auf allen Seiten, der sich nicht zuletzt auch in Gedichten niederschlägt.

Mein Leben wälzt sich murrend fort

schreibt (vermutlich) Stadler und Schubert komponiert's:

Unmutig rollt's auf steter Flucht,
wird nimmer froh, wird nimmer heiter.

Worte, ihm aus der Seele gesprochen. Auch Schubert dichtet sich seinen Kummer vom Herzen. Am 24. August 1817 schreibt er Schober ins Stammbuch:

Lebe wohl, Du lieber Freund,
Ziehe hin in fernes Land . . .

Man darf diesen frühen Schmerz nicht bagatellisieren, nicht mit *Sentimentalität* abtun. Ein junger Mensch ist den ersten Leiderfahrungen viel ungeschützter ausgeliefert, seine Leidensfähigkeit ist ungebrochener, der Schmerz heftiger und wilder, noch voller Vitalität. Zehn Jahre später ist diese Vitalität weitgehend gebrochen, Schubert allein, vereinsamt. Die Freunde – es gibt sie noch. Einige wenige stehen auch treu zu ihm. Doch: wie früher ist es nicht mehr. *Man geht immer nur nebeneinander.* Fremd ist er in dieses Leben eingezogen, fremd ist er auf dieser Erde geblieben, fremd zog er aus. *Keiner, der den Schmerz des Andern versteht.* Eine nur scheinbar triviale Aussage; denn Schubert spricht hier eine tiefe psychologische Erkenntnis aus. Ein Resümee eigener schrecklicher Erfahrungen. Fremd blieb er durch sein Leid, und das Leid war das Fremde, auch das viele Befremdende.

Dem heiteren Bohemien Schubert war man gern gefolgt. Man war sogar noch bereit, den Sänger trauriger Weisen ein Stück Weges zu begleiten. Wenn er von den Schmerzen des armen Müllerburschen sang, ließ man sich gern anrühren. Hier war Trauer schön geworden, durch Musik verklärt. Als Schubert jedoch durchblicken ließ, daß seine eigene Qual in Verzweiflung umschlug, versagte man ihm auf seiner langen Reise durch den Winter die Gefolgschaft. (Sogar Schober, dem nur ›Der Lindenbaum‹ gefiel.)

Verzweiflung, wenn sie den Wahnsinn streift, ist nicht mehr kommunikationsfähig. In diesem Zyklus schauerlicher Lieder hatte Schubert sich zu stark mit dem Text identifiziert. Die Frage, ob dies überhaupt noch Kunst sei, wurde in dieser Deutlichkeit vermutlich nicht gestellt, aber vielen lag sie auf der Zunge. So unberechtigt war die Frage nicht, wenn man an dieses Werk die Maßstäbe legt, die Schuberts Publikum besaß, und selbst gemessen an den späten Beethoven-Quartetten, die man damals freilich nicht kannte, gemessen an deren Kunstfertigkeiten und an dem hohen Grad von Abstraktion waren diese Lieder, bis auf wenige Ausnahmen, in der Tat von beklemmender Kunstlosigkeit, von erschütternder Einfachheit, und damit meine ich nicht nur die scheinbare Simplizität des ›Leiermann‹, diese lähmende Monotonie der leeren Quinten in der linken Hand, die bizarre Figur der rechten Hand mit ihren steigenden und fallenden Terzen, sondern ziemlich alle Stücke der ›Winterreise‹, besonders aber ›Gefrorene Thränen‹, ›Wasserfluth‹, ›Auf dem Flusse‹, ›Rückblick‹, auch ›Irrlicht‹, ›Rast‹, ›Einsamkeit‹, ›Im Dorfe‹, ›Täuschung‹, letztlich auch ›Der Wegweiser‹ mit seiner simplen Imitationstechnik. Verglichen mit den letzten Beethoven-Sonaten, selbst mit denen Schuberts ist die Faktur der Begleitung zu allen genannten Liedern von bestürzender Schlichtheit. Sofern er überhaupt noch illustrierende Momente verwendet (wie etwa in ›Die Wetterfahne‹ oder ›Im Dorfe‹), greift er zu den einfachsten Mitteln: Oktavbewegungen und Trillern, Akkord- und Tonrepetitionen. Dagegen wird in dem Lied ›Die Krähe‹ das irre Kreisen des Tieres über dem todmüden Wanderer nur noch musikalisch *symbolisiert,* nicht mehr illustriert. Diese Einfachheit der späten Lieder Schuberts ist nicht die unschuldige eines Dilettanten, sondern sozusagen eine Einfachheit zweiter oder dritter Ordnung, also keine ursprüngliche, sondern eine schwer gewonnene.

Es scheint, als habe der lange unbekümmert drauflos komponierende Schubert, der nur, weil er seine Arbeit nicht zu Stilproblemen hat schrumpfen lassen, so viel und so schnell schaffen konnte, zum ersten Mal das Vertrauen in die Technik verloren, als habe er, wie später Hugo Wolf, vor allem jedoch Gustav Mahler, die schöpferische Naivität eingebüßt, den Glauben an die bändigende Kraft der Form.

Doch deutet dies – allen Kulturpessimisten und Untergangsprognostikern zum Trotz – nicht gleich auf die Agonie der Musik. Auch Schubert ist nicht am Ende seiner Kunst, aber – nach Vollendung der ›Winterreise‹ – am Ende seiner physischen Kräfte. Er hat die Grenze dessen, was ein Mensch an Leid ertragen kann, überschritten. Zwar kann eine epochale Krise an einer individuellen manifest werden, doch darf man über das Epochale das Individuelle nicht als bloße Zeiterscheinung abqualifizieren. Das persönliche Unglück verliert nichts von seiner Schwere, wenn man es gesellschaftlich erklärt. Zudem beginnen Veränderungen nicht mit Sturmgeläut, äußern sich selten in Massenbewegungen, sondern gehen zunächst im kleinen und unbemerkt vor sich. Man muß, um sie wahrzunehmen, besondere Antennen dafür haben. Schubert hat solche gehabt, und als sensibler Künstler hat er solche sich leise ankündigenden Veränderungen lange vor der Krise schon registriert. Gleichwohl geht sein Schmerz nicht in der gesellschaftlichen Depression auf, wie seine Musik, die nicht deren Spiegelung, sondern geschaffenes Symbol ist, nicht in seinem Schmerz aufgeht, sondern über diesen hinausweist.

Durch Vogls eigenwillige, eigenmächtige Interpretation war ›Die Winterreise‹ für die Zuhörer als Kunstwerk zwar abgesegnet, doch – gerade durch die *Embellissements* des Sängers – in seiner Neuheit nicht begriffen, und damit auch nicht akzeptiert. (Schon Vogls baritonale Stimmlage hat den Liedern die vom Komponisten intendierte grelle, ungedeckte Klangfarbe genommen.) Mit der biedermeierlichen Gemütlichkeit war es zu Ende. ›Die Winterreise‹ war die radikale Absage an jede Art von Sentimentalität, von der noch ›Die schöne Müllerin‹ nicht ganz frei ist. Spauns Bericht von der Begegnung mit Schubert während dessen Arbeit an dem Zyklus deutet den Zusammenhang zwischen Werk und Leben unmißverständlich an:

»Schubert wurde durch einige Zeit düster gestimmt und schien angegriffen. Auf meine Frage, was in ihm vorgehe, sagte er nur: ›Nun, Ihr werdet es bald hören und begreifen‹.«

Die Frage nach dem persönlichen Ergehen wird mit dem Hinweis auf das Werk beantwortet, und als Schubert schließlich »mit bewegter Stimme« die ganze ›Winterreise‹ vortrug, waren alle »über die düstere Stimmung dieser Lieder ganz verblüfft«: was nichts anderes heißt als vor den Kopf gestoßen und peinlich berührt; aber nicht weil man in Schubert einen Bürgerschreck sah, jemanden, der das Publikum schockieren will, sondern weil das Persönliche, wie es schien, nicht ausreichend in Kunst umgesetzt, die Verzweiflung nicht ästhetisch aufbereitet, tischfertig, also konsumierbar war.

Was als peinlich empfunden wurde, was *verblüfft* hatte, macht indes die Originalität dieses Werkes aus: die genialischen Unbeholfenheiten, mit denen das musikalische Material organisiert ist (unter Verwendung von Monodie, Oktav-Tremoli, Tonrepetitionen, Dreiklangbrechungen etc.); denn daß überhaupt eine solche Betroffenheit entstehen konnte (was kompositorische Absicht ist und essentiell zur ›Winterreise‹ gehört, weil diese Musik sich nur per Sympathie, durch aktives Mit-Leiden erschließt), liegt an eben dieser Materialbehandlung. Nicht edle Einfalt wird hier gepflegt, Verzicht auf Technik geleistet, sondern eine Einfachheit erreicht, indem die Technik auf nackte Konstruktion reduziert ist, nicht durch manierierten Faltenwurf drapiert, sondern in den Gelenken knirschend, was genau dem Thema entspricht: der Erstarrung der Natur, die für das menschliche Leben steht.

In der VOSSISCHEN ZEITUNG erschien am 8. 12. 1814 ein Aufsatz über Caspar David Friedrichs Bild ›Chasseur im Schnee‹, das folgendermaßen beschrieben wird: »Einem französischen Chasseur, der einsam durch den beschneiten Tannenwald geht, singt ein auf einem alten Stamme sitzender Rabe sein Sterbelied.«

Denkt man nicht bei diesem Raben unwillkürlich an Schuberts Lied ›Die Krähe‹? Hat Wilhelm Müller dieses Bild möglicherweise gekannt, zumindest aber dessen Beschreibung in der VOSSISCHEN ZEITUNG? Sollte ihn vielleicht dieser Artikel zu seinem Gedicht-Zyklus inspiriert haben? Ist hier nicht in wenigen Worten der Inhalt der ›Winterreise‹ skizziert: der Mensch, der auf verschneiten Wegen seinem Tod entgegengeht? Falls Caspar David Friedrich in dem Chasseur wirklich einen »Feind des Vaterlandes« hat darstellen wollen, ist bei Müller daraus ein Menschenfeind geworden.

Nun ist dieses nicht das einzige Winterbild C. D. Friedrichs. Die Landschaft war sein Thema, die Tendenz seiner Malerei die allegorische Landschaft. Wie Novalis, Wackenroder, Tieck und Brentano suchte er (im Gegensatz zu den Malern des 17. Jahrhunderts, für die die Welt noch eine in sich geschlossene, endliche gewesen war) das Unendliche in und hinter dem Endlichen, im realistischen Detail, das Ewige und Zeitlose im Diesseitig-Zeitlichen. »So wird nun auch der Tod der Natur selber zu einem dem zeitlichen Werden entrückten Zustande, in dem sich nicht anders als in den Zuständen des lebendigen Erdlebens das Ewige dem Menschen auf seine eigene und besondere Weise enthüllt. Dies ist der Sinn der Friedrichschen Winterbilder vor allem . . . In einem heute in Hamburg hängenden Bilde hatte Friedrich die Vernichtung selbst dargestellt; aber nicht als Vorgang, sondern als schon geschehenes Verhängnis. Über das Wrack des im Polareis untergegangenen Schiffes ›Hoffnung‹ haben sich die Eisschollen zu einer glasig-grünlichen Pyramide getürmt, alles Lebendige ist längst dem Tode anheimgefallen, die Natur selber baut gleichsam ein Grabdenkmal auf. Das Polarmeer, die Welt der grenzenlosesten, menschenfernsten Einsamkeit, die sich denken läßt, die des absoluten Todes, ist hier bei Friedrich zum ersten Male in den Bereich der Kunst einbezogen«, wie es bei Hermann Beenken[1] heißt.

Das Bild vom Tod in der Natur (im Gegensatz zum sogenannten natürlichen Sterben im Zimmer) hat seine Entsprechung in der ›Winterreise‹: das Todesverlangen des Wanderers (damit auch Schuberts) ist letzten Endes der Wunsch nach einem den natürlichen Lebensprozeß abkürzenden Tod, der – da ohne biologische Todesnotwendigkeit – dem Selbstmord gleichkommt. Müller brauchte jedoch nicht zu befürchten, als Propagandist des Selbstmords mit dem kirchlichen oder bürgerlichen Gesetz in Konflikt zu kommen, da er die Todesart des Wanderers offenläßt bzw. allenfalls nahelegt, dieser gehe sozusagen in der Natur und an ihr zugrunde, löse sich in ihr auf. Aber ist diese »Natur« die Natur? Da Müllers Winterlandschaft wie die C. D. Friedrichs allegorisch aufzufassen ist, ist auch der *natürliche* Tod allegorisch. Die Dechiffrierung der Allegorie ergibt nicht künstliche Natur, sondern die Gesellschaft in ihrer totenähnlichen Erstarrung.

Selbst da, wo die Musik sich lebhaft zu bewegen scheint (›Rückblick‹, ›Der stürmische Morgen‹), ist die Motorik leer und tödlich. ›Die Winterreise‹ ist eine Reise durch die Todeslandschaft, der Wanderer Schuberts Selbstporträt, jedes Wort Ausdruck seines Schmerzes und zugleich dessen Symbol. Eine Leidensgeschichte in 24 Stationen, ein Werk des schwärzesten Pessimismus, das Erlösung nicht kennt, sondern in totaler Resignation endet: mit der Vision des Leiermanns, jenes wunderlichen Alten, der barfuß auf dem Eise hin und her wankt, den keiner hören mag, den keiner

1 Hermann Beenken: ›Das neunzehnte Jahrhundert in der deutschen Kunst‹, München 1944.

ansieht, der alles gehen läßt wie es will. Da ist Schuberts erste Begegnung mit dem Doppelgänger. Doch ihm war längst bewußt, was der Wanderer nur vermutete: daß keiner nach seinen Schmerzen fragt, weil keiner sie versteht, wie man auch seine aus Schmerzen entstandenen Lieder nicht verstanden hatte, von wenigen Ausnahmen abgesehen, wie z. B. Liszt, der geradezu hellsichtig über Schubert schrieb:

»In dem kurzen Spielraum eines Liedes macht er uns zu Zuschauern rascher, aber tödlicher Konflikte.«

Womit er auf Schuberts dramatische Begabung hinweisen wollte, zugleich aber auf das Wesen der Schubertschen Musik hingewiesen hat, deren Größe, auch in den Symphonien, den Quartetten und Sonaten, in intensiven Augenblicken liegt.

Das Komponieren ist plötzlich schwer geworden. Lange hatte er, wie Schlegels Wanderer in dem gleichnamigen Gedicht, dem »alten Gleise« folgen können, unbekümmert um Moden und Stile. Aufs Handwerk vertrauend, auf seine Einfälle und den musikalischen Formelvorrat, hatte er in den frühen Streichquartetten wie Haydn schreiben können, in der 5. Symphonie und besonders den kirchenmusikalischen Werken (dem ›Salve Regina‹ in F, dem ›Tantum ergo‹ in C, der C-Dur Messe aus dem Jahre 1816) wie Mozart. Er hatte komponiert wie Gluck und die Italiener, wenn auch weitgehend unabhängig von seinen Vorbildern, deren Stilmittel er sich unverkrampft angeeignet hatte. Damit ist es nach der ›Winterreise‹ vorbei. Er kann gelegentlich noch ins Belanglose, Unerhebliche zurückfallen (›Taubenpost‹), zurückkehren zu seinen eigenen Anfängen (›Kriegers Ahnung‹), ins zuweilen Konventionelle, aber nicht mehr ins Traditionelle. Damit ist ein für alle Male gebrochen. Der Wanderer Schubert beschreitet Wege, die noch keiner vor ihm ging. Schuldig-unschuldig hat er der Selbstsicherheit der klassischen Epoche den Todesstoß versetzt.

Arbeit und Werk

Von früh um sechs bis mittags um eins wird komponiert. Sieben Stunden am Tag, zweiundvierzig in der Woche, rund zweitausend Stunden im Jahr, auf Schuberts Arbeitsjahre umgerechnet mehr als dreißigtausend Stunden. Während dieser Zeit entstehen 10 Symphonien[1], 10 Ouvertüren und Orchesterwerke, mindestens 15 Streichquartette, 5 Opern, ein halbes Dutzend Singspielmusiken, über 600 Lieder, 7 Messen, geistliche und weltliche Chorwerke, ferner Duette und Terzette, ein Streichquintett, ein Klavierquintett, Klaviertrios, das Oktett opus 166, über 20 Klaviersonaten sowie Ländler, Walzer, Rondos, Ecossaisen und Variationen für Klavier zu zwei und vier Händen, eine Fülle von Kammermusikwerken. Ein Œuvre, das in der Masse dem Beethovens kaum nachsteht.

An manchen Tagen entstehen innerhalb weniger Stunden fünf, sechs Lieder, an einem einzigen Vormittag ein ganzer Streichquartettsatz, in knapp einer Woche eine Ouvertüre, eine Klaviersonate oder eine Messe. Übers Komponieren wird alles vergessen: Waschen, Kleidung, Essen. Nur Tabak muß genügend vorhanden sein. Das Pfeiferauchen gehört zur Arbeit. Tee und Kaffee sind weitere Stimulantia. *Ich bin für nichts als das Componieren auf die Welt gekommen.* Dem Körper wird das Letzte abverlangt. Rücksicht gegen sich selbst kennt er nicht.

Anselm Hüttenbrenner, wie er Schubert zum ersten Mal besucht, im Winter, findet ihn *in einem halbdunklen, feuchten und ungeheizten Kämmerlein, in einen alten, fadenscheinigen Schlafrock gehüllt, frierend* am Schreibpult beim Komponieren. Oft, wenn die Kälte zu groß ist, arbeitet er auch im Bett. Die

1 mitgezählt die verschollene »Gasteiner« und die Klavierskizze zu einer Symphonie in D-Dur. (Neues D. 936 A)

sieben Stunden müssen eingehalten werden. In diesem Punkt ist er pedantisch wie ein Beamter. Die Freunde berichten, daß er sich nachts mit der Brille zum Schlafen niederlegt, um Einfälle sofort notieren zu können. Papier und Bleistift sind stets griffbereit. Jeder Gedanke soll festgehalten werden. Das gehört zur Ökonomie. Die schöpferische Energie ist nicht unbegrenzt. Skizzen, Aufzeichnungen – die notwendige Vorarbeit. Manchmal notiert er nur eine Modulation, manchmal nur ein rhythmisches Motiv oder einen einzigen Akkord.

Aber – was heißt eigentlich *komponieren*? Wie stellt, wie soll man sich die Arbeit eines Komponisten vorstellen? Das Handwerk kann man erlernen. Jeder tüchtige Organist kann improvisieren, mancher Schulmeister zu Schuberts Zeit einen vierstimmigen Satz schreiben. Aber wie entstehen Meisterwerke? Werden sie den Komponisten eingegeben? Müssen sie auf Inspiration warten?

Was ist das überhaupt: Inspiration?

In der jüdisch-christlichen Dogmatik bedeutet Inspiration sowohl die übernatürliche Offenbarung Gottes an die Menschen durch den Anhauch seines Geistes (das, was Tauler *Eingeistung* nennt) als den eben hierdurch herbeigeführten gottbegeisterten Zustand des Menschen.

Entsprechend vorbelastet ist auch der auf die Kunstproduktion übertragene Begriff. Bis in die späte Romantik hinein sprechen Künstler immer wieder von *göttlichen Eingebungen,* auch wenn sich nicht jeder, wie Bruckner, dabei den lieben Gott persönlich als Souffleur vorstellt. Selbst E. T. A. Hoffmann, der es als Komponist und bahnbrechender Kritiker eigentlich besser hätte wissen müssen, zieht sich, wenn es um die Erklärung des schöpferischen Vorgangs geht, gern auf die Inspiration zurück. Von Arbeit zu sprechen, scheint den Romantikern degoutant. Hoffmann spielt »das Feilen und Ändern« abschätzend herunter und versucht den Eindruck zu vermitteln, als strömten dem Künstler in Augenblicken höchster Begeisterung die Einfälle nur so zu, wobei er den *creator spiritus* oft mit dem Weingeist verwechselt. Dennoch ist die Genialität Hoffmanns nicht die Folge seines Alkoholkonsums. Ein Affe, wenn er zu tief ins Schnapsglas geblickt hat, wird deshalb noch keine ›Undine‹ oder die ›Kreisleriana‹ schreiben können. Dazu braucht man Kunstverstand, *Verstand für Musik,* wie Schubert sagt. Doch der allein, wie das Beispiel Salieri zeigt, reicht nicht aus. An Verstand für Musik hat es dem Lehrer Schuberts durchaus nicht gemangelt. Er war ein in allen kompositorischen Techniken versierter Mann, ohne je ein geniales Werk geschrieben zu haben. Mangelte es ihm an Einfällen? Gibt es doch so etwas wie Inspiration?

Es hängt von der Definition ab. Das Wort *Inspiration* taugt wenig, wenn man sich damit über die Schwierigkeit hinweghelfen will, den schöpferischen Vorgang exakt zu beschreiben. Wer sich, in Verlegenheit, kreative Anstöße erklären zu müssen, auf göttliche Eingebungen beruft, tut dies wider besseres Wissen; denn er kann nicht im Ernst glauben, daß ein Gott so charakterlos sei, in der Vergabe von Ideen sich jeweils den stilistischen Eigenheiten eines Künstlers oder einer Epoche anzupassen. Das aber ist der springende Punkt: es gibt keinen Einfall schlechthin. Jede künstlerische Idee ist an stilistische und formale Tendenzen der Epoche gebunden, abhängig vom Bewußtsein der Zeit.

Giotto sah die Welt anders als Kandinsky. Die Welt Balzacs ist nicht mehr die Welt Dantes. Es gibt Kühnheiten bei Bach, die der Zeit weit voraus sind. Aber solche Antizipationen sind erst in der Retrospektive voll wahrzunehmen. Den Zeitgenossen waren sie nur Bizarrerien und wären solche geblieben, wenn die Musikgeschichte anders verlaufen wäre. Gleichwohl ist es undenkbar, daß Bach einen Beethovenschen Satz hätte schreiben können. Vorwegnahmen äußern sich stets nur im Detail. Die Chromatik Gesualdos mag wie eine Vorahnung des ›Tristan‹ anmuten. Aber hat Wagner je ein Madrigal von Gesualdo gehört?

Insofern scheint es recht fragwürdig, ob die musikalische

Entwicklung von Gesualdo zu Wagner tatsächlich eine zwangsläufige gewesen ist. Zumindest führte Wagners Weg zum ›Tristan‹ nicht über Gesualdo. Positiv oder negativ inspiriert man sich vor allem an der Gegenwartskunst, die man entweder akzeptieren oder überwinden muß. Das gilt für Bach wie für Beethoven, für Schubert wie für Wagner.

In seiner ›Musikalischen Poetik‹ schreibt Strawinskij:

»Ich denke nicht daran, der Inspiration die entscheidende Rolle abzusprechen, die ihr bei den von uns untersuchten Vorgängen zukommt: ich behaupte nur, daß sie keineswegs eine Voraussetzung für den schöpferischen Akt ist, sondern daß sie in der zeitlichen Folge eine Äußerung von sekundärer Art ist.«

Von sekundärer Art deshalb, weil sie nicht die musikalische Organisation, sondern den Stil, also die individuelle musikalische Sprache betrifft.

Strawinskij fährt fort:

»Am Ursprung jeder schöpferischen Tätigkeit steht eine Art von Appetit, der den Vorgeschmack des Entdeckens erweckt. Dieser Vorgeschmack des schöpferischen Aktes begleitet die Eingebung jenes Unbekannten, das man zwar schon in sich hat, aber noch nicht greifen kann, und das erst klare Gestalt annimmt durch die Mitwirkung einer wachsamen Technik.«

Das, was man schon *in sich hat,* ist das Bekannte, das Gelernte und schon Gehörte, weil, wie gesagt, Kunst sich an vorhandener Kunst inspiriert, *entweder,* indem sie das Vorhandene fortsetzt und weiter entwickelt, damit zur Entdekkung eines Neuen, bis dato Unbekannten vorstoßend (wie Schönberg, der via ›Tristan‹ über die ›Gurrelieder‹ zum ›Pierrot lunaire‹ und schließlich zur strengen Dodekaphonie gelangt) *oder* das Vorhandene negiert (wie Strawinskij, der in ›Les Noces‹ den fortgeschrittenen Materialstand seiner Zeit radikal verwirft und in eine stilisierte Archaik regrediert). Doch in beiden Fällen, bei Schönberg wie bei Strawinskij, geht die *Inspiration* von der zeitgenössischen Kunst aus. Der

Umgang mit dem Material – die Arbeit – führt dann zur eigentlichen Entdeckung.

Strawinskij:

»Die Erfindung setzt den Einfall voraus, darf aber nicht mit ihm verwechselt werden. Denn die Tatsache des Erfindens umschließt die Notwendigkeit eines Einfalls (trouvaille) und einer Realisation. Was uns einfällt, nimmt nicht unbedingt konkrete Gestalt an, es kann im Zustand der Anregung verbleiben; die Erfindung hingegen ist nicht denkbar ohne ihre Gestaltwerdung.

Was uns hier beschäftigt, ist also nicht der Einfall an sich, sondern der schöpferische Einfall: die Fähigkeit, die uns hilft, von der Konzeption zur Realisation zu gelangen.«

Damit ist der Unterschied zwischen einem kreativen Komponisten und dem musikalischen Laien aufgezeigt, dem gelegentlich eine Melodie einfällt. Solche Einfälle kann jeder haben. Sie sind in der Regel Derivate des sattsam Bekannten. Schöpferische Einfälle dagegen sind Transformationen. Ihre Realisation setzt Arbeit am Material nicht voraus, sondern ist mit ihr identisch.

Komponieren ist die Umsetzung eines schöpferischen Einfalls in musikalische Strukturen, *Inspiration* die psychische und physische Energie, die einen solchen Einfall materialgerecht entwickelt, den Formelvorrat neu ordnet. Darum auch war es Komponisten wie Bach, Haydn oder Schubert möglich, sich mit pedantischer Regelmäßigkeit zu bestimmten Stunden an den Arbeitstisch zu setzen, weil sie zur immer gleichen Zeit jene Art von Appetit verspürten, der den Vorgeschmack des Entdeckens erweckt, wie Strawinskij sagt.

»Dieser Appetit, der mir schon bei dem bloßen Gedanken kommt, Ordnung in die aufgezeichneten Skizzen zu bringen, ist keineswegs etwas Zufälliges wie die Inspiration, sondern eine gewohnte und regelmäßige, ja sogar feststehende Sache, vergleichbar einem Naturbedürfnis.«

Für Schubert war dieser regelmäßig auftretende Appetit nicht nur einem Naturbedürfnis *vergleichbar,* es *war* ein Naturbedürfnis, eine Lebensnotwendigkeit. Nur komponierend kann er existieren. So wenig schonend er einerseits mit seinem Körper umgeht, so nützt er doch dessen ausgeruhtesten Zustand aus: die Vormittagsstunden, um fürs Komponieren ganz frisch zu sein. Danach kann er sich gehen lassen. Aber kann er es? Auch im Beisl, auch im Kaffeehaus denkt er an die Arbeit, an sein Werk.

Aus den Mitteilungen der Freunde und Zeitgenossen, aus Schuberts Briefen und Tagebuchaufzeichnungen kennen wir tausend Einzelheiten seines Lebens, seine Gewohnheiten, seine Vorlieben, seine Marotten. Sie fügen sich scheinbar lückenlos zu einem Bild seiner Person zusammen. Biographen haben sein Leben von Geburt bis Tod dargestellt. Danach kann man den Eindruck gewinnen, so ziemlich über jede Minute in Schuberts Dasein informiert zu sein. Doch letztlich wissen wir nicht einmal, was in ihm während der täglich sieben Stunden, wo er komponierte, vorging.

Moritz von Schwind berichtet, daß Schubert, wenn man ihn beim Komponieren antraf, sozusagen unansprechbar war, nicht abweisend, aber gewissermaßen abwesend.

War denn dieser Mann am Schreibtisch überhaupt identisch mit der Person Franz Schubert, von der seine Freunde dieses oder jenes erzählen? Man versteht die Enttäuschung Hoffmann von Fallerslebens, der über die schon erwähnte Begegnung mit Schubert resümierend schreibt:

»Schubert steht verlegen vor mir, weiß nicht recht, was er antworten soll, und nach wenigen Worten empfiehlt er sich und – läßt sich nicht wieder blicken. ›Nein‹, sage ich zu Panofka, ›das ist doch ein bißchen zu stark! Nun wäre mir wahrlich lieber gewesen, ich hätte ihn nie gesehen; ich hätte dann bei dem Schöpfer so seelenvoller Melodien nie an einen gewöhnlichen, gleichgiltigen oder gar unartigen Menschen denken können. So aber, abgesehen von seinem heutigen Benehmen, unterscheidet sich der Mann ja gar nicht von jedem anderen Wiener . . . nichts, was *meinem* Schubert ähnlich sieht.«

Was hatte Fallersleben erwartet, wie *seinen* Schubert sich vorgestellt? Selber ein Künstler, ein Dichter, wenn auch oft ein allzu flotter, konnte er doch im Ernst nicht geglaubt haben, in einem Grinzinger Heurigenlokal Schuberts Genie zu begegnen. Gesehen hatte er den Menschen Schubert, die Person, nicht den Komponisten. Schubert in einem Weingarten war die Hülle, der Herr Franz Schubert, der untersetzte, kleine, beleibte, amtlich registrierte Wiener Bürger, sozusagen die Vorderansicht des Musikers. Von der Rückansicht dieses Menschen, von seiner Nachtseite, von dem komponierenden Komponisten wußte er so wenig wie wir, die wir allenfalls seine Lebens- und Arbeitsbedingungen kennen.

Was seine zahllosen Quartiere betrifft, waren sie – bis auf wenige Ausnahmen – armselig und bedrückend. Nur zweimal hatte er – und jeweils auch nur für kurze Zeit – eine eigene Wohnung. Meist lebte er als Untermieter, in einem einzigen Zimmer, das er oft noch mit Freunden teilte. Biedermeierliche Wohnkultur hat er nur in den Häusern seiner Gönner kennengelernt. Er selbst besaß kaum ein Möbelstück, oft nicht einmal ein Pianoforte. Das Meublement der angemieteten Zimmer bestand gewöhnlich nur aus dem Allernotwendigsten: Tisch, Bett, Kleiderkasten, manchmal einem Sessel, ein paar Stühlen. Komfort hat er wohl nie genossen. Man muß sich das Leben in diesen Behausungen vorstellen, in diesen Häusern ohne jede Infrastruktur: kein WC, kein fließend Wasser, kein elektrisches Licht. Die Zimmer dunkel, niedrig, gelegentlich sogar feucht, die Wände voller Schwamm. Wenn er warm sitzen wollte, hätte er den Ofen anheizen müssen. Aber dazu brauchte es Holz, gut abgelagertes und trockenes Holz, Buchen- und Eichenscheite. Das kostete Geld, und das war nicht immer zur Hand. So mußte er oft, während der eisigen Wintermonate, in ungeheizten Zimmern arbeiten, eingehüllt in Decken oder einen Mantel, Tee oder Kaffee trinkend, um sich von innen etwas aufzuwärmen.

1824 klagt er über heftige Knochenschmerzen, in den folgenden Jahren öfter über Schmerzen im linken Arm, so daß er nicht Klavier spielen könne. Man hat diese Beschwerden in Zusammenhang mit seiner syphilitischen Erkrankung gebracht. Doch könnte es sich nicht auch um ein rheumatisches Leiden gehandelt haben?

Armselig und dürftig wie die Lebensbedingungen waren die Arbeitsbedingungen. Verglichen mit dem technischen und instrumentalen Zubehör eines heutigen Komponisten, war das Handwerkszeug Schuberts und seiner Zeitgenossen geradezu primitiv. Praktisch bestand es nur aus Papier und Feder.

In seinen späteren Jahren erst kann er es sich erlauben, verschwenderisch mit Papier umzugehen. Aber das war nicht immer so. Anfangs hat er nicht einmal genügend Geld, um rastrierte Bögen zu kaufen, und er muß die Notenlinien selber ziehen. Mit Bleistift oder Tinte. Das kostet Zeit, die von der Arbeitszeit abgeht. Es kostet vor allem Nervenkraft, weil dieses stumpfsinnige Linienziehen nervös macht oder ermüdet und folglich die schöpferischen Energien drosselt. Doch wenn er endlich damit fertig ist und die eigentliche Arbeit beginnen kann, blakt die Lampe oder der Ofen räuchert, weil das Holz feucht ist, und von dem beißenden Qualm fangen die Augen an zu tränen.

Man muß nicht alles aufzählen. Das Komponieren ist schwer genug, wenn auch verglichen mit den Lebensschwierigkeiten eine Wohltat. Trotzdem: sieben Stunden bei schlechtester Beleuchtung auf einem Stuhl sitzen und Noten schreiben: das ist wirklich Schwerarbeit. Und wieviel schon beschriebener Seiten landen im Papierkorb! Denn auch das ist eine Legende, daß Schubert sofort Klartext geschrieben, selten oder nie Entwürfe gemacht habe. Manche Lieder oder Sonatensätze existieren in drei oder mehr Fassungen. Schubert hat unentwegt korrigiert, gefeilt, geändert, umgeschrieben, neugeschrieben. Das Komponieren seit und neben Beethoven wird immer problematischer. Die Zeit der Serienarbeit ist vorbei, der einst verläßliche Formenkanon trägt nicht mehr. Jedes Werk soll seine Individualität haben. Mit jedem Werk stellen sich neue technische Probleme, weil die Gefühle sich geändert haben und man nach entsprechenden Ausdrucksmöglichkeiten, nach einer neuen Sprache suchen muß. Man kann nicht länger – wie noch Haydn, wie manchmal noch Mozart – Symphonien am laufenden Band schreiben.

Im Handwerklichen freilich ist der Schüler Salieris gesattelt. Und das garantiert die Freiheit schöpferischer Entfaltung, bewahrt ihn vor der Anarchie. Er hat genügend Chaos in sich, um an den Regeln nicht zu zerbrechen. Man darf, was er bei Salieri gelernt hat, nicht unterschätzen, auch nicht Salieris Einfluß. Bis hin zu ›Alfonso und Estrella‹ bleibt er spürbar. Nie hat Schubert diese Tradition geleugnet. Immer wieder erweist er seinem Meister die Reverenz, wie später Beethoven, dessen Septett er bis in alle Einzelheiten im Oktett – im Sinne des 16. Jahrhunderts – »parodiert«, was einer Hommage gleichkommt. Zugleich weiß er – und zeigt es auch gerade in diesem Oktett –, daß er über Beethoven hinaus will, hinaus muß. Darin sieht er sein Schicksal.

Schicksal nicht nur des Komponisten, sondern auch des Menschen. Es treibt ihn an, zieht ihn fort, weil die vertraute Nähe unwirklich, unwirtlich geworden ist. Die Geborgenheit, die ihm fehlt, die er verloren hat und unter deren Verlust er leidet, sucht er in zeitlicher und räumlicher Ferne, in *schön'ren Welten*, die utopisch vor ihm schweben. Avantgardismus als Schicksal. Das ist der Unterschied zu Beethoven, der unerschrocken nach vorn blickt. Schubert dagegen empfindet den Aufbruch ins Neue fast schmerzlich. Doch ihm ist bewußt, daß er den seit Beethoven eingeschlagenen Weg weiter gehen muß. Leicht fällt ihm das nicht. Lieber möchte er sich zurückträumen, noch einmal wie Mozart, wie Haydn, vielleicht sogar wie Gluck schreiben können. Es geht nicht. Aber er kann zitieren, wörtlich oder sinngemäß, sich selbst oder andere, und dieses Zitieren bedeutet bei

Schubert niemals Koketterie, ist keine Demonstration von Wissen, Bildung, sondern letzter Versuch, Vergangenheit zu beschwören, auch die eigene, die freilich im anderen Kontext noch fremder wird. Es ist das alte philosophische Problem der Wiederholung, die es – nach Kierkegaard[1] – nicht gibt, weshalb dieser das Posthorn zu seinem Symbol machte:

»Es lebe das Posthorn! Das ist mein Instrument, aus vielen Gründen und namentlich aus dem, daß man niemals mit Sicherheit diesem Instrument den gleichen Ton entlocken kann.«

Man begreift hiernach plötzlich die Symbolik des Posthorns bei Mahler. Aber ist nicht jedes Zitat bei Schubert ein Posthornklang, der Beweis, daß keine Wiederholung möglich ist? Und wird nicht unterderhand das Zitat zur persönlichsten Aussage und zu einem künstlerischen Novum?

Trotzdem immer die bange Frage: was bleibt einem Komponisten nach Beethoven noch zu komponieren? Einem mittleren Talent drängen sich solche Fragen nicht auf. Es gibt viele Wege, und manche sind leicht und angenehm. Beethoven ist nicht zu überbieten, aber man kann ihn umgehen. Gelegentlich schlägt auch Schubert solche Wege ein, um zu probieren, wie leicht Erfolg zu haben ist.

1 Siehe S. Kierkegaard: ›Die Wiederholung‹. Dort heißt es u. a.: »Wiederholung und Erinnerung sind dieselbe Bewegung, nur in entgegengesetzter Richtung. Denn was da erinnert wird, ist gewesen, wird nach rückwärts wiederholt, wohingegen die eigentliche Wiederholung nach vorwärts erinnert.« Wenn man will, kann man diese zwei Bewegungsrichtungen auch in Schuberts Kompositionstechnik erkennen: das Zitat als eine Wiederholung nach rückwärts und die für ihn charakteristischen Sequenzbildungen (Repetition und Verselbständigung melodischer Phrasen) als Erinnerung nach vorwärts. Aber was wie Entfaltung der Melodie aussieht, ist oft – vor allem im Spätwerk – Stillstand des musikalischen Geschehens. In Liedern wie ›Die Stadt‹, ›Der Wegweiser‹, besonders drastisch aber in Heines ›Doppelgänger‹ und dem Schlußstück der ›Winterreise‹ wird das musikalische Material – scheinbar paradox – nicht mehr flächig ausgebreitet, sondern es kreist monomanisch (oft ohne genau auszumachendes tonales Zentrum, vergleichbar der orientalischen, pentatonischen Musik) um sich selber. Aber nicht Zeitlosigkeit (bloße Wiederholung, Beschwörung der Vergangenheit) wird hier dargestellt, sondern beklemmende Gegenwart, unmittelbare Realität, Sprechen der (musikalischen) Sprache mit sich selber.

Daß er wie Rossini, dem Wien damals zu Füßen liegt, komponieren kann, beweist er mit den zwei Ouvertüren im italienischen Stil. Geniale Travestien, die sich an den Stärken, nicht an den Schwächen des Italieners inspiriert haben, und dabei doch vollkommener Schubert sind. Die Kritik ist begeistert. So muß komponiert werden! Das ist die Musik unserer Zeit. Artiges Schulterklopfen: nur weiter so!

Schubert ist das Lob zu wohlfeil. Er hat nur seine Vielseitigkeit demonstrieren, dem Publikum beweisen wollen: das kann ich auch. Aber sein Ehrgeiz zielt höher. Kein kleinlicher, ängstlicher, kranker, sondern ein gesunder, vitaler Ehrgeiz: er will Neues schaffen, Neues erkunden, das bis dahin Unerhörte. Experimentieren. Das Notwendige schreiben, nicht das Angenehme. Um das Höchste zu erreichen, muß man vor allem regelmäßig arbeiten. Das leere Papier ist eine Herausforderung. Komponieren, ein Streichquartett zum Beispiel. Ein Stück für zwei Violinen, Viola und Violoncello. Er hat für diese klassische Besetzung schon zahlreiche Werke geschrieben, die ersten mit vierzehn und fünfzehn Jahren, bestimmt zur Aufführung im Familienkreis, alle noch den großen Vorbildern Haydn und Mozart verpflichtet, wenn auch immer wieder – hauptsächlich in den langsamen Sätzen – mit bereits typisch Schubertschen Lyrismen.

Aber geht es ihm noch um das einzelne Werk, nicht längst schon um die Gattung? Die ersten Quartette zeigen noch die Korrekturen Salieris in den Manuskripten. Aber jetzt ist Schubert allein. Er schreibt nicht *ein* Quartett, keines für den Hausgebrauch; er schreibt *das* Quartett. In ihrer höchsten Vollendung wird die Kunst monologisch, also auch absolut, und das bedeutet immer auch abstrakt.

Schubert hört keine Themen mehr, keine bloß singbaren Melodien. Er hat nur einen Klang im Ohr. Den Klang des Klangkörpers. Der Klang inspiriert ihn.

Ein Akkord – kein Motiv, kein Rhythmus, nur ein einfacher Akkord, ein Dur-Dreiklang:

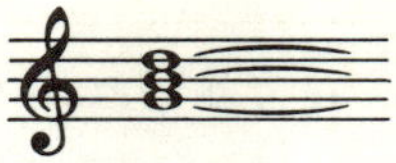

G-Dur. Die Haupttonart. Schubert fängt an zu instrumentieren, verteilt Tonika, Terz und Dominante auf drei Stimmen: auf die beiden Violinen und die Bratsche:

Einen Atem lang wird der Klang ausgehalten, von einem *piano* anschwellend zum *forte*. Die Dynamik kreiert das Metrum, das Metrum bestimmt die Notation:

Mit dem Einsatz des Cello auf dem letzten Achtel des zweiten Taktes ist das *forte* erreicht. In diesem Moment changiert der Dur-Akkord mit deutlich auftaktiger Bewegung (verstärkt durch ein Staccato aller Instrumente) nach Moll:

In Takt 3 erscheint der g-Moll Dreiklang *fortissimo,* voll akkordisch in neuer Stimmverteilung und Lage. Von Takt 2 zu 3 ergeben sich Intervallfortschreitungen, vor allem ein Quartsprung aufwärts in der ersten Violine und ein Oktavsprung abwärts im Cello:

Nach diesem energischen Ruck ist das rhythmische Hauptmotiv erreicht:

Die Figur  ist eine rhythmische Verkleinerung und Fortspinnung des vom Cello markierten Oktavsprungs 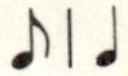, aber jetzt aufwärts gerichtet.

Nach einer unvollständigen Kadenz (Takt 5) transponieren die Takte 6 bis 10 die ersten fünf Takte in die Dominante:

Dann, nach vier kadenzartigen Takten, setzt *pianissimo* über Tremoloakkorden der unteren Streicher im Takt 15 das erste Thema ein, gespielt von der ersten Violine:

Das sind die ersten 24 Takte des G-Dur Streichquartetts aus dem Jahre 1826, geschrieben in zehn Tagen, vom 20. Juni bis 30. Juni. Der Dreiklang in G-Dur ist gewissermaßen die Initialzündung, die das Werk in Gang setzt. Vom dritten Takt an beginnt bereits die Verarbeitung des Ausgangsmaterials.

Aber kann man die Verarbeitung vom Einfall trennen? Kommen nicht Takt für Takt neue Einfälle hinzu: rhythmische, klangliche, harmonische, melodische? In welcher Reihenfolge Schubert die Einfälle gehabt hat, läßt sich schwer nachweisen. Aber die Idee dieses Werkes steht fest: sie artikuliert sich klar in der Dur-Moll-Spannung der ersten drei Takte. Aus diesem Anfang lassen sich alle Motive, jede melodische oder rhythmische Figur ableiten.

Ein einzelner Akkord, eine bestimmte Klangfarbe, das dynamische Anschwellen und der Wechsel von Dur nach Moll: das ist das Ausgangsmaterial dieses Streichquartetts, das ist in nuce die Idee dieses Werkes, die alle vier Sätze beherrscht.

Schuberts Kampf um die Oper

Mit Fünfzehn schrieb er die erste Bühnenmusik: eine Ouvertüre und einige Fragmente zu Kotzebues Libretto ›Der Spiegelritter‹. Er ließ jedoch schon während der Arbeit am ersten Akt das Projekt einer Oper oder eines Singspiels fallen. Ein Jahr später begann er mit der Komposition eines weiteren Bühnenwerks: ›Des Teufels Lustschloß‹. Abermals nach einem Libretto von Kotzebue. Im Herbst 1814 lag die vollständige Partitur vor, bis ins letzte ausgefeilt, einer mehrfachen Revision unterzogen. Eine Arbeit für die Schublade.

Mit diesen beiden Werken beginnt Schuberts lebenslanger Kampf um die Oper, der nie zu einem großen Sieg, allerdings auch nie zu einer totalen Niederlage geführt hat. Aber war Schuberts Drang nach der Bühne wirklich ein Irrweg, als der er immer hingestellt wird, die absolute Verkennung seiner wahren Fähigkeiten? Verbarg sich hinter den Bühnenversuchen nur der Ehrgeiz des jungen Komponisten, Erfolg um jeden Preis zu haben?

Wir haben, zumal angesichts der fünfzehn teils fragmentarischen, teils vollendeten Bühnenwerke, allen Grund, Spaun zu glauben, daß Schubert sich zum Opernschreiben berufen (»gedrängt«) fühlte. Gewiß sah er, wie auch einige seiner Librettisten, hier eine Chance, sich rasch einen Namen zu machen. Doch wäre es ihm nur um den Erfolg zu tun gewesen, hätte er nach den ersten Fehlschlägen vermutlich resigniert und nicht immer wieder neue Anläufe genommen, es noch einmal zu versuchen. An dem notwendigen dramatischen Talent, wie immer wieder behauptet wird, mangelte es ihm auch nicht, wenn auch gelegentlich an der erforderlichen dramatischen Prägnanz. (Außerdem: wie verträgt sich diese Behauptung, es habe Schubert an dramatischem Talent gefehlt, mit der gegenteiligen, seine ›Winterreise‹ oder die letzten Streichquartette seien von unerhörter Dramatik?)

Zugegeben: in der Wahl der Textbücher war Schubert nicht immer glücklich, oft auch leichtfertig. Aber wieviel Libretti gab oder gibt es, die literarischen Maßstäben gewachsen sind? Die literarische Qualität spielt freilich nicht die ausschlaggebende Rolle. Entscheidender ist die Bühnenwirksamkeit. Immerhin hat Schubert nicht nur Kotzebue, sondern auch Goethe (›Claudine von Villa Bella‹) vertont. Und auch Theodor Körner war nicht der schlechteste Autor. Wahllos war Schubert also keineswegs, wenn auch nicht immer sicher in seiner Wahl. Aber was hatte er denn für Vorbilder? Was boten die Wiener Spielpläne? Gelegentlich Mozart, selten Beethovens ›Fidelio‹, fast nie Gluck. Aber selbstverständlich die Italiener (Cherubini, Rossini, Mercadante, Spontini), Werke wie Hérolds ›Zauberglöckchen‹ und – wieder und wieder – Singspiele à la Weigls ›Schweizerfamilie‹. Am deutschen Singspiel hat Schubert sich – mit Ausnahme des Mozartschen – am wenigsten orientiert. Oper bedeutete für ihn *italienische* Oper, und folglich kam er auch gar nicht auf den Gedanken, das Musiktheater zu reformieren, da er die Konventionen und das Konventionelle der Opera seria oder buffa für das Wesen der Gattung hielt. Originalität glaubte er nur in Vor- und Zwischenspielen sowie einigen Gesangseinlagen unter Beweis stellen zu dürfen. Also legte er das Hauptaugenmerk darauf, *mediengerecht* zu komponieren, und das war für ihn gleichbedeutend mit Erfüllung vorgegebener Formen. Die Folge war, daß er selten jene künstlerische Souveränität in den Opern erreichte, die er in den frühen Balladen – seinen dramatischen Vorarbeiten – schon besaß, nie aber jene schöpferische Freiheit, die er in seinem Liedschaffen demonstriert. Dennoch beweisen seine bedeutendsten musikdramatischen Werke (›Alfonso und Estrella‹, ›Rosamunde‹ und ›Fierabras‹), daß ihm fast alles zu Gebote stand, um einer der großen Opernkomponisten seiner Zeit werden zu können. Franz Liszt war es, der dies als einer der ersten erkannt hat. Er schrieb:

»Schuberts Bestimmung war, indirekt der dramatischen

Musik einen immensen Dienst zu erweisen . . . er übte auf den Opernstil einen vielleicht größeren Einfluß aus, als man es sich bis jetzt klargemacht hat.«

Allerdings nicht, wie Liszt meinte, durch seine (Schuberts) Bühnenwerke selber, sondern durch die Lieder. Hätte er den dramatischen Stil, den er in den Liedern entwickelt hatte, auf die Oper übertragen, die kompositorische Dichte der Symphonien nicht nur in den Ouvertüren und Einleitungsmusiken zur Geltung kommen lassen, wäre er nach Ansicht Liszts – so verstehe ich jedenfalls sein Urteil – selber der große Musikdramatiker geworden.

Was Schubert gefehlt hat, woran es ihm mangelte, waren nicht gute oder bessere Libretti, sondern solche, mit deren Stoff er etwas hätte anfangen können. Sein Unglück war, daß er nicht das große tragische Sujet fand. Grillparzer wäre vielleicht der Mann gewesen, der ihm das richtige Libretto hätte schreiben können. Doch vermutlich hat Schubert es nicht gewagt, den Dichter darum zu bitten, wie es überhaupt auffällt, daß Schubert außer ›Myriams Siegeslied‹, ›Bertas Lied in der Nacht‹ und dem (für die Schwestern Fröhlich geschriebenen) ›Ständchen‹ keinen Grillparzer-Text vertont hat, und dies trotz Grillparzers großer Verehrung für Schuberts Musik.

Die Frage, welchen Stellenwert Schubert selbst seinem Liedschaffen eingeräumt hat, ist nie gründlicher untersucht worden. Immerhin hat er sich einmal recht unwillig darüber geäußert, daß die dummen Zeitungen ihn immer nur als Liederkomponisten bezeichnen. Und seine Klage in einem Brief an Anselm Hüttenbrenner vom Mai 1819:

»Trotz eines Vogls ist es schwer, wider Canaillen von Weigl, Treitschke usw. zu manövrieren. – Drum gibt man statt meiner Operette (›Der vierjährige Posten‹) andere *Ludern*, wo einem die Haare zu Berge stehen . . .«

deutet darauf hin, daß er sich den erfolgreichen Bühnenkomponisten weit überlegen fühlte. – Sicher ist, daß er seine Lieder nicht als Gelegenheitswerke betrachtet hat, daß er sich durchaus bewußt war, auf dem Gebiete des Liedes etwas absolut Neues geschaffen zu haben. Doch waren die neuen Wege, die er da beschritt, nicht möglicherweise für ihn Auswege, die Lieder nicht Kompensation für das erfolglose Opernschreiben, sozusagen *Heim-Opern*, dramatische Szenen, für die er keine Bühne brauchte?

Auf die immanente Dramatik der Lieder hat Liszt hingewiesen. Er meinte damit das Einzellied. Aber ich glaube, auch wenn Schubert nur zwei Zyklen vollendet und den dritten geplant hat, daß man sein gesamtes Liedschaffen zyklisch begreifen muß, daß man, wie von den Müller-Zyklen, auch von Goethe-, Schiller-, Heine-, Novalis-, Mayrhofer- und Rellstab-Zyklen sprechen kann, daß die Ossian-Gesänge als Zyklus zu sehen sind, aber auch die Schlegel-Vertonungen, und daß sich, wenn man jeweils diesen zyklischen Gedanken zugrunde legt, der dramatische Ablauf potenzierter, deutlicher erkennen läßt. Man könnte tatsächlich von kammermusikalischen Kurzopern sprechen, von Opernkonzentraten, von lyrisch-dramatischen Szenen. Ganz deutlich wird dies in dem Melodram ›Abschied von der Erde‹ aus dem Jahre 1826. Das Klavier muß das ganze Orchester ersetzen. Der Salon, in dem Schubert seine Lieder aufführt, wird zur Bühne, die versammelten Freunde bilden das Theaterpublikum.

(Übrigens entsprechen diesen musikalischen Darbietungen auch die literarischen: die Leseabende sind in den Salon verlegte Theateraufführungen, vor allem aber die häufigen Scharaden, die Pantominen, wie sie häufig im Schubertkreis gepflegt wurden.)

Dennoch: vollwertiger Ersatz für die Oper sind die Lieder in Schuberts Augen nicht. Auf lange Sicht gibt er sich mit diesen privaten Aufführungen nicht zufrieden. Sein Ziel ist und bleibt die große Oper, und diese beschäftigt ihn noch auf dem Totenbett. Selbst wenn er zeitweilig resigniert haben sollte: er gibt nicht auf.

Andererseits brauchte er, wie jeder Künstler, Erfolg und rasche Bestätigung. Beides fand er im Kreise der Schubertianer, und für diese war Schubert in erster Linie der große Meister des Liedes, der mit wenigen Takten und mit sparsamsten Mitteln seine Zuhörer aus dem bedrückenden Alltag in ferne Welten entrücken oder – wie Liszt es ausdrückte – zu Zuschauern rascher, aber tödlicher Konflikte machen konnte. Ähnlich formulierte es Bauernfeld, wenn er schreibt, erst Schubert sei es gelungen, aus dem Lied ein »kleines lyrisches Seelendrama« zu machen, wobei die Betonung auf dem Wort *Drama* liegen sollte. Als Liederkomponist hat Schubert sich zu Lebzeiten durchgesetzt. Sein Einfallsreichtum an Melodien wird allerorts gepriesen, und tatsächlich hat er eine enorme Fülle herrlicher und ganz einmaliger Melodien geschaffen. Viele davon, weil sie populär wurden und sind, scheinen in hohem Maße eingänglich. Haben sie deshalb die Einfachheit von Volksliedern? Untersucht man den melodischen Duktus genauer, stellt man bald fest, daß Einfachheit nur vorgetäuscht ist. Wie schwer ist es, eine Schubertsche Melodie aus dem Gedächtnis genau wiederzugeben! Man glaubt, gewisse Themen notengetreu nachsingen oder vor sich hin pfeifen zu können. Aber man mache nur den Versuch, eine solch eingängige Phrase aufzuschreiben! Schon die Bestimmung des Metrums ist kompliziert, weil Schubert immer wieder gegen dieses anschreibt. In anderen Fällen, wo man sich einbildet, die Melodie im Ohr zu haben, ist es in Wirklichkeit nur deren trivialere Abwandlung. Was Schuberts Melodik so vertrackt macht, sind die oft unerwarteten Tonschritte, große Intervallsprünge, Chromatik, Motivwiederholungen, ihr teilweise rezitativischer Charakter, vor allem aber die rhythmische Faktur.

Sind diese Melodien wirklich Primäreinfälle, wie Maurice Brown anhand der Skizzen Schuberts konstatieren zu können meint, nicht möglicherweise Derivate und Destillate modulatorischer oder rhythmischer Vorstellungen?

Zuerst rief das Gedicht eine *Melodie* in ihm hervor, schreibt Brown, als sei er beim Komponieren dabei gewesen. Woher nimmt er diese Sicherheit? Weil Schubert Melodien skizziert hat? Er hat aber auch die Baßlinie skizziert. Was war nun zuerst da? Kann man die Einfälle überhaupt separieren? In einem Liede wie ›Im Dorfe‹ ist die Melodie für sich genommen ein Nichts an Einfall. Erst durch die Begleitung des Klaviers erhält diese Melodie ihre Größe und Bedeutung. Darum glaube ich, daß man diesen (scheinbaren) Begleitfiguren alle Aufmerksamkeit zuwenden muß: sie sind die eigentlichen Einfälle, jedenfalls sehr oft. Und wenn Schubert heute als Schöpfer des Kunstliedes dasteht, dann nicht zuletzt deshalb, weil er dem verbrauchten Melos seiner Zeit durch seine eigenwillige Begleitung eine frische Kraft gegeben, es durch Harmonik und Rhythmik erneuert hat. Daß nicht alle 600 Lieder gleichermaßen genial sind, daß es darunter zahllose schwache und einige vollkommen unbedeutende Stücke gibt, versteht sich beinahe von selbst. Aber zur Arbeit eines Komponisten gehört auch das Lernen. Schubert blieb dazu wenig Zeit. Seine eigentlichen Lehrjahre waren mit dem Abschluß der Studien bei Salieri beendet. Ihm waren zwar die großen Werke seiner Zeitgenossen bekannt, er nahm regen Anteil an dem Musikleben der Stadt Wien, er hat sich – vor allem in den letzten Lebensjahren – auch immer wieder mit Bach und Händel beschäftigt, aber zu einem regelrechten und regelmäßigen Studium der Partituren, zu genauen Analysen dürfte es später kaum noch gekommen sein.

Schubert lernte beim Komponieren. Das *Machen* war ihm stets wichtiger als das Reflektieren. Er war ein Praktiker. Er löste kompositorische Probleme, indem er sie komponierend anging. Und darum müssen wir in einem großen Teil seiner Werke geistige Exerzitien sehen, Durchgangsstationen, Experimente.

Im Februar 1824 schreibt er das Oktett in F-Dur. Nach Vollendung der Partitur schreibt er an Kupelwieser:

»Überhaupt will ich mir auf diese Art den Weg zur großen Sinfonie bahnen.«

Ein bemerkenswerter Satz, wenn man bedenkt, daß Schubert zu dieser Zeit bereits die h-Moll Symphonie geschrieben hatte. Aber für ihn waren alle seine symphonischen Werke bis dahin nur Versuche. Wieder ging es ihm nur darum, in einer Gattung das Höchste zu erreichen, die Vollendung, und dazu bedurfte es praktischer Erfahrung. Er wartet nicht auf Inspirationen. Sie kommen beim Komponieren, ergeben sich aus dem Umgang mit dem Material. Die kleine Form, vor allem aber die des Liedes, bot ihm die Möglichkeit zum Experiment. In seinen Liedern für Gesang und Klavier hat er sich eine Materialsammlung und einen Vorrat an Ausdrucksmöglichkeiten geschaffen, auf die er dann auch in seinen Orchester- und Kammermusikwerken zurückgreifen kann. Klangmalerische, lyrische oder dramatische Einfälle, die in den phantasievollsten Abwandlungen in den Streichquartetten, in den Klaviersonaten und Symphonien wieder auftauchen und im wesentlichen Schuberts musikalische Sprache ausmachen, weil sie nicht bloß Begleitfunktion haben, sondern zusammen mit der Singstimme eine Syntax bilden, die hochdifferenzierte psychische Aussagen ermöglicht.

Aber so wichtig die Lieder für ihn sind, teils als psychisches Ventil und Selbstbekenntnis, teils als kompositorische Spielwiese, Schubert wollte auf keinen Fall nur als Liedermacher eingestuft werden.

Sein Ziel ist die Eroberung des Publikums durch die Bühne. Den Erfolg braucht er, weil ihm die Schulmeisterei unerträglich ist. Nur als berühmter und vielgespielter Opernkomponist hofft er, dem materiellen Elend und der Abhängigkeit vom Vater zu entkommen.

Seine schöpferische Energie scheint unbegrenzt. Er gerät zeitweilig in eine regelrechte Arbeitswut. In elf Tagen (vom 8. bis 19. Mai 1815) entsteht das Singspiel ›Der vierjährige Posten‹ nach Theodor Körner, in zwölf Tagen (vom 27. Juni bis 9. Juli desselben Jahres) das einaktige Singspiel ›Fernando‹, nach dem Text seines Konviktskollegen Albert Stadler. Gleich darauf beginnt er mit der Vertonung von Goethes ›Claudine von Villa bella‹ und gegen Jahresende hat er noch zwei Singspiele nach Mayrhofer vollendet: ›Die Freunde von Salamanca‹ und ›Adrast‹.

Keines dieser Stücke wird aufgeführt. Aber Schubert läßt sich nicht entmutigen. Und tatsächlich wirkt es wie ein verheißungsvolles Vorzeichen, daß Schubert sein Quasidebüt in Wien als dramatischer Komponist gibt: mit der Posse ›Die Zwillingsbrüder‹, die am 14. Juni 1820 an der Hofoper (auf Betreiben Johann Michael Vogls, der auch die Hauptpartie singt) uraufgeführt wird und es auf sechs Vorstellungen bringt.

Ein erster bescheidener Erfolg, der Schubert indes zum Weitermachen beflügelt. Schon zwei Monate später, am 19. August, geht am Theater an der Wien ›Die Zauberharfe‹ über die Bühne: ein Dekorations- und Maschinenstück mit der aufhauerischen (Rosamunden-)Ouvertüre[1], aber vielen schönen Instrumental- und Chorsätzen. Diesmal kommt es sogar zu zwölf Aufführungen, und Schubert, dadurch weiter ermuntert, beginnt noch im selben Jahr mit der Vertonung von Johann Neumanns ›Sakuntala‹ nach Kalidasas indischem Drama.

Doch über Skizzen und ein einzig auskomponiertes Stück (Schlußchor des 1. Aktes: *Stimmen vom Himmel)* gedieh das Werk nicht hinaus. Die Freunde, heißt es, rieten von dem Vorhaben ab, da es wenig Aussicht auf Erfolg habe.

Ein gewichtiges Argument. Schubert darf nicht länger ins Blaue hineinschreiben, wie früher. Der Sprung zur Bühne: das bedeutet auch, sich der Gesellschaft zu stellen, die man eigentlich meiden möchte, weil man ihr nicht gewachsen ist. Überwindung der Einsamkeit, die seine Kunst ist. Nicht länger mit dem eigenen Schicksal hadern, sondern Schicksale anderer, erfundene Schicksale darstellen, also maskiert vors Publikum treten und nicht mehr die wunden Stellen vorzeigen, wie in der intimen Lyrik der Lieder.

1821 ist es beschlossene Sache: Schubert will seine erste

1 Die eigentliche Rosamunden-Ouvertüre aus dem Jahre 1823 erschien als Ouvertüre zu ›Alfonso und Estrella‹.

große Oper schreiben. Franz von Schober bietet seine Hilfe als Librettist an. Er kennt den Geschmack des Wiener Publikums, glaubt wenigstens, ihn zu kennen. Sein Vorbild ist die neue italienische Oper samt ihren beliebten Zugnummern: vom Monolog über die Rache-Arie bis zum Liebes-Duett und den großen Finali mit Soli, Chor und Orchester ist alles vorhanden, nur ist der Text selbstverständlich deutsch. Im September 1821 begeben sich Schubert und Schober nach St. Pölten, um auf Schloß Ochsenburg, das einem Onkel Schobers, dem Bischof Johann Nepomuk Ritter von Dankesreither gehörte, in Ruhe das große Projekt anzugehen.

Und sie gingen es tatsächlich gemeinsam an, arbeiteten Hand in Hand: Komponist und Librettist. Schober schob Schubert gewissermaßen jede fertige Seite zu, und dieser setzte sie sofort in Musik.

Am 20. September hat Schubert mit der Komposition begonnen.

Am 16. Oktober, also drei Wochen später, ist der erste Akt beendet. In der Rekordzeit von 26 Tagen 182 Partiturseiten, mehr als fünf Seiten pro Tag.

Am 18. Oktober beginnt Schubert mit dem zweiten Akt.

Am 2. November – Schubert und Schober sind inzwischen nach Wien zurückgekehrt – ist der zweite Akt der Oper beendet. Diesmal 178 Partiturseiten, geschrieben in nur fünfzehn Tagen, fast zwölf Seiten pro Tag. Schubert hat aber immer noch überschüssige Kraft.

Am 27. Februar 1822 steht der dritte Akt von ›Alfonso und Estrella‹.

Schuberts erste große Oper ist vollendet, der Komponist erschöpft. Erschöpft hat ihn aber nicht nur dieser Arbeits-Raptus. Ihm vorangegangen waren Differenzen mit den Verlegern, vor allem aber die Auseinandersetzungen mit Mayrhofer, die im Frühjahr 1821 zur Trennung geführt hatten. So sehr ihn menschlich dieser Bruch auch belastete, er war ein notwendiger Akt der Befreiung, der sich sogleich in dieser unglaublichen Produktivität niedergeschlagen hat.

Schubert und seine Freunde setzten die größten Hoffnungen auf ›Alfonso und Estrella‹, eine Oper nach der funkelnagelneuen italienischen Mode, was schon der Titel nahelegt. Das Künstler-Team wollte durchaus mit Rossini konkurrieren. Schuberts Musik freilich führt weit über Rossini hinaus und nimmt bereits den lyrisch-dramatischen Stil von Verdis ›Maskenball‹ vorweg.

Seit am 3. November 1821 Webers ›Freischütz‹ in Wien mit begeistertem Beifall und geradezu wilder Raserei aufgenommen worden war[1], rechneten die Schubertianer um so stärker mit einem Erfolg auch der Schubert-Oper.

Aber mitten in diesem Hoffnungstaumel wurde bekannt, daß der Hof seine beiden Operntheater an einen italienischen Impresario verpachtet hatte. Damit schienen die Aussichten für Schuberts Oper gleich Null. Die großen Wiener Sänger Vogl, Weinmüller, Spitzeder, die Milder und die Sontag waren empört. Sie wußten zu genau, daß dies ihre Entlassung bedeutete. Und wie sicher war Schubert gewesen! Josef von Spaun schreibt:

»Alles berechtigte nun zu der neuen Hoffnung, daß Schubert unter dem Schutze der Hofopern-Direktion Gelegenheit finden werde, Opern zur Aufführung zu bringen; allein diese Hoffnung wurde leider . . . durch die Verpachtung des Opernhauses an Barbaja vereitelt.«

Dieser Barbaja war nun alles andere als ein Liebhaber der schönen Künste und ein Förderer junger Talente, sondern ein geschäftstüchtiger Spekulant, ein selfmade-man, der es vom Kaffeehauskellner über Spielkasinobesitzer zum reichsten und einflußreichsten Opern-Unternehmer Italiens ge-

1 Die Aufführung in Wien kam nur nach langen Widerständen zustande. Die Zensur hatte sofort Einspruch erhoben. Das Erscheinen Samiels und das Kugelgießen erregten Anstoß. Beide Szenen mußten gestrichen werden, weil das Zensuramt darin politischen Zündstoff witterte. Trotz der Verstümmelung wurde Webers Oper enthusiastisch aufgenommen. In ganz Wien sprach man in diesen Tagen nur von Webers ›Freischütz‹, zu dessen Bewunderern auch Beethoven gehörte.

bracht hatte. In seiner Hand befanden sich die beiden führenden Musikbühnen Italiens, das Teatro San Carlo in Neapel und die Scala in Mailand. Zu seinen Vertragskomponisten gehörte Rossini, der jährlich zwei Opern für Barbaja komponieren und außerdem Opernarrangements liefern mußte: für eine Jahresgage von 12000 Franken und eine prozentuale Beteiligung an den Einnahmen der Spielsäle.

Man muß Domenico Barbaja lassen: sein Geschäftssinn ließ ihn sogar da nicht im Stich, wenn er mit Kunst spekulierte. Es verwundert daher nicht, daß er gleich nach Übernahme der Wiener Opernhäuser dem erfolgreichen Weber anbot, für Wien eine Oper zu schreiben. Aber Schuberts ›Alfonso und Estrella‹ lehnte er ab.

Gönner Schuberts wie der Hofrat Ignaz von Mosel versuchten, Weber dafür zu gewinnen, in Dresden das Werk zur Aufführung zu bringen. Man schickte ihm auch die Partitur, begleitet von einem Empfehlungsschreiben. Aber Schubert wollte das Ergebnis gar nicht erst abwarten. Von Niederlagen – und dieses war ja nicht die erste – kann man sich nur erholen, wenn man sofort mit etwas Neuem anfängt. Selbstverständlich kam für Schubert nur ein Bühnenwerk in Betracht. Diesmal wollte er es wieder mit einem Singspiel versuchen. Er hatte auch schon einen Stoff gefunden: das einaktige Stück ›Die Verschworenen‹. Verfasser war der Wiener Schriftsteller und Feuilletonist Ignaz Franz Castelli, der sich insgeheim auch als Verfasser pornographischer Schriften hervortat und u. a. in diesem Sinne eine Parodie auf Schillers ›Lied von der Glocke‹ schrieb.

Es handelt sich bei diesem Libretto um eine politisch wie erotisch entschärfte Bearbeitung der ›Lysistrata‹ des Aristophanes. Aber das muß man wissen, um es zu merken. Castelli hat alles getan, es nicht merken zu lassen. Die Handlung ist in die Kreuzritterzeit verlegt, aus der Akropolis ist eine mittelalterliche Burg geworden – eine Konzession an die romantische Mode! –, aus der Lysistrata eine deutsche Matrone, die ihre Geschlechtsgenossinnen nicht dazu auffordert, den Heimkehrenden den Beischlaf, sondern lediglich den Willkommensgruß zu verweigern.

Man fragt sich, was Schubert bewogen haben kann, einen solchen Stoff für ein Singspiel zu wählen. War es vielleicht nur Berechnung? Castelli war immerhin ein einflußreicher Mann, Librettist der erfolgreichen ›Schweizerfamilie‹ Weigls, 1811 bis 1814 Hoftheaterdichter, befreundet mit Beethoven und Weber und prominentes Mitglied der ›Ludlamshöhle‹, des berühmt-berüchtigten Wiener Literaten-Clubs. Die Annahme ist also nicht ganz abwegig, daß Schubert deshalb auf Castelli gesetzt hat, weil er hoffte, dieser werde sich für die Aufführung des Werkes einsetzen. Eine trügerische Hoffnung. Castelli rührte keinen Finger. Schubert saß auf dessen Textbuch und mußte versuchen, das Beste daraus zu machen. Er, der sich gerade durch Bühnenwerke seine Unabhängigkeit erkämpfen wollte, geriet regelmäßig in die Abhängigkeit elender Skribenten.

In nur drei Wochen wurde die Musik zu den ›Verschworenen‹ komponiert.

Einstein hat sicher recht, wenn er in der eigentlichen Verschwörungs-Szene »mit den Tremoli der Streicher und den Crescendi und Decrescendi der Posaunen« eine Parodie auf die Grand Opera sieht, doch sein insgesamt (und nicht zuletzt auch daraus abgeleitetes) negatives Urteil scheint mir angesichts dieser mit soviel Esprit und Finessen gearbeiteten Partitur ungerecht. Deutlicher als bei anderen Bühnenwerken ist hier Muster das Singspiel, gleichwohl durch seinen musikalischen Gehalt (dem geschickten Wechsel zwischen komischem Ernst und naiver Sentimentalität) der modernen Operette sehr viel näher als der Wiener Posse mit Gesang, als die man die meisten populären Singspiele zur Schubert-Zeit (vor der Ära Nestroy) wohl bezeichnen muß.

Trotz einiger Frivolitäten, mehr oder minder harmlosen Zweideutigkeiten, hat Castelli die Grenze des damals Erlaubten nicht überschritten. Dennoch nahm die Zensur Anstoß: nicht an dem Text, sondern an dem Titel. In der fast paranoiden Angst, mit der Gewaltregimes – ihrer Macht stets unsicher – auf die geringste freiheitliche Regung im Volke reagieren, befürchtete man, daß das Publikum allein aufgrund des Titels hinter mittelalterlichem Mummenschanz revolutionäre Anspielungen vermuten könnte. Befürchtungen dieser Art waren generell nicht unbegründet, da man damals selbst in Modezeitschriften politische Artikel einschmuggelte und die Zensur folglich in jedem, auch dem scheinbar unverfänglichsten Stück Literatur Kritik an den Verhältnissen oder Schlimmeres witterte. Im Falle Castelli war diese Angst freilich unangebracht. Er wußte genau, wie weit er gehen konnte. Die nähere Prüfung des Textbuches hat denn auch jeden Verdacht zerstreut. Nur der Titel mußte geändert werden in ›Der häusliche Krieg‹. Jetzt war der Zensor zwar zufriedengestellt. Aber das reichte nicht aus, um Barbaja zu überzeugen. Ein Jahr lag die Partitur in der Direktion des Kärntnertortheaters, ohne daß eine Entscheidung gefallen war. Als Schubert schließlich das Werk zurückverlangte, stellte sich heraus, daß nicht einmal der Umschlag geöffnet war, also keiner auch nur einen Blick in die Partitur getan hatte.

Schober war empört, vor allem über den Librettisten:

»Castelli schreibt in ein paar auswärtige Blätter, Du hast eine Oper von ihm gesetzt; er soll's Maul aufmachen.«

Er hat's nicht aufgemacht. (Erst 1861 gelangte das Werk in einer konzertanten Aufführung in Wien vor die Öffentlichkeit.)

Aber Schubert hat sich auch diesmal nicht entmutigen lassen. Ohne Barbajas Bescheid abzuwarten, begann er sofort nach Beendigung des Singspiels die Arbeit an einer neuen Oper ›Fierabras‹, Text nach Josef Kupelwieser, dem Sekretär des Kärntnertortheaters und Bruder des mit Schubert befreundeten Malers Leopold Kupelwieser. Der Stoff ist ein Kompilat der altfranzösischen *romance* gleichen Titels und der deutschen Legende von ›Eginhard und Emma‹.

Schubert hatte erfahren, daß Weber an der ›Euryanthe‹

werkte, und es war seine Absicht, mit dieser neuen Oper sozusagen in Konkurrenz zu dem Komponisten des ›Freischütz‹ zu treten. Doch hätte er sich schon bei der ersten Lektüre dieses »prätentiösen Unsinns‹ (A. Einstein) sagen müssen, daß er hier mal wieder einen völlig ungeeigneten Text in den Händen hatte, einen Text dazu, mit dem er sich gerade zu dieser Zeit (Mai 1823), auf dem ersten Höhepunkt seiner Krankheit und also im Augenblick tiefster Depressionen, aber auch an keiner Stelle identifizieren konnte.

Doch ungeachtet aller Bedenken, die Schubert zweifellos gegen die Vertonung dieses *heroisch-romantischen* Sujets aus der Zeit Karls des Großen gehabt haben muß, fängt er vier Wochen nach Abschluß der Partitur ›Der häusliche Krieg‹, am 23. Mai 1823 mit der Komposition des ›Fierabras‹ an und schreibt gleichzeitig am Liederzyklus ›Die schöne Müllerin‹. Für die rund 540 Seiten der Oper braucht er knapp fünf Monate. Am 2. Oktober stehen die Ouvertüre und die drei Akte, vier Wochen später ist ›Die schöne Müllerin‹ fertig. Unvorstellbar, wie Schubert in dieser kurzen Zeit eine solche Arbeitsleistung vollbracht hat, und dies trotz seiner Krankheit, unter deren Eindruck er am 8. Mai das Gedicht ›Mein Gebet‹ niederschreibt, neben dem Brief an Leopold Kupelwieser vom 31. März 1824, das erschütterndste Dokument aus Schuberts Leben. Eine Vorahnung dieser verzweifelten Stimmung und Todessehnsucht gibt die im Februar 1823 komponierte a-Moll Klaviersonate, entstanden zwischen ›Alfonso und Estrella‹ und ›Der häusliche Krieg‹, quasi eine Symphonie für Klavier, als habe Schubert, trotz der orchestralen Färbung, dem scheinbaren Wechsel zwischen Instrumentalgruppen und Tutti, dem großen Apparat zugunsten des intimen Musizierens am Klavier entraten. Neben unheimlichen, gewaltigen Entladungen (wie dem ersten Thema des Allegro giusto) stehen vollkommen weltentrückte Partien, musikalische Visionen *schön'rer Welten*. Keine Verklärung, sondern Geometrie des Leidens. Aber am Ende, in dem nur scheinbar klavieristischen *Allegro vivace* mit seinem schnellen Laufwerk, wird deutlich der Schrecken vor der Leere, der *horror vacui*. Die Angst vor der existentiellen Vernichtung ist indes für Schubert kein metaphysisches Problem, vielmehr ein höchst reales und materielles. Er muß leben, und er muß von seiner Arbeit leben, vom Komponieren, nur das kann er. Das ist seine Stärke. Aber um davon leben zu können, braucht er Erfolg. Mit seinen Bühnenwerken erreicht er ihn nicht, so wie es im Moment aussieht; denn auch der ›Fierabras‹ bleibt unaufgeführt.

Am 31. März 1824 schreibt er in dem schon erwähnten Brief an Kupelwieser:

»Die Oper von Deinem Bruder (der nicht sehr wohl that, dß er vom Theater wegging) wurde für unbrauchbar erklärt, und mithin meine Musik nicht in Ansprache genom̄en. Die Oper von Castelli, *Die Verschworenen,* ist in Berlin von einem dortigen Compositeur componiert, mit Beyfall aufgenom̄en worden. Auf diese Art hätte ich also wieder zwey Opern umsonst komponirt.«

Ganz nebenbei zeigt dieser Brief, daß Schubert private Kümmernisse nicht stärker berühren als berufliche. Beide rückt er so nah zusammen, als sei das *Umsonst* zu seinem Schicksal geworden. Der Komponist der ›Verschworenen‹ mußte allmählich den Eindruck gewinnen, man habe sich auch gegen ihn verschworen. Die Theater ignorierten ihn, die Verleger betrogen ihn, alte Freunde zogen sich plötzlich von ihm zurück. Schubert war isoliert, fühlte sich isoliert und isolierte sich mehr und mehr selber, indem er sich buchstäblich verkroch. In einem Konversationsheft Beethovens, vermutlich aus dem Jahre 1823, findet sich eine Eintragung seines Neffen Karl:

»Man lobt den Schubert sehr, man sagt aber, er solle sich verstecken.«

Nun war dieses Verstecken allerdings nicht immer ganz freiwillig; denn im Mai dieses Jahres hatte er sich ja wegen seines kritischen Gesundheitszustandes vorübergehend ins Allgemeine Krankenhaus von Wien begeben müssen. Aber auch während dieser Zeit hat er unablässig komponiert. Nach seiner Entlassung aus dem Spital unternahm er, trotz großer körperlicher Schwäche, zusammen mit seinem Sänger-Freund Vogl eine Reise nach Linz und Steyr. Schubert hatte das Bedürfnis, unter Menschen zu sein, wollte neue Bekanntschaften machen. Durch Vermittlung Spauns lernte er in Linz die Familie Hartmann kennen, deren Söhnen Franz und Fritz wir wertvolle Tagebuchaufzeichnungen über Schubert verdanken. Viel wurde während dieser Zeit musiziert und Schubert erfuhr in diesem Sommer seine erste große öffentliche Ehrung: der Linzer Musikverein, dessen Ausschuß Spaun, Hartmann sen. und Albert Stadler angehörten, ernannte ihn zu seinem Ehrenmitglied. Diese Anerkennung seines kompositorischen Schaffens erfüllte ihn nicht nur mit Genugtuung, sie war für ihn lebensnotwendig, richtete den Gebrochenen wieder auf. Gleich nach seiner Rückkehr in die Hauptstadt faßte er neue Opernpläne. Noch gab er die Hoffnung nicht auf, sich als Bühnenkomponist durchzusetzen.

Anläßlich der Vorbereitungen zur Erstaufführung von Webers ›Euryanthe‹ war die Textdichterin, die »heillose Frau von Chézy«, wie Schwind sie nannte, nach Wien gekommen. Schubert hatte sie durch Josef Kupelwieser, der in diese Dame verliebt war, kennengelernt, und Kupelwieser ist es wohl auch gewesen, der Schubert überredet hat, ihr neustes Stück, das vieraktige Schauspiel ›Rosamunde, Fürstin von Cypern‹, in Musik zu setzen, und dieser zeigte sich nicht abgeneigt. Ob Schubert allerdings wirklich, wie er Frau von Chézy schrieb, »von dem Werthe der Rosamunde von dem Augenblick an überzeugt gewesen« war, als er sie gelesen hatte, möchte ich bezweifeln, nicht hingegen, daß er von dem Wert der Beziehungen dieser Dame zu Weber überzeugt gewesen ist, nämlich für sich selber. Die Tatsache, daß der so erfolgreiche und mit einem Schlag berühmt gewordene Opernkomponist gerade sie als Librettistin gekürt hatte, schien für gewisse Qualitäten zu sprechen und war sicher ein Grund, Kupelwiesers Vorschlag zu bedenken. Zwar: an eine

Veroperung dachte er nicht, wohl aber an tänzerische und musikalische Einlagen.

Und so fing er im Oktober mit der Arbeit an. In drei Wochen waren die Zwischenaktmusiken, Chöre, Ballette und Gesangs-Soli geschrieben. Am 20. Dezember fand, nach nur wenigen Proben, die Uraufführung im »K. K. priv. Theater an der Wien« statt.

Das Publikum war begeistert, die Wiener Kritiker lobten Schuberts Musik, verrissen aber den Text der Frau von Chézy, und nach einer einzigen Wiederholung verschwand das Werk für Jahrzehnte vom Spielplan.

Diesmal hatte Schubert zwar nicht *umsonst* komponiert, aber ohne den gewünschten und erhofften großen Erfolg. Freilich, die neun Stücke, die er für die ›Rosamunde‹ geschrieben hat, gehören heute zu den populärsten Schuberts und sind in der Tat Meisterwerke, die in einem Atemzuge mit der h-Moll Symphonie und dem Streichquintett genannt werden können.

Wenn Schubert auch noch immer an der Hoffnung festhielt, eines Tages werde ihm doch der große Durchbruch als Opernkomponist gelingen, gab er vorerst den Gedanken auf, weiter für die Bühne zu schreiben, wahrscheinlich in dem Bewußtsein, ungeheuere Energien in Tausende von Partiturseiten vergeudet zu haben, die voraussichtlich nie zum Erklingen gebracht werden würden.

Es ging ihm schlecht. Seine Krankheit machte ihm viel zu schaffen. Seine Körperkräfte nahmen von Monat zu Monat ab. Er litt unter ständigem Kopfschmerz. Sein anfangs freundschaftliches Verhältnis zu Weber war abgekühlt, weil dieser Schuberts ehrliche Meinung über die ›Euryanthe‹ nicht vertragen hatte. Nur einer ist noch, zu dem er aufblicken kann: Beethoven. Doch sein innigster Wunsch, mit ihm in näheren Kontakt zu kommen, scheint sich nicht erfüllt zu haben. Die zwei größten damals lebenden Komponisten sind sich, obwohl sie oft nur ein paar Straßen auseinander wohnten, vermutlich nur einige Male flüchtig begegnet.

Zwischendurch gibt es immer wieder seelische Aufschwünge, Momente eines gesteigerten Lebensgefühls. Doch sie vergehen rasch, und die Ernüchterung ist anhaltender, die Einsamkeit zunehmend bedrückender. Sie potenziert das Leiden, ja, *ist* das Leiden.

Schubert ist zu Ende mit allen Träumen. Die Welt ist kalt geworden. Der Winter 23/24 wird sein schwerster.

Nur wenn er komponiert, kann er das Leben noch ertragen. Zu lange hat er seine Zeit mit Arbeiten vertan, die mit ihm wenig oder nichts zu tun hatten. Er will nicht länger den Spaßmacher abgeben. Er muß von sich sprechen, schreiben, was ihn bedrückt.

In der Wohnung Josef Hubers entsteht das Oktett für Streichquintett und Bläser, kurz darauf das a-Moll Streichquartett.[1] Dann beginnt er das d-Moll Quartett ›Der Tod und das Mädchen‹. Im April schreibt er (wieder!) ein ›Salve Regina‹, für Männerchor a capella.

Aber wie geht es weiter?

An die Zukunft mag er nicht denken. Dabei hat er so viele Pläne: will die große Symphonie schreiben, Klaviersonaten, Lieder. Und soll er es nicht doch noch einmal mit einer Oper versuchen?

Aber erst einmal weg von Wien!

Als der Sommer kommt, fährt er mit den Esterházys nach Ungarn. Zum zweiten Mal. Die Komteß Karoline ist inzwischen zu einem hübschen jungen Mädchen herangewachsen. Schubert verliebt sich in sie. Karoline scheint die Gefühle des jungen Komponisten zu erwidern. Aber die Standesunterschiede sind nicht aus der Welt zu schaffen. Es bleibt bei einer platonischen Beziehung.

Im August schreibt Schubert an Moritz von Schwind:

»Ich bin noch immer Gottlob gesund u. würde mich hier

1 Die Bekanntschaft mit Graf Troyer und Beethovens Freund Ignaz Schuppanzigh hat wesentlich dazu beigetragen, daß Schubert sich nach den fehlgeschlagenen Opernversuchen von jetzt an mehr der Kammermusik zuwendete. So war das Oktett z. B. eine Auftragsarbeit Troyers.

recht wohl befinden, hätt' ich Dich, Schober und Kupelwieser bey mir, so aber verspüre ich trotz des anziehenden bewußten Sternes manchmahl eine verfluchte Sehnsucht nach Wien.«

Vier Wochen später gesteht er Schober in einem Brief sogar, daß er im »tiefen Ungarlande« auch nicht *einen* Menschen habe, mit dem er »ein gescheidtes Wort« reden könne. Nun heißt dies freilich nicht, daß ihm Karoline nichts mehr bedeutet. Er liebt sie. Aber kann er mit ihr über seine Liebe sprechen, zumal ihm die Aussichtslosigkeit dieser Beziehung bewußt ist?

Was er vermißt, ist das Gespräch mit Freunden, der freie Gedankenaustausch, die Geborgenheit unter Seinesgleichen. Und abermals, wie in dem Brief an Ferdinand, benützt er die räumliche Entfernung zur rückhaltlosen Offenlegung seines persönlichen Befindens. Schubert, der in Gegenwart der Freunde stets den Aufgeräumten und Heiteren spielt, spricht sich in diesem Brief unverstellt aus, und die geographische Distanz scheint ihn dazu erst in die Lage versetzt zu haben:

». . . und verlebe manchmahl sehr elende Tage; in einer dieser trüben Stunden, wo mir (ich) besonders das Thatenlose unbedeutende Leben, welches unsere Zeit bezeichnet, sehr schmerzlich fühlte, entwischte mir folgendes Gedicht, welches ich nur darum mitteile, weil ich weiß, daß Du selbst meine Schwächen mit Liebe u. Schonung rügst:

Klage an das Volk!

O Jugend unsrer Zeit, Du bist dahin!
Die Kraft zahllosen Volks, sie ist vergeudet,
Nicht *einer* von der Meng' sich unterscheidet,
Und nichtsbedeutend all' vorüberzieh'n.

Zu großer Schmerz, der mächtig mich verzehrt,
Und nur als Letztes jener Kraft mir bleibet;
Dann thatlos mich auch diese Zeit zerstäubet,
Die jedem Großes zu vollbringen wehrt.

Im siechen Alter schleicht das Volk einher,
Die Thaten seiner Jugend wähnt es Träume,
Ja spottet thöricht jener gold'nen Reime,
Nichtsachtend ihren kräft'gen Inhalt mehr.

Nur Dir, o heil'ge Kunst, ist's noch gegönnt
Im Bild die Zeit der Kraft u. That zu schildern,
Um weniges den großen Schmerz zu mildern,
Der nim̄er mit dem Schicksal sie versöhnt.

Selten hat Schubert sich mit solcher Eindeutigkeit zur politischen Lage seiner Zeit geäußert, die Passivität beschrieben, zu der das Volk unter Metternich verurteilt war, die Resignation, die in weiten Kreisen nach den Hoffnungen des Jahres 1813 um sich gegriffen hatte. Und es ist nicht nur für Schubert bezeichnend, daß die allgemeine Lethargie und die politische Ohnmacht während der Restauration sich auch im privaten Bereich niedergeschlagen hat. Die Verhältnisse sind derart bedrückend, die Enttäuschung über die politische Entwicklung in Europa ist so groß, daß darunter auch das persönliche Leben leidet. Es ist darum kaum möglich, Schuberts tiefe Verzweiflung, seine Depressionen und seine zeitweiligen Anwandlungen von Weltschmerz von den gesellschaftlichen Zuständen in Österreich zu trennen. Wenn er sich auch nur höchst selten zu politischen Tagesereignissen geäußert hat, besagt das nicht, er habe sich dafür nicht interessiert. Viel zu oft hat er selber unter dem *Bonzenheer* gelitten, schon im Konvikt, als es dort zu einem Aufstand gegen die geistliche Direktion gekommen war, später, bei der Verhaftung Senns[1], als man Schubert gleich mit arretierte, bei Polizeikontrollen während einiger Schubertiaden (da es ja ein

1 Nach dem Mord an Kotzebue (als einem angeblich russischen Spion) ging man mit größter Schärfe gegen jeden angeblichen Revolutionär vor. Schuberts Freund Senn wurde im Frühjahr 1820 verhaftet, unter dem Verdacht subversiver Tätigkeit. Schubert, der sich in Senns Wohnung zum Zeitpunkt der Verhaftung aufhielt und gegen die Festnahme opponierte, wurde, wie schon erwähnt, sofort mitverhaftet.

Versammlungsverbot gab), vor allem aber sein Kampf mit der Zensurbehörde, der er jedes Libretto vorlegen mußte. Aber in seinem Fatalismus hielt er es für zwecklos, sich gegen die Staatsmacht aufzulehnen. Und – er hatte Angst. Beethoven, wenn er gegen die politischen Zustände vom Leder zog, schützte die Berühmtheit. Beethoven besaß Narrenfreiheit: als Ausländer und als international bekannter Künstler. Darum konnte und durfte er sagen, was kein anderer hätte sagen dürfen oder können, selbst Grillparzer nicht. Aber – wer war Schubert? Ein kleiner, kaum in Wien bekannter Komponist. Ein starkes Wort, und er wäre sofort verschwunden, eingesperrt oder abgeschoben. Und keiner hätte dagegen zu protestieren gewagt, aus Furcht, sich auch verdächtig zu machen.

Jetzt aber saß er im fernen Ungarn, befand sich im Schutz der Esterházys. Da brachte er endlich den Mut auf, sich Luft zu machen, wenn auch nur in einem Gedicht, getarnt als Elegie auf die entschwundene Jugendzeit, zumindest ließen sich bei großzügiger Auslegung diese Verse so verstehen.

Aber – ansonsten war er vorsichtig. Er hatte erlebt, wie schnell man hinter Schloß und Riegel kam. Und wenn er damals auch bald wieder entlassen worden war, saß ihm der Schreck noch im Leibe.

Browns Vermutung, daß die Nichtvollendung des religiösen Dramas ›Lazarus‹ mit dem Einschreiten der Polizei und dem Einbruch der Politik in Schuberts »ansonsten ereignislosem Leben« zusammenhängen könne, ist zwar nicht ganz von der Hand zu weisen (weniger, weil er mit der Vertonung dieses Textes – der Autor war wegen seiner unorthodoxen Haltung sowohl der preußischen Obrigkeit wie der k. und k. Polizei ein verdächtiges Subjekt – fürchtete, mißliebig zu werden, sondern weil ihn die Verhaftung seines Freundes Senn betroffen gemacht hatte), doch daß es Schuberts Arrest war, der die Fortsetzung der Arbeit vereitelt habe, wie Brown außerdem in Erwägung zieht, scheint mir indes wenig wahrscheinlich. Schubert ist sicher nicht länger als höchstens achtundvierzig Stunden festgenommen worden. Überdies steht nicht einmal fest, ob der ›Lazarus‹ tatsächlich unvollendet geblieben ist, was Alfred Einstein behauptet.

Seltsamerweise hat sich um dieses von Schubert selbst als »Osterkantate«[1] bezeichnete Werk kein solcher Legendenkranz wie um andere Fragmente, vor allem um die h-Moll Symphonie, gebildet, obwohl die Phantasie sich gerade an diesem Fall hätte entzünden können.

Was August Hermann Niemeyer, Konsistorialrat in Halle, streitbarer Theologe und fortschrittlicher Pädagoge (wie Schubert 1828 gestorben), mit diesem ›Lazarus oder Die Feier der Auferstehung‹ 1778 hatte im Druck erscheinen lassen, war ein religiöses Drama, in drei »Handlungen« angelegt, gesprochen von den Darstellern Lazarus, Marie, Martha, Jemina, dem Priester Nathanael und dem Sadduzäer Simon. Eine Meditation über Tod und Auferstehung, geschrieben im Stil des 18. Jahrhunderts, überreich an Genitivkonstruktionen und etwas trocken:

> Wehe! Weh' des grausen Todtgedanken
> alle meine Glieder schwanken,
> vor meinen Füßen off'nes Grab!

Ein Jugendwerk des damals vierundzwanzigjährigen Niemeyer. Durchaus keine Offenbarung, dennoch in seinem Klopstockschen Pathos von einer gewissen Eindringlichkeit. Wie und durch wen Schubert an den Text geraten ist, läßt sich nicht nachweisen. Jedenfalls begann er im Februar 1820 mit dem Komponieren dieses Werkes, »in aller Stille«, wie Richard Heuberger schreibt. Paumgartner übernimmt diese Formulierung, ohne näher zu erläutern, was darunter zu verstehen ist: ob Schubert den ›Lazarus‹ *heimlich* oder *in seelisch ausgeglichener Verfassung* geschrieben hat. An letzterem muß

1 »Kantate« wohl deshalb, weil Schubert eine szenische Aufführung für aussichtslos hielt.

man eher zweifeln, da Schubert damals bei Mayrhofer in der Wipplinger Straße wohnte und die Spannungen zwischen den Freunden so stark geworden waren, daß ein Bruch unvermeidbar blieb.

Die erste Handlung ist vollständig, die zweite zum größten Teil ausgeführt resp. erhalten. Die Musik von einer Kühnheit, die bereits Wagner vorwegnimmt. Sollte Schubert den ›Lazarus‹ tatsächlich nicht vollendet haben, dann ist der Grund sicher nicht, wie Fritz Hug meint, der fehlende »Atem für die große Synthese«.

Nun gibt es ja eine ganze Reihe von unvollendeten Werken Schuberts: ›Sakuntala‹, das c-Moll Streichquartett, Klaviersonaten. Die naheliegende Möglichkeit, daß ein Künstler ein begonnenes Werk unter Umständen gar nicht vollenden will, zum Beispiel, weil er die Lust daran verloren hat, andere Arbeiten ihm im Moment wichtiger sind, scheint für manche Biographen ein geradezu entsetzlicher Gedanke. Als habe der Komponist die moralische Pflicht, der Gesellschaft nur abgeschlossene Werke zu hinterlassen.

Unlust als Grund gilt nicht. Also müssen andere Gründe her. Und so hat man denn im Falle des ›Lazarus‹ ein Lamento angestimmt über die mindere Qualität des Librettos und diesem die Schuld gegeben, daß Schubert, die Aussichtslosigkeit einer Aufführung erkennend, die Arbeit abgebrochen hat. Aber warum eigentlich sollte Schubert das nicht bereits bei der Lektüre des Textes gemerkt haben?

Walter Dahms erwähnt dieses vielleicht bedeutendste musikdramatische Werk Schuberts mit ganzen neun Zeilen und resümiert:

»Rezitative, Ariosos, Arien und Chorsätze wechseln in bunter Folge. In der melodischen Erfindung bietet er alle Mannigfaltigkeit auf, die tiefere Wirkung jedoch bleibt aus.«

Angesichts solcher Sätze fragt man sich, ob Dahms dieses Werk je gehört hat, ob er sich je auch nur die Mühe gemacht hat, einen Blick in diese grandiose Partitur zu werfen, die in knapp einem Monat geschrieben worden ist? Er hätte dann nämlich feststellen müssen (oder können), daß Rezitative, Ariosos, Arien und Chorsätze keineswegs »in bunter Folge« wechseln, sondern höchst kunstvoll alternieren oder ineinander verwoben sind.

Einstein dagegen hat die außerordentliche Bedeutung dieses Werkes erkannt und immerhin hervorgehoben:

»(Schubert) hat hier gewagt, was er in der Oper nur gelegentlich verwirklicht hat.«

Und weiter schreibt er, daß *›Lazarus‹* »weit über *Tannhäuser* und *Lohengrin*« hinausgehe und der erste Akt – »ein abgeschlossenes Kunstwerk« – könne als *Der Tod des Lazarus* in unseren Konzertsälen von Schubert zeugen – »von Schubert, dem großen Dramatiker und großen Musiker«. Nur »der erste Akt« – und nur, weil er vollendet, »abgeschlossen« ist? Und die restlichen fünfzig Partiturseiten opfert man diesem Wahn? Ich weiß nicht, ob Liszt den ›Lazarus‹ zu Gesicht bekommen hat. Als Herbeck das Werk 1863 zur Erstaufführung brachte, lebte Liszt in Rom. Doch wenn man seine zehn Jahre vorher niedergeschriebenen Sätze im Kontext liest:

»Dadurch, daß er (Schubert) in noch höher potenzierter Weise, als Gluck es getan, die harmonische Deklamation anwandte und ausprägte, sie zu einer, bisher im Liede nicht für möglich gehaltenen Energie und Kraft gesteigert und Meisterwerke der Poesie mit ihrem Ausdruck verherrlicht hat, übte er auf den Opernstil einen vielleicht größeren Einfluß aus, als man es sich bis jetzt klargemacht hat. Er naturalisierte gleichsam den poetischen Gedanken im Gebiete der Musik und verschwisterte ihn mit derselben wie Seele und Körper . . .«

möchte man wünschen, er hätte dieses Werk gehört; denn dann könnte er nicht mehr nur von einem *indirekten* Dienst sprechen, den Schubert der dramatischen Musik erwiesen habe. Doch auch so kommt Liszt das Verdienst zu, als einer der ersten Schuberts Berufung zum Opernkomponisten wenigstens im Ansatz erkannt zu haben, und schließlich ist er es auch gewesen, der 1854 in Weimar ›Alfonso und Estrella‹ aufgeführt hat, freilich in einer Bearbeitung, die nicht dazu angetan war, die Oper ins Repertoire aufzunehmen.

Die Wiener Gesellschaft hat sich seit jeher dadurch ausgezeichnet, daß sie sich um wirklich bahnbrechende Künstler in ihrer Stadt nicht sonderlich kümmert. Ein »sinnenfrohes und gedankenloses Volk« nannte Sealsfield die Wiener, »zufrieden mit einer Fahrt im Zeiselwagen oder in den Prater mit entsprechendem Essen und Trinken«. Das »Kasperltheater« war ihnen lieber als das große Schauspiel, die Musik beim Heurigen ging ihnen über die Oper. Das mußten, zumindest in ihren letzten Lebensjahren, schon Haydn, Mozart und Beethoven erfahren.

»Die geringe Wertschätzung der Wiener für ernste Musik«, schreibt Sealsfield, »bewies uns eine Aufführung von Haydns *Schöpfung* in der kaiserlichen Reitschule. 350 Musiker boten die großartigste Leistung, der wir jemals beiwohnten, aber der Saal war schlecht besucht.«

Und das war auch Schuberts Tragik, der wahre Grund, weshalb er nicht, neben Carl Maria von Weber, einer der großen romantischen Opernkomponisten geworden ist. Schubert brachte alles mit, was man von einem dramatischen Musiker verlangt. Was ihm fehlte, war einzig Bühnenpraxis. Die Möglichkeit, mit den Sängern und mit dem Orchester zu arbeiten. Eine Oper entsteht nicht allein am Schreibtisch. Sie muß aufgeführt werden, im genau richtigen Moment, sie muß sich vor einem Publikum bewähren.

Nun hat man zwar einige von Schuberts Bühnenwerken gespielt. Nur: unter welchen Bedingungen! Von einer sorgfältig vorbereiteten Einstudierung kann wohl nicht die Rede sein. Bereits nach zwei, drei Proben ging das jeweilige Stück über die Bretter. Man berief sich auf die Routine. Aber dadurch bekam Schubert die Chance nie, wirklich dazuzulernen. Die Folge davon war, daß er die mangelnde Erfahrung seinerseits durch eine Art von Routine zu überspringen versuchte. Um als Bühnenkomponist in Wien zu reüssieren, sah er keinen Weg, an Rossini vorbeizukommen, den er insgeheim immer bewundert hat, wie auch Beethoven, der Rossini nach der Aufführung des ›Barbier‹ seiner rückhaltlosen Bewunderung versicherte. Und das war – wie man bei Beethoven annehmen darf – nicht lediglich eine Höflichkeitsfloskel. Selbst Hegel, wenn auch gewiß kein intimer Musikkenner, meinte nach der Aufführung des ›Barbier‹:

»Mein Geschmack muß schon furchtbar gelitten haben, denn ich finde diesen Figaro von Rossini hundertmal besser als den von Mozart.«

Den Vergleich mit Mozart hätte er sich sparen können. Immerhin, daß die Musik des Italieners ihn überhaupt zu diesem Vergleich hat verlocken lassen, spricht für den überwältigenden Eindruck, den dieses Werk auf den Philosophen gemacht hat.

Rossini zu überwinden, wäre Schubert deshalb wohl auch nie in den Sinn gekommen. Allenfalls konnte er versuchen, ihn an melodischen Einfällen zu übertreffen. Daß er in seinem Stil zu komponieren verstand, hatte er schon 1817 mit den zwei italienischen Ouvertüren in C und D bewiesen, mit denen er freilich Rossini weniger kopieren als parodieren wollte. Dieses parodistische Element fehlt in der Oper ›Alfonso und Estrella‹ vollkommen. Das ist wirklich große italienische Oper, mit großen Arien, Duetten, Chören und effektvollen Finali. Wenn man dieses Werk – und noch dazu in italienischer Sprache – hört, muß man sich allerdings fragen: Ist das noch Rossini, der Rossini des ›Tancredi‹, der ›Cenerentola‹ oder ›La gazza ladra‹? Ist das nicht schon Verdi, der Verdi des ›Don Carlos‹? Man muß aber auch fragen: Ist das Schubert, *noch* Schubert? Gewiß, in einigen lyrischen Orchesterpartien, in den Modulationen ist seine Handschrift unverkennbar. Aber den »deutschen Schubert«, den Einstein in der Tenor-Arie Alfonsos (»Schon, wenn es beginnt zu tagen«) wiedererkennen will, kann ich da nicht heraushören. Das ist rein italienischer Belcanto. Wirklich überraschend und im Kontext auch unerwartet sind indes (vgl. den Chor

»Zur Jagd, zur Jagd!« in der siebten Szene des ersten Aktes) die Anklänge an C. M. von Weber, obwohl ›Alfonso und Estrella‹ vor der ›Freischütz‹-Premiere in Wien und vor der ›Euryanthe‹ geschrieben worden ist. Dennoch: von einer *Vorwegnahme* Webers, der immerhin elf Jahre älter war als Schubert, kann wohl kaum gesprochen werden, wie überhaupt eine Komparation dieser zwei Komponisten wenig erbringt, die Frage, wer moderner, kühner oder das größere Genie gewesen sei, belanglos angesichts ihrer Leistungen. Avantgardisten waren beide. Ihre Auffassungen von Musik aber gingen stark auseinander. Nicht weniger die Urteile über sie. (Grillparzer war mit Schubert einer Meinung, daß die ›Euryanthe‹ vollkommen daneben sei, »polizeiwidrig« nannte er das Werk.) Bereits Webers Entwicklung ist ganz anders verlaufen als die Schuberts. Sohn eines Musikdirektors und Theaterunternehmers, hat er eine ungleich vielseitigere musikalische Ausbildung erfahren, war Schüler Michael Haydns und des Abts Vogler, mit 18 Theaterkapellmeister in Breslau und von frühster Jugend an vom Erfolg verwöhnt. Seine ersten Opern (›Das Waldmädchen‹, ›Peter Schmoll‹, ›Abu Hassan‹), alle zwischen 1800 und 1811 entstanden, wurden in Prag, Wien, Petersburg, München, Frankfurt und Chemnitz aufgeführt. Dazu kam, daß er als Dirigent die Gelegenheit hatte, neue Klangmöglichkeiten des Orchesters zu erproben. Seine enorme Instrumentationskunst verdankt er nicht zuletzt dieser praktischen Orchesterarbeit. Und so wurde denn für Weber die Oper zum Hauptgebiet seiner Experimente.

Ganz anders Schubert. Seine Innovationen lagen auf dem Gebiet der Kammermusik und des Liedes. Doch wäre er auch nur mit einem Bühnenwerk ähnlich erfolgreich gewesen wie Weber mit dem ›Freischütz‹, wir müßten unser Schubert-Bild total revidieren. Das Oratorium ›Lazarus‹ demonstriert auf eindrucksvolle Weise, zu welchem musikdramatischen Ausdruck er fähig war. Insofern kann man vielleicht nicht ganz unberechtigt sagen, daß auch die Messen, vor allem aber die Symphonien überhaupt nur entstanden sind, weil Schubert seine spezifischen Fähigkeiten als Opernkomponist nicht hat richtig weiterentwickeln können, obwohl er alle taktischen Mittel eingesetzt hatte, um zu seinem Ziel zu gelangen. *Naiv* war er höchstens in dem Sinne, daß er kein Scharlatan war, wie Vogl gesagt hat. Möglicherweise aber erschien er den geschäftstüchtigen Theaterunternehmern zu kompromißbereit, als daß sie in ihm einen echten Partner sahen, der seinerseits Konditionen stellte, bereit war, harte Verhandlungen zu führen. In den Briefen des Jahres 1822 häufen sich Schuberts Klagen über seine gescheiterten Pläne. An Spaun schreibt er:

»Mit der Oper ist es in Wien nichts, ich habe sie zurück begehrt u. erhalten . . . Mir ging es sonst ziemlich gut, wenn mich nicht die schändliche Geschichte mit der Oper so kränkte. Mit Vogl habe ich, da er nun vom Theater weg ist, u. ich also in dieser Hinsicht nicht mehr genirt bin, wieder angebunden.«

Solche Sätze, die sogar das Geständnis des Gekränktseins enthalten – einmalig bei Schubert –, können wohl nicht gut von einem geschrieben sein, der das Komponieren von Opern nur für eine Brotarbeit angesehen hat. Schubert – das wird hier abermals ganz deutlich – fühlte sich zum Opernschreiben berufen (und das war ein durchaus richtiges Gefühl), sein Gekränktsein folglich um so berechtigter, wenn man – mit Ausnahme Rossinis – sieht, was alles auf den Spielplänen an miesen Werken Platz fand. Denkt man sich andererseits Schuberts melodische Einfälle etwa der ›Winterreise‹, die klanglichen Kühnheiten der großen C-Dur Symphonie, die Herrlichkeiten der späten Chorwerke (z. B. der ›Hymne‹ von Schmiedel) und das Espressivo des ›Lazarus‹-Fragments auf die Oper übertragen, wir hätten – ungeachtet der elenden Libretti – in ihm einen der genialsten Opernkomponisten des 19. Jahrhunderts.

Das Komponieren am Schreibtisch und der Kampf um die Veröffentlichung des Komponierten sind zweierlei Dinge.

Und sicher war Schubert nicht der beste Anwalt seiner Werke. Aber Freunde wie Schober verdarben offenbar noch mehr als sie nützten.

So ist denkbar, daß Schubert, der *für nichts als das Componieren* da sein wollte, nach den langwierigen, unerfreulichen Verhandlungen mit der Direktion des Kärntnertortheaters wegen der Aufführung der ›Zwillingsbrüder‹, die immer wieder unter fadenscheinigen Gründen hinausgezögert wurde, sich bei einer ganz anderen Arbeit erholen wollte. Für ein Oratorium brauchte er keine Bühne, nicht den ganzen Theaterapparat, keine entwürdigenden Unterredungen, kein lästiges Taktieren. Und wenn Heuberger sagt, Schubert habe den ›Lazarus‹ »in aller Stille« begonnen, könnte er damit nicht zuletzt auch auf des Komponisten Resignation nach all den kränkenden Zurücksetzungen angespielt haben.

Vielleicht hoffte Schubert, über den Umweg eines *Oratoriums* mit Soli, Chor und großem Orchester sich doch noch Anerkennung als dramatischer Musiker verschaffen, sich auf diese Weise den Weg zur Oper bahnen zu können. Gedankengänge, die Schubert jedenfalls nicht fremd waren, da seine meisten Erfolge über solche Umwege zustande gekommen sind. Indes, aus welchen Gründen auch immer, kam es erst zwei Jahre nach Schuberts Tod zu einer Aufführung des (unvollständigen) in ›Lazarus‹. Sie fand in der Wiener Anna-Kirche statt, »wahrscheinlich«, kommentiert O. E. Deutsch, »unter Ferdinands Leitung«.

1857 entdeckte dieser erste Schubert-Biograph die Kopie der ›Grablegung‹ in der Spaun-Witteczekschen Schubertsammlung. 1861 [1] fand er den zweiten Teil des ›Lazarus‹ (inkomplett) bei dem Bostoner Musikwissenschaftler Thayer, der auch die Partituren zu ›Alfonso und Estrella‹ und ›Die Zwillingsbrüder‹ besaß, neben vielen anderen Autographen. Dieser zweite Teil brach mitten in der Reinschrift des Chores »Sanft und still schläft unser Freund« ab. Herbeck will die

1 Carl de Nys behauptet 1859.

Schlußseite dieses Chores bei einem kleinen Krämer gefunden haben. Das klingt schon abenteuerlich genug. Es kommt aber noch schlimmer; denn die Original-Partitur lag seit 1830 bei dem Verleger Diabelli in Wien, verstaubt und vergessen. Ferdinand hatte das Werk mit dem größten Teil des Schubertschen Nachlasses an den Verleger verkauft. Aus der von den Erben angefertigten Liste der angebotenen Werke geht aber nicht hervor, ob der ›Lazarus‹ vollständig oder nur als Fragment in den Besitz des Hauses Diabelli gelangt ist.

Als Herbeck zu Ostern 1863 in der *Gesellschaft der Musikfreunde* den ›Lazarus‹ (Teil 1 und 2) aufführte, ließ er auf die Programmzettel drucken, daß der Verlag Spina (vormals Diabelli) die »erste Handlung« (Grablegung), die er im Original besitze, für dieses Konzert zur Verfügung gestellt habe. Diese Notiz hatte vermutlich allein urheberrechtliche Gründe. Doch ist hier wohl die Frage angebracht: warum nur die *erste* Handlung? Wo befand sich das Original des zweiten (angeblich unvollendeten) Teils? Da Ferdinand Schubert in der Anna-Kirche beide Teile aufgeführt hatte, ist doch naheliegend, daß er Diabelli mit dem übrigen Nachlaß auch die beiden Teile des ›Lazarus‹ überlassen hat.

Brahms, der Herbecks Konzert besuchte, notierte auf seinen Programmzettel: »Alles nicht wahr.« Er kannte das Werk längst, bevor der Verleger damit herausrückte. Hat Brahms mehr gewußt? Wollte er mit den Worten »Alles nicht wahr« möglicherweise die ganze, höchst mysteriöse Wiederentdekkungsgeschichte in Frage stellen? Wen verdächtigte er, die Unwahrheit gesagt zu haben? Zumindest kann das Haus Diabelli-Spina nicht von dem Vorwurf unsäglicher Schlamperei freigesprochen werden, ein Werk wie dieses jahrelang in den Archiven unbeachtet liegengelassen zu haben, ganz zu schweigen von der Möglichkeit, daß die fehlenden Seiten in der Makulatur gelandet sind. Ob Schubert das Oratorium beendet hat, wird wohl nie mehr zu erfahren sein. Und die Tatsache, daß Ferdinand 1830 nur die beiden ersten Handlungen aufführt, besagt noch lange nicht, daß es zum dritten Teil nicht *zumindest* Skizzen gegeben hat.

Was erstaunt, fast erschreckt, ist, mit welcher Gelassenheit es die meisten Biographen hinzunehmen scheinen, daß eines der kühnsten Werke Schuberts nur in verstümmelter Form auf die Nachwelt gekommen ist. Mit Ausnahme von Kreißle scheint sich auch keiner sonderlich zu verwundern, wie den nächsten Freunden (z. B. Schober) Schuberts Arbeit am ›Lazarus‹ verborgen bleiben konnte. Hat es tatsächlich nie eine mündliche oder schriftliche Äußerung Schuberts über dieses Werk gegeben oder sollten vielleicht Briefe Schuberts aus dem Jahre 1820 von den Erben unterschlagen worden sein?

In den Herbst des Jahres 1820 fällt Therese Grobs Vermählung mit dem Bäckermeister Johann Bergmann. Es wäre durchaus vorstellbar, daß es (wegen dieser in Aussicht stehenden Heirat) zwischen Schubert und der Grob noch zu Auseinandersetzungen gekommen ist, die auch schriftlich ihren Niederschlag gefunden haben könnten. Sollten da, aus familiären Rücksichten, gewisse Briefschaften »beseitigt« worden sein? Ferdinand wäre etwas Derartiges durchaus zuzutrauen.

Daß Schubert, auch wenn er selbst nie ernsthaft eine Heirat erwogen haben wird – oder es bei den Erwägungen belassen hat –, durch Thereses Schritt tief getroffen war, sich »im Stich gelassen« fühlte, scheint das Gedicht ›Der Geist der Welt‹, geschrieben wahrscheinlich wenige Wochen vor Therese Grobs Hochzeit, nahezulegen:

Laßt sie mir in ihrem Wahn,
Spricht der Geist der Welt,
Er ists, der im schwanken Kahn
So sie mir erhält.

Laßt sie rennen, jagen nur
Hin nach einem fernen Ziel,

Glauben viel, beweisen viel
Auf der dunklen Spur.

Nichts ist wahr von allen dem,
Doch ists kein Verlust,
Menschlich ist ihr Weltsystem,
Göttlich bin ich's mir bewußt.

Über Anlaß und Entstehungszeit dieses Gedichts ist viel gerätselt worden. Dahms bezog es auf Senns Verhaftung und dessen Schicksal als Verbannter. Bauernfeld datierte das Gedicht ins Jahr 1824. Deutsch hält dagegen für sehr wahrscheinlich, daß es schon 1820 entstanden ist, zumal eine etwas abweichende Zweitschrift existiert, die diese Jahreszahl trägt. Doch selbst, falls es nicht mit einem verzweifelten Seitenblick auf Schuberts erste Geliebte geschrieben sein sollte, gibt dieses Gedicht einen bemerkenswerten Aufschluß über Schuberts seelische Verfassung in dieser Zeit. Es ist dies kein lyrisches Meisterwerk, indes, was übrigens für alle Gedichte Schuberts gilt, auch nicht bloße Reimschmiederei. Vielleicht ist es sogar das beste, was er je in Versen geschrieben hat, wenn auch Heinrich Werlés Behauptung, es gipfle im Schlußsatz »wahrhaft goethisch«, übertrieben klingt. Im Ton mag das »goethisch« sein. Nur – dieser Ton ist Pose. Hier versucht einer in äußerster Verzweiflung sich am eigenen Zopf aus dem Sumpf zu ziehen: mit einer Kraftphrase. Auch die andere Deutung Werlés, daß Schubert mit dem »Geist der Welt« sich selber gemeint habe, scheint mir ziemlich daneben. Es gibt keine zweite, auch nur annähernd ähnliche Äußerung, die eine solche Interpretation rechtfertigt, wohl aber einen überlieferten Ausspruch, der ungefähr das genaue Gegenteil besagt: nämlich er glaube manchmal, nicht von dieser Welt zu sein.

Ich fürchte, daß Heinrich Werlé, dessen Kommentare zu Schuberts Briefen und Aufzeichnungen zwar selten recht glücklich sind, in diesem Falle ein besonderes Pech hat, da er offenbar gar nicht spürt, mit welchem Sarkasmus Schubert hier auf seine Lebensumstände reagiert.

Nur nebenbei sei angemerkt, daß Schubert seine Gedichte oft in Zeiten geschrieben hat, wo es mit dem Komponieren nicht recht vorangehen wollte. So offensichtlich auch im Jahr 1820. Außer vierhändigen Ländlern und Ecossaisen, einigen Liedern und dem Psalm für vier Frauenstimmen, ist alles Fragment geblieben: die Oper ›Sakuntala‹ über erste Skizzen nicht hinausgediehen, unvollendet der ›Gesang der Geister‹[1], auch das Streichquartett in c-Moll, von dem nur der eine, berühmte Satz existiert, dieses nun wirklich unglaublich kühne Stück Musik, das den ganzen späten Schubert antizipiert. Er hat alles mögliche angefangen, ein bißchen noch an der ›Zauberharfe‹ gearbeitet, ein bißchen an den ›Zwillingsbrüdern‹, zwischendurch die As-Dur Messe begonnen, dann aber wieder beiseite gelegt. Kein unbedingt produktives Jahr alles in allem, wenn man die Werkfülle anderer Jahre zum Vergleich heranzieht. Aber die Quantität ist nicht entscheidend.

Man sehe sich nur diese Fragmente des Jahres 1820 an: jedes einzelne eine geniale Eruption. Experimente, faszinierende Torsi aus einer Umbruchszeit, Zwischenstufen oder Stationen auf dem Wege zu den großen Arbeiten der letzten Lebensjahre: zur ›Winterreise‹, zur großen C-Dur Symphonie, zum Oktett, zu den späten Streichquartetten. Schließlich demonstrieren die Werke des Jahres 1820 einleuchtend, daß Schuberts Entwicklung – falls man im strengen Sinne von einer solchen überhaupt sprechen kann – sich nicht kontinuierlich, sondern in Schüben und gewaltigen Rucken vollzog. Doch wenn sich auch nicht zwangsläufig ein Werk aus dem anderen ergibt, eine logische und konsequente Weiterentwicklung oder ein Ausbau einmal erreichter Positionen eher zu den Ausnahmen gehört (obwohl er das, wie der Brief an Kupelwieser zeigt, angestrebt hat: ». . . will ich mir . . .

1 Die zweite (Oktett-)Fassung.

den Weg zur großen Sinfonie bahnen«), oft nebeneinander unerhört Neues und entsetzlich Konventionelles, nur Modisches neben kühn in die Zukunft Weisendem, kunstvoll Gearbeitetes neben schlicht Trivialem entsteht, bedeutet das noch nicht gleich, Schubert habe arglos drauflos produziert resp. sich den jeweils neusten Materialstand nicht hart erarbeitet.

Bei allem Einfallsreichtum: in den Schoß gefallen ist ihm nichts. Immer wieder liest man, es gebe bei Schubert keine formalen Innovationen (wie etwa bei Beethoven), er habe sich geradezu ängstlich an die klassischen Formschemata geklammert, diese aber nie wirklich souverän beherrscht.

Positiver drückt das Brown aus:

»Hinsichtlich der Form bleibt er (Schubert), so sehr er auch die musikalischen Strukturen verformte, der letzte der klassischen Komponisten.«

Kritischer Hans Költzsch[1], der Schubert zu den Erben der Klassik zählt:

»Schöpferische Menschen, auf die eine große Tradition magische Gewalt gewinnt, denen sich diese Tradition wie eine unüberwindliche Mauer aufbaut und die nun versuchen, innerhalb dieses fest begrenzten und ehrfürchtig beachteten Gehäuses Eigenes zu sagen . . .«

Also Romantiker im Sinne Rudolf Ungers[2]:

». . . hineingeboren und hineinerzogen in den Reichtum einer hochentwickelten geistigen . . . Kultur, den sie nicht selbst erworben haben, begabt oder, wenn man will, belastet mit all dem geistigen Besitz und der seelischen Verfeinerung späterer Geschlechter.«

Alle diese Betrachtungsweisen, die letztlich darauf hinauslaufen, daß die Künstler des 19. Jahrhunderts (ob man sie nun Romantiker nennen will oder nicht) das Schicksal von Epigonen tragen, sind ebenso falsch wie borniert, weil sie mit

1 Hans Költzsch: Franz Schubert in seinen Klaviersonaten. Leipzig, 1927.
2 Rudolf Unger: Vom Sturm und Drang zur Romantik. Deutsche Vjschr. f. Lit.wiss., II. Jg., Heft 3, S. 618.

pedantischem Distinktionseifer (hie Klassik – hie Romantik) am Wesen des Kreativen vorbeizielen und die eigentliche künstlerische Problematik, die von der Person, der Individualität so wenig wie von gesellschaftlichen Konditionen zu trennen ist, auf Formprobleme reduzieren, ohne zu begreifen, was denn »Form« ist: auf keinen Fall nämlich ein »fest begrenztes Gebäude«, in dem man seine Aussagen deponieren möchte.

Es steht fest, daß Schubert sich gründlich mit der Beethovenschen Form der Sonate auseinandergesetzt hat. Es ist auch nachzuweisen, daß die meisten auf der Sonatenform basierenden Werke Schuberts – zumindest bis 1820/21 – in unmittelbarer Reaktion auf diese Beschäftigung entstanden sind. Ich halte es aber – selbst in Fällen, wo das große Muster ganz offensichtlich durchscheint – für bedenklich, diese Werke immer nur an Beethoven zu messen und da, wo dessen strenge Tektonik nicht erreicht wird, technisches Unvermögen bei Schubert anzunehmen.

Alles, was da gesagt wird über Schuberts Sonaten und Symphonien: daß sie ein »Mangel an innerer, organischer Bewegung beherrsche«, daß sie »mehr Intensität als Tragweite« (Liszt) hätten, daß die Reprisen sich kaum streng von der Exposition abhöben, die Durchführungen oft dilettantisch seien, die Kopfthemen zu weitschweifig – das alles mag zutreffen, wenn man den Beethovenschen Sonaten-Typus zum Maßstab macht; denn ein Tektoniker, wie Beethoven, war Schubert nicht. »Er läßt seine Motive leben, er mordet sie nicht«, hat Carl Spitteler in seinem Essay über Schuberts Klaviersonaten geschrieben.

Was hier poetisch ausgedrückt ist, besagt nichts weiter, als daß Schuberts musikalische Intentionen ganz andere waren als die Beethovens, ganz anders sein mußten, aufgrund einer kompositorischen Phantasie und einer sich daraus ergebenden Arbeitsweise, die sich von der Beethovens wesentlich unterscheidet. Das beginnt schon bei der *Geschwindigkeit,* mit der Schubert, jedenfalls nach Aussagen seiner Freunde, produzierte. In den ›Studies of Great Composers‹ schreibt Charles Hubert Parry (1894):

»In der Regel war die Geschwindigkeit des Produzierens beinahe eine notwendige Bedingung der Arbeitsweise Schuberts auf allen Gebieten seiner Kunst. Ihm fehlte der Sinn für das geduldige Abwägen, Überlegen, für das noch- und nochmalige Wiederabschreiben, das für Beethoven so charakteristisch ist.«

Diese Worte des (recht mittelmäßigen) englischen Komponisten, dem selbst abwägende Geduld zu keinen Meisterwerken verholfen hat, scheinen allerdings durch Schuberts eigene Äußerungen bestätigt zu werden. Der nicht immer sehr zuverlässige Schindler, in dessen Aufzeichnungen sich verschiedentlich boshafte Spitzen gegen Schubert finden, berichtet, daß dieser, als man ihm Beethovensche Autographen vorlegte, gesagt habe, der erste Gedanke sei so gut wie der verbesserte, auch habe er (Schubert) »keine Zeit zu solchen Korrekturen«. Solche Bemerkungen – von Schubert vermutlich teils scherzhaft, teils aus Gründen der Imagepflege gemacht (in diesem Punkte war er ganz Romantiker und legte Wert darauf, daß man ausschließlich an Inspiration glaubte und ihm nicht in die Karten schaute) – haben indes dazu geführt, ihm Sorglosigkeit beim Komponieren nachzusagen.

Wir wissen inzwischen besser als Parry und Schindler, daß ein solcher Vorwurf absolut unberechtigt ist. Aus den vorbereitenden Skizzen zu Schuberts Werken (seinen Symphonien, Sonaten, Liedern) kann man ablesen, mit welcher Energie Schubert gearbeitet hat, wie sich aus einem ersten, noch wenig konturierten Einfall allmählich die endgültige Gestalt entwickelt.

Dennoch hat Parry m. E. etwas sehr Richtiges beobachtet, ohne allerdings daraus die richtigen Schlüsse zu ziehen: nämlich, daß die Geschwindigkeit des Produzierens beinahe eine notwendige Bedingung der Schubertschen Arbeitsweise gewesen sei. Dieses freilich nicht, weil ihm die Geduld fürs *Abwägen* fehlte, sondern weil er Einfälle und Ideen in dem

Moment, wo diese ihm kamen, sozusagen synchron in einer Art Stenogramm festhielt. Man erkennt das gut an seinen Manuskripten. Seine in Reinschriften besonders deutliche und eher großzügige Handschrift wird sofort zu einem kleinen, winzigen Gekritzel, wenn er Einfälle notiert, so daß man tatsächlich aus dem graphischen Duktus auf den jeweiligen Grad der schöpferischen Erregung schließen kann, wobei interessant ist, daß sich sehr oft auch die Kompliziertheit eines Einfalls im Schriftbild mitteilt. Vergleicht man die Skizzenbücher Beethovens mit den Notaten Schuberts, geht allein daraus schon die prinzipiell unterschiedliche Arbeitsmethode beider Komponisten hervor. Beethoven konstruiert, Schubert selektiert. Aus einem Dutzend Einfällen, die alle notiert werden (Schuberts immenser Bedarf an Notenpapier!), wählt er den besten aus. Sehr oft aber werden aus den übrigen Aufzeichnungen kleinere Nebenarbeiten. Das ist Schuberts Ökonomie! Alles wird verwertet. Als Beispiele hierfür seien angeführt zwei (von fünf) Kosegarten-Vertonungen, die sämtlich am 7. Juli 1815, also an einem einzigen Tage, entstanden sind. Sieht man sich diese Lieder genau an, vergleicht man sie miteinander, stellt sich heraus, daß sich nicht nur die melodischen Einfälle stark ähneln, sondern auch die Begleitfiguren:

Das Sehnen:

Die Täuschung:

Es gibt zahlreiche solcher Beispiele, an denen sich der schöpferische Prozeß bei Schubert eindrucksvoll beobachten läßt, das Entstehen und die Entwicklung musikalischer Gedanken. Möglich, daß man bei gründlicher Analyse sogar feststellen kann, welcher Text in diesem Falle als erster vertont worden ist. Doch dies zu erforschen bringt wenig, da man davon ausgehen darf, daß Schubert gewissermaßen gleichzeitig an allen fünf Liedern gearbeitet hat, die allesamt (möglicherweise) auf einem Grundeinfall basieren.

In Gedanken um die letzte, höchste Gestaltung »gerungen«, »Blut und Tränen« vergossen, wie Beethoven, wenn es um einen Übergang oder die Meißelung eines Themas ging, hat Schubert nicht. Immer entstand die definitive Ausformung während der Arbeit und durch sie. Er komponierte beim Komponieren, und das begann mit dem Skizzieren der ersten Einfälle, die ihn dann zur weiteren Arbeit inspirierten.

Wie gesagt: das *Machen* war das Entscheidende. Und darin unterscheidet er sich von Beethoven, der in seinem Drang nach Abstraktion von »Ideen« ausging. Schuberts praktische Einstellung zum Komponieren erklärt einerseits seine leichte *Beeinflußbarkeit,* die sich darin zeigt, daß er sich sowohl von den modernen Strömungen der Kunstmusik als auch von der Volksmusik aus Böhmen, Ungarn und Schweden anregen läßt, andererseits seine enorme Experimentierlust. Gerade weil er nicht der große Tektoniker war wie Beethoven, die klassischen Formen sich seinen Bedingungen anverwandeln mußte, war er in weit stärkerem Maße als jener gezwungen, im Detail erfindungsreicher zu sein. Am konzentriertesten finden wir diese Innovationen – abgesehen von der Begleitung in der ›Winterreise‹ und den sechs Heine-Liedern – in den kleineren Klavierwerken, den Impromptus und Moments musicaux, aber auch in dem kompositorischen Mikrokosmos der Tänze, der Valses nobles und sentimentales, der Ländler, Ecossaisen, Menuette, Polonäsen (op. 61 und op. 75) und Galopps, aber auch in den späten Männerchören (›Ständchen‹) nach Grillparzer, Seidls ›Grab und Mond‹ und ›Nachthelle‹), vor allem jedoch – bezeichnenderweise? – in den Fragmente gebliebenen Werken, wozu wir denn auch – solange sich das Gegenteil nicht beweisen läßt – den ›Lazarus‹ zählen müssen. In all diesen vollendeten und unvollendeten Opera beweist Schubert sich als Schöpfer nicht nur neuer Formen, sondern – was davon nicht zu trennen ist – vollkommen neuer Aussagen. Er hat – und nicht nur im Lied – eine musikalische Gefühlssprache geschaffen, deren Intensität aufs ganze 19. Jahrhundert ausstrahlt, bis hin zu Hugo Wolf und Mahler, ohne je wieder erreicht worden zu sein, weil die Syntax dieser Sprache und ihre gleichsam natürliche Umsetzung in Töne, Klänge und Klangfarben Schuberts Geheimnis geblieben ist. Man kann ihre Mittel und Bestandteile feststellen und benennen: Chromatik, Verbindung von nichtverwandten Akkorden und Tonarten, Vorliebe für übermäßige Dreiklänge, insbesondere den »neapolitanischen Sextakkord«, rascher Dur-Moll-Wechsel, freischwebende Tonalität, Vorhalte, Ostinati, Verschleierung der Haupttonart, starke dynamische Kontraste; bei der Instrumentation die Oktavkoppelung der Melodiestimme in Violinen und Fagotten, die ungewöhnlichen Bläserkombinationen, die (für die Romantiker typische) solistische Behandlung des Horns, die Streichertremoli usw., schließlich die Schubertsche Rhythmik: Metrumwechsel, Akzentverschiebungen. Das alles läßt sich beschreiben, benennen, genau analysieren, aber nicht übernehmen, weder imitieren noch kopieren. So ist Schubert der seltene Fall eines Künstlers, dessen Werk auf die Musikentwicklung des 19. Jahrhunderts (direkt oder indirekt) einen entscheidenden Einfluß gehabt, nie aber wirklich Schule gemacht hat. Die Impulse jedoch, die von seinem Schaffen ausgingen, wirken nicht nur bei Schumann, Brahms, Bruckner, Wolf und Wagner nach, sondern auch bei zahlreichen Kleinmeistern, vor allem auch Schuberts Freunden Benedikt Randhartinger, Anselm Hüttenbrenner und Franz Lachner, wobei interessant ist, wie wenig letztere das spezifisch Neue und Unerhörte bei Schubert erkannt haben. Außer gewissen

Stilmanierismen haben sie praktisch nur das schlicht Volkstümliche der Lieder übernommen, als habe er nicht auch ›Die Winterreise‹ komponiert. Wer es allerdings wie Norbert Burgmüller wagte, sich dem verwickelteren Stil Schuberts anzunähern, lief Gefahr, daran zu zerbrechen. Diese Musik in ihrer radikalen Gefühlsaussage bietet sich nicht als gefälliges Muster zur Imitation an, weil bei Schubert der geniale Funke im Detail steckt.

Wir haben gesagt, eine Entwicklung wie bei Beethoven, eine steile Aufwärtskurve habe es bei Schubert nicht gegeben, nicht jene »unheimliche Konsequenz«, mit der Beethoven zielstrebig nicht nur sein Gesamtschaffen verfolgte, sondern auch jedes einzelne Werk. Doch das heißt nicht, es lasse sich überhaupt keine Entwicklung bei Schubert feststellen, keine Wandlung, kein Expandieren seiner technischen Möglichkeiten. Wer dies behauptet, würde jenen das Wort reden, die in Schubert einen ewigen Dilettanten sehen, einen komponierenden Amateur, dem nur aus Zufall das eine oder andere Stück genialisch gelang, der indes kein bewußter Gestalter, sondern ein naiver Träumer gewesen sei, kein aktiver Schöpfer, sondern ein passiv Empfangender, der das *Thema* will, aber nur den *Aphorismus des Herzens* zuwege bringt. Diese Meinung, teilweise auf dem Urteil von Schuberts Freunden basierend, hat sich bis heute gehalten, grassierte aber besonders im letzten Drittel des 19. Jahrhunderts. So schrieb beispielsweise die EDINBURGH REVIEW im Oktober 1883:

»(Schuberts) Verhältnis zur Kunst war sein ganzes Leben hindurch das eines sehr begabten Liebhabers, der sich Kunst nur in dem Maße wünscht wie sie ihm Vergnügen bereitet, der sich aber von ihr abwendet, sobald harte Arbeit verlangt wird.«

Eine Ansicht, die zwar nichts Zutreffendes über Schubert aussagt, aber alles über die Gesinnung dieser Zeit. Zwar hat Schubert äußerlich das Leben eines Bohemiens geführt und scheint damit genau dem Bild zu entsprechen, das sich der Spießer von dem armen, unordentlichen, dabei trinklustigen und alleweil zu Späßen und Kobolzereien aufgelegten Künstler macht, nur trifft es gerade auf Schubert nicht zu, insofern nicht, als er sich zwar für den Künstlerberuf entschieden, nicht aber freiwillig für Armut und Hunger optiert hatte. Um komponieren zu können – und das war, wie er selbst gesagt hat, sein einziger Lebenszweck –, hat er allerdings gern auf Annehmlichkeiten eines bürgerlichen Lebens verzichtet. Und obwohl er verschiedene Anläufe genommen hat, eine feste Anstellung zu erhalten (1816 seine Bewerbung um die »erledigte Musik-Director-Stelle zu Laibach«, 1826 die letzte Bewerbung um die »erledigte Vice-Hofkapellmeister-Stelle« in einem Gesuch an Kaiser Franz I.), habe ich doch ernsthafte Zweifel, ob er sich tatsächlich für längere Zeit ins Angestelltenjoch hätte einspannen lassen. Jedenfalls ist die Selbstdarstellung in dem »unterthänigsten« Gesuch an den Kaiser kaum eine Empfehlung, so daß ich nicht recht an die seriösen Absichten glauben kann. Die Möglichkeit, daß er mit all seinen Bewerbungen überhaupt nur dem Vater imponieren wollte, sei hier nur angedeutet. Eine andere: die Aufmerksamkeit des Hofes auf sich zu lenken, ist ebenfalls vorstellbar. Wie auch immer: alle seine Bewerbungen wurden abschlägig behandelt, und Schubert scheint darüber nicht allzu unglücklich gewesen zu sein. Dies darf man mit um so mehr Recht vermuten, als Schubert 1825 die ihm angetragene Stelle des Hoforganisten abgelehnt und im Brief an die Eltern (im Juli desselben Jahres) unmißverständlich erklärt hatte, daß er sich in keiner Beziehung *binden* werde. Um der Kunst willen ist er Junggeselle geblieben (wie Beethoven, wie Brahms, wie Bruckner), um der Kunst willen hat er keine Stellung angenommen. Er hat weder regelmäßig Lektionen gegeben, wie Mozart, noch im strengen Sinne Auftragsarbeiten ausgeführt. Die ›Cantate für die Nahmensfeyer des H. Professors Wattrot von Dräxler‹ war eine Gefälligkeit, ein Freundschaftsdienst, und Schuberts Tagebucheintragung vom *17. Juny 1816*: »An diesem Tag componierte ich das erste Mahl für Geld« verrät denn auch seine Selbstironie gegenüber solchen »Auftragsarbeiten«, von denen es nur eine Handvoll gibt: die Vertonung des 92. Psalms in hebräischer Sprache für den Oberkantor Salomon Sulzer, die ›Wanderer-Fantasie‹ für den getauften jüdischen Gutsbesitzer Emanuel Karl Edler von Liebenberg, und die Dedikation einiger Lieder an den Patriarchen von Venedig, Johann Ladislaus Pyrker, dessen Texte Schubert vertont hatte[1], von Operneinlagen etc. abgesehen, für die Schubert vermutlich nie einen Heller erhalten hat.

Ein Dilettant? Ein Komponist, der für und von Kunst ausschließlich lebt, wie ein Besessener arbeitet, Tag für Tag, Jahr für Jahr, täglich sieben Stunden, schreibt, entwirft, verwirft, umschreibt, neu schreibt, sein Handwerk, auf das allein er sich nie verläßt, nie verlassen will, zur höchsten Vollkommenheit entwickelt, die strengsten Maßstäbe an sich legt, sich mit den größten Meistern mißt, Werke wie die C-Dur Symphonie, das Streichquintett, ›Die Winterreise‹, die B-Dur Klaviersonate hervorbringt – ein Amateur?

Er war, nach Beethoven, einer der ersten freischaffenden Künstler, unabhängig, kompromißlos, der (wie Brown sagt) *Berufskomponist par excellence* und eines der größten musikalischen Genies des 19. Jahrhunderts, und nicht *obwohl*, sondern gerade *weil* sein Schaffensweg nicht jene unheimliche und fast unmenschliche Konsequenz wie der Beethovens aufweist, sondern voller Brüche, Knicke und Zäsuren ist.

Ein solcher Knick scheint mir das Jahr 1820 zu sein. Eine bedeutungsvolle Zäsur in Schuberts Produktion, kein Stillstand, aber ein Innehalten zu einem schmerzlichen, angstvollen Blick nach vorn.

Halbzeit der Schubertschen Schaffensjahre?

Setzen wir das Jahr 1810, in dem nachweislich die ersten Werke (die Phantasie in G, einige Streichquartett-Skizzen) entstanden sind, als Beginn seiner kompositorischen Tätigkeit an, hat er 1820 tatsächlich – auch mathematisch – ziem-

1 Darunter das Gedicht ›Der Wanderer‹.

lich exakt die Hälfte seiner Arbeitsjahre erreicht, allerdings weit mehr als die Hälfte des Werkes bereits geschrieben: 6 Symphonien, 7 Ouvertüren, elf Streichquartette, acht Bühnenwerke, zehn Klaviersonaten, das Forellenquintett, 4 Messen, der größte Teil der kleineren Klavierstücke, Chöre und über 400 Lieder. Im Vergleich zu der enormen Produktion der Jahre 1815 bis 1817 und dann wieder 1824 bis 1828, bildet, wie gesagt, das Jahr 1820 geradezu einen Tiefpunkt. Zugleich aber deutet sich in den wenigen Kompositionen dieses Jahres (dem Streichquartett-Satz in c-Moll, dem ›Gesang der Geister‹, den Novalis-Hymnen, den Liedern nach Texten von Mayrhofer, Schlegel und Uhland) eine entscheidende Wende in Schuberts Schaffen an.

Zu Ende ist die Sturm- und Drang-Phase. Plötzlich stehen wir einem reifen, entschiedenen Künstler gegenüber, der – wenn auch vorerst nur in Skizzen und genialischen Fragmenten – bis dahin Unerhörtes und Ungesagtes in Musik ausdrücken kann. Der salonhaften Brillanz eines Weber und Hummel stand er zwar immer schon skeptisch gegenüber, aber sonst hatte er sich allen Einflüssen gegenüber offen gehalten. Von nun an besinnt er sich auf sich selbst, hat er Vertrauen zu seinen eigenen Fähigkeiten, braucht er sich nicht mehr ans Handwerk der Vorbilder anzulehnen. Er weiß, daß er der erste ist, der in seiner Musik »den Aufschrei, die Gemütserregung des menschlichen Herzens« (Brown) ausdrükken kann, seine eigenen Gefühle und die Gefühle seiner Zeit.

Noch immer ist Komponieren für ihn gleichbedeutend mit Experimentieren. Aber er experimentiert nicht mehr mit Formen, sondern mit Gehalten, mit neuen Empfindungen, wie der ›Lazarus‹ in großartiger Weise zeigt. Rund zwei Jahrzehnte vor den Oratorien Mendelssohns entstanden, hätte er den Beginn der Oratorien-Renaissance markieren können, vielleicht sogar den Auftakt zum Musikdrama. Doch Schubert hat vor der eigenen Courage kapituliert, wenn ihn auch letztlich die fortgesetzten Mißerfolge auf der Bühne in die Resignation getrieben haben.

Aber kann man deshalb, wie Brown, von einer »Abneigung« sprechen, die Schubert gegen das Opernkomponieren ergriffen habe? Und woraus schließt Brown, daß er die Entwürfe zur Oper ›Der Graf von Gleichen‹ ohne innere Anteilnahme konzipiert hat? Daß Schubert noch wenige Tage vor seinem Tode in Gedanken mit der Ausarbeitung dieser Oper beschäftigt war, scheint eher das Gegenteil zu beweisen: nämlich des Komponisten unablässige Beschäftigung mit diesem Plan. Die Hinwendung zur Kammermusik, zur großen Symphonie, aber auch zu liturgischen Werken nach dem Desaster der ›Rosamunde‹ ist einerseits zwar auch auf ein resignatives Moment zurückzuführen, andererseits aber kann man darin ebenso den Versuch erblicken, sich über Werke absoluter Musik (Streichquartette, Klaviersonaten, Oktett und Symphonie) einen neuen Weg zur Oper zu bahnen. Solche Annäherungsversuche entsprechen übrigens vollkommen Schuberts Arbeitsprinzip, sich schrittweise an eine Großform heranzuwagen.

Schubert und die Schubertianer

Schubert und sein Kreis: ein Kapital-Kapitel, weit über das Biographische hinausgehend. Was sich da an Mäzenen, Musikenthusiasten, kunstsinnigen Beamten und Bohemiens um Schubert gruppierte, läßt sich so leicht nicht unter einen Hut bringen, und es gehört viel Distinktionsvermögen dazu, den für Schubert jeweiligen Stellenwert dieser Personen und Figuranten auszumachen.

Am meisten verwundert, daß der angeblich scheue und zurückhaltende Franz eindeutig der Mittel- und Anziehungspunkt jener kunstliebenden, gesellschaftlich breitgefächerten Zirkel war, und daß man die abendlichen Veranstaltungen mit Musik und Tanz nach ihm benannte, obwohl diesen Versammlungen Maler, Dichter, Sänger und Schauspieler angehörten, die nicht nur ehrgeiziger, sondern – wie Grillparzer – in Wien berühmter waren als der kleine, dickliche und schüchterne Liedermacher. Und doch kam man in seinem Namen zusammen, traf man sich seiner Musik wegen. Auch an den Leseabenden gab er im buchstäblichen Sinne den Ton an, entschied durch seine berühmt gewordene Frage »Kann er was?« (daher angeblich die Bezeichnung *Kanevas*[1]-Abende) maßgeblich über die Aufnahme neuer Mitglieder, und er war es, der bis zuletzt den bisweilen ziemlich heterogenen Kreis zusammenhielt.

Die Bedeutung der Schubertiaden für Schubert kann nicht hoch genug eingeschätzt werden. Die Gesellschaft von Freunden, Gönnern und Förderern, die sich mehr oder weniger regelmäßig in Wiener Bürgerhäusern traf, war sein Publikum. Ihm spielte er seine neusten Klavierwerke vor: Sonaten, Deutsche, Tänze. Vogl sang an diesen Abenden Schu-

1 Tatsächlich ein Begriff aus der italienischen Stegreifkomödie: Einteilung des Stoffes in verschiedene Szenen und Akte.

berts Lieder. Auch etliche Kammermusikwerke wurden in den Häusern Watteroths, Collins und Sonnleithners uraufgeführt. Zu den Abendkonzerten im Gundelhof kamen bis zu hundertzwanzig Gäste, um Schuberts Musik zu hören. Sehr viel mehr Interessenten gab es auch nicht. Außerhalb dieses Kreises war Schubert kaum bekannt. Als der englische Mozart-Biograph Edward Holmes im Frühjahr 1827 nach Wien kam, um sich über das Musikleben der Stadt zu informieren, scheint er niemanden kennengelernt zu haben, der ihm von Schubert erzählte. In Holmes' Berichten wird folglich sein Name nicht ein einziges Mal erwähnt. Schuberts Pech: er war weder ein Virtuose wie Hummel, noch ein Wunderkind wie Mendelssohn oder Mozart gewesen. In der höchsten Wiener Gesellschaft nahm man von dem Komponisten des ›Erlkönig‹ oder der ›Winterreise‹ keine Notiz. Man schwärmte fürs Ballett und die italienische Oper, und die Mißerfolge Schuberts auf der Bühne schienen eindeutig zu belegen, daß er wohl kein Komponist von großer Importanz sei.

Aber auch dem Kleinbürgertum war Schubert kein Begriff, allenfalls kannte man eine Handvoll Lieder von ihm. Wirklich populär ist er zu Lebzeiten nie geworden.

Da ein Künstler jedoch ein Echo braucht, ein Publikum, das ihm zuhört und ein kritisches Urteil besitzt, ist es nur allzu verständlich, daß Schubert, zumal bei dieser breiten Ignoranz, sehr darauf bedacht war, den Freundeskreis zu erhalten und womöglich zu erweitern. Doch weil er von sich aus selten Kontakte herstellte, besorgten dies für ihn die Freunde, vor allem Spaun.

Josef von Spaun, zehn Jahre älter als Schubert und dessen Bewunderer seit der Konviktszeit, machte ihn mit zahlreichen Persönlichkeiten der Wiener Kunstszene bekannt, u. a. mit Mayrhofer, Enderes, Gahy, Groß, Collin, Graf Moritz Dietrichstein, Hofrat Mosel, Caroline Pichler, mit Hofrat Witteczek und Professor Watteroth. Auch die Freundschaft mit Moritz von Schwind kam durch Spaun zustande. Auf Schwinds Sepiazeichnung aus dem Jahre 1868 ›Ein Schubert-

Abend bei Josef von Spaun‹ sind die wichtigsten Mitglieder des »Vereins« – wie Schubert seinen Musenhof nannte – porträtiert und gleichsam idealisch gruppiert, 42 Personen, darunter Josef Witteczek, Franz Lachner, Michael Vogl, Franz von Hartmann, Josef und Anton Spaun, Kupelwieser, Grillparzer, Bauernfeld, Johann Senn und Ernst von Feuchtersleben, Schwinds Lehrer Schnorr von Carolsfeld, Schwind selber nebst seiner Braut. Auch Schuberts ferne Geliebte, Karoline von Esterházy, ist zugegen, als Bild im Bild. Es sind dies aber bei weitem nicht alle, die zum engeren Schubert-Kreis gehörten. Es fehlt der »treue« Hüttenbrenner, es fehlen die Schwestern Fröhlich, Nestroy fehlt, Ludwig Mohn und Leopold von Sonnleithner, auch die alten Freunde aus dem Konvikt fehlen: Albert Stadler, Anton Holzapfel und Josef Kenner. Aber dafür ist Schober anwesend, Franz von Schober, Schuberts liebster Freund, dem er sich so nahe fühlt, daß er dessen Namen in *Schobert* verwandelt.

Hält man sich an die Charakteristiken der Freunde, scheint es vollkommen unbegreiflich, weshalb Schubert sich von Schober so angezogen fühlte. Danach war er nämlich das genaue Gegenteil von Schubert: ein Dandy und Playboy, ein skrupelloser Mensch, der mehr als einmal den ganzen Schubert-Kreis durch seine Frauenaffären zu sprengen drohte. Josef Kenner, Mitschüler Schobers in Kremsmünster, beschreibt ihn geradezu als einen Mephisto:

»Schuberts Genius zog nachhin unter anderen Freunden das Herz eines verführerisch liebenswürdigen, mit den edelsten Anlagen ausgestatteten genialen jungen Mannes an sich, dessen außerordentliche Begabung einer sittlichen Grundlage, einer strengeren Schule so sehr wert gewesen wäre, als derselben leider Gottes dringlichst bedurft hätte. Aber eine solche Mühe als des Genies unwürdig scheuend, solche Fesseln als Vorurteil und Hemmschuh keck verwerfend, gleichwohl aber mit Sophismen blendend und einschmeichelnd überredend, gewann diese gleißende Individualität, wie man mir später erzählte, über Schuberts biedere Empfänglichkeit einen nachhaltig unheilvollen Einfluß. Ward dieser nicht in seinen Produktionen, so wurde er mehr in seinem Leben bemerkbar. Wer Schubert kannte, weiß, wie er aus zwei einander fremden Naturen zusammengesetzt war, wie gewaltig ohnehin die Genußsucht seine Psyche zu ihrem Schlammpfuhl niederzog, und wie hoch er die Aussprüche geachteter Freunde anschlug, und wird sohin seine Hingebung an den falschen Propheten, der der Sinnlichkeit das beschönigende Wort so schmeichelnd führte, um so begreiflicher finden. Wurden doch gestähltere Charaktere von der dämonischen Lockung des Umganges jenes scheinwarmen, innen aber bloß eitlen Wesens zum Götzendienste verführt, auf kürzere oder längere Frist.«

Das sind starke Worte, und sie betreffen nicht nur Schober. Frei von persönlichen Ressentiments scheint mir dieses Schober-Porträt indes nicht, und Kenners Animositäten äußern sich unverhüllt, wenn er Schobers unheilvolles Naturell als Familienerbe ausgibt und sich in dunklen Andeutungen ergeht, was den Tod von Schobers Schwester[1] betrifft, der »nicht genügend aufgeklärt« sei:

»Spätere Erfahrungen bewiesen, daß in dieser ganzen Familie unter dem Anstriche der liebenswürdigsten Geselligkeit, selbst gewinnender Herzlichkeit, tiefe sittliche Verdorbenheit herrschte, daher wohl kein Wunder war, daß Franz von Schober den gleichen Pfad ging. Nur erfand er sich ein philosophisches System zur eigenen Beruhigung und zur äußeren Rechtfertigung, wie zur Begründung seiner ästhetischen Orakel, worüber er vermutlich so wenig klar ward, als irgendeiner seiner Jünger, doch fand er die Mystik der Sinnlichkeit dehnsam genug, um sich bequem darin zu bewegen; und seine Schüler desgleichen. Das Bedürfnis der Liebe und Freundschaft trat so selbstsüchtig und eifersüchtig hervor, daß er allein seinen Anhängern alles, nicht nur Prophet, son-

1 Sie war mit dem Tenor Giuseppe Siboni verheiratet und wurde von ihrem Gatten »mittelst einer ungeladen geglaubten Pistole« (A. Holzapfel) erschossen.

dern Gott selbst sein und neben seinen Orakeln keine andere Religion, keine Sitte, keine Beschränkung dulden wollte. Wer ihn nicht ausschließlich anbetete und ihm nachbetete, der war der Erhebung zu seiner geistigen Höhe unfähig – und wer sich endlich unbefriedigt von ihm abwendete und nicht mehr durch seine Phrasen und Tränen zu halten war, von dem überredete er sich – er habe ihn selbst als unwürdig fallen gelassen. Diese Eigenheiten verwischten auch seine Achtung vor dem Mein und Dein, so wie in der Ehe, so rücksichtlich des Eigentums seiner Verehrer. So wie er selber herschenkte, was er eben nicht bedurfte, nahm er keinen Anstand, es zurückzufordern, wenn er es wieder brauchte, oder seine Verbindlichkeiten durch seine Freunde übernehmen zu lassen, und rücksichtlich der Weiber war er gänzlich unbedenklich, da er nur zwei Arten kennengelernt hatte: solche, bei welchen er reussierte und welche seiner also würdig waren, und solche, bei welchen das nicht der Fall war und welche also seiner nicht wert waren.«

Man muß bedenken, daß der Bezirkshauptmann Kenner diese Zeilen noch zu Schobers Lebzeiten, 1858, geschrieben hat, und wenn man den ansonsten zähen Beamtenton Kenners mit diesen hier zitierten Passagen vergleicht, sieht man, daß nur Neid und Haß seinem Stil Brillanz geben. Damit aber nur keiner auf den Gedanken kommt, Schober sei ein so glänzender Poseur gewesen, daß sich jeder habe von ihm täuschen lassen, fügt er gleich hinzu:

»Kräftige, gesunde Naturen, richtige Denker durchschauten früher oder später seine Blendungen, wie Oehlinger, Moritz von Schwind; über andere gewann er nachhaltigeren Einfluß, und darunter gehörte Schuberts zutrauliches Gemüt, obwohl ich gewiß zu sein glaube, daß auch Schubert jene Abgötterei später abschüttelte.«

Daß Kenner sich selber zu jenen kräftigen, gesunden Naturen zählte, steht nach solch kernigen Sätzen wohl außer Frage. Allerdings auch, daß Kenner vermutlich selber zeitweilig zu denen gehörte, über die Schober *nachhaltigeren Ein-*

fluß gewonnen hatte. Welcher Art dieser Einfluß gewesen sein könnte, erfahren wir allerdings nicht. Jedenfalls darf man vermuten, daß sich hier einer dafür rächt, daß ein anderer, nämlich Schober, ihm intellektuell überlegen war. Der Rückzug auf die moralische Position ist deshalb sehr verständlich.

Daß Schober ein ganz anderes Kaliber gewesen sein muß als der spießige Kenner, geht sogar noch aus weniger freundlichen Äußerungen der Schubertianer hervor.

Franz von Schober, ein Jahr älter als Schubert, in Schloß Torup bei Malmö (Schweden) als Sohn eines deutschen, 1801 geadelten Hofrats geboren, kehrte nach dem Tode seines Vaters mit seiner Mutter Katharina, geborene Derffel, aus Baden bei Wien stammend, nach Österreich zurück, besuchte von 1803 bis 1806 Salzmanns Institut zu Schnepfental, dann das Konvikt in Kremsmünster und studierte ab 1815 in Wien Jura. In diesem Jahr hatte er auch Schubert kennengelernt, durch Vermittlung Josef von Spauns. Mit seinem Jura-Studium nahm er es freilich nicht sehr ernst; denn er fühlte sich zu den Schönen Künsten hingezogen, dichtete, malte, schauspielerte (so in Breslau, wo er in komischen Rollen auftrat), wenn seine Fähigkeiten auch nie übers Dilettieren hinausreichten. Bauernfeld, der Schober erst Mitte der 20er Jahre kennenlernte, beschreibt ihn ironisch als »eine Art Weltmann, der große Suada und Dialektik besitzt und bei den Weibern beliebt ist, trotz seiner etwas krummen Beine«. Und dann:

»Schober ist uns allen im Geist überlegen, im Reden nun gar! Doch ist manches an ihm gekünstelt, auch drohen seine besten Kräfte im Nichtstun zu ersticken.«

Schmeichelhaft klingt auch das nicht, und was Schobers geistige Überlegenheit betrifft, war sie für Bauernfeld nichts als Schaumschlägerei. Dennoch scheint mir, verglichen mit Kenners haßverzerrter Charakteristik, Bauernfelds Ansicht der Wirklichkeit näher, weil er nicht versucht, Schober zu diabolisieren, ihn als luziferischen Verführer hinzustellen.

Der Stückeschreiber Bauernfeld sieht Schober vor allem als komische Figur, willensschwach, eitel, prätentiös, und schildert ihn hauptsächlich als müßiggängerischen Bel ami.

Das Nichtstun, obwohl er ständig beschäftigt, ständig in etwas verwickelt war, konnte er sich insofern leisten, als er aus vermögendem Hause stammte und bedenkenlos von der Rente der Frau Mama mitzehrte, wenn er zwischendurch auch immer wieder Anläufe machte, als Schauspieler, Dichter oder Leiter einer Lithographischen Anstalt von der Familie unabhängig zu werden. Sein Versuch, sich wenigstens als cleverer Geschäftsmann durchzusetzen, scheiterte ebenfalls. Er war in Gelddingen so sorg- und ahnungslos, daß er fallierte, was auch nicht eben zur Hebung seines ohnehin angeschlagenen Rufs beitrug.

Ich stelle ihn mir vor als eine biedermeierliche Vorwegnahme des Grafen Robert de Montesquiou: als exzentrischen Ästheten und Snob, der durch seinen ausgefallenen Geschmack, durch seine paradoxen Ansichten, aber auch durch seinen unbürgerlichen Lebensstil die Umwelt – also jene Hofräte und Kanzleibeamte, die zum Schubert-Kreis gehörten – schockierte. Außer Schubert, der ihn einen »göttlichen Kerl« nannte, dessen prometheischer *Über*mut gewiß das notwendige Gegengewicht zur eigenen *Schwer*mut bildete. Keineswegs aber war es argloser Biedersinn, der ihn in die Fänge Schobers gelockt hatte. Der stets arme Schubert wußte ziemlich gut, was ihm die Freundschaft Schobers wert war. Immer dann, wenn es ihm besonders schlecht gegangen war, hatte Schober geholfen. Als *Krösus unter den Schubertianern* hatte er dafür gesorgt, daß Franz nicht verhungern mußte. Während des Zerwürfnisses Schuberts mit seinem Vater hatte Schober den Verstoßenen bei sich aufgenommen. Er war es auch, der Schubert mit dem Hofoperisten Michael Vogl bekannt gemacht hatte. Und wenn letzterer auch höchst mißtrauisch gegenüber dem Gschaftlhuber Franz von Schober war: diesmal hatte Schober ihn mit einem Künstler nach seinem Gusto zusammengebracht. Für Schubert selbst aber bedeutete die Begegnung mit Vogl die entscheidende Wende in seinem Komponistenleben; denn erst durch Vogls engagiertes Eintreten für Schuberts Lieder wurde Franz sozusagen mit einem Schlage weit über die kleine Anhängerschar hinaus bekannt. Ohne Vogl wäre Schubert möglicherweise nur ein Geheimtip unter Insidern geblieben. Ohne Schober wiederum aber wäre möglicherweise die Beziehung zu Vogl nicht zustande gekommen.

Schober war es auch, der nach dem Muster Spauns und der Schwestern Fröhlich, analog zu den Schubertiaden, Leseabende in seiner Wohnung abhielt, deren Zweck es natürlich auch war, sich selbst als brillanten Vortragskünstler feiern zu lassen, und man darf vermuten, daß die anwesenden jungen Damen, die in großer Zahl eingeladen wurden, ihn zu rezitatorischen Höchstleistungen animiert haben. Da er literarisch auf dem laufenden war, bedeutete dies – vor allem für Schubert –, daß man sich hier umfassend über den neusten Stand der Dichtkunst informieren konnte; denn was Franz von Schober zum Lesen mit verteilten Rollen vorschlug, waren – außer griechischen Tragödien und Shakespeare-Dramen – Werke der Avantgarde: Kleists Novellen und ›Der Prinz von Homburg‹, Heines ›Reisebilder‹, Tieck, Immermann, Goethe und – versteht sich – Schobers eigene Gedichte, von denen ein Dutzend durch Schuberts Vertonungen hochberühmt geworden sind.

Dennoch bin ich überzeugt, daß Schubert, so sehr ihm diese Verse auch gefallen haben, den Rangunterschied zwischen Schober einerseits und Mayrhofer andererseits klar erkannt hat. Während er Mayrhofer hauptsächlich als Dichter schätzte, ohne dessen Hypochondrien und persönliche Zudringlichkeiten ertragen zu können, schätzte er an Schober vor allem den Weltmann und Lebenskünstler. Schobers immerwährender Optimismus, seine ungebrochene Vitalität und sein Humor waren es, was Schubert bewunderte. Er genoß es, sich von Schobers ungezügeltem Temperament mitreißen zu lassen; denn er mußte nicht befürchten, von Schober okkupiert zu werden, weil der letzten Endes ebenso bindungsunfähig war wie Schubert. Und wenn ihm auch Schobers exzessiver Lebensstil nicht immer gemäß war, wollte er doch die Strapazierbarkeit seiner körperlichen und geistigen Kräfte erproben, die Grenzen seiner Belastbarkeit kennenlernen.

So sehr ihn die düsteren Stimmungen Mayrhofers psychisch gelähmt hatten, weil er selber an Schwermut litt, so sehr animierte ihn Schobers Flattergeist zu allen möglichen Aktivitäten. Aber dazu bedurfte es der unmittelbaren Nähe Schobers. War dieser fern, ergab sich Schubert sogleich wieder der finstersten Melancholie. Das (von ihm auch vertonte) Gedicht ›Abschied‹

Lebe wohl, Du lieber Freund

entstanden 1817, als Schober nach Schweden reiste, beweist, wie schwer ihm diese Trennung gefallen ist, und vermutlich gerade deshalb, weil er diese Freundschaft nicht als Bindung empfand, als ein Aneinandergekettetsein.

Aber nicht nur Schubert, der ganze Schubert-Kreis gerät aus der Fasson, wenn Schober fehlt. Das ist deshalb besonders bemerkenswert, weil etliche Mitglieder der geselligen Abende ja Schober vorhielten, er drohe durch seine Amouren und Affären die ganze Gesellschaft zu sprengen. Plötzlich stellt sich heraus, daß gerade während Schobers Abwesenheit die Auflösungstendenzen am stärksten sind.

1823, als Schober in Breslau endlich ein Engagement als Schauspieler bekommen hatte, schreibt Schubert an ihn:

»Vor allem muß ich Dir ein Lamento über den Zustand unserer Gesellschaft wie über alle übrigen Verhältnisse ankündigen; denn außer meinen Gesundheitsumständen, die sich (Gott sey Dank) nun endlich ganz fest zu stellen scheinen, geht alles miserabel. Unsere Gesellschaft hat durch Dich, wie ich es wohl voraussah, seinen Anhaltspunkt verloren. Bruchmann, von seiner Reise zurückgekom̄en, ist nicht mehr der, der er war. Er scheint sich in die Formen der Welt zu schmiegen, u. schon dadurch verliert er seinen Nimbus, der meines Erachtens nur in diesem beharrlichen Hintanhalten aller Weltgeschäfte bestand. Kupelwieser ist, wie Du vermuthlich schon weißt, nach Rom (ist aber mit seinem Russen[1] nicht sonderlich zufrieden). Was an den übrigen ist, weißt Du besser als ich. Als Ersatz für Dich u. Kupelwieser bekamen wir zwar 4 Individuen, nähmlich: Den ungarischen Mayr, dann Hönig, Smetana u. Steiger, doch die Mehrzahl *solcher* Indidivuen machen die Gesellschaft nur unbedeutender statt tüchtiger. Was soll uns eine Reihe von ganz gewöhnlichen Studenten u. Beamten? Ist nun Bruchmann nicht da, oder vollends krank, so hört man Stundenlang unter der obersten Leitung des Mohns nichts anders als ewig von Reiten u. Fechten, von Pferden u. Hunden reden. Wenn es so fortgeht, so werd ichs vermuthlich nicht lange unter ihnen aushalten.« Woraus hervorgeht, daß Schober tatsächlich der organisatorische Kopf der Abendgesellschaft gewesen sein muß, und vermutlich wurde ihm gerade diese Rolle geneidet.

Schubert, der diesen Kreis so notwendig brauchte, um ein Publikum zu haben, litt gleichzeitig darunter, daß es in dieser Gesellschaft so wenig Künstler gab. Und Schober zählte für Schubert unbedingt zu diesen künstlerischen Naturen, wenn auch sein Enthusiasmus für die Kunst größer war als sein Talent. Aber in Kupelwieser, Schwind und Schober sah Schubert die einzigen wirklich Gleichgesinnten.

Schon 1818, als feststand, daß Schober keine juristische Laufbahn mehr einschlagen werde, hatte Schubert ihm gesagt:

»Du standest ja schon lange mit einem Fuße in unserer Hölle.«

Und später:

»Sind wir denn nicht gerade die, die unser Leben in der Kunst fanden, wenn die Anderen sich damit nur unterhielten, die gewiß und allein unser Innerstes verstanden, wie es nur der Deutsche verstehen kann?«

1 Alexis Beresin, als dessen Begleiter Kupelwieser nach Italien gereist war.

Klarer konnte es nicht ausgesprochen werden, warum Schubert so große Stücke auf Schober hielt: weil er sich von ihm verstanden fühlte, und weil er wußte, daß ihn nur einer verstehen konnte, der selber kreativ ist. Gewiß, da war auch Spaun, der sich um Verständnis bemühte, der Schubert jede Form von Unterstützung bot, ihn mit einflußreichen Personen der Wiener Gesellschaft bekannt machte. Schubert war sehr auch auf diese Hilfe angewiesen; dennoch war sie vor allem idealer Natur. Schobers Hilfe dagegen war stets praktischer Art: hier lieferte er Gedichte zum Vertonen, da das Libretto für ›Alfonso und Estrella‹. Spaun war ein Bewunderer Schuberts. Seine Aufzeichnungen belegen ein sicheres Urteil und tiefes Verständnis für die Musik des Freundes. Schober war jemand, der selber etwas produzierte. Sein Interesse galt weniger dem einzelnen Werk, als hauptsächlich dem Komponisten, zu dessen Manager er sich berufen glaubte.

In diesem Zusammenhang ist bemerkenswert eine Behauptung des ersten Schubert-Biographen Heinrich von Kreißle, der schreibt, Franz von Schober habe schon als Siebzehnjähriger in Linz Schubertsche Lieder singen hören und von diesen begeistert, »den Schubert aus seiner Lage befreit und für die Kunst gewonnen«.

Nun, für die Kunst war Schubert auch ohne Schober schon gewonnen, der es seinerseits nicht verhindern konnte, daß der junge Komponist Schulgehilfe beim Vater werden mußte. Es ist jedoch sehr wahrscheinlich, daß Kreißles Behauptung auf Schober zurückgeht, dem außerordentlich daran gelegen war, als Entdecker und Förderer Schuberts zu gelten.

Josef von Spaun, trotz mancher Gegensätze mit Schober befreundet, bemüht sich, diese Behauptung zu widerlegen, indem er – sicher mit Recht – darauf hinweist, daß man um 1813 wohl kaum Schuberts Lieder in Linz gesungen haben wird.

Allerdings war die starke kompositorische Begabung des damals sechzehnjährigen Schubert unter den Konviktoristen lange bevor Schober nach Wien kam schon bekannt, und wenn jemand für sich in Anspruch nehmen durfte, Schubert entdeckt und gefördert zu haben, war es Josef von Spaun.

Ihm hatte Schubert seine Kompositionen vorgespielt. Spaun hatte ihn mit Notenpapier versorgt, ihn mit in die Oper und ins Schauspiel genommen, ihn mit der zeitgenössischen Literatur bekannt gemacht. Auch als es zwischen Vater und Sohn zu großen Auseinandersetzungen gekommen war, hatte Spaun sich bemüht, zu vermitteln und Franz Theodor von dem außergewöhnlichen Talent des Sohnes zu überzeugen. Spaun war es auch, der Schuberts Kompositionen Fachleuten vorlegte, unter anderen dem Geiger Anton Schmidt, der über Schuberts frühe Arbeiten sagte:

»Wenn es wahr ist, daß diese Menuette ein halbes Kind geschrieben hat, so wird aus diesem Kinde ein Meister werden, wie es noch wenige gegeben hat.«

Solche Prophezeiungen verlieren freilich an Wert dadurch, daß sie erst nach Schuberts Tod bekannt geworden sind, wo es nicht mehr schwer war, sie als Vorhersagen auszulegen. Doch immerhin war Spaun einer der ersten, der von der Genialität seines jüngeren Freundes überzeugt gewesen ist. Und Spaun war es denn auch, der Schober mit Schubert bekannt gemacht hat. Das Verhältnis Spaun/Schober war von Anfang an ein schwieriges gewesen. Dem stillen, introvertierten Spaun lag das eitle Salongebaren Schobers nur wenig, und im Laufe der Jahre war es nicht ausgeblieben, daß die Gegensätze zwischen beiden hart aufeinanderprallten. Trotzdem hat Spaun immer seine Contenance bewahrt und speziell Schobers Verdienste um Schubert stets anerkannt. Es verdroß ihn freilich, daß Schober, der sich in den letzten Wochen vor Schuberts Tod kaum noch bei dem kranken Freund sehen gelassen hatte – aus Angst vor einer Infektion –, der nach dem Tode auch nicht bereit war, seine Erinnerungen an Schubert niederzuschreiben, sich vor Kreißle und anderen damit brüstete, Schuberts Entdecker und uneigennütziger Förderer gewesen zu sein.

Doch was ging Franz die Rivalität zwischen Spaun und Schober an? Er war mit beiden befreundet, er brauchte beide, brauchte alle, die sich in seinem Namen versammelten: als Publikum und Schutzfiguren. Der Gedanke, daß einer aus dem Schubert-Kreis ihn nicht liebte, wäre ihm unerträglich gewesen. Dabei war er selber durchaus nicht immer bereit, die ihm entgegengebrachte Liebe und Anhänglichkeit zu erwidern. Ganz deutlich wird das im Falle Josef Hüttenbrenners der für Schubert zeitlebens nur die Rolle eines Faktotums gespielt hat.

Die Beziehungen Schuberts zu Hüttenbrenner gehen schon auf das Jahr 1815 zurück, als Schubert diesem zwei Lieder widmete. Zwei Jahre später hatten sich beide persönlich kennengelernt, und 1818 widmete ihm Schubert eine Abschrift der ›Forelle‹ mit den Worten:

»Theuerster Freund! Es freut mich außerordentlich, dß Ihnen meine Lieder gefallen. Als einen Beweis meiner iñigsten Freundschaft, schicke Ich Ihnen hier ein anderes, welches ich eben jetzt bey Anselm Hüttenbrenner Nachts um 12 Uhr geschrieben habe. Ich wünsche, dß ich bey einem Glas Punsch nähere Freundschaft mit Ihnen schließen könnte. Vale.

Eben, als ich in Eile das Ding bestreuen wollte, nahm ich, etwas schlaftrunken, das Tintenfaß u. goß es ganz gemächlich darüber. Welches Unheil!«

Ein äußerst widerspruchsvolles Dokument, auch wenn man einräumt, daß es nach etlichen Flaschen Szegzárder geschrieben wurde, also in nicht mehr ganz nüchternem Zustand. Um so stärker meldet sich das Unbewußte zu Wort. Schubert redet Hüttenbrenner mit »Theuerster Freund« an, kennt ihn aber nur recht flüchtig; denn er will ja erst »nähere Freundschaft« mit ihm schließen. Aber wer in dieser Freundschaft die Dominanz haben wird, beleuchtet klar das versehentlich groß geschriebene *Ich* (»schicke Ich Ihnen«). Auf den unheilvollen Tintenklecks wollen wir hier nicht eingehen. Jedenfalls welche Einstellung Schubert später gegenüber

Hüttenbrenner einnehmen wird, läßt sich aus diesem Brief bereits ablesen. Er erkannte klar, daß Hüttenbrenner das Werk Schuberts rückhaltlos bewunderte. Zugleich aber störte ihn Hüttenbrenners Unterwürfigkeit. »Dem da gefällt doch alles von mir«, äußerte er sich abfällig über ihn, und gerade wegen seines schroffen Verhaltens gegenüber dem »treuen« Hüttenbrenner, der einer der fleißigsten Autographensammler war und zweifellos manches Schubertsche Werk für die Nachwelt bewahrt hat, wurde Schubert von einigen Freunden »Der Tyrann« genannt.

Tyrannisch war er zweifellos nicht, aber daß er den Hüttenbrenner eher von oben herab behandelt hat, belegt u. a. das folgende Schreiben an ihn aus dem Jahre 1822:

»Sind Sie so gut, u. bringen Sie mir von der Oper (›Alfonso und Estrella‹, Anm. d. Vf.), einen Act nach den andern hinaus zum corrigieren.

Auch wünschte ich, daß Sie sich um bisherige Rechnung bey Diabelli bekūmerten, da ich Geld brauche. Schubert.«

Noch nach fünf Jahren angeblich »theuerster Freundschaft ist man per Sie, und dieses kurze Billett zeigt deutlich, welcher Art dieses Verhältnis tatsächlich gewesen ist: das von Herr und Knecht.

Um so erstaunlicher, daß Hüttenbrenner, nachmalig Registraturbeamter im Ministerium des Innern, so gar nichts von dieser herablassenden Behandlung gespürt zu haben scheint. Noch 30 Jahre nach Schuberts Tod nannte Hüttenbrenner sich »Prophet, Sänger, Freund und Schüler« Schuberts, was den Grad der Ergebenheit nur noch unterstreicht; denn letztlich hat Schubert Hüttenbrenner niemals zu seinen Freunden gezählt, wie man deutlich aus den Briefen ersehen kann.

Wie oft schutzbedürftige Personen, besaß auch Schubert eine bewundernswerte Fähigkeit, sich in seinen Briefen stilistisch auf den jeweiligen Adressaten einzustellen: er konnte devot, konziliant, distanziert und herablassend sein, aber auch heiter und ausgelassen. Die offensten, freimütigsten

Briefe schrieb er an Schober, Kupelwieser, Schwind und Spaun. Ihnen gegenüber zeigte er seinen ganzen Sprachwitz, seinen Humor und seinen Schalk, aber auch seine Schwermut und seine tiefe Traurigkeit, die er nicht einmal seinen Geschwistern in diesem Ausmaß mitteilte. Schon anhand dieser Briefe läßt sich eindeutig erkennen, wer zu seinen Favoriten gehörte: die genannten vier, zu denen später noch Bauernfeld hinzukam. Nicht Sonnleithner, nicht die Hofräte und die zahlreichen Hochwohlgeborenen.

Undurchsichtig sind die Motive für das Zusammenleben mit Mayrhofer. Bekanntgeworden war er mit dem studierten Juristen und Dichter, der von dem schmalen Gehalt eines Beamten des Staatlichen Zensuramtes lebte, 1814 durch Spaun.

Mayrhofer erinnert sich in späteren Aufzeichnungen dieser ersten Begegnung:

»Mein Verhältnis mit Schubert wurde dadurch eingeleitet, daß ihm ein Jugendfreund mein Gedicht *Am See* zur Composition übergab. An des Freundes Hand betrat Schubert das Zimmer, welches wir fünf Jahre später gemeinsam bewohnen sollten. Es befindet sich in der Wipplinger Straße. Haus und Zimmer haben die Macht der Zeit gefühlt, die Decke ziemlich gesenkt, das Licht von einem großen, gegenüberstehenden Gebäude beschränkt, ein überspieltes Klavier, eine schmale Bücherstelle; so war der Raum beschaffen, welcher mit den darin zugebrachten Stunden meiner Erinnerung nicht entschwinden wird.«

Nach Schuberts Rückkehr aus Ungarn (1818) stand für ihn fest, daß er nicht wieder als Schulgehilfe anfangen werde. Das Jahr der Beurlaubung war um. Der Vater hatte ein Gesuch um Wiedereinstellung seines Sohnes entworfen und drängte Franz, an seine Schule zurückzukehren. Franz weigerte sich. Es kam zu einer heftigen Auseinandersetzung zwischen Vater und Sohn, in deren Verlauf das Briefkonzept des Vaters, das Franz an sich bringen wollte, zerrissen wurde.

Nun hing der Haussegen schief. Der Vater zeigte sich unnachgiebig. Der Sohn strebte nach künstlerischer Freiheit. Er wollte unabhängig sein. Gleichzeitig brauchte er einen Rückhalt.[1]

Glaubte er diesen bei dem zehn Jahre älteren Mayrhofer zu finden? Fast zwei Jahre dauerte die Wohn- und Lebensgemeinschaft. Sie zerbrach 1820. Eine glückliche Verbindung war es vermutlich von Anfang an nicht. Die Charaktere waren zu verschieden. Und bald schon mußte Schubert erkennen, daß dieser ernste, schwermütige, von beruflichen Skrupeln geplagte Mayrhofer für ihn, der selber unter Depressionen litt, nicht der rechte Umgang sein konnte.

Immer häufiger kam es zu Spannungen zwischen den beiden. Mayrhofer erinnert sich:

»Während unseres Zusammenseins konnte es nicht fehlen,

1 Hat er möglicherweise in dem älteren Freund eine Art Vater-Ersatz gefunden, nachdem zwei Jahre vorher sein Verhältnis zu der anderen Vater-Figur (Beethoven) – wenn auch nur vorübergehend – sehr gestört worden war? Nach der Feier zum 50. Jahrestag der Ankunft des Herrn von Salieri in Wien am 16. Juni 1816 schreibt Schubert ins Tagebuch:
»Schön u. erquickend muß es dem Künstler seyn, seine Schüler alle um sich versam̄elt zu sehen, wie jeder sich strebt, zu seiner Jubelfeyer das Beste zu liefern, in allen diesen Compositionen bloße Natur mit ihrem Ausdruck, frey aller Bizarrerie zu hören, welche bey den meisten Tonsetzern jetzt zu herrschen pflegt, u. einem unserer größten deutschen Künstler beynahe allein zu verdanken ist, von dieser Bizzarrerie, welche das Tragische mit dem Komischen, das Angenehme mit dem Widrigen, das Heroische mit Heulerey, das Heiligste mit dem Harlequin vereint, verwechselt, nicht unterscheidet den Menschen in Raserey versetzt statt in Liebe auflöst zum Lachen reitzt, anstatt zum Gott erhebt, diese(s) Bizzarrerie aus dem Circel seiner Schüler verbannt, u. dafür die reine, heilige Natur zu blicken, muß das höchste Vergnügen dem Künstler seyn, der von einem Glück geleitet, die Natur ken̄en lernt, u. sie trotz der unnatürlichsten Umgebungen unserer Zeit erhalten hat. –«
Heinrich Werlé nimmt zwecks Ehrenrettung Schuberts an, daß dieser den Text fast in einem Zustand geistiger Verwirrung geschrieben haben müsse. Stil, Orthographie und die seltsame Interpunktion scheinen diese Annahme auch zu bestätigen. Zweifellos ist diesem herabsetzenden Urteil über Beethoven ein großer innerer Kampf vorangegangen: der Versuch des Neunzehnjährigen, sich von seinem Vorbild (und vermutlichen Vater-Idol) zu befreien. Noch 1811 hatte er gegenüber Spaun den bereits erwähnten Ausspruch getan: »Wer vermag nach Beethoven etwas zu machen?« Und tatsächlich hat Schubert in Beethoven zeitlebens den einzigen ernstzunehmenden Konkurrenten gesehen, zu dem er erst nach diesem schriftlichen Ausbruch ein geläutertes und schließlich verehrendes Verhältnis gefunden hat.

daß Eigenheiten sich kundgaben; nun waren wir jeder in dieser Beziehung reichlich bedacht, und die Folgen blieben nicht aus. Wir neckten einander auf mancherlei Art und wendeten unsere Kanten zur Erheiterung und zum Behagen einander zu. Seine frohe, gemütliche Sinnlichkeit und mein in sich geschlossenes Wesen traten schärfer hervor und gaben Anlaß, uns mit entsprechenden Namen zu bezeichnen, als spielten wir bestimmte Rollen. Es war leider meine eigene, die ich spielte.«

Auf Außenstehende muß das Benehmen der beiden wie das eines zänkischen Ehepaars gewirkt haben. (Und das Wort *necken* nimmt sich bei einem so ernsten Mann wie Mayrhofer eher befremdlich aus.) Oft müssen die Auftritte zwischen Schubert und Mayrhofer nahezu burleske Formen angenommen haben. Josef von Gahy berichtet:

»Ein Lieblingsscherz Mayrhofers bestand darin, daß er plötzlich mit bajonettartig gefälltem Stock auf Schubert losging, diesem mit satyrischem Lachen und im oberösterreichischen Dialekt zurufend: ›Was halt mich denn ab, dich aufz'spießen, du kloaner Racker!‹ Worauf Schubert ihn mit den Worten: ›Waldl, wilder Verfasser!‹ zurückwies.«

So komisch solche Szenen auch gewirkt haben mögen, sie waren alles andere als komisch. Über die Hintergründe solch heftiger Ausbrüche läßt sich nur spekulieren. Schuberts Sorglosigkeit in Gelddingen, wie oft behauptet wurde, ist mit Sicherheit nicht die Ursache gewesen. Sehr viel wahrscheinlicher ist, daß bei diesen Auseinandersetzungen eine homoerotische Komponente mitgespielt hat. Daß Mayrhofers frauenfeindliche Einstellung den Freunden Schuberts bekannt war, beweist Bauernfelds Gedicht, in dem er Mayrhofer porträtiert:

Wenig sprach er, – was er sagte,
War bedeutend, allem Tändeln
War er abgeneigt, den Weibern
Wie der leichten Belletristik.

Nur Musik konnt' ihn bisweilen
Aus der stumpfen Starrheit lösen,
Und bei *seines Schuberts* Liedern
Da verklärte sich sein Wesen.

Seinem Freund zuliebe ließ er
In Gesellschaft auch sich locken,
Wenn wir Possen trieben, sah ihn
Stumm dort in der Ecke hocken.

Die Gedichte Mayrhofers ›An Franz‹ deuten ebenfalls auf ein schwärmerisch-freundschaftliches Verhältnis, dessen Symbol – bezeichnend für den Verehrer der griechischen Antike – die Dioskuren sind. Und deshalb geht man wohl auch nicht fehl in der Annahme, daß nicht *kleine ökonomische Divergenzen*, wie Holzapfel meint, sondern eher Mayrhofers fortgesetzte erotische Annäherungsversuche zum Bruch zwischen ihm und Schubert geführt haben.

Nun hätte Schubert vermutlich ohnehin die Wohngemeinschaft mit Mayrhofer nicht lebenslänglich fortgesetzt.

Aber auch Schuberts Verhältnis zu Schwind, Schober, Kupelwieser und Bauernfeld unterlag starken Schwankungen, und immer war einer darunter, den er besonders vorzog, mal war es Kupelwieser, mal Schwind, mal Schober, meist aber der, der am weitesten weg war.

Kleine Differenzen gab es oft, Mißhelligkeiten wegen eines Mädchens, Meinungsunterschiede in Sachen Kunst. Doch der eigentliche Grund, weshalb Schubert mit dem einen haderte und den anderen favorisierte, war eindeutig seine Angst vor Bindungen. Einerseits suchte er Schutz und Liebe, andererseits wollte er von keinem abhängig sein. Darin bestand sein Dilemma. Und da Schober in noch stärkerem Maße als Schubert bindungsunfähig war, ist es verständlich, daß Schubert mit ihm noch am ehesten harmonierte. Schwieriger schon war das Verhältnis zu Schwind, der partout heiraten wollte, mit der wildesten Entschlossenheit um Anna Hönig warb, den Kopf verlor und sich, da alles vergebens schien, total vernichtet sah und sich auf der Stelle erschießen wollte. Solche Capricen gefielen Schubert nun gar nicht, weil er befürchtete, infolge solcher bürgerlichen Heiraten könnte das Freundschaftsbündnis zerstört werden.

Am heikelsten aber war neben dem zu Mayrhofer das Verhältnis zu Spaun. Nur mit großer Mühe konnte Schubert weltanschauliche Gegensätze überbrücken. Da er den freigeistigen Auffassungen Schobers näherstand als den sittlich-religiösen Spauns, mußte er, zumal er Spaun ansonsten sehr schätzte, darauf achten, gewisse Themen auszuklammern. Selbstverständlich war es ihm bekannt, daß Spauns Schwester durch ihre Mutter gezwungen worden war, ihre Liaison mit Schober aufzugeben, weil dieser a-religiös sei. Derartige Bigotterien haben Schubert vermutlich nur dazu gebracht, sich noch enger an Schober anzuschließen, was wiederum nicht ohne Rückwirkungen auf das Verhältnis Schubert/Spaun geblieben ist. Dennoch scheint es Schubert gelungen zu sein, Meinungsunterschiede nicht offen zutage treten zu lassen, und Spaun seinerseits war ein so großer Bewunderer Schuberts und seines Werkes, daß er über manche Schwäche hinwegsehen konnte. Dennoch, bei aller Hemdsärmeligkeit, wie sie sich in Schuberts Briefen an Spaun äußert, ist eine gewisse vornehme Distanz nicht zu übersehen. Daß er sogar einige spöttische Bemerkungen über Schober macht, besagt weniger über Schuberts als vielmehr Spauns Verhältnis zu Schober. Doch wußte Schubert nur zu gut, wie sehr solche kleinen Sticheleien gegen Schober bei Spaun ankamen. So schrieb er in seinem Linzer Brief aus dem Jahre 1825 an Spaun:

»Von Schober hat man einige sehr sonderbare, beinahe komische Notizen erhalten, für's erste las ich in der Wiener-Theaterzeitung von einer *pseudonymen Torupsohn*??? Was soll das bedeuten? Er wird doch nicht geheurathet haben? Das wäre doch einigermaßen lustig – fürs zweite soll die Casperl-Rolle in der travestirten Aline seine Fors-Rolle seyn. Ein ziemlich tiefer Fall von der Höhe seiner Plane u. Erwartungen! Und endlich drittens, dß er nach Wien zurückkom̄en soll? Nun frag ich, was wird er da machen?«

Seitenhiebe dieser Art sprechen nun aber keineswegs für Schuberts Charakterlosigkeit, sondern lediglich für die Gepflogenheit im Freundeskreis, sich gegenseitig mit Gesellschaftsklatsch zu unterhalten, wenn auch – wie gesagt – in diesem Falle Schubert wohlüberlegt an den Adressaten dachte und es für opportun hielt, sich gelegentlich etwas von Schober abzusetzen. Und diesmal hatte er sogar persönliche Gründe, dem im fernen Breslau schauspielernden Schober nicht ganz grün zu sein: nämlich Angst, Schober könne geheiratet haben, aber auch einen gewissen Unwillen darüber, daß dieser so lange nichts hatte von sich hören lassen und Schubert erst aus der Zeitung das Neuste über ihn erfahren mußte.

Auch in Briefen an Schober selbst, desgleichen in Briefen an Anselm Hüttenbrenner und Michael Vogl, hatte Schubert stets mit Ironie auf mögliche Heiratspläne reagiert, woraus man noch lange keine Misogynie abzuleiten braucht, da in Junggesellenkreisen heiratsanfällige Mitglieder stets Gegenstand von hämischen Bemerkungen und einschlägigen Frozzeleien sind. Schubert hatte darüber hinaus – wie der Fall Schwind belegt – die selbstverständlich auch nicht ganz unberechtigte Befürchtung, die Freunde nicht mehr ausschließlich für sich zu besitzen. Ähnlich verdrossen machten ihn auch die Berufskarrieren einiger Schubertianer. Ehe und Berufsleben waren beide gleichermaßen geeignet, dem ungebundenen Bohemeleben ein Ende zu bereiten. Ein Alptraum für Schubert, der darin die Auflösung des Freundeskreises besiegelt gesehen hätte. Eben diesen Kreis aber wollte Schubert nicht gefährdet wissen, nicht nur, weil er ein Publikum, sondern auch und vor allem die Intimität des Gesprächs brauchte.

Die Meldung aus Wien erwies sich allerdings als falsch. Nicht *eine* pseudonyme Torupson hatte zum ersten Male in

Breslau die Bühne betreten, sondern *ein* Torupson, und das war Schober selber, der sich dieses Pseudonym zugelegt hatte. Also kein Grund zur Aufregung. Doch als Schubert den Brief an Spaun abfaßte, war dieses Mißverständnis noch nicht aufgeklärt. Trotzdem beläßt er es nicht bei dem ironischen Kommentar, sondern fügt vielmehr hinzu, ein bißchen wie aus schlechtem Gewissen:

»Indessen freue ich mich doch sehr auf ihn, ich hoffe, er wird wieder ein etwas lebendigeres u. gescheidteres Wesen in die zwar sehr zusam̄engeschmolzene Gesellschaft hinein bringen.«

Also auch die in Aussicht stehende Rückkehr Schobers nach Wien wird sofort wieder in bezug zur »Gesellschaft« gesetzt. Um die Belebung des Lesekreises geht es, um Anregung und Aktivitäten. Dazu ist Schober da. Das kann nur er, kein anderer, am wenigsten in diesem Moment Schubert, der wie nie zuvor unter Depressionen leidet.

Mitte der 20er Jahre macht Schubert die schwerste Krise seines Lebens durch. Er fühlt sich vollkommen isoliert. Schober ist in Breslau, Kupelwieser in Rom. Schubertiaden finden kaum noch statt. Die Leseabende arten mehr und mehr in Zechgelage, Bratwurstessen und Pfänderspiele aus.

Schon im Dezember 1823 hatte Schwind an Schober geschrieben:

»Ich stehe im Begriff, mich von den Lesungen loszumachen, denn das Lesen ist so übertäubt durch Kassageschäfte und Schwänke, daß einem nicht einmal ein ungestörtes Beisammensein möglich ist. Wenn Du oder der Senn plötzlich hineinkämen, wir müßten uns wahrlich dieser Kompagnie schämen, Schubert wird mit mir halten.«

Daß Schubert sich gelegentlich in dieser Weise gegenüber Schwind geäußert hat, ist ziemlich gewiß, da er ja auch Schober seinen Unmut geschrieben hat. Ebenso gewiß aber ist, daß er nichts mehr als diese Auflösung gefürchtet hat, besonders nachdem am 20. Februar 1824 Ignaz von Sonnleithner hatte wissen lassen, daß die musikalischen Soireen im Gundelhof eingestellt würden. Als offizielle Begründung gab er »Krankheitsfälle in der Familie« an. Der eigentliche Grund dürfte aber die Krankheit Schuberts gewesen sein. Sonnleithner hielt es vermutlich mit seinem gesellschaftlichen Ansehen nicht für vereinbar, einen Syphilitiker als Gast seines Hauses zu empfangen. Verstimmungen zwischen den Sonnleithners und Schubert hatte es schon früher einmal gegeben, als letzterer eigenmächtig (weil er Geld brauchte und in kaufmännischen Dingen unerfahren war) den Verlegern Cappi & Diabelli die Druckplatten und Rechte für die in diesem Hause auf Subskription erschienenen Liederhefte[1] abgetreten hatte.

Leopold, aber auch dessen Vater Ignaz Sonnleithner waren über diesen Schritt Schuberts ziemlich verärgert, da sie dadurch alle ihre Bemühungen, Schubert ein gesichertes Einkommen zu verschaffen, durchkreuzt sahen. Ihre Sorge für Schubert ehrt diese Herren zwar, indes, so uneigennützig war ihre Hilfe auch wieder nicht. Einerseits wollte man sich durch Unterstützung eines talentierten Künstlers einen guten Namen machen, andererseits gefiel ihnen Schuberts Rolle als Almosenempfänger nicht. Aber wenn man schon in ihn investiert hatte, sollte es sich auch auszahlen. Genau das aber hatte Schubert verhindert, indem er leichtfertig die Rechte an die Verleger verkauft hatte, ohne weiterhin an dem Gewinn beteiligt zu sein.

Doch diese Verlagsaffäre war 1824 vergessen und die diplomatische Absage der Konzerte hatte damit nichts mehr zu tun, außer, daß es wieder einmal Franz Schubert war, der

1 Nachdem Breitkopf & Härtel und der Wiener Verleger Steiner & Co. es abgelehnt hatten, Schuberts Lieder zu veröffentlichen (mit der Begründung, der Komponist sei zu unbekannt, die Klavierbegleitung außerdem zu schwer), waren Leopold Sonnleithner, Josef Hüttenbrenner, Johann Schönauer und Johann Nepomuk Schönpichler übereingekommen, Schuberts Werke auf Subskription herauszugeben, wobei Cappi & Diabelli als Kommissionär mit 50% am Gewinn beteiligt war. Die vier Genannten hatten das Geld bereitgestellt. In einer Gesamtauflage von ca. 2000 Exemplaren erschienen zehn Hefte, jedes kostete 1 fl. 30 kr, op. 1 und op. 14 je 2 fl. Bis zum Jahresende hatte allein der ›Erlkönig‹ rund 800 Gulden eingebracht. (Schuberts Jahresgehalt als Schulgehilfe beim Vater betrug 80 Gulden.)

dem Hause Sonnleithner Ungelegenheiten brachte. Den Mund zerriß man sich schon lange in Wien über diesen ungeschliffenen Gesellen. Sein Alkoholkonsum war noch das geringste gewesen, woran man in feineren Kreisen Anstoß nahm, und an das ungepflegte Äußere hatte man sich inzwischen gewöhnt, wenn auch der Geruch seiner selten frischgewaschenen Kleidung einigen anwesenden Damen und Herren oft lästig gewesen sein mag. Doch Schubert war halt ein Künstler und Junggeselle. Da konnte man höflich über einiges hinwegblicken, ohne gleich die Nase zu rümpfen. Anders war es schon mit seiner politischen Gesinnung, aus der er, zumal in angetrunkenem Zustand, keinen Hehl gemacht haben dürfte. Natürlich waren auch andere Gäste Sonnleithners, sogar hohe Staatsbeamte, aber auch einflußreiche Kaufleute, mit dem Regiment des Fürsten Metternich keineswegs rundum einverstanden. Aber wer wagte es, dagegen aufzubegehren? Überall gab es Spitzel und Denunzianten, und folglich war es prekär, einen Mann wie Schubert in seiner Gesellschaft zu haben, der im berauschten Zustand seine unzensierte Meinung von sich geben könnte und außerdem mit verdächtigen Personen wie Johann Senn befreundet war. Dennoch, anstößig vor allem war Schuberts Umgang mit ganz anderen Personen, leichten Mädchen der Vorstädte, die ihm vermutlich jene unaussprechliche Krankheit angehängt hatten, wodurch der ohnehin unappetitliche Mensch noch unappetitlicher wurde, die Haare verloren hatte und eine Perücke tragen mußte, vom Körperausschlag ganz zu schweigen. Konnte man sich anstandslos in der Nähe eines solchen Individuums aufhalten, auch wenn es ein Genie war?

Die Mißerfolge der Opern, die räuberischen Praktiken der Verleger, die körperlichen Beschwerden (vor allem Kopfschmerzen), und nun auch noch die abgesagten Gundelhof-Konzerte! *Alles geht miserabel.* Mehr als unter der Krankheit hat Schubert unter dieser gesellschaftlichen Isolation gelitten. Im März 1824 führt er zum letzten Mal Tagebuch:

25. März 1824

Schmerz schärfet den Verstand und stärket das Gemüth; da hingegen Freude sich um *jenen* selten bekümmert, und *dieses* verweichlicht oder frivol macht.

Aus dem tiefsten Grunde meines Herzens hasse ich jene Einseitigkeit, welche so viele Elende glauben macht, daß nur eben das, was *sie* treiben, das Beste sey, alles Übrige aber sey nichts. *Eine* Schönheit soll den Menschen durch das ganze Leben begeistern, wahr ist es; doch soll der Schimmer dieser Begeisterung alles Andere erhellen.

27. März.

Keiner, der den Schmerz des Andern, und Keiner, der die Freude des Andern versteht! Man glaubt immer, zu einander zu gehen, und man geht immer nur neben einander. O Qual für den, der dieß erkennt!

Meine Erzeugnisse sind durch den Verstand für Musik und durch meinen Schmerz vorhanden; jene, welche der Schmerz allein erzeugt hat, scheinen am wenigsten die Welt zu erfreuen.

28. März.

Die höchste Begeisterung hat zum ganz Lächerlichen nur einen Schritt, so wie die tiefste Weisheit zur grassen Dummheit.

Mit dem Glauben tritt der Mensch in die Welt, er kommt vor Verstand und Kenntnissen weit voraus; denn um etwas zu verstehen, muß ich vorher etwas glauben; er ist die höhere Basis, auf welche der schwache Verstand seinen ersten Beweispfeiler aufpflanzt.

Verstand ist nichts als ein analysirter Glaube.

29. März.

O Phantasie! du höchstes Kleinod des Menschen, du unerschöpflicher Quell, aus dem sowohl Künstler als Gelehrte trinken! O bleibe noch bey uns, wenn auch von Wenigen nur anerkannt und verehrt, um uns vor jener sogenannten Aufklärung, jenem häßlichen Gerippe ohne Fleisch und Blut, zu bewahren!

Um 2 Uhr nachts.

Beneidenswerther Nero! Der du so stark warst, bei Saitenspiel und Gesang ekles Volk zu verderben!

Erst wenn man diese scheinbar unpersönlichen, scheinbar kommun-idealistischen und humanistischen Aufzeichnungen aus ihrer Abstraktion ins Konkrete und Private übersetzt, kann man den Grad der Verzweiflung ablesen, den Schubert erreicht hat, und der sich zwei Tage später in dem schon zitierten Brief an Kupelwieser in aller Deutlichkeit offenbart:

Lieber Kupelwieser!

Schon längst drängt' es mich Dir zu schreiben, doch niemahls wußte ich wo aus wo ein. Doch nun beut sich mir die Gelegenheit durch Smirsch, u. ich kann endlich wieder einmahl jemandem meine Seele ganz ausschütten. Du bist ja so gut u. bieder, Du wirst mir gewiß manches verzeihen, was mir andere sehr übel nehmen würden.

– Mit einem Wort, ich fühle mich als den unglücklichsten, elendsten Menschen auf der Welt. Denk Dir einen Menschen, dessen Gesundheit nie mehr richtig werden will, u. der aus Verzweiflung darüber die Sache im̄er schlechter statt besser macht, denke Dir einen Menschen, sage ich, dessen glänzendste Hoffnungen zu Nichte geworden sind, dem das Glück der Liebe u. Freundschaft nichts biethen als höchstens Schmerz, dem Begeisterung (wenigstens anregende) für das Schöne zu schwinden droht, und frage Dich, ob das nicht ein elender, unglücklicher Mensch ist? – »Meine Ruh ist hin, mein Herz ist schwer, ich finde sie nim̄er und nim̄ermehr«, so kann ich wohl jetzt alle Tage singen, denn jede

Nacht, weñ ich schlafen geh, hoff ich nicht mehr zu erwachen, u. jeder Morgen kündet mir nur den gestrigen Gram. So Freude- u. Freundelos verbringe ich meine Tage, wenn nicht manchmahl Schwind mich besuchte u. mir einen Strahl jener vergangenen süßen Tage zuwendete. – Unsere Gesellschaft (Lesegesellschaft) hat sich, wie Du wohl schon wissen wirst, wegen Verstärkung des rohen Chors im Biertrinken u. Würstelessen den Tod gegeben, denn ihre Auflösung erfolgt in 2 Tagen, obwohl ich schon beynahe seit Deiner Abreise sie nicht mehr besuchte. Leidesdorf, mit dem ich recht genau bekannt geworden bin, ist zwar ein wirklich tiefer u. guter Mensch, doch von so großer Melancholie, dß ich beynahe fürchte, von ihm mehr als zuviel profitirt zu haben; auch geht es mit meinen und seinen Sachen schlecht, daher wir nie Geld haben. Die Oper von Deinem Bruder (der nicht sehr wohl that, dß er vom Theater wegging) wurde für unbrauchbar erklärt, u. mithin meine Musik nicht in Ansprache genom̃en. Die Oper von Castelli, Die Verschworenen, ist in Berlin von einem dortigen Compositeur componiert, mit Beyfall aufgenom̃en worden. Auf diese Art hätte ich also wieder zwey Opern umsonst komponirt . . .

Ein erschreckender Katalog von Hiobsmeldungen, die Schubert nach Rom an den *pittore tedesco, M. Signor Leopoldo Kupelwieser* spediert. Zugleich aber fällt auf, mit welcher stilistischen Akkuratesse dieser Brief abgefaßt ist. Kein wilder, ungezügelter Schmerzensausbruch, sondern streng symmetrisch gebaute Sätze, vorsichtige Umschreibungen, sorgfältig gewählte Worte. Eines der erschütterndsten Dokumente aus Schuberts Leben, doch kein Befreiungsakt. Zwar: nichts bleibt unerwähnt – Einsamkeit, Verzweiflung, Todessehnsucht; gescheiterte Bühnenpläne wie die Auflösung der Lesegesellschaft –, doch alles wird in Form eingezwängt. Aber statt den Stilisten zu bewundern, scheint es mir angebrachter, den Neurotiker zu bedauern, der es selbst in den Momenten größter Verzweiflung nicht fertig bringt, seinen Schmerz ungebrochen hinauszuschleudern. Selbstverständlich war es für einen Komponisten wie ihn leichter, weniger verfänglich, sich musikalisch auszudrücken. In Noten wirken Betroffenheit und persönliche Erschütterungen naturgemäß objektivierter. Andererseits war es ja nicht sprachliches Unvermögen, das Schubert zu diesem steifen Ton nötigte. Dennoch kann man aus dem Grad der Stilisierung, aus der Anstrengung, mit der dieser Brief spürbar geschrieben ist, aus dieser syntaktischen Verschachtelung ableiten, in welchem Maße hier einer leidet, gleichzeitig aber bemüht ist, das Leid an andere so wenig wie an sich selbst heranzulassen, was bedeuten könnte, daß Schubert nie wirkliche Trauerarbeit geleistet hat, auch durch Komponieren nicht. Zwar hat er geglaubt, seinen Schmerz damit zur Sprache gebracht zu haben. Aber Musik ist ein zu abstraktes Medium, um spezifische Gefühle ausdrücken zu können. Folglich war auch das Komponieren eine Form des Distanzierens. Eine andere, sich abzuschirmen, war: die persönliche Trauer in eine Trauer über die gesellschaftlichen Zustände zu transponieren, wie das in den Tagebuchnotizen der Fall ist.

Verglichen mit dem Brief an Kupelwieser haben sie einen noch höheren Abstraktionsgrad. Ihre Form ist formelhaft. *Schmerz schärfet den Verstand* bedeutet auch: er macht kritisch, und damit letztlich einsam. Schubert erkannte den Zusammenhang zwischen Schmerz und gesellschaftlicher Isolation. Bezeichnend dafür, daß er in dem genannten Brief an Kupelwieser, unmittelbar nachdem er seinen Todeswunsch ausgesprochen hat, sofort in ein *Lamento* über die verrottete Lesegesellschaft ausbricht. Das Öffentliche und das Private sind für ihn dasselbe. Liest man unter diesen Vorzeichen seine Tagebuch-Notizen noch einmal, stellt man fest, daß unter dem Glamour eines idealistischen Humanismus sich konkrete Gesellschaftskritik verbirgt: Trauer um die politischen Zustände. Die Anrufung Neros ist kein Zufall und nicht als elitäre Verachtung des Volkes zu verstehen, sondern als Unmut über den österreichischen Schlendrian, die Trägheit der Bürger, die sich dem Druck der Herrschaft beugen und keinerlei revolutionären Elan mehr haben. *Schmerz schärfet den Verstand:* das heißt *auch:* Schmerz macht empfindlich. Ein Schuß Misanthropie steckt schon hinter diesen Aufzeichnungen, und sein Haß auf die *Einseitigkeit* ist der Beleg dafür.

Schubert will nur noch mit Gleichgesinnten zu tun haben. Einer davon ist Schwind, dessen er in dem Brief an Kupelwieser mit Zärtlichkeit gedenkt. Und das Verhältnis Schuberts zu diesem halben Kind war ein nahezu mütterliches. *Cherub* hieß er wegen seines schönen, mädchenhaften Aussehens, und Schubert nannte ihn scherzweise seine *Geliebte,* wie Karl Kobald berichtet. War es wirklich nur scherzweise? Die überschwenglichen Briefe hin und her deuten an, daß es zwischen beiden Freunden ein durchaus erotisches Fluidum gab.

Schwinds intensives Werben um Anna Hönig widerspricht dem nicht. Auch gab es deswegen immer wieder Eifersüchteleien, und obwohl sich der jugendliche Liebhaber alle Mühe gab, Franz seine Braut als große Verehrerin der Schubertschen Kunst anzupreisen, hat dieser sich nicht von seiner Meinung bekehren lassen, daß die Hönigs allesamt Spießer seien und daß Schwind künstlerisch und menschlich korrumpiert werde, wenn er in diese Familie einheirate.

Besonders schmerzlich empfand Schubert diese Liaison Schwinds mit der Hönig-Tochter in den Jahren vierundzwanzig und fünfundzwanzig, wo Leute wie Sonnleithner sich von ihm zurückzogen, und er muß es wie eine Art Verrat betrachtet haben, daß einer seiner engsten Künstlerfreunde zur Gegenseite überlief, zu den spießigen, frömmelnden Bürgern, deren vornehme Gespreiztheit Schubert ein Greuel war.

Vor dem Hintergrund solcher Ereignisse läßt sich die Vorstellung von dem allseits beliebten, allseits begehrten Schubert nicht länger aufrechterhalten. Was die idyllischen Lebensbilder und romantisierenden Schubert-Romane immer unter den Tisch gekehrt haben: aus den Nachrufen und Erinnerungen an Schubert kann man zwischen den Zeilen, aber nicht selten auch in den Zeilen lesen, daß keineswegs alle Zeitgenossen nur Günstiges über den Komponisten zu vermelden haben. Mangelhafte Bildung, Disziplinlosigkeit, Kunstfehler sind noch das geringste, was man ihm nachrief.[1] Von Leuten, die sich damit brüsten, Schubert bestens gekannt zu haben, obwohl sie ihm nur gelegentlich begegnet sind, werden immer wieder Anspielungen auf seine Trunksucht und seine derbe Sinnlichkeit gemacht. So wenig Anlaß besteht, diese Behauptungen anzuzweifeln, was idealisierende Biographien versuchen, die das Leben Schuberts engelgleich verklären (schon weil er Franz Seraphicus hieß), so ärgerlich wirkt der moralisch erhobene Zeigefinger, und man ist, die Absicht merkend, wie die künstlerische Größe Schuberts durch menschliche Schwächen auf ein Zwar-Aber heruntergespielt werden soll, verstimmt.

Aufschlußreich sind diese Berichte aber insofern, als sie den enormen Neid und die Mißgunst dieser Informanten spiegeln, aber auch als Beleg, daß in dem so oft hochgejubelten Freundeskreis keineswegs eitel Zustimmung herrschte, was Person und Werk Schuberts betrifft. Jedenfalls wird das dreißig Jahre nach seinem Tode noch immer halbherzig geäußerte Lob mittels kleiner Dosen Bosheit noch weiter eingeschränkt. Daß solche »kritischen« Meinungen aber nicht erst nach Schuberts Tod sich herausgebildet, sondern schon zu seinen Lebzeiten bestanden haben, ist nicht nur äußerst wahrscheinlich, sondern erklärt auch die Spannungen unter den sogenannten Schubertianern, die man aus den mündlich oder schriftlich überlieferten Äußerungen Schuberts oder seiner engsten Freunde ohne große exegetische Anstrengung herauslesen kann.

Es gab zwar keine Parteien der Beethovenianer und Schu-

1 Vor allem Mitschüler aus dem Salieri-Kreis haben sich nach Schuberts Tode ziemlich überheblich, was Schuberts handwerkliches Können anbelangt, geäußert und sich selber für weit begabter gehalten.

bertianer. Schuberts große Verehrung für den älteren Meister war zu bekannt, dennoch haben Leute wie Schindler oder Anselm Hüttenbrenner ständig versucht, Beethoven gegen Schubert auszuspielen. So hat Hüttenbrenner die Anekdote in die Welt gesetzt, Beethoven habe auf dem Totenbett gesagt: »Anselm, du hast meinen Geist, aber Franz hat meine Seele«, womit Hüttenbrenner seine intellektuelle Überlegenheit kundtun wollte. Daß derselbe Hüttenbrenner Schuberts h-Moll Symphonie praktisch bis 1865 unterschlagen hat (Schubert hatte ihm die Partitur nach Graz geschickt, damit jener sie dort zur Aufführung bringe), die ihm erst von Johann Herbeck fast dreißig Jahre nach Schuberts Tod auf listige Weise entrissen wurde, rundet das Bild dieses Mannes ab, der sein schwach entwickeltes Selbstbewußtsein durch krankhaften Ehrgeiz und Skrupellosigkeit kompensieren mußte.

Und solche Leute – dazu gehören noch Benedikt Randhartinger, Franz Lachner und Joseph Doppler – wollen Schuberts Freunde gewesen sein? Sie waren es nicht. Schuberts Mißtrauen gegen seine Umwelt wurde in den letzten Lebensjahren immer größer. Zu seinen wirklichen und wahren Freunden zählte er am Ende nur Schober, Spaun, Kupelwieser, Schwind und Bauernfeld. Nahe bis zuletzt standen ihm noch die Schwestern Fröhlich, auch Grillparzer. Allerdings hat Schubert gelegentlich auch Anlaß gegeben, daß einige Freunde, wie der Sänger Johann Michael Vogl, sich durch sein Verhalten brüskiert sahen. Zu einer regelrechten Verstimmung kam es im Jahr 1822, als Schubert, ganz auf Schober eingeschworen und von plötzlichen Erfolgen verwöhnt, dem verdienstvollen Interpreten gegenüber äußerst herablassend sich aufgeführt haben muß, obwohl er alle Veranlassung gehabt hätte, sich gerade in diesem Moment besonders dankbar zu zeigen; denn einmal gab es überhaupt nicht sehr viele Liedersänger, die sich so rückhaltlos für Schubert einsetzten, zum andern waren kurz vorher gleich zwei Schubert-Interpreten gestorben: im Herbst 1821 der Tenor August Gymnich, ein halbes Jahr später Josef Götz, ein Baß, der den ›Prometheus‹ gesungen hatte. Doch solche Eigenwilligkeiten Schuberts, wenn sie sich auch verschiedentlich zeigen und die weitverbreitete Meinung über sein angeblich sanftes, harmonisches Wesen widerlegen, mögen auch auf Schobers Einfluß zurückzuführen sein, der genau wußte, daß Vogl ihn nicht überaus schätzte. (Vogl hat mehrfach geäußert, daß er Schuberts Umgang mit Schober für verhängnisvoll halte.) Eifersüchteleien zwischen Junggesellen: jeder beansprucht die Entdeckung und Förderung Schuberts für sich. Und um Vogls Einsatz mit der Stimme, seine stark besuchten Liederabende in den Wiener Salons zu überbieten, schreibt der ansonsten eher schreibfaule Schober das Libretto zu ›Alfonso und Estrella‹, darauf spekulierend, daß ein Erfolg der Oper auch den Namen des Textbuchautors berühmt macht. (Vogl hatte drei Jahre vorher Schubert zur Komposition der ›Zwillingsbrüder‹ veranlaßt.) Auch andere, wie Josef Hüttenbrenner, hofften für sich oder ihre Verwandten an Schuberts Erfolg partizipieren zu können. So schreibt Hüttenbrenner 1819 an seinen Bruder Heinrich:

»Für dermalen (nämlich *ewiges Leben* zu erlangen) laß Dir's angelegen sein, für Schubert ein Opernbuch zu schreiben . . . Eure Namen werden in Europa genannt werden. – Schubert wird wirklich wie ein neuer Orion am musikalischen Himmel glänzen.«

Diese Prophezeiung erfüllte sich indes nur für Schubert. Doch lassen diese Sätze darauf schließen, daß zumindest gegenüber Leuten wie Hüttenbrenner Schuberts Selbstbewußtsein durchaus gut entwickelt war und daß er sich, wie wir heute wissen, zum Opernschreiben wirklich berufen fühlte, was Spaun bestätigt:

»Ohne alle Aussicht, eine Oper auf die Bühne zu bringen, ja selbst ohne den Wunsch, die Aufführung einer Oper zu erleben, die bei so unzureichenden Mitteln der deutschen Oper nie hätte genügen können, schrieb er doch fortwährend an größeren Opern, weil es ihn drängte, sie zu schreiben, und weil Beifall und Geld ihm nie als Reizmittel dienten, um der Kunst zu leben.«

Diese Darstellung Spauns in seinem Nekrolog auf Schubert aus dem Jahre 1829 bedarf jedoch einiger Korrekturen. Vollkommen unzutreffend ist, wie ich dargelegt habe, die Behauptung, Schubert habe nicht einmal den Wunsch gehabt, die Aufführung einer Oper zu erleben.

Auch Schuberts Verhältnis zum Geld war anders als Spaun es sieht. Richtig ist, daß Schubert beim Komponieren nicht in erster Linie ans Honorar gedacht hat. Doch so unwichtig war ihm das Geld nun auch wieder nicht, daß er *ganz darauf vergessen* hat, wie seine Freunde meinten, die vorwiegend Beamte waren und folglich akuten Geldsorgen enthoben. Es verstieß in den besseren Kreisen außerdem gegen den guten Ton, laut von Finanzen zu sprechen, und wenn es doch einmal geschah, war Schubert der erste, der sich darüber mokierte. Doch beweist seine Korrespondenz mit den Verlegern, daß er sich sehr wohl echauffieren konnte, wenn man ihm für seine Werke einen Hundelohn anbot. Im Grunde erwartete er – und hat es auch ausgesprochen –, daß der Staat ihn erhalte. Das Feilschen lag ihm nicht. Dennoch hat er sich nichts sehnlicher gewünscht als eine gesicherte Lebensexistenz. Zwar: er wollte kein Angestellter oder Beamter sein; ein monatliches Fixum freilich wäre ihm höchst willkommen gewesen. In diesem Punkte konnte er seine kleinbürgerliche Herkunft nicht leugnen, so widerwärtig ihm auch die risikofreie Existenz des Vaters war. Andererseits hinderte ihn diese kleinbürgerliche Herkunft auch wieder daran, in den Kreisen des Beamtenadels, wo er vorwiegend verkehrte, offen über Geld zu sprechen, was die Existenzangst (in diesem ganz materiellen Sinne) eher noch verstärkt haben dürfte. Der Spott, mit dem er die Freunde bedenkt, wenn er sagt, er sehe sie alle schon als Hofräte, während er wohl im Alter wie Goethes Harfner an die Türen schleichen und um Brot betteln müsse, beweist, wie sehr ihm an einer gesicherten Existenz gelegen war, auch wenn sein Ziel nicht unbedingt der

Hofratstitel gewesen ist. Folglich war es auch alles andere als bohemehafte Unbeschwertheit, wenn er im Juli 1826 an Bauernfeld schreibt:

». . . ich habe gar kein Geld, u. (es) geht mir überhaupt sehr schlecht. Ich mache mir nicht(s) daraus, u. bin lustig.«

Er brachte es nicht fertig, hemmungslos zu lamentieren. Darum nimmt er den ersten Satz zurück. Selbst wenn er scheinbar nur vom »Wetter« redet, spürt man, daß ihn ganz andere Sorgen drücken:

»Das Wetter ist hier wirklich fürchterlich, der Allerhöchste scheint uns gänzlich verlassen zu haben, es will gar keine Sonne scheinen. Man kann im Mai noch in keinem Garten sitzen. Schrecklich! fürchterlich!! entsetzlich!!! für mich das Grausamste, was es geben kann!«

Die Adressaten dieses zwei Monate früher geschriebenen Briefes sind Bauernfeld und Mayrhofer, Künstlerfreunde also, denen er sich noch am rückhaltlosesten offenbaren kann. Doch auch ihnen gegenüber verklausuliert er die wahren Gründe seiner gottverlassenen Stimmung. Er weiß zu gut, daß die ihm am nächsten stehenden Freunde am wenigsten in der Lage sind, ihm »thatkräftig unter die Arme zu greifen«, wie Bauernfeld es nennt, und da die wenigen Gönner, die er hat, Schubert ausschließlich ideell unterstützen, indem sie ihn zu sich einladen, wo er seine Werke spielen darf, bleibt er letzten Endes auf die Verleger angewiesen, die ihn schamlos ausbeuteten. So erzählt Franz Lachner, wie er die ersten Lieder der ›Winterreise‹, die Schubert eigentlich nicht eher aus der Hand geben wollte, bis er ihnen die vollkommenste Gestalt gegeben hatte, zu Haslinger tragen mußte, weil der kranke Komponist unbedingt Geld für Medikamente brauchte:

»Der Verleger übersah die Situation und zahlte – einen Gulden für jedes Lied.«

So niederträchtig sich die einen, so ignorant sich die anderen Verleger auch Schubert, mit dem sie später so renommierten und an dessen Werken sie Unsummen verdienten, gegenüber verhalten haben, weit unverzeihlicher ist es, wie wenig die Wiener Gesellschaft und oft auch der Schubert-Kreis um das materielle Wohlergehen des Künstlers sich gekümmert haben. Alle die adeligen Herren und Damen, die hohen Beamten, Hofräte und Akademiker, bei denen Schubert als Unterhalter am Klavier willkommener Gast war, haben ihn zwar sehr geschätzt, doch kaum je in ihre eigenen Taschen gegriffen, um ihm finanziell zu helfen. Nun hat Schubert nicht wirklich gehungert, doch wenn Bauernfeld berichtet, daß er und Schubert sich am frühen Mittag im Kaffeehaus mit einem halben Dutzend Kipfeln und einer Melange den Magen stopften, weil sie noch nichts gegessen hatten, darf man annehmen, daß durchaus nicht immer genug Geld für ein warmes Mittagsmahl vorhanden war.

Besieht man sich den relativ großen Personenkreis, den Schubert gekannt hat – von Ignaz Aßmayr, dem späteren Hofkapellmeister in Wien, bis Josef Ludwig Streinsberg, von Bocklet, Bruchmann, Doppler bis Josef von Gahy, Franz von Hartmann und Karl Pinterics, von Ignaz Franz Castelli, Kiesewetter, Mosel bis Max Löwenthal, Pyrker und Schönstein, von Sonnleithners bis Witteczeks – sind es doch nur wenige, die Schubert außerhalb der Soireen erlebt haben. (Entsprechend einseitig sind auch ihre später mitgeteilten Erinnerungen.) Von gesellschaftlicher Integration kann also keine Rede sein. Tatsächlich lebte er am Rande der Sozietät, und sein alltäglicher Umgang waren nicht die Kunst- und Musikenthusiasten, nicht einmal die ausübenden Musiker, die Sänger und Instrumentalisten wie Vogl, Gymnich, Bogner, Schönstein, Schuppanzigh, sondern eine Handvoll Literaten und Maler – und erst in letzter Linie Komponisten wie Hüttenbrenner, Randhartinger und Stadler. Zu den wenigen, die mit Schubert und mit denen er buchstäblich das Letzte teilte, gehörte auch Bauernfeld, der geradezu von einer *kommunistischen Anschauungsweise in der Frage des Eigentums* sprach:

»Hüte, Stiefel, Halsbinden, auch Röcke und sonst noch

eine gewisse Gattung Kleidungsstücke, wenn sie sich nur beiläufig anpassen ließen, waren Gemeingut, gingen aber nach und nach durch vielfältigen Gebrauch, wodurch immer eine gewisse Vorliebe für den Gegenstand entsteht, in unbestrittenen Privatbesitz über. Wer eben bei Kasse war, zahlte für den oder die anderen. Nun traf sich's aber zeitweilig, daß zwei kein Geld hatten und der dritte – gar keins! Natürlich, daß Schubert unter uns dreien (Bauernfeld, Schubert, Schwind) die Rolle des Krösus[1] spielte . . . Die erste Zeit wurde flott gelebt und traktiert, auch nach rechts und links gespendet – dann war wieder Schmalhans Küchenmeister!«

Der »liberale« (heute würde man sagen »linksliberale«) Bauernfeld erwähnt auch die Gönner Schuberts und nennt dabei vor allem den Patriarchen von Venedig, Ladislaus Pyrker, und es war sicher nicht nur sein Antiklerikalismus, der sich Luft machte, wenn er schreibt:

»Die Gönnerschaft beschränkte sich aber vorzugsweise darauf, daß er ihn (Schubert) im Hochsommer bisweilen nach Gastein mit nahm, nie aber habe ich vernommen, daß der reiche, nur etwas genaue Kirchenfürst die Dedikation der ›Allmacht‹ und anderer Werke anders als mit – Freundlichkeit erwidert hätte.«

Nun war Freundlichkeit für Schubert nicht wenig. Er brauchte solche sorgende Aufmerksamkeit sehr. Nicht immer aber war diese ganz frei von Eigennutz. Wir haben der Sammlertätigkeit vieler Männer aus dem Schubert-Kreis zu verdanken, daß des Komponisten Werk heute in dieser Vollständigkeit vorliegt. Bei der Achtlosigkeit, mit der Schubert seine Manuskripte behandelte – nie hat er einen Katalog seiner Arbeiten angefertigt –, wäre sicher vieles verlorengegangen, wenn Hüttenbrenner, Stadler, Witteczek und andere nicht Sammlungen angelegt hätten. Doch geschah das immer selbstlos? Und haben einige dieser Sammler nicht entschei-

1 Bauernfeld erwähnt, daß Schubert für die ›Sieben Gesänge‹ aus Walter Scotts ›Fräulein vom See‹ 500 fl. W. W. vom Verleger erhalten habe. Tatsächlich bekam er 200 fl. Konventions-Münze, was den genannten Betrag noch übersteigt.

dend dazu beigetragen, daß Werke wie die h-Moll Symphonie erst knapp vierzig Jahre nach Schuberts Tod ans Licht der Öffentlichkeit kamen, sind sie dadurch nicht schuld, daß die Schubert-Rezeption, die Beurteilung seiner Leistung, noch in den 50er Jahren des 19. Jahrhunderts zwangsläufig unzulänglich und einseitig war? Als die ›Unvollendete‹ 1865 entdeckt und in Wien erstmals aufgeführt wurde, waren Mendelssohn und Schumann, die sich beide mit bewundernswertem Eifer für Schubert eingesetzt hatten, schon tot. Diese Symphonie, die unterdessen für alle Musikliebhaber zum Inbegriff Schubertscher Musik geworden ist, war weder seinen Freunden und Zeitgenossen noch der Generation von Schumann und diesem selber bekannt. Gewiß, man kann sagen: auf ein Werk mehr oder weniger kommt es nicht an, und Mendelssohns oder Schumanns Urteil wäre kaum anders ausgefallen, da beide Schubert ohnehin fast uneingeschränkt verehrten. Dennoch: die h-Moll Symphonie ist nicht irgendein Werk, sondern ein zentrales in seinem Schaffen, und man braucht sich nur vorzustellen, Beethovens Siebte oder Wagners ›Tristan‹ (bereits sechs Jahre vor Schuberts ›Unvollendeter‹ zur Aufführung angenommen) wären erst mit vierzigjähriger Verspätung entdeckt worden, um zu ermessen, welche Konsequenzen sich aus der späten Entdeckung dieser Symphonie für die Schubert-Rezeption im 19. Jahrhundert ergeben haben. Doch welche Rolle bei Schuberts Freunden und Bekannten Eigeninteressen, Schlamperei, Rivalität, Unverständnis auch gespielt haben: insgesamt wiegt das alles die Positiva nicht auf, die Schubert dem Kreis seiner Anhänger zu verdanken hat.

Ohne die Wiener Salons wäre Schubert der Typ des *Genies in der Kleinstadt* geworden. Die Häuser und Wohnungen der Watteroths, Witteczeks, Spauns und der Schwestern Fröhlich, in denen sich Österreichs Intellektuelle trafen, waren nicht die Welt, aber repräsentierten einen wichtigen Ausschnitt. Und in genau dem Maße, wie ihn diese Geselligkeiten oft anödeten, zogen sie ihn auch immer wieder an. Einsamkeit war gut, war notwendig, um zu arbeiten. Die Arbeit in doppeltem Sinn existenzerhaltend, kein Heilmittel zwar gegen die Schwermut, aber ein Training gegen Versinken in Passivität.

»Produziere! Und wenn's Brotkügelgen wären! Sieh' zu, daß sie schön und rund sind! Nur nicht grübeln, immer machen!«

Diese Worte Ernst von Feuchterslebens, einem eifrigen Besucher der Schubertiaden, dem *Kunstlehrling* zugedacht, brauchte man dem *Meister* nicht zu sagen. Für ihn war das Produzieren von jeher der einzige Ausweg, dem Grübeln zu entgehen. Doch wenn die Arbeit getan war, begann die Qual. Es fiel ihm sozusagen die Decke auf den Kopf, und dann mußte er aus dem Haus, unter Menschen, und wenn diese auch ihm nichts zu sagen hatten, hatte er doch ihnen was zu sagen: er konnte seine neuesten Werke zu Gehör bringen. Der Stubenmensch Schubert flieht nicht in die Natur, sondern in den Salon. Das war seine Welt: das letzte Refugium der bürgerlichen Freiheit. Trotz aller Mißhelligkeiten, die er erlebt hatte, war er sich doch dessen bewußt, daß die Salons, die geselligen Abende bei den Sonnleithners und anderen, ihn berühmt gemacht, ihn vor dem Schicksal des Kierkegaardschen *Genies in der Kleinstadt* bewahrt hatten. Zwar, auch ein Genie in der Provinz kann große Werke schaffen, nicht immer jedoch der Gefahr der Hypertrophie entgehen. Da Schubert sein Publikum kannte und nicht für die Schublade produzierte, verlor er nie das Augenmaß, blieb er selbst in jenen Werken, die nicht gleich aufgeführt wurden, praxisnahe. Und da seine Zuhörer keine unbewegliche Masse waren, sondern sich aus zahlreichen dynamischen Persönlichkeiten zusammensetzten, die ihrerseits über vielfältige Beziehungen zu anderen einflußreichen Personen und maßgeblichen Institutionen verfügten, haben diese Kreise direkt oder indirekt dazu beigetragen, daß Schubert, wenn auch nicht zu Wohlstand, doch zu Ansehen kam. Und immerhin war er Mitte der 20er Jahre so berühmt, daß der Verlag Cappi & Diabelli im

Dezember 1825 den »zahlreichen Freunden und Verehrern Schuberts« anbot:

»Das äußerst wohlgetroffene Porträt des Kompositeurs Franz Schubert, gemalt von Rieder. Der geniale Tonsetzer, der Musikwelt rühmlichst genug bekannt, welcher besonders mit seinen Vokal-Kompositionen seine Zuhörer so oft entzückte, erscheint hier, durch die Künstlerhand des Hrn. Passini in Kupfer gestochen, in sprechendster Ähnlichkeit ...« und so weiter. Preis 3 fl. W. W. Gewiß, das war auch Verlagswerbung. Aber für Ladenhüter hätte man wohl kaum solche Werbung betrieben. Die Anzeige in der WIENER ZEITUNG beweist, daß Schuberts Ruhm um diese Zeit im Wachsen begriffen war und daß Cappi & Diabelli durchaus damit rechnen konnten, Interessenten für dieses Schubert-Bild zu finden, und dies in der Hauptsache bei jenen, die entweder Schubert persönlich oder aber zumindest seine Werke kannten.

Schubert wußte also genau, was er an den verschiedenen Wiener Kreisen hatte. Trotzdem brodelte es immer wieder unter der geselligen Oberfläche. Einen Eindruck von diesen verschiedenen Mißhelligkeiten gibt uns ein Brief der Johanna Lutz an Kupelwieser vom 7. März 1825:

»Ich bin wirklich neugierig, was Franz (v. Bruchmann) Dir über den Schober schreiben wird. – Daß sich die ganze Gesellschaft gefreut hat, hat mir um Deinetwillen sehr weh getan. Ach, alles Trennen ist gar so schmerzlich!

Doch hat es auch sein Gutes. Denn wie Du und der Schober fort waren, so hat sich der ganze Verein anders, aber nicht besser gestaltet und mußte sich vollends auflösen. Doch die Bessern finden sich immer wieder, und da ist dann nicht viel verloren.

Ich kann nur das sagen, was ich von den Bruchmannschen und dem Schwind, diesen Gegenparteien, welche wohl beide sehr übertreiben, gehört habe, und was daraus zu schließen ist.

Der Rieder, Dietrich, Schubert und Schwind stehen gegen

einander noch ebenso gut und fern wie früher, – doch gegen die Bruchmannschen ganz anders . . . Schubert und Schwind leben in offener Fehde mit dem Bruchmann. Sie kommen mir beide vor wie Kinder, und sie äußern auch ihren Haß kindisch. Sie kommen gar nicht mehr zusammen, grüßen nicht und begegnen sich sehr feindselig. Es ist wohl wahr, die Justin hat schwach und schwankend, und der Franz (v. Bruchmann) schlecht an Schober gehandelt, denn er hat ja alles gewußt. Und gewiß, die schlimme Seite des Schober war leichter zu finden als die gute . . .«

Hintergrund dieser scheinbar so verwickelten Geschichte ist Schobers heimliches Verlöbnis mit Justina von Bruchmann. Franz von Bruchmann, der sehr gegen Schober und vor allem dessen Beruf (Schauspieler) war, hat die Verlobung aufgedeckt und seine Schwester zur Lösung des Bündnisses mit Schober gezwungen. Eine private Liebeshändelei, die aber sogleich gesellschaftliche Auswirkungen hatte und feindliche Lager bildete.

Schobers gesellschaftliche Ächtung beleuchtet auch ein Brief Anton Ottenwalts an Josef Spaun aus dem Herbst des gleichen Jahres:

». . . Es heißt, er (Schober) habe die Herausgabe seiner Poesien vor. Es besteht kein Kreis um ihn; Schwind hängt ihm an mit unbedingter Hingebung, auch Schubert ist noch gern mit ihm zusammen, und ein gewisser Bauernfeld ist sein Zimmergenosse.«

Doch haben offenbar alle Skandale um Schober die engsten Freunde nicht dazu bewegt, sich von ihm abzuwenden. Von Schwind, Schubert und Bauernfeld wurde er als Künstlerkollege anerkannt, und man solidarisierte sich mit ihm, wenn die Bürger ihren Haß gegen ihn mobilisierten. Und gewiß darf man vermuten, daß Schubert ohne Schober es in bestimmten Wiener Kreisen leichter gehabt hätte. Dennoch haben die meisten begriffen, daß dieser Schubert ein Genie war, und einem »solchen Genie«, schrieb Marie Ottenwalt, »muß man was zuguten halten«. Nicht alle freilich waren so tolerant, nicht alle auch hielten ihn für ein Genie. Selbst sein Freund Tietze meinte noch nach Schuberts Tod, er sei zwar ein guter Liederdichter gewesen, aber ein Requiem, »was nur für große Tonsetzer gehört«, verdiene er nicht. Die wahre Größe Schuberts hat man wohl erst gegen Ende des Jahrhunderts zu begreifen angefangen. Den Weg zu dem wenn auch noch so bescheidenen Ruhm zu Lebzeiten indes haben ihm die Schubertianer geebnet. Und – was vielleicht noch mehr zählt – zu zahlreichen kleineren und größeren Werken (Tänzen, Walzern, Terzetten und natürlich Liedern) animiert.

Schuberts letztes Jahr und Tod

Wie in den vorangegangenen Jahren trafen sich auch am letzten Dezemberabend 1827 die Freunde, um gemeinsam ins Neue Jahr zu gehen. Franz von Hartmann, der unermüdliche Diarist, notiert in sein Tagebuch:

1. Januar 1828:
Bei Schober. Schlag 12 Uhr tranken wir (Spaun, Enk, Schober, Schubert, Gahy, Eduard Rößler – junger Mediziner aus Pest – Bauernfeld, Schwind und wir 2) uns gegenseitig ein glückliches neues Jahr mit Malaga zu. Dann las Bauernfeld ein Gedicht auf diesen Zeitpunkt vor. Um 2 Uhr gingen wir nach Hause . . .

Ein Herrenabend. Damen fehlen. Bis auf Kupelwieser sind Schuberts intimste Freunde noch einmal versammelt, die alten wie Spaun und Schober und die jüngeren wie Schwind und Bauernfeld. Daß es Schuberts letzter Silvesterabend sein würde, ahnte keiner, er selbst am wenigsten. Auch Bauernfelds Gedicht ›Am Silvester-Abend 1827‹

> Es rollen die immer kreisenden Jahre
> hinunter, hinunter – du hältst sie nicht!
> Sie bauen die Wiege, sie zimmern die Bahre,
> sie hüllen in Dunkel, sie zünden das Licht:
> dem einen zur Freude, dem andern zur Klage
> drängen und wechseln die flüchtigen Tage

enthält nur recht allgemeine Gedanken über die Vergänglichkeit und ist daher bestimmt nicht als Vorahnung von Schuberts Tod zu deuten, wie der sonst so auslegungsscheue Deutsch meint, wenn er schreibt, dieses »unter Goethes Einfluß stehende Gedicht« habe sich als »einigermaßen prophetisch« erwiesen. Was dagegen der große Schubert-Forscher nicht anmerkt – und was mir sehr viel wichtiger erscheint: daß Bauernfelds Eingangszeilen ungemein stark an Schuberts Gedicht ›Die Zeit‹ aus dem Jahre 1813 erinnern:

Unaufhaltsam rollt sie hin
Nicht mehr kehrt die Holde wieder.

Das ist nun kein Zufall, sondern bei dem Thema naheliegend. Doch darf man vermuten, daß Schubert, als er Bauernfeld diese Worte aufsagen hörte, unwillkürlich an sein eigenes Gedicht denken mußte, zumindest aber läßt sich vorstellen, daß ihn Bauernfelds lyrische Meditationen über Zeit und Vergänglichkeit unmittelbar angesprochen haben.

Wir können Schuberts Gedanken nicht erraten. Dennoch ist es recht unwahrscheinlich, daß Schubert in dieser Silvesternacht mit seinem baldigen Tod gerechnet und also Bauernfelds Verse auf sich bezogen hat. Zwar, die Arbeit an der ›Winterreise‹ hat ihn sehr angestrengt, er war die letzten Monate düster gestimmt, seine Gesundheit ist keineswegs wiederhergestellt, er leidet unter Schwindel, Blutwallungen und oft unerträglichen Kopfschmerzen, die ihn an der Arbeit hindern und ihn verschiedentlich zwingen, Einladungen abzusagen. Doch insgesamt ist sein Zustand durchaus nicht besorgniserregend. Er wohnt bei Schober. Dessen finanzielle Lage ist auch nicht die beste mehr. Aber durch Schober kommt er erneut mit den geselligen Kreisen Wiens zusammen. Schubert wird wieder eingeladen, und wie früher bildet er den Mittelpunkt der musikalischen Abende. Langsam scheint es wieder bergauf zu gehen. Beruflich hat er am wenigsten Grund zur Resignation. Der Name Schubert hat einen guten Klang. Im Jahre 1828 melden sich gleich drei Verleger bei ihm, die Kompositionen von ihm veröffentlichen wollen. In den Musik-Gazetten erscheinen ausführliche Würdigungen seiner Werke. Und seine Arbeitskraft scheint ungebrochen. Große Pläne hat er für das neue Jahr. Noch einmal will er es mit einer Oper versuchen. Diesmal ist Bauernfeld der Librettist. Mit dem Oktett hatte er sich den Weg zur großen Symphonie bahnen wollen. Im März schreibt er sie. Die C-Dur Symphonie, die einzige, mit der er wirklich zufrieden ist. In jeder Gattung will er sich selbst übertreffen. Nur das Vollkommenste soll zählen. Er schreibt die Kantate ›Mirjams Siegesgesang‹, im Mai die drei Impromptus für Klavier, im Juni die Es-Dur Messe. Daneben wird mit den Verlegern korrespondiert und das Privat-Konzert vorbereitet, das Schubert am 26. März (dem Todestag Beethovens) im Österreichischen Musikverein unter den Tuchlauben geben sollte.

Man kann bei all diesen Aktivitäten den Eindruck haben, als sei Schubert in dieser Zeit frei von allen Todesgrillen gewesen. War er es wirklich?

Am 18. Januar verwendet er sich für seinen Bruder Carl bei Anselm Hüttenbrenner:

Mein lieber Hüttenbrenner!!!
Du wirst Dich wundern, dß ich einmahl schreibe? Ich auch. Aber wenn ich schon schreibe, so habe ich ein Interesse dabey. Höre also: Bey euch in Grätz ist eine Zeichnungslehrerstelle erledigt, u. der Concurs ausgeschrieben. Mein Bruder *Carl,* den Du vielleicht auch kennst, wünscht diese Stelle zu erhalten. Er ist sehr geschickt, sowohl als Landschaftsmahler wie auch als Zeichner. Wenn Du nun etwas in dieser Sache für ihn thun könntest, so würdest Du mich unendlich verbinden. Du bist ein mächtiger Mann in Grätz, kennst vielleicht jemand beym Gubernium oder sonst jemanden, der eine Stimme hat.

Der Brief schließt:

Ich wiederhole meine obige Bitte, u. denke nur, was Du meinem Bruder thust, thust Du mir.

In Erwartung einer angenehmen Nachricht
verbleibe ich Dein treuer Freund
bis in den Tod
Frz. Schubert.

Was, von der biblischen Wendung »was Du meinem Bruder thust, thust Du mir« abgesehen, an diesem Brief auffällt, ist die Schlußformel »bis in den Tod«, die Schubert bislang noch nie gebraucht hatte. Doch kann man daraus schließen, daß Schubert bei der Abfassung dieses Briefes den nahen Tod schon gespürt hat, daß er diesen Gedanken später nur verdrängt? Aber er ist jung und trotz seiner angeschlagenen Gesundheit von unbeugsamer Willenskraft. So rasch kann ihn nichts umwerfen. An den Tod hat er schon mit sechzehn gedacht. Doch so schnell stirbt sich nicht. Beethoven war immerhin doppelt so alt, als er starb, Haydn über siebzig. Nur Mozart ist jung gestorben. Doch über dessen frühen Tod gehen allerlei Gerüchte um. Ist der Komponist der ›Zauberflöte‹ eines natürlichen Todes gestorben? Hat man ihn umgebracht?

Noch Jahrzehnte nach Mozarts Tod war dieses Gerücht im Umlauf. Anfang 1824 schrieb Kapellmeister Schindler in Beethovens Konversationsheft:

»Mit Salieri geht es wieder sehr schlecht. Er ist ganz zerrüttet. Er phantasiert stark, daß er an dem Tode Mozarts Schuld sey und ihn mit Gift vergeben habe. Das ist Wahrheit, denn er will dieß als solche beichten.«

Bei der Aufführung von Beethovens ›Neunter‹ am 23. Mai 1824 wurde im Konzertsaal ein Flugblatt verteilt, verfaßt von dem Schriftsteller C. Bassi, der in Gedichtform Salieri eindeutig als Mörder Mozarts hinstellt.

Es gab Gegendarstellungen. Aber man schenkte ihnen wenig Glauben. Auch Beethovens Neffe Karl hielt Salieri für den Mörder und schrieb dies dem Onkel ins Konversationsheft.

Selbstverständlich hat auch Schubert davon erfahren. Sollte tatsächlich sein Lehrer, sollte Antonio Salieri Mozart vergiftet haben? Welche entsetzliche Verdächtigung! Wie kann ein Mensch sich dagegen wehren? Natürlich, Mozart hatte viele Feinde. Feinde und Neider, und nicht alle gaben sich als solche zu erkennen. Von vielen wußte man auch nichts, da sie in ganz anderen als Kunst- und Musikkreisen zu suchen waren. Welchen Grund hätte Salieri aber gehabt, seinen Rivalen zu beseitigen?

Nein, Schubert konnte dieses Gerücht eigentlich nicht glauben. Dennoch blieb dieser Tod höchst rätselhaft. Und daß Mozart selbst wiederholt von Vergiftung gesprochen hatte, war verdächtig. Und höchst eigenartig Salieris Geistesverwirrung gegen Ende seines Lebens, sein angebliches Geständnis. Schubert wird das ziemlich beschäftigt haben. Schließlich war Mozart nicht irgend jemand. Der Gedanke, daß dieser große, von Schubert innigst verehrte Künstler Opfer eines Giftanschlags geworden sein sollte, muß für ihn entsetzlich gewesen sein. Fühlte er sich Mozart nicht am meisten verwandt?

Auch Schubert hatte Neider, wenn auch wahrscheinlich keine Feinde. Dafür war er zu erfolglos. Aber Neider gab es, selbst unter den ihm schmeichelnden, befreundeten Kollegen. Würden sie so weit gehen, ihn ebenfalls umzubringen? Jedenfalls war er äußerst mißtrauisch gegen überzuckertes Lob. Ist dieses Mißtrauen am Ende in eine Art Verfolgungswahn umgeschlagen? Bruder Ferdinand berichtet von einer seltsamen Episode, knapp drei Wochen vor Schuberts Tod:

»Da er nun am letzten Oktober abends einen Fisch speisen wollte, warf er, nachdem er das erste Stückchen gegessen, plötzlich Messer und Gabel auf den Teller und gab vor, es ekle ihn gewaltig vor dieser Speise, und es sei ihm gerade, als habe er Gift genommen.«

Eine Äußerung, die, wenn Ferdinand sie zum ersten Mal gehört haben sollte, höchst beunruhigend und geradezu alarmierend gewirkt haben muß. War das mit dem Gift nur so dahingesagt oder steckte mehr dahinter? Der mit den Esterházys befreundete Karl von Schönstein macht eine außerordentlich bemerkenswerte Mitteilung, die von den meisten Biographen seltsamerweise kaum beachtet wurde. In seinen 1857 für Ferdinand Luib verfaßten Erinnerungen an Schubert schreibt er:

»Der Gedanke, daß er Gift genommen, hat ihn öfter beschlichen, er hat diese Idee zu verschiedenen Zeiten mehrere Jahre früher auch in Zseliz schon ausgesprochen. Dieser Wahn beherrschte ihn das einemal ... so stark, daß er damals in Zseliz keinen Augenblick Ruhe mehr hatte, und mich, der ich mich eben auch mit Urlaub auf Besuch daselbst befand, noch am Abend vor meiner Rückreise nach Wien dringend bat, ihn mitzunehmen. Wir reisten denn, und kamen gesund und wohlbehalten in Wien an. Es war zu Anfang Septembers, Schubert sollte erst im November *mit* der Familie Esterházy Zseliz verlassen.«

Schönsteins Gedächtnis freilich war das beste nicht. Er irrte sich in fast allen Zeitangaben. So war die erwähnte Rückreise nicht Anfang September, sondern erst Mitte Oktober erfolgt, wie dies aus einem Brief Schönsteins an den Grafen Esterházy vom 20. Oktober 1824 selbst hervorgeht. In diesem Brief wird mit keinem Wort Schuberts Motiv für die überstürzte Abreise erwähnt, was indes nicht zu verwundern braucht. Wenn Schönstein Schuberts Angst vor dem Vergiftetwerden verschweigt, dann aus Gründen des Takts gegenüber den Gastgebern. Es ist jedenfalls kaum anzunehmen, daß der spätere Ministerialrat und begeisterte Schubert-Interpret, der Franz Liszt 1838 durch seinen Vortrag der Müllerlieder zu Tränen gerührt hatte, diese Geschichte aus dem Hut gezogen hat, um Schubert und sich selber eine interessante Note zu geben. Ferdinand Schuberts Bericht scheint denn ja auch Schönsteins Aussage zu bestätigen, die deshalb Beachtung verdient, weil Schuberts Angst von Schönstein als »Wahn« diagnostiziert wird. Allerdings läßt die Formulierung »daß er Gift genommen« offen, ob Schubert befürchtete, *sich vergiftet zu haben* (etwa an einer verdorbenen Speise) oder *vergiftet worden zu sein*, durch fremde Hand. Immerhin hatte er seit seinem ersten Aufenthalt in Zseliz einen *Nebenbuhler* in Esterházys Schloß – so jedenfalls tituliert er in einem Brief an Ignaz aus dem Jahre 1818 den Liebhaber der Pepi Pöckelhofer, mit welcher Franz angebandelt hatte. Sollte er sich, sechs Jahre danach, wirklich eingebildet haben, jener könnte ihm aus Eifersucht nach dem Leben trachten?

Ich halte das für recht unwahrscheinlich. Einleuchtender schon erscheint mir, daß Schubert, der sich Mozart so wesensverwandt fühlte, durch die im Frühjahr 1824 in Wien erneut auflebenden Gerüchte um Salieris Mord an Mozart die Möglichkeit nicht ausschloß, daß auch er eines Tages auf unnatürliche Weise sterben könne. Aber die endgültige Erklärung ist auch das nicht. Hinter dieser Angst, die Schuberts Verhältnis zum Tode plötzlich in einem ganz neuen Lichte erscheinen läßt, muß sich etwas anderes verbergen. Wenn seine Todessehnsucht tatsächlich so groß gewesen wäre wie er selber behauptet hat, hätte ihm die Todesart eigentlich gleichgültig sein dürfen. Warum also die Angst vor Freund Hein? Oder war es nur die Angst vor einem besonders qualvollen Ende, Angst vor einem gewaltsamen Tod? Aber da seine Befürchtungen, vergiftet zu werden, jeder realen Grundlage entbehrten, fragt man sich nach den Ursachen dieser Phobie, dieses Wahns, wie Schönstein sagt.

Die Etymologie bringt uns hier vielleicht einen Schritt weiter. Im Alt- und Mittelhochdeutschen ist *Gift* das Verbalpronomen zu *geben*. Die alte Bedeutung von Gift = Gabe (Schenkung) hat sich im Wort *Mitgift* erhalten. Erst im übertragenen Sinne erhält Gift einen negativen Inhalt, heißt vergiften *jemanden etwas Schädliches zufügen* (umgangssprachlich: *es ihm geben*). Die Ambiguität des Wortes *Gabe* (gute und böse) zeigt sich schon in dem sprichwörtlichen Begriff *Danaergeschenk*. Demjenigen, dem man *es* oder *etwas* gibt, wendet man entweder ein negatives oder positives Interesse zu. Ein »artiges Kind« wird durch Geschenke belohnt, ein »ungezogenes« durch die Rute, die ihm der Nikolaus *gibt*, bestraft. (Die Gabe als Symbol und Mittel der Züchtigungs-Besserung.) Auf der Reziprozität von Gift und Heilmittel beruht die Behandlungsmethode der Homöopathie. Hahnemanns Erkenntnisse (daß es auf die Dosierung der Medikamente ankommt) gehen auf die griechische Medizin zurück, und bis heute ist der Asklepios-Stab, die sich um den Stab windende Schlange (Symbol des Giftigen wie des Heilenden), ärztliches Berufsabzeichen.

Interessant in diesem Zusammenhang, was Paracelsus schreibt:

»Der Leib ist ohn uns Gift geben, und in ihm ist kein Gift: Aber das, des wir dem Leib müssen geben zu seiner Nahrung, im selbigen ist Gift. Also ist der Leib vollkommnen geschaffen und das ander nit. In solchem sollt ihr verstehen, daß ander Tier und Frucht uns ein Speis ist, drumb ist es uns auch ein Gift« . . .

Demnach ist eine Speise a priori giftig, nur im richtigen Maß genossen nicht lebensgefährlich. Auf jeden Fall stand für Paracelsus noch fest, daß Gift einzig durch den Mund aufgenommen wird. Da es zumindest die unauffälligste Methode ist, gab es an den Fürstenhöfen den Vorkoster, der als erster von den aufgetragenen Speisen essen mußte. Und natürlich war die Angst vor dem Vergiftetwerden speziell in solchen (regierenden) Häusern am stärksten. Darum ist auch nicht auszuschließen, daß man gelegentlich bei den Esterházys entweder solche Vorkommnisse erwähnt hatte oder sich selber davor fürchtete und Schubert davon erfahren hat. Es ist jedenfalls auffallend, daß er gerade in Zseliz (wieder?) von Gift redet. Damit ist aber die panische Furcht nur teilweise erklärt. Wenn er sich schon einbildete, daß man ihm nachstellte, konnte er sich dann in Wien sicherer fühlen?

Vielsagender ist Ferdinands Bericht, weil er nicht nur die Angst vor dem Gift anführt, sondern den Ekel vor der Speise. Diesen Ekel hat Schubert schon einmal bekundet, nämlich in seinem Prosatext ›Mein Traum‹ aus dem Jahre 1822. Für mich ein Beweis mehr, daß es sich bei dieser *Erzählung* keineswegs nur, wie O. E. Deutsch, um nicht interpretieren zu müssen, glaubt, »um einen dichterischen Erguß« handelt, sondern um eine ganz zentrale Aussage in allerdings sehr verkleideter Form. Wenn sich die einzelnen Motive dieses Traums auch nicht zu einer logischen Kette zusammenschließen lassen – weil wir Schubert nicht befragen können –, scheint mir die Symbolik vollkommen eindeutig.

Um die Frage, was an jenem 31. Oktober 1828 in Schubert vorgegangen sein könnte, zu beantworten, muß man den Traum hinzuziehen.

Die Brüder Carl und Ferdinand (auch Ignaz?) haben Franz zum Essen eingeladen. Franz hat Appetit auf einen Fisch. Wie viele Melancholiker (Stifter, Bruckner) war auch Schubert ein starker Esser, wenn auch das Geld nicht immer reichte, sich jeden Genuß zu erlauben. In der letzten Zeit freilich klagt er häufig über Appetitmangel. (Auch das eine bekannte Erscheinung: das Schwanken zwischen »Heißhunger« und totaler Appetitlosigkeit.) Seit September hat sich sein Gesundheitszustand spürbar verschlechtert. Er ist matt und apathisch, kann kaum noch arbeiten. Kopfschmerzen, Schwindelanfälle, Blutwallungen. Schuberts Brüder machen sich Sorgen, bemühen sich, ihn aufzuheitern und zu zerstreuen. Diesem Zweck dient auch das Nachtmahlen im »Roten Kreuz« auf dem Himmelpfortgrund, dem einstigen Stammlokal der Eltern und ein von Ferdinand auch später noch häufig besuchtes Lokal. Die vertraute Gegend hat Schubert schon einmal (s. Tagebucheintragung vom 14. Juni 1816) in wehmütige Stimmung versetzt und alte Erinnerungen wachgerufen. So wird es auch diesmal gewesen sein. Einige Gläser Heurigen haben ihn noch schwermütiger werden lassen. Richtig erwachsen geworden ist er ja nie, wenn auch kein Kind mehr. Er ist über die Dreißig. Alle seine Brüder sind verheiratet. Nur er hat niemanden, der ihn umsorgt. Sein Bedürfnis nach häuslicher Wärme und Umhegtwerden war schon immer stark. Aber jetzt, wo er sich körperlich matt fühlt und leidet, besonders. Wenn die Mutter noch lebte, wäre alles anders.

Dies waren vielleicht seine Gedanken. Da bringt die Bedienerin den Fisch. Franz fängt an zu essen. Aber schon nach dem ersten Bissen legt er das Besteck beiseite. Es erfaßt ihn ein heftiger Ekel vor der Mahlzeit und er behauptet, es sei ihm gerade, als habe er Gift genommen. Doch wenn, nach Paracelsus, die Speise an sich schon Gift ist, braucht ihr gar nichts beigemengt zu sein. War der Ekel vor dem toten Fisch, die Angst vor dem Gift vielleicht nur der gesteigerte Ausdruck einer besonders heftigen Appetitlosigkeit bzw. Düpierung der Brüder durch Nahrungsverweigerung?

Von diesem Tage an, schreibt Ferdinand, habe Franz fast nichts mehr gegessen. In einem Brief an Schober vom 12. November präzisiert Schubert diese Aussage:

»Ich bin krank. Ich habe schon elf Tage nichts gegessen u. nichts getrunken, u. wandle matt u. schwankend von Sessel zu Bett u. zurück. Rinna behandelt mich. Wenn ich auch was genieße, so muß ich es gleich wieder von mir geben.«

Der Brief zeigt, daß Schubert seine akute Erkrankung von jenem Abend an datiert, obwohl er schon den ganzen Oktober unpäßlich und ein todkranker Mann gewesen war. Insofern kommt diesem Fischessen eine besondere Bedeutung zu. Wie auch immer die Diagnose lauten mag: am Beginn der Krankheit muß man eine starke emotionelle Erregung konstatieren, die den Ekel ausgelöst hat. Man kann auch sagen: da Schubert doch zunächst offenbar selbst die Absicht geäußert hatte, etwas zu essen, beruhte dieser plötzliche Umschlag des Appetits in Aversion auf einer Enttäuschung, auf einer unerwarteten Geschmacks-Sensation. (Das bekannte Phänomen, wenn man statt Zucker Salz in den Kaffee gegeben hat.)

Hat der Engel (die Bedienerin) nicht das Gewünschte gebracht? Die Frage ist: was hat er gewünscht, was erwartet? Eine ganz andere Speise?

An diesem Ort, in diesem Lokal, wo er *einstmals*, als Kind, mit Mutter und Vater gesessen hatte, wird ihm schmerzlich bewußt, daß die alte Zeit vergangen ist. Dutzende von Reminiszenzen gehen ihm durch den Kopf. Im Grunde möchte er noch einmal, wie damals, an der Seite der Mutter sitzen, möchte er von ihr gefüttert werden. Statt dessen setzt ihm die Bedienerin, die eine Mutterrolle übernehmen könnte, das Essen vor mit einer Geste, die bedeutet: *Sieh zu, wie du damit fertig wirst!* Schubert im Kreise seiner Brüder: sofort fallen einem Abendmahls-Darstellungen ein, auf denen sehr oft, neben Brot und Wein, auf einem Teller auch ein Fisch zu sehen ist. Daß Schubert in diesem Moment an mythologisch-symbolische Bezüge gedacht hat, ist eher unwahrscheinlich. Aber eine Art Liebesmahl war dieses gemeinsame Nachtessen mit den Brüdern nun in der Tat, auch im praktischen Sinne, insofern nämlich, als Ferdinand, als der wohlhabendste, vermutlich die Zeche bezahlt haben dürfte.

Nun widersprechen sich Lust- und Unlustgefühle beim Essen durchaus nicht. Gerade der größte Genießer kann die heftigsten Aversionen gegen eine bestimmte Speise, wenn diese nicht nach seinem Gusto ist, entwickeln. Doch Schuberts Reaktion auf den Fisch war eine doppelte, bestehend aus Ekel und Angst. Ekel vor dem Geschmack und zweifellos auch vor dem Geruch des Fisches, Angst vor dem Vergiftetwerden.[1]

Man kennt die Idiosynkrasie gegen gewisse Nahrungsmittel bei Neurotikern (Blumen- und Sprossenkohl, Spargel, Fische). Bei Schubert taucht sie in dem Traum-Notat auf: der Ekel und schließlich die Flucht vor den *köstlichen Speisen,* und man geht wohl nicht fehl in der Annahme, daß dabei sexuelle Nebenvorstellungen im Spiel waren. Interessant ist dabei die Rolle des Vaters, der zum Genuß dieser Speisen auffordert. Den Part des »Verführers« scheint an diesem 31. Oktober der Bruder Ferdinand übernommen zu haben. Er ist es vermutlich gewesen, der zu dem Fischessen eingeladen hat, und gegen ihn, den Stammhalter und Stellvertreter des Vaters,

1 Bei einigen afrikanischen Völkern (u. a. den Somali, den Wakamba und Bantu) werden die Fische zu den Schlangen gezählt und folglich auch für giftig gehalten. Plutarch berichtet, daß auch die Syrer glaubten, der Genuß verschiedener Fischarten bewirke Geschwüre und Erkrankungen der Leber. Vgl. auch Brehms ›Tierleben‹ über den Trachinus draco (»Petermännchen«), der von den holländischen Fischern, obwohl eine Delikatesse, nicht gegessen wird, weil »eine von diesen Fischen beigebrachte Verwundung peinliche Schmerzen und eine heftige Entzündung hervorruft«.

ist die Nahrungsverweigerung Schuberts in erster Linie gerichtet, auf ihn seine Rivalität mit dem Vater übertragen.

In seinem Aufsatz ›Der Fisch als Sexualsymbol‹ weist Robert Eisler[1] auf die phallische Bedeutung des Fischers in den antiken Mythologien hin. Aber desgleichen ist der Fisch auch Symbol der Liebes-, bzw. Mutter- oder Fruchtbarkeitsgöttin. Ganz deutlich begegnet uns diese Symbolik in der Dichtung der Romantik wieder, in den Gedichten und Märchen von Fischern, Nixen und Meerjungfrauen (Undine) wie in den Andichtungen des mütterlichen Elementes: der Bäche, Flüsse, Seen und des Meeres. Schubert kann diese Symbolik[2] nicht entgangen sein. Seine Affinität zu Gedichten mit dieser Thematik (man denke nur an den Zyklus ›Die schöne Müllerin‹, Schlegels ›Der Schiffer‹, Heines ›Das Fischermädchen‹ und ›Am Meer‹, Mayrhofers ›Am Strome‹: »Ja, du gleichest meiner Seele«, Goethes ›Der Fischer‹, Schlechtas ›Fischerweise‹, ›Schiffers Scheidelied‹ nach Schober) ist keineswegs zufällig und weder allein auf literarischen Zeitgeschmack noch auf Schuberts Sternzeichen[3] zurückführen.

Schuberts Motive für die Vertonung solcher Texte sind so

1 Robert Eisler: ›Der Fisch als Sexualsymbol‹, in IMAGO, III. Jhg., Heft 2, April 1914.

2 Eindeutig ist diese Symbolik in Chr. F. D. Schuberts ›Forelle‹. Das verwendete Vokabular (Ruthe, Pfeil, zucken, zappeln, die Betrogene etc.) entstammt der erotisch-sexuellen Sphäre. Schubarts Gedicht ist die Darstellung einer Eifersuchtsszene: der Ich-Erzähler und der Fischer sind Rivalen. Der Fischer ist Sieger. Das Motiv des *Liebesfischen* findet sich schon auf einem pompejanischen Wandgemälde. Man vergleiche Schubarts ›Forelle‹ mit Mörikes ›Erstes Liebeslied eines Mädchens‹ aus dem Jahre 1834:

»Was im Netze? Schau einmal!
Aber ich bin bange:
Greif' ich einen süßen *Aal*?
Greif' ich eine *Schlange*?«

3 Schubert war im Zeichen des Wassermanns geboren, wie Mozart. Nikolaus Sementowsky-Kurillo schreibt in seinem Buch ›Mensch und Gestirn‹ (Artemis Verlag, 1946) über diesen astrologischen Typ: »Körperbau von mittlerer, etwas gedrungener Statur . . . Die besondere Wesensnote des W.-Typus besteht in seiner Genialität . . . möchte um jeden Preis ein moderner Mensch sein . . . sehr viel Sinn für Musik. Ehe er sich auf lange Dauer einer Person anschließt, überlegt er sich gründlich alle Für und Wider. Die Extravaganzen auf dem Gebiete des gefühlsmäßigen Lebens können mitunter in wahre Verirrung ausarten. In solchen Fällen haben wir vor uns bisexuelle, asexuelle, völlig geschlechtslose oder perverse Individuen.«

komplex wie die für die Vertonung von Wanderer-Gedichten, doch dürfte es der Psychoanalyse nicht schwerfallen, sie zu deuten. Zweifellos aber korrespondiert das erotisch-ästhetische Wohlgefallen an der *munteren Forelle* mit dem Ekel vor dem toten, dem getöteten Fisch auf dem Teller, insbesondere vor dessen Geruch. Es ist der Ekelaffekt vor dem Geruch des Spermas und den Ausscheidungen während der Menstruation. Gerade letzteres aber macht Schubert die Doppelrolle der Frau als Mutter und Geschlechtswesen bewußt. Der Appetit auf den Fisch verkehrt sich in Aversion, Lust in Ekel, gesteigert bis zur paranoiden Vorstellung, der Fisch sei vergiftet, sein Genuß also tödlich. Da, wie Robert Eisler schreibt, nachweislich bei vielen Völkern und Religionsgemeinschaften Fische unter die Speiseverbote fallen, z. B. bei den Pythagoräern, den Baele in Afrika, den Kelten, den Syrern, Gesetze, »die sich gewiß nur in wenigen Fällen rationalistisch auf Gesundheitsschädigungen durch Fischgenuß zurückführen« lassen, sondern »durch Ideenassoziationen sexuellen Charakters« veranlaßt sind, möchte man beinahe vermuten, daß auch Schuberts Angst die archaische nach einer Tabuverletzung, die eine Bestrafung durch eine höhere Instanz zur Folge haben könne, gewesen ist. Das Fluchtmotiv in der Traumerzählung legt zumindest eine solche Deutung nahe: der Ich-Erzähler flieht vor den *köstlichen Speisen,* weil er sie nicht *genießen* darf. (Die Nebenbedeutung von Wörtern wie genießen oder vernaschen ist bekannt.) In einem typischen Salto wird im Traum allerdings der Bestrafungsgrund umgekehrt: der Vater schlägt den Sohn, weil er *nicht* von den Speisen essen will. Der Rivale erscheint als Verführer; *Theodor* als *Luzifer.* Es bedarf hier keiner Erläuterung, um welche Tabuverletzung es sich dabei gehandelt haben könnte.

Auf die Situation im Gasthaus »Zum roten Kreuz« bezogen: Schubert verlangt es nach einem guten Essen, aber da wird ihm ein stark riechender Fisch vorgesetzt, da alle Kochkünste offenbar nicht ausgereicht haben, den charakteristischen Geruch des Schleimsekrets zu beseitigen. Schubert ist der Appetit vergällt. Sein Hungergefühl verwandelt sich in Ekel. Dem Syphilitiker ist dieses rasche Umschlagen der Gefühle nicht fremd. Schuberts Nahrungsverweigerung von diesem Abend an demonstriert anschaulich die Gefühlsassoziation zwischen der Krankheit und dem Ekel vor dem Fisch, daß diese Krankheit eine zum Tode war, auch wenn sie diesen nicht direkt bewirkt hat, doch sie ließ sich, wie Bernhard Paumgartner schreibt, »nicht mehr aus seinem Körper bringen«, eine Ansicht, die sich mit der der bolivianischen Guaraní, die glauben, daß jede Krankheit von einer Vergiftung herrührt und daß die Menschen, würden sie nicht vergiftet, unsterblich wären [1], zu decken scheint.

Die von frühauf immer wieder geäußerte Todessehnsucht Schuberts – wie ernst oder nicht-ernst sie auch war – läßt indes durchaus den Schluß zu, daß seine Erkrankung nicht in erster Linie die Folge eines fatalen Liebes-Unfalls gewesen ist, sondern daß er sich dieses Leiden buchstäblich *zugelegt* hat, daß er die Krankheit *gesucht,* sie angezogen hat, und daß er aufgrund der tatsächlichen oder eingebildeten Todesbereitschaft dafür besonders anfällig war; denn wie läßt sich mit Mitte Zwanzig der Tod anders als gewaltsam herbeiführen?

Obwohl Selbstmorde in Wien und ganz Europa damals grassierten, kam die Möglichkeit, seinen Tod eigenhändig herbeizuführen, für Schubert offenbar nicht in Betracht.

Aber wenn er schon keinen Selbstmord begehen wollte, gab es doch immerhin die Möglichkeit einer allmählichen Selbstzerstörung.

Für einen solchen Selbstzerstörungstrieb bei Schubert sprechen verschiedene Anzeichen: zunächst einmal die Besessenheit, mit der er arbeitete, dieser exzessive Arbeitsfanatismus, dann sein sonderbares Desinteresse an der eigenen Person, das sich abwechselnd als scheinbare Bescheidenheit und Selbstlosigkeit wie auch als Bewunderungsfähigkeit gegen-

1 Vgl. Claude Lévi-Strauss: ›Das Rohe und das Gekochte‹, Frankfurt/M., 1971.

über fremden Leistungen äußerte. Ferner die oft von Zeitgenossen hervorgehobene Vernachlässigung seines Äußeren (seine ungepflegte Kleidung, die braunen Zähne, der Mundgeruch), überhaupt die Rücksichtslosigkeit gegen seinen Körper: das stundenlange Sitzen am Schreibtisch, am Klavier, im Bier- und Kaffeehaus, manchmal zwar Landpartien mit den Freunden, dann aber im Fiaker, selten ausgedehnte und regelmäßige Fußwanderungen. Dazu sein überreichlicher Genuß von Alkoholika und Nikotin (Pfeife).

Es war gewiß nicht ausschließlich die stimulierende Wirkung dieser Gifte, weshalb Schubert von ihnen Gebrauch machte; denn wenn er die Pfeife auch vorwiegend beim Komponieren rauchte und sich mit Tee und Kaffee wach zu halten versuchte, ist es nicht bekannt, daß er unter Alkoholeinfluß gearbeitet hat. Das Bier- und Weintrinken war hauptsächlich den freien Abenden vorbehalten, in Gesellschaft von Freunden.

Der ständige Wechsel von Aufputsch- und Dämpfungsmitteln konnte auf die Dauer selbst bei einer robusten Konstitution nicht ohne Folgen bleiben. Und Schubert hatte eine solche robuste Konstitution. Er muß sie gehabt haben, da ihn – bis auf die letzten Jahre – nie ein Leiden an der Arbeit gehindert hat. Aber bewußt oder unbewußt hat er auf die Ruinierung seines Körpers hingewirkt, mit seiner Gesundheit geaast. Es lag nicht daran, daß er die Notwendigkeit einer wenigstens minimalen sportlichen Betätigung nicht erkannt hätte. Im Zeitalter des Turnvater Jahn war das Interesse an Leibesübungen neu geweckt, wenn die Motive auch fragwürdig waren. Aber Schubert scheint geradezu einen Abscheu vor diesem gymnastischen Kult gehabt zu haben. Wie viele Hypochonder, die jede physische Unregelmäßigkeit argwöhnisch beobachten, war er nicht bereit, solchen Störungen wirklich auf den Grund zu gehen. Dementsprechend stark sind auch seine Gemütsschwankungen.

Daß Schubert, wie Marie Bonaparte, die gelehrige Schülerin Freuds, von E. A. Poe behauptet, »unter dem Signum der latenten Homosexualität« seine Zuflucht zum Alkohol genommen hat, ist möglich, doch nicht beweisbar. Immerhin läßt sich nicht ganz von der Hand weisen, daß ihn seine häufigen »Verdrießlichkeiten mit Mädchen« in die Männergesellschaft und damit in den Alkohol getrieben haben könnten. Und entgegen aller späteren Idealisierungsversuche wußte man in Schuberts Freundeskreis sehr wohl, daß er einen bedenklichen Hang zum Alkohol hatte. Das klingt immer wieder an.

In Bauernfelds Parodie auf den Schubert-Kreis ›Die Verwiesenen‹, in der Silvesternacht 1825 bei Schober vorgelesen, gibt es einige recht freimütige Charakteristiken der Schubertianer: Schober ist als Pantalon von Przelavtsch (Breslau), Schwind als Arlequin, Schubert als Pierrot dargestellt:

7. Szene

(Ein Saal bei der *nackten* Frau)

(*Sie* gibt eine Gesellschaft, zwischen *Arlequin* und *Pierrot* sitzend, die sich wechselweise von ihr an der Nase herumführen lassen)

8. Szene

(*Pantalon* liegt im Bette. *Arlequin* und *Pierrot* sitzen rauchend bei ihm)

Pierrot: Das scheint mir doch etwas zu viel behauptet.

Pantalon: Keineswegs.

Arlequin: Auf das könntest du doch eingehen.

Pierrot: Es ist wirklich sonderbar! Warum sollte ein Mensch nicht – das ist doch das Natürlichste in der Welt.

Pantalon: Für dich, Arlequin, und jeden anderen, mit dessen innerer Sinnesweise es nicht in Widerspruch steht, obwohl sich wirklich beweisen ließe, daß das P- durchaus keine Pflicht für irgendeinen Menschen sei. Denn: sind wir zum Leben geschaffen, so müssen uns auch alle Bedingungen des Lebens mitgegeben sein, es darf nichts Störendes weder in

	unseren geistigen noch physischen Funktionen eintreten – folglich sind wir nicht verbunden, einen Kraftaufwand zu äußern, um die Unreinigkeiten aus unserem Körper wegzuschaffen.
Pierrot:	Am Ende dürfte man auch nicht trinken.
Pantalon:	Allerdings nicht.
Pierrot:	Aber mich freut's.
Pantalon:	Dann ist's für dich Pflicht.

Uns soll hier nur die Charakterisierung Schuberts beschäftigen. Bauernfeld spricht hier, wenn auch im Humor, ziemlich eindeutig aus, daß der Alkoholgenuß für Schubert ein Kompensationsmittel ist, mit dem er seine Enttäuschung auf dem Gebiete der Erotik betäubt: Pierrot, von der *nackten* Frau an der Nase herumgeführt, sucht seine Freude im Trinken. (»Aber mich freut's.«)

Wenn Sándor Radó[1] das Vorbild des pharmakotoxischen Orgasmus im alimentären des Säuglings sieht, gilt das m. E. in viel stärkerem Maße auch für den alkoholischen.

Im Falle Schuberts würde das bedeuten, daß seine sexuellen Bedürfnisse allmählich in mehr oder weniger ausschließlich orale Befriedigungen (Trinken, Rauchen, Essen) überführt worden sind.

Der Mund, als Öffnung zur Welt, ist jedoch nicht nur Einlaß des Guten, durch ihn kann auch das Böse in den Körper gelangen. Und vielleicht war Schuberts Angst davor noch größer als die Freude auf den Genuß, siehe die auf allen Porträts zusammengepreßten Lippen. Die Korrespondenz dieser Gefühle vorausgesetzt, verwundert es nicht, wenn Schubert mit der gleichen Regelmäßigkeit, mit der er trank, während seiner Krankheit auch die Medikamente einnahm: Gift und Gegengift. Er hielt sich an die Einnahme der ihm verordneten Arzneien so pünktlich, daß er sogar eine Taschenuhr ne-

1 ›Die psychischen Wirkungen der Rauschgifte‹, INTERN. ZTSCHR. f. PsA, XII, 1926.

ben seinem Bett aufhängte, um nur ja die Zeit nicht zu überschreiten. Will man diese Gewissenhaftigkeit für den Beweis seiner Hypochondrie nehmen, zeigt sie aber zugleich auch Schuberts ambivalentes Verhältnis zum Tode. Er hat den Tod betörend und verführerisch besungen als Freund und Bruder, aber er hat die Welt des Todes in Liedern wie ›Fahrt zum Hades‹ (nach Mayrhofer) und ›An den Tod‹ (nach Schubart) auch in schrecklich-düsteren Farben vor uns hingestellt:

Tod, du Schrecken der Natur!

Und malt, weit von der schönen Erde, das düstere Gestade des Hades:

Da leuchten Sonne nicht, noch Sterne,
Da tönt kein Lied, da ist kein Freund . . .

Er wünscht den Tod herbei, aber zugleich fürchtet er ihn. Schuberts Dilemma ist das eines potentiellen Selbstmörders: er kann nicht leben, aber er will auch nicht sterben. Ihm ging es da kaum anders als seinem Freund, dem Dichter Mayrhofer. Der freilich – keiner weiß, in welcher Verfassung: verwirrt oder mit klarem Kopf – hat's fertiggebracht und 1836 den letzten radikalen Schritt ins Nichts getan. Zu einer solchen Entschlossenheit war Schubert indes offenbar nicht fähig.

Am 3. November begibt er sich frühmorgens auf den Weg nach Hernals, um das von seinem Bruder Ferdinand komponierte lateinische Requiem zu hören. Ferdinand berichtet:

»Dieses Requiem war die letzte Musik, die er anhörte. Nach dem Gottesdienste machte er sich wieder Bewegung, drei Stunden lang. Beim Nachhausegehen klagte er sehr über Mattigkeit. In wenigen Tagen ward er immer hinfälliger und schwächer, bis er endlich ganz aufs Krankenlager sank.«

Ferdinand vergißt nicht zu erwähnen, daß der Bruder sein Werk gelobt hat. Ein Requiem am Ende eines Komponistenlebens: ob Ferdinand dabei an die Parallele zu Mozart gedacht hat? Wenn es tatsächlich die letzte Musik war, die Schubert gehört hat, war es leider ein zwar braves, aber doch recht schwaches Werk, und das ist auch der Grund, daß sich um diese Aufführung keine Legenden gebildet haben. Viel wichtiger – und das vergißt Ferdinand zu erwähnen – ist, daß Franz am 4. November, also einen Tag darauf, Herrn Simon Sechter aufsucht, den Schüler Salieris und »Musiklehrer aller Musiker« (u. a. Bruckners), um bei ihm, zusammen mit dem Pianisten Josef Lanz, Kontrapunkt zu studieren, vor allem die Fuge, weil er (wie Sechter später mitteilt) »hierin Nachhilfe bedürfe«. Grundlage des Unterrichts sollte Friedrich Wilhelm Marpurgs ›Abhandlungen von der Fuge‹ bilden. Zeit und Zahl der Stunden waren festgesetzt, vermutlich auch das Honorar, worüber Sechter sich pietätvoll ausschweigt. Doch es blieb bei einer einzigen Lektion. Zur zweiten erschien Lanz allein und teilte Sechter mit, daß Schubert erkrankt sei.

Aus der Tatsache, daß Schubert noch Anfang November, ungeachtet seiner körperlichen Schwäche und nach tagelangem Fasten, sich bei Sechter zum Unterricht anmeldet, geht unzweideutig hervor, wie wenig ernst er seine Krankheit nahm, wie fern ihm der Gedanke ans Sterben war.

Bauernfeld, der Schubert während der Krankheit besucht hat, erzählt, daß Franz noch acht Tage vor seinem Tode »mit allem Eifer« von der Oper[1] gesprochen habe und davon, »mit welcher Pracht er sie orchestrieren wolle. Auch völlig neue Harmonien und Rhythmen gingen ihm im Kopf herum«.

Nun kann sich die Phantasie gerade in Momenten größter körperlicher Schwäche besonders hoch aufschwingen. Ob Schubert, wäre er am Leben geblieben, seine Pläne realisiert hätte, bleibt ebenso Spekulation wie die Vermutung, daß er noch manches Erstaunliche hervorgebracht hätte. Aber Grillparzer irrte, wenn er als Inschrift für die Schubert-Büste von Dialer formulierte:

> Der Tod begrub hier einen reichen Besitz,
> Aber noch schönere Hoffnungen.

1 ›Der Graf von Gleichen‹, Text von Bauernfeld.

Glücklich ist die ganze Formulierung sowieso nicht. Doch sehen wir davon ab! Obwohl Grillparzer durch seine Liebe zu Kathi Fröhlich dem Kreis um Schubert und Schubert selber sehr nahe stand, kannte er von Schuberts Werken nur wenige. Außer den viel und oft gesungenen Liedern und etwas Kammermusik kein größeres Orchesterwerk, keine Symphonie, weder die späten Streichquartette noch das einzige und einmalige Streichquintett und die letzten Klaviersonaten.

Doch selbst wenn er das alles gekannt hätte, wäre es ihm, bei allem Verständnis für Musik, damals möglich gewesen, das Neue und Kühne zu erkennen? Allerdings darf man vermuten, daß er gespürt hätte, daß Schuberts Schaffen ab der ›Winterreise‹ in eine neue Phase getreten war. Ich sage bewußt *Phase*, weil man, wie schon gesagt, von einer kontinuierlichen Entwicklung, im Sinne Beethovens, bei Schubert nicht sprechen kann.

Beethoven, der sich nicht mehr, wie noch Haydn und (bis 1781) Mozart *auch* nach Geschmack und Wünschen von Arbeitgebern richten mußte, komponierte nach eigenem Konzept und hatte folglich so etwas wie eine Idee vom abgerundeten Œuvre. Eine solche *Idee*, ein *Konzept*, hat Schubert kaum gehabt. Man erkennt das an den Kompositionsangeboten, die er Verlegern machte, wo die unbedeutendsten Werke gleichrangig neben Meisterwerken aufgezählt sind: ›Der Hochzeitsbraten‹ neben dem d-Moll Streichquartett, der ›Schlachtgesang‹ (nach Klopstock) neben den Impromptus. Dieses Angebot an das Verlagshaus B. Schotts Söhne, Mainz, stammt aus dem Jahre 1828. In einem Postscriptum teilte er noch mit, daß er ferner »3 Opern, eine Messe und eine Symfonie« fertig habe. Tatsächlich hatte er 17 Bühnenwerke geschrieben, sechs Messen und neun Symphonien. Aus welchen Gründen er sein Werk so schmal ansetzte, welche Symphonie er der Veröffentlichung für wert hielt, ist nicht bekannt. Aber diese Liste macht den Unterschied zu Beethoven deutlich, der nicht nur sein eigener Archivar, sondern auch sein eigener Exeget war. Von Schubert gibt es, außer seinem kurzen Kommentar zur ›Winterreise‹ (»ein Kranz schauerlicher Lieder«), keinen einzigen Deutungsversuch seiner Werke. Allenfalls erwähnte er gelegentlich, daß das eine oder andere Stück von ihm »mit Beyfall aufgeführt« wurde. Ein Werkkatalog, wie ihn sogar – wenn auch unvollständig – der nicht eben pedantische Mozart anlegte, scheint für Schubert etwas Unvorstellbares gewesen zu sein. Und es war nicht nur Schludrigkeit, wenn er so unachtsam mit seinen Kompositionen umging, daß Freunde wie Hüttenbrenner für ihn das Sammeln und Aufbewahren übernehmen mußten, sondern eine tiefe Gleichgültigkeit gegenüber seinen Produktionen, aber auch seiner Person. Die Masse seiner Hervorbringungen war nicht das Ziel, sondern das beiläufige Ergebnis seiner Arbeitsmethode. Komponieren stellte für Schubert zuallererst einen Lernprozeß dar. Bezeichnend dafür, daß er, nachdem er schon über 170 Lieder geschrieben hatte, erst den ›Erlkönig‹ (1815) als sein Opus 1 angibt. Von diesem Lied an zählt er sein Werk. Dabei waren bis dahin entstanden zehn Streichquartette, zwei Symphonien, zwei Messen, zahlreiche Klavierwerke und die Musik zu ›Des Teufels Lustschloß‹ nach Kotzebue. Für Schubert waren das alles Durchgangsstationen. Wichtig war ihm nur, was er unter Einsatz seiner letzten Kräfte geschrieben hatte. Er mußte, wie der Dichter Schubart, »fühlen« was er schrieb. Dessen Bekenntnis, daß er seine »Lieder oft mehr niederblutete als niederschrieb«, findet seine Entsprechung in Schuberts Tagebuchworten, daß viele seiner Werke allein der Schmerz erzeugt habe. Will man diese künstlerische Haltung Schubarts und Schuberts *Gefühls-Subjektivismus* nennen, hätte letzterer in Beethoven den Exponenten dieser Richtung sehen können. Und möglicherweise hat er ihn auch dafür gehalten, zumindest in späteren Jahren. Der Zwanzigjährige tadelte ihn aufs heftigste wegen seiner Originalitätssucht: ein Vorwurf, der ihm später selbst gemacht wurde. Trotz seiner nachmaligen starken Bewunderung für Beethoven, hat er dieses frühe Urteil nie ausdrücklich revidiert. Und tatsächlich war diese Bewunderung für den älteren stets eine aus der Distanz: die Faszination eines Kaninchens vor der Schlange. Eine eisige, frostige, zugeknöpfte Bewunderung. Für Mozart hat er enthusiastisch geschwärmt. Wenn die Rede auf Mozart kam, ging ihm der Mund über. Drei Tage vor seiner großen Abrechnung mit Beethoven, am 13. Juni 1816, schreibt er in sein Tagebuch:

»Ein heller, lichter, schöner Tag wird dieser durch mein ganzes Leben bleiben. Wie von ferne leise hallen mir noch die Zaubertöne von Mozarts Musik. Wie unglaublich kräftig u. wieder so sanft ward's durch Schlesingers meisterhaftes Spiel ins Herz tief, tief eingedrückt. So bleiben uns diese schönen Abdrücke in der Seele, welche keine Zeit, keine Umstände verwischen, u. wohlthätig auf unser Daseyn wirken. Sie zeigen uns in den Finsternissen dieses Lebens eine lichte, helle, schöne Ferne, worauf wir mit Zuversicht hoffen. O Mozart, unsterblicher Mozart, wie viele o wie unendlich viele solche wohlthätige Abdrücke eines lichtern bessern Lebens hast du in unsere Seelen geprägt.«

Solch empfindsamen, schwärmerischen Ton hat er für Beethoven nie gefunden. Er kannte und studierte jedes neue Werk Beethovens, erkannte in ihm den größten lebenden Komponisten. Er wußte, daß er nicht zu übertreffen war. Gleichwohl hat er einige Male versucht, ihn zu überbieten, bis er merkte, daß Beethoven nicht sein Rivale war, sondern sein Antipode.

Ob es je zu einem Besuch bei Beethoven gekommen ist, läßt sich nicht mehr ausmachen. Die zeitgenössischen Berichte gehen auseinander. A. Hüttenbrenner behauptet:

»Das weiß ich aber ganz bestimmt, daß Professor Schindler, Schubert und ich, ungefähr acht Tage vor Beethovens Tode, letzterem einen Krankenbesuch abstatteten. Schindler meldete uns beide an und fragte, wen Beethoven aus uns beiden zuerst sehen wolle; da sagte er: Schubert möge zuerst kommen. Aus dem schließe ich, daß Schubert dem Beethoven aus früherer Zeit bekannt war.«

Schindler datiert diese frühere Begegnung auf 1822:

»Schlimm ist es 1822 Franz Schubert bei Überreichung seiner dem Meister gewidmeten Variationen zu vier Händen[1] ergangen. Der schüchterne und zugleich wortkarge Musensohn hat, ungeachtet Diabellis Begleitung und Verdolmetschung seiner Gefühle für den Meister bei der Vorstellung, eine ihm selber mißfällige Rolle gespielt. Die bis ans Herz festbewahrte Kurage hat ihn im Angesicht der Künstler-Majestät ganz verlassen. Und als Beethoven den Wunsch geäußert, Schubert möge selber die Beantwortung seiner Fragen niederschreiben, war die Hand wie gefesselt. Beethoven durchlief das überreichte Exemplar und stieß auf eine harmonische Unrichtigkeit. Mit sanften Worten machte er den jungen Mann darauf aufmerksam, aber sogleich beifügend, das sei keine Todsünde; indes ist Schubert, vielleicht gerade eine Folge dieser begütigenden Bemerkung, vollends außer Fassung gekommen. Erst außer Haus raffte er sich wieder zusammen und schalt sich selber derbe aus. Er hatte niemals wieder den Mut, sich dem Meister vorzustellen.«

Der letzte Satz steht nun wieder im Gegensatz zu der Behauptung Hüttenbrenners. In den Konversationsheften Beethovens findet sich kein Wort über eine solche Begegnung. Aber man muß wissen, daß eben dieser Herr Schindler fast zwei Drittel dieser Gesprächsnotate vernichtet hat. Die kleinliche Mängelrüge, die Beethoven erteilt haben soll, dürfte aber wohl eher eine Erfindung dieses höchst unzuverlässigen Biographen sein. Hüttenbrenners Aussage indes muß man ernst nehmen, zumal dieser stets auf Schubert eifersüchtige Komponist eigentlich keinen Anlaß gehabt hat, eine Begegnung zwischen Schubert und Beethoven zu erfinden. Er hätte diese Bekanntschaft mit dem großen Meister eher für sich allein in Anspruch nehmen können. Wie auch immer: man

1 Gemeint ist op. 10, Variationen über die altfranzösische Romanze ›Reposez-vous, bon chevalier‹ aus dem Jahre 1818, Ludwig van Beethoven zugeeignet »von seinem Verehrer und Bewunderer Franz Schubert«. Komponiert in Zseliz, Ungarn.

kann davon ausgehen, daß Schubert Beethoven aus allernächster Nähe erlebt hat, nämlich in Steiners Musikalienhandlung im Paternostergäßchen, und folglich ist es auch nicht ausgeschlossen, daß es zu Gesprächen gekommen ist.

Dagegen scheint sich der Bericht Gerhard von Breunings, demzufolge nach Beendigung der Trauerfeierlichkeiten Schubert mit Benedikt Randhartinger und Franz Lachner ins Gasthaus »Zur Mehlgrube« gegangen sei, mehr dem Bereich der Legende anzunähern:

»Man bestellte Wein, und Schubert erhob das Glas mit dem Ausrufe: ›Auf das Andenken unseres unsterblichen Beethoven!‹ Und als die Gläser geleert waren, füllte er es zum anderen Male, ausrufend: ›Nun, und dieses auf denjenigen von uns Dreien, der unserem Beethoven der Erste nachfolgen wird!‹«

Abgesehen davon, daß Breuning offenbar die Doppeldeutigkeit des letzten Satzes entgangen ist (denn unter der Nachfolge muß nicht unbedingt die ins Grab verstanden werden), besagen diese Worte noch lange nicht, daß Schubert in diesem Moment eine Todesahnung gehabt hat. Solche Trinksprüche sind bei solchen Anlässen üblich. Was die mitgeteilten Äußerungen Schuberts über Beethovens Hinscheiden allerdings verraten, ist eine weit über die Verehrung des Toten hinausgehende Betroffenheit, man kann auch sagen: ein geradezu nekrophiles Interesse; denn dieser Tod hat bei ihm etwas ausgelöst. Wenn man nach dem relativ schaffensarmen Jahr 1826, in dem außer den beiden Streichquartetten in d-Moll und G-Dur und der Fantasie-Sonate für Klavier, der Deutschen Messe und einigen Liedern kaum ein größeres Werk entstand, plötzlich die Produktion mächtig anschwellen sieht, in den nun folgenden zwei Jahren bis zu Schuberts Tod die bedeutendsten und persönlichsten Werke entstehen (›Die Winterreise‹, die Klaviertrios in B und Es, die Symphonie in C, die Impromptus, die drei letzten Klaviersonaten, ›Mirjams Siegesgesang‹ nach Grillparzer, die Heine-Lieder und das Streichquintett), liegt die Vermutung nahe, ob das Ableben

Beethovens für Schubert nicht auch eine *Befreiung* bedeutet hat. Nun ist der Riese tot, in dessen Schatten der *Zwerg* Schubert bislang gestanden hatte. Und so weit ging seine Selbsteinschätzung schon, daß er sich jetzt für den größten Tondichter Österreichs halten konnte, was bei der musikalischen Metropolstellung Wiens damals mehr war als wir uns heute vorstellen können. Schubert sah sich als Nachfolger und Erbe Beethovens.

Insofern ist alles Gerede und Gemunkel von Schuberts Todesahnung unhaltbar, Prophezeiung im nachherein. Doch heißt das nicht, daß der notorische Melancholiker sich nicht immer wieder mit den *letzten Dingen* beschäftigt hat. Abwegig jedoch wäre es, die oft schwermütig-dunkle Sprache seiner »späten« Werke als eine vom Tode gezeichnete zu deuten. Mit gleichem Recht könnte man denn auch viele frühe Werke in diesem Sinne auslegen, was auch geschehen ist.

Dennoch: Wenn man auch nicht bei jedem wehmütigen Moll-Satz, bei jedem klopfenden Rhythmus gleich an den Tod denken muß, gehört Schubert doch zu den wenigen großen Komponisten, die für ihre Stimmungen und Gefühle den adäquaten musikalischen Ausdruck finden. Sein »Geheimnis« besteht darin, daß er – im Unterschied zu mittleren Talenten – diese Stimmungen und Gefühle nicht nach- oder abzubilden versucht, was gewöhnlich nur zur Larmoyanz führt, sondern daß sie das Resultat rein kompositorischer Arbeit sind. Die Faktur ist der Gehalt, und beides von der Person des Schöpfers nicht abzuheben. In seinem Schubert-Essay aus dem Jahre 1928 weist Th. W. Adorno genau auf diesen Sachverhalt hin, wenn er schreibt:

». . . so sehr die landläufige Vorstellung die Realität verfehlt, Schubert habe, als Lyriker seiner selbst, umstandslos und ohne Zäsur ausgedrückt, was er als psychologisch bestimmtes Wesen gerade eben fühlte, so irrig wäre eine Auffassung, die den Menschen Schubert aus seiner Musik streichen möchte.«

Doch wer war Franz Schubert, was wissen wir von seinem

Leben, von seinem tatsächlichen Verhältnis zum Tode? Es gibt einige literarische Momentaufnahmen, von Schwind, von Spaun, von Bauernfeld, anhand derer man glaubt, den Menschen Schubert für Bruchteile von Sekunden vor sich zu sehen, am Arbeitstisch, am Klavier oder im Kaffeehaus, bis man feststellt, daß das nur Stellbilder sind, ohne jede Kinetik, romantische Schattenrisse. So makaber es sein mag: wo es einem tatsächlich gelingt (oder zu gelingen scheint), sich den Menschen Schubert vorzustellen, sind die Stunden vor seinem Tode. Und es ist sicher kein Zufall, daß, trotz einiger Retouchen, die Berichte über sein Ende das höchste Maß an Wahrscheinlichkeit besitzen, mithin realistisch wirken, will sagen: glaubwürdig; denn plötzlich ist Schubert uns nah. Nicht mehr ist die Rede von Todessehnsucht, im Gegenteil, Ferdinand muß den Sterbenden trösten, ihm Hoffnung auf Besserung machen. Schubert, auf dem Krankenlager, korrigiert noch den zweiten Teil der ›Winterreise‹, er bittet Schober um Lektüre. Alles deutet darauf hin, daß er sich gegen das frühe Ende aufzubäumen versucht. Ausgebildete Krankenwärter werden gerufen, die Ärzte Josef von Vering und Johann Wisgrill sind vom 16. November an ständig um ihn. Seine kleine Halbschwester Josepha hilft, ihn zu pflegen. Pedantisch besorgt um das typhuskranke Familienmitglied sind Ferdinand und Frau. Sie haben die Medikamente beschafft (Zitronen, schwarzen Tee, Senfmehl, Salben und Visikaturpflaster) und, zusammen mit dem ärztlichen Honorar, in Form einer Abrechnung für den Vater genauestens festgehalten, sie haben vermutlich auch zugestimmt, daß, nach der Erkrankung Doktor Rinnas, Professor Wisgrill hinzugezogen wurde. Beide Ärzte, Vering wie Wisgrill, galten als angesehene medizinische Persönlichkeiten. Vering ist besonders hervorgetreten als Facharzt für venerische Krankheiten (er publizierte verschiedene Abhandlungen über die Behandlung der Syphilis durch Quecksilbereinreibungen), Wisgrill war Professor der Medizinischen Vorbereitungswissenschaften und Autor verschiedener medizinischer Werke.

Das Bild des Todes, das Schubert seit seinem vierzehnten Lebensjahr in sich getragen hat, und die drohende Nähe des tatsächlichen Todes, waren unvereinbar. Der besungene Tod war eine allegorische Figur, mal freundlich, mal Schrecken der Natur, immer aber ein Beweger, ein menschenähnlicher Partner, der zu einem redete, mit dem man reden konnte, den man anrufen, anflehen oder um Vorübergehen bitten konnte und der, trotz aller zerstörerischen Kraft, mit dem Schöpfer, wie Schubert ihn sich dachte (nicht als persönlichen Gott, und schon überhaupt nicht als Schirmherr der katholisch-apostolischen Kirche) gleichgesetzt war. Vor allem aber war diese Figur des Todes, so kalt, so bitter, so ungeschminkt sie Schubert in der ›Winterreise‹ auch darstellt, für ihn selbst ein kreatives Stimulans. Der Gedanke an den Tod war gleichbedeutend mit dem Gedanken ans Werk. Er wollte sich von diesem Lebensvernichter nicht wegschreiben, ihn nicht, während er komponierte, in die Flucht jagen, ihm nicht zu entkommen versuchen, ihn bannen, sondern sich an ihn heranschreiben, sich ihm ausliefern.

Jetzt, wo es ernst wird, der Tod nicht als Bruder kommt, vielmehr als Verderber, auch als Spielverderber, zweifelt er, wie einst Ignaz, als er dem Bruder nach Ungarn von dem »rasenden Selbstumbringen« in Wien berichtet, an der Gewißheit, *schnurstracks* in den Himmel hineinspringen zu können. Kein Wort mehr von Todesbereitschaft, von Todessehnsucht, sondern Angst, die sich in Zukunftsplänen, Hoffnung auf Genesung, um die begonnene Oper zu vollenden, Beschäftigung mit dem Werk äußert. Noch Mitte November bittet er Spaun:

»Schreibe auch das Ständchen von Grillparzer ab und schicke es den Damen in Lemberg . . .« und:

»Mir fehlt eigentlich gar nichts, nur fühle ich mich so matt, daß ich glaube, ich solle durch das Bett fallen.«

Fast die gleichen Worte scheint er dem aus Pest zurückgekehrten Franz Lachner gesagt zu haben, nur klingen sie in dessen Bericht bedrohlicher:

»Ich liege so schwer da, ich meine, ich falle durch das Bett.«

Aber Lachner fährt fort:

»Ungeachtet seiner hierdurch bekundeten Schwäche hielt er mich für lange Zeit bei sich zurück, teilte mir noch verschiedene Pläne für die Zukunft mit und freute sich sehr auf seine Genesung.«

Innerhalb von Stunden jedoch muß sich der Zustand außerordentlich verschlimmert haben. Nach Bauernfeld soll Schubert schon am Abend des 17. November heftig zu phantasieren begonnen haben und nicht mehr zu Bewußtsein gekommen sein. Dem widerspricht allerdings der Bericht Ferdinands:

»Am Vorabend seines Hinscheidens rief er seinen Bruder mit den Worten: ›Ferdinand! Halte Dein Ohr zu meinem Munde‹ zum Bette hin und sagte dann ganz geheimnisvoll: ›Du, was geschieht denn mit mir?‹ – Ferdinand antwortete: ›Lieber Franz! Man ist sehr dafür besorgt, dich wieder herzustellen, und der Arzt versichert auch, du werdest bald wieder gesund werden, nur mußt du dich fleißig im Bette halten!‹ – Den ganzen Tag wollte er heraus, und immer wieder war er der Meinung, er wäre in einem fremden Zimmer.

Ein paar Stunden später erschien der Arzt, der ihm auf ähnliche Art zuredete.

Schubert aber sah dem Arzte starr ins Auge, griff mit matter Hand an die Wand und sagte langsam und mit Ernst: ›Hier, hier ist mein Ende!‹ —«

Dem Ton dieses Berichts merkt man an, daß dies die offizielle Version von Schuberts Tod sein soll. Die Bedeutsamkeit letzter Worte wird durch Adjektive wie *geheimnisvoll* gehörig unterstrichen. Trotzdem glaube ich nicht, daß der ansonsten keineswegs immer sehr zuverlässige Ferdinand sich einer unrichtigen Darstellung schuldig gemacht hat, wenn auch sehr wahrscheinlich einer ungenauen und »leicht« retouchierten. Man braucht gar nicht erst zwischen den Zeilen zu lesen; es genügt, sie in Gedanken zu verlängern, um zu erfahren, daß Schubert aufs schwerste mit dem Tode gekämpft hat. Die Beschwichtigungsversuche des Bruders, der genau wußte, wie es um Franz stand, vor allem aber der Satz »Den ganzen Tag wollte er heraus« lassen ahnen, was sich da im Sterbezimmer abgespielt haben wird, und nicht nur vor den Augen Ferdinands und seiner Frau Anna, sondern auch vor denen der dreizehnjährigen Josepha, Schuberts Halbschwester. Und man muß sich schon dieses Ensemble von Pflegepersonal in dem engen Zimmer vorstellen: eine Krankenschwester, ein Krankenwärter, zwei Ärzte, Ferdinand, seine Frau, deren Tochter Therese und schließlich Josepha (Josa gerufen), wenn man sich diese Szenen vergegenwärtigen will; denn da lag kein in sein Schicksal ergebener, sich Gottes Ratschluß fügender frommer Christ, auch nicht der lebensmüde Wanderer der ›Winterreise‹, sondern ein rebellischer Schöpfer, der sich gegen das Sterben auflehnt, der überhaupt nicht bereit ist, sich den Lebensfaden abschneiden zu lassen, der mit allerletzten Kräften versucht, sich gegen seine physische Vernichtung zu wehren. Und wenn er auch, wie Spaun in seinem Nachruf schreibt, ein »freundliches, unverändertes Antlitz zeigte« (wie hätte dieser konventionelle Mann auch das Gegenteil schreiben können!), »sanft und ohne Kampf hinübergegangen« ist er nicht. Schon die verschiedenen Rebellionen gegen den Vater beweisen, daß Schubert keineswegs alles hingenommen hat. Doch ich vermute, sie waren nichts gegen diese letzte Rebellion, bei der es um Sein oder Nichtsein ging. In Ferdinands Bericht ist davon nicht die Rede, und dennoch kann man ihm dies alles entnehmen, da man dem Text die Anstrengung anmerkt, wie da mit Worten ein Damm errichtet werden soll gegen die Erinnerung des Schreibers, für den am Ende dieses Geschriebene die Realität nicht *darstellt,* sondern *ist.* Er mußte es so schreiben, um mit diesen schrecklichen Szenen, mit diesen schrecklichen Bildern fertig zu werden.

Daß ihm des Bruders Tod nahegegangen ist, daran ist nicht zu zweifeln. Aber das Schlimmste war nicht des Bruders Tod, das Schlimmste war das Sterben des Bruders, der Tod in seinem Haus, der den ganzen Lebensrhythmus der Familie durcheinander bringt. Das Schlimmste war dieses Lauern auf den Tod, dieses Warten, dieses Abwartenmüssen; denn wenn man von *Erlösung* spricht, ist damit zuallererst die Erlösung der Angehörigen gemeint, die genau wissen, daß das Ende unweigerlich kommt, die aber auch wissen, daß der Sterbende nicht sterben will. Pünktlich nimmt er seine Medikamente ein, die Taschenuhr neben dem Bett, braucht drei, vier, fünf Personen, die ihn umsorgen. Und wonach er sich sein ganzes Leben insgeheim gesehnt hat: geborgen zu sein, umhütet zu werden: jetzt wird es ihm zuteil. Der verlorene Sohn ist zur Familie heimgekehrt. Das Kind Schubert ist von Kindern umgeben, von seinen Nichten und Neffen und der Halbschwester. Wer fehlt, ist der Vater. Franz Theodor, so muß man annehmen, hat sich bei seinem sterbenden Sohn nicht blicken lassen. Am 19. November schreibt er an Ferdinand:

Lieber Sohn Ferd.

Die Tage der Betrübnis und des Schmerzes lasten schwer auf uns. Die gefahrvolle Krankheit unseres geliebten Franz wirkt peinlich auf unsere Gemüter. Nichts bleibt uns in diesen traurigen Tagen übrig, als bei dem lieben Gott Trost zu suchen, und jedes Leiden, das uns nach Gottes weiser Fügung trifft, mit standhafter Ergebung in seinen heiligen Willen zu ertragen; und der Ausgang wird uns von der Weisheit und Gottes überzeugen und beruhigen.

Darum fasse Mut und inniges Vertrauen auf Gott; er wird Dich stärken, damit Du nicht unterliegest, und Dir durch seinen Segen eine frohe Zukunft gewähren. Sorge so viel als möglich, daß unser guter Franz unverzüglich mit den heil. Sakramenten der Sterbenden versehen werde, und ich lebe der tröstlichen Hoffnung, Gott wird ihn stärken und erhalten.

Dein betrübter, aber von dem Vertrauen auf Gott gestärkter Vater Franz.

Eine bessere Selbstdarstellung sowie Darstellung des Vater-Sohn-Verhältnisses kann man sich kaum vorstellen. Statt dem Sterbenden durch persönliches Erscheinen (falls Schubert sich nicht gerade das verbeten hatte!) Trost zu spenden, glaubt er, nichts anderes tun zu können, als beim »lieben Gott« Trost zu suchen, was doch wohl nur bedeuten kann, daß er den Sohn längst aufgegeben hat. Und da Leiden offenbar nicht seine Sache ist (ich habe schon in der Interpretation des Schubert-Textes ›Kantate zur Nahmensfeier des Vaters‹ darauf hingewiesen), muß es schnell mit »standhafter Ergebung in seinen heiligen Willen« ertragen werden, also verdrängt. Wenn er die Krankheit »gefahrvoll« nennt, dann weniger, weil er Franz in ernster Gefahr sieht, sondern hauptsächlich, um sein Fernbleiben zu begründen. (Ähnliche Argumente hatte auch Franz von Schober.) Das Wort *peinlich* hatte damals noch nicht die Nebenbedeutung von unangenehm oder verletzend. Gemeint war *schmerzlich*. Gleichwohl klingt dieser Doppelsinn an, und man darf mit Sicherheit vermuten, daß dem biederen und beständig um seinen guten Ruf bedachten Schulmann die Art dieser Krankheit, die er meinte (nicht jener, die zum Tode geführt hat), durchaus peinlich in der heutigen Bedeutung des Wortes gewesen ist. Die Sorge gilt denn auch weniger dem »geliebten Franz«, dessen Wohl »Gottes weiser Fügung« anvertraut wird, sondern Ferdinand. Ihm wird Stärke gewünscht und eine frohe Zukunft. Franz hingegen scheint bereits *abgeschrieben* zu sein, was hier wörtlich zu verstehen ist: nämlich als des Vaters pedantischer Eintrag ins *Verzeichnis der Geburts- und Sterbefälle,* der denn auch prompt einige Tage später erfolgte und in groteskem Buchhalterton formuliert war:

(Franz Peter . . .) † Mittwoch, den 19. November 1828, nachmittags 3 Uhr (am Nervenfieber), begraben Samstag, 22. November 1828.

Kein Wort der Betroffenheit, der persönlichen Anteilnahme. Allerdings, was er nicht vergißt – und das scheint ihm im Moment das Wichtigste, um das er Ferdinand bittet:

»Sorge so viel als möglich, daß unser guter Franz unverzüglich mit den heil. Sakramenten der Sterbenden versehen werde . . .«

Nun hätte es in Wien keiner großen Sorge bedurft, binnen kürzester Zeit einen Priester zu beschaffen. Doch wofür Ferdinand sorgen sollte, war: Franz zu überreden, daß er sich bereit erkläre, einen Priester rufen zu lassen. Da aber lagen die Schwierigkeiten. Vermutlich hat Schubert sich bis zuletzt gegen geistlichen Beistand gesträubt, und nicht nur, weil er dessen falsches Singen fürchtete. Und offenbar hat er sich mit Erfolg gesträubt. Aus dem Sterbeprotokoll der St.-Josefskirche in Margareten geht hervor, daß der ledige Tonkünstler und Komponist Franz Schubert »bloß die letzte Ölung« erhalten hat, also weder gebeichtet noch kommuniziert hat. Die Version, daß der Priester Schubert bereits im Koma angetroffen habe, scheint mir eine fromme Familienlegende zu sein, vermutlich von Ferdinand in die Welt gesetzt, um den Vater zu beruhigen, aber auch, um von ihm einen finanziellen Zuschuß für die entstandenen und entstehenden Kosten zu erhalten. In Wahrheit wird der Priester erst zu dem bereits Toten gerufen worden sein, und der Vater, wie der Dumme im Märchen, geprellt. Doch das hat er wohl nie erfahren.

Wenn man hier und da liest, Schubert habe den Tod nicht gefürchtet – und als Beleg dafür werden frühere Äußerungen Schuberts zitiert –, frage ich mich, ob diese tüchtigen Biographen je einen Menschen sterben erlebt oder selber je in Todesgefahr geschwebt haben, für was sie den Tod eigentlich halten. Was immer Schubert auch über das Sterben gesagt hat: es ist hinfällig in dem Moment, wo der Tod zupackt. Seit dem unglückseligen Fischessen hat Schubert den Todesgeschmack auf der Zunge, aber gerade deshalb weist er den Todesgedanken weit von sich, will er nicht ernsthaft daran glauben, daß sein Leben ausgelöscht werden soll. Warum jetzt, warum gerade in einem Augenblick, da sich alles zum Besseren zu wenden scheint: der große Erfolg seines Privatkonzerts[1] im März, Verlegerangebote, positive Kritiken in Leipziger und Dresdner Zeitungen? Sieht es nicht aus, als gehe es mit Schubert rapide bergauf? Und nun sterben? Sagt ihm nicht etwas wie eine innere Stimme, er sei noch lange nicht am Ende? Soll er der Stimme mißtrauen? Er arbeitet, plant, diskutiert. Von irgendwelchen Todesahnungen scheint er nicht verfolgt zu werden. Daß man ihm den Tod ansah, ihm anmerkte, daß er wie der Kammerherr Brigge *einen* Tod in sich trug, möchte ich eher bezweifeln. Alles, was da später berichtet wurde, sind posthume Behauptungen. Schubert verlangt nach Lektüre. Schober soll ihm die neuesten Bücher von Cooper bringen: »Der letzte der Mohikaner« und »Der Pilot«. Das sind keine Anzeichen von voreiliger Resignation. Später, als er deliriert, will er aus dem Bett. Zu Ferdinand[2] soll er gesagt haben:

»Ich beschwöre Dich, mich in mein Zimmer zu schaffen, nicht da in diesem Winkel unter der Erde zu lassen; verdiene ich denn keinen Platz über der Erde?«

1 Das Konzert fand am 26. März, abends 7 Uhr im Lokale des österreichischen Musikvereins unter den Tuchlauben No. 558 statt. Aufgeführt wurden der erste Satz eines neuen Streichquartetts (wahrscheinlich aus dem G-Dur Quartett von 1826), ein neues Klaviertrio (Es-Dur, op. 100), Lieder nach Rellstab, Seidl und Pyrker, sowie Chorwerke, u. a. das ›Ständchen‹ nach Grillparzer. Das Publikum, vorwiegend Schubert-Enthusiasten, applaudierte nach jedem Stück mit Händen, Füßen und lauten Rufen, als sei man in der italienischen Oper. Schubert verdiente umgerechnet ca. 400 Mark. Keine Wiener Zeitung hielt es für nötig, über das Konzert zu berichten. Dafür Blätter in Leipzig, Dresden und Berlin.

2 So jedenfalls berichtet Ferdinand Schubert am 21. November 1828 »früh 6 Uhr« seinem Vater in der Roßau, der sich offenbar noch immer nicht bei seinem toten Sohn hat sehen lassen. Elf Jahre später, 1839, in dem Aufsatz *Aus Franz Schuberts Leben* (veröffentlicht in Schumanns NEUER ZEITSCHRIFT FÜR MUSIK) fehlen diese Sätze merkwürdigerweise, in denen Ferdinand 1828 den *Fingerzeig seines* (Schuberts) *innersten Wunsches* gesehen hatte, an der Seite Beethovens zu ruhen. Hatte er sie vielleicht nur erfunden, um den Vater zu überreden, Schubert müsse auf dem Währinger Friedhof beerdigt werden? Schließlich kostete diese *Leichenübertragung* ziemlich viel Geld: 70 Gulden. 40 Gulden will Ferdinand übernehmen, den Rest aber soll der Vater bezahlen. Hoffte Ferdinand, mit Hinweis auf Schuberts letzten Wunsch, dem Alten auf diese Weise die 30 Gulden leichter aus der Tasche ziehen zu können? Daß Ferdinand 1839 diese angeblich letzten Worte seines Bruders vergessen haben sollte, ist ziemlich unwahrscheinlich. Warum also sind sie unterschlagen?

Worauf Ferdinand antwortet:

»Lieber Franz, sei ruhig, glaube doch Deinem Bruder Ferdinand, dem Du immer geglaubt hast, und der Dich so sehr liebt. Du bist in dem Zimmer, in dem Du immer warst, und liegst in Deinem Bette!«

Und Franz darauf:

»Nein, ist nicht wahr, hier liegt Beethoven nicht.«

Sollten dies tatsächlich Schuberts letzte Worte gewesen sein, sprechen sie nicht eben für das Ergebensein ins Unabweisliche. Er will nicht *unter die Erde*. Solange er noch bei Bewußtsein war, hat er sich gegen den Tod aufgebäumt, der zu früh kam, viel zu früh; denn alles spricht dafür, daß die akute Ursache seines Todes ein Typhus abdominalis gewesen ist. Die Lues war es nicht, wenn sie auch den Körper geschwächt und anfällig gemacht hatte. Schubert ist das Opfer einer tückischen Infektionskrankheit geworden, Opfer jener miserablen hygienischen Verhältnisse in Wien. Gewiß, der Pykniker Schubert war besonders gefährdet, und nie hat er etwas dafür getan, seinen Körper abzuhärten. Er war ein Stubenmensch, auch wenn er manchmal spazierengegangen ist, sich an der einen oder anderen kleinen Landpartie beteiligt hat. Er liebte die Natur, die er in dem Reisebericht an Bruder Ferdinand so anschaulich schildert. Aber er war kein Naturbursche. Er braucht immer eine gewisse Kommodität:

»Wir fuhren durch das oben beschriebene Thal, wie durch's Elysium, welches aber vor jenem Paradies noch das voraus hat, daß wir in einer scharmanten Kutsche saßen, welche Bequemlichkeit Adam und Eva nicht hatten.«

Aber dem so geschätzten Komfort, der sich freilich stets in engen Grenzen bewegt hat, stand gegenüber die schonungslose Art, wie Schubert mit sich umging. Bis zur physischen Erschöpfung hat er gearbeitet, und dieser Raubbau an seinem Körper ist eine weitere Ursache für den vorzeitigen Zusammenbruch. Und hier rühren wir abermals an die scheinbare Paradoxie dieser Künstlerexistenz: Schubert konnte seine ihm wichtigen Werke nur mit dem ganzen Einsatz seiner

Kräfte schreiben. Neben dieser Schaffenskraft und Schaffenslust ging einher ein vehementer Wunsch nach Selbstzerstörung, ja, dieser war geradezu die *conditio sine qua non*. Aber dieser Wunsch war wirksam nur solange wie das Ende nicht wirklich absehbar gewesen ist. Doch der Körper läßt sich nicht ad infinitum täuschen. Schubert hatte den Bogen überspannt. Und der Körper rächte sich. Die geistigen Kräfte reichten nicht mehr aus, ihn wieder aufzurichten. In der dunkelsten, trübsten Jahreszeit, im November, starb er, am 19., dem Elisabethstage, wie Bauernfeld – gewiß nicht zufällig – anmerkt; denn das war der Namenstag von Schuberts Mutter. Wir wollen darin keine tiefere Symbolik erblicken; dennoch bleibt es bemerkenswert, wie die Tatsache, daß Franz Schubert ebenfalls wie die Mutter an Typhus gestorben ist, der Vater ihn um ein Jahr überlebt hat.

Am 20. November erschien die vom Vater formulierte Todesanzeige:

Gestern Mittwoch nachmittag um 3 Uhr entschlummerte zu einem besseren Leben mein innigstgeliebter Sohn *Franz Schubert*, Tonkünstler und Kompositeur, nach einer kurzen Krankheit und dem Empfang der heiligen Sterb-Sakramente, im 32. Jahre seines Alters.
Zugleich haben ich und meine Familie unseren verehrlichen Freunden und Bekannten hiermit anzuzeigen, daß der Leichnam des Verblichenen Freitag den 21.d.M. nachmittags um halb 3 Uhr, von dem Hause Nro. 694 auf der Neu-Wieden in der neugebauten Gasse nächst dem sogenannten Bischofs-Stadel in die Pfarrkirche zum heiligen Josef in Margareten getragen und daselbst eingesegnet werde.

In einem Einsiedlerkleid, mit einem Lorbeerkranz um die Schläfen, wurde der Junggeselle Schubert auf dem Währinger Ostfriedhof beigesetzt, »bei schlechtem Wetter, unter verhältnismäßig reger Teilnahme«. Er erhielt ein Leichenbegängnis zweiter Klasse.

Am 27. November fand in der St. Ulrich-Kirche am Platzl ein Seelenamt statt, wobei von dem Kirchenmusikverein zu St. Ulrich Mozarts ›Requiem‹ aufgeführt wurde.

Karoline Unger, die Verlobte des Nikolaus Lenau, Tochter des Johann Karl Unger, durch den Schubert beim Grafen Esterházy eingeführt wurde, war eine gefeierte Opernsängerin. In Wien (1800 oder 1803 – die Angaben schwanken) geboren, in Mailand bei Ronconi ausgebildet, debütierte sie 1821 in Wien als Isabella in Mozarts »Cosi fan tutte«. Danach von Barbaja für Italien engagiert, sang sie in Rom, Neapel, Turin und Mailand. Für die »Cosi fan tutte«-Aufführung von 1821 – Mozarts Oper wurde seit 1819 in der von Heinrich Treitschke neu eingerichteten deutschen Fassung gespielt – wirkte Schubert vermutlich als Korrepetitor mit. Nach dem Ausgabenbuch des Kärntnertortheaters vom 13. April 1821 erhielt Schubert »für Einstudieren der Rolle der Dlle Unger in der Oper *Mädchentreue*« fünfzig Gulden.
Vor ihren internationalen Erfolgen hatte die Unger oft auch in öffentlichen Konzerten in Wien gesungen, u. a. (neben Wilhelmine Schröder und der elfjährigen Fanny Elßler) an der traditionellen Wiener Aschermittwochs-Akademie 1821 mitgewirkt, an der auch Schuberts »Erlkönig« von Vogl gesungen wurde. 1824 sang sie mit Henriette Sontag die Solopartien in der »Missa solemnis« und der »Neunten« von Beethoven. Nach ihrer Verheiratung 1840 lebte Karoline Unger bis zu ihrem Tode am 23. März 1877 in ihrer Villa bei Florenz.

Ein Schubert-Abend
im Hause der Schwestern Fröhlich
(Gravüre nach einem Gemälde
von Julius Schmid)

Die Schwestern Fröhlich: Josefine – Katharina – Anna
(Kreidezeichnung von Heinrich)

Allgemeine Wiener Musikzeitung (1841): »Sie dürften für die Kunst, namentlich den Gesang, mehr gewirkt haben, als so manche Europaberühmte Amazone von der Kehle.« Die vier Schwestern Fröhlich waren die Töchter eines Wiener Fabrikanten. Eduard von Bauernfeld nannte sie die »Grillparzen«, in Anspielung auf Grillparzers Liebe zur schönen Katharina. Sie wohnten bis 1826 in der Singerstraße, im Haus »Zum roten Apfel«, nahe dem Stefansdom. Dann übersiedelten sie in die Spiegelgasse, wo Grillparzer lange ihr Zimmerherr war. Alle vier waren außerordentlich musikalisch.

Barbara Bogner, geb. Fröhlich (Miniatur von E. Peter)
und ihr Mann Ferdinand (Unbekanntes Ölbild)

Schubert und seine Freunde J. B. Jenger und Anselm Hüttenbrenner
(Farbige Zeichnung von J. Teltscher um 1827)

Anna (rechts), 1793 geboren, hatte bei Mozarts Schüler, dem Klaviervirtuosen und Komponisten Johann Nepomuk Hummel studiert und war Gesangslehrerin am Konservatorium. Barbara, 1798 geboren, studierte, nach einem kurzen Engagement am Theater an der Wien, bei M. M. Daffinger Malerei und heiratete 1825. Ihr Mann war der Flötist Ferdinand Bogner. Josefine (links), 1808 geboren, war Altistin am Kärntnertortheater. Nach einer weiteren Ausbildung bei Josef Siboni in Kopenhagen sang sie nur noch in Konzerten und erhielt den Titel »königlich-dänische Kammersängerin«.

Therese Grob, Schuberts Jugendgeliebte (1798–1875)
(Unbezeichnetes Ölbild)

Katharina, Grillparzers »ewige Geliebte«, 1800 geboren, sang Sopran. »Wie Säufer in Wein, so betrinkt sie sich in Musik. Sie ist ihrer selbst nicht mächtig, wenn sie gute Musik gehört hat«, schrieb Grillparzer über Kathi in sein Tagebuch.
Barbara und Josefine starben 1878, Katharina 1879, Anna 1880.
Anna Fröhlich erzählt: »Schubert lernten wir folgenderweise kennen: Advokat Dr. Leopold Sonnleithner (Vetter Grillparzers, gestorben 1873) brachte uns Lieder, wie er sagte, von einem jungen Menschen, die gut sein sollen. Die Kathi setzte sich gleich zum Klavier und versuchte das Akkompagnement. Da horchte mit einem Male Gymnich – ein Beamter, der auch hübsch sang und eben bei uns war – auf und sagte: ›Was spielen Sie denn da? Ist das Ihre Phantasie?‹ – ›Nein.‹ – ›Das ist ja herrlich, das ist was ganz Außergewöhnliches. Lassen Sie doch sehen!‹ Und nun wurden den ganzen Abend, einige Stunden lang, die Lieder gesungen. Nach ein paar Tagen führte Sonnleithner Schubert bei uns auf. Es war noch in der Singerstraße 18, und dann kam er oft zu uns.« Bericht Gerhard von Breunings (Sohn von Beethovens Freund Stefan von Breuning), erschienen am 19. und 20. November 1884 in der *Neuen Freien Presse,* Wien.

Schubert und Grillparzer (rechts) lernten sich vermutlich im Hause des Ignaz Sonnleithner kennen, der Grillparzers Onkel war. Später sahen sie sich fast regelmäßig im Hause der Schwestern Fröhlich. Katharina (Kathi) Fröhlich war Grillparzers Geliebte. Der Dichter der »Ahnfrau« und der »Sappho« war ein Verehrer der Schubertschen Lieder. Um so mehr erstaunt es, daß Schubert nur einige Gelegenheitsgedichte (»Ständchen«, 1827), »Myriams Siegeslied«, 1828 und, 1819, »Bertas Lied in der Nacht« aus der »Ahnfrau« vertont hat.
»Das Burgtheater besitzt jetzt in Grillparzer, einem geborenen Wiener, einen der größten deutschen Dichter. Dieser hervorragende junge Mann hat sich mit der ›Ahnfrau‹, einer schreckenerregenden Schicksalstragödie, nach dem Vorbild von Müllners ›Schuld‹ und Werners ›Vierundzwanzigstem Februar‹ in die erste Reihe der Dramatiker gestellt. Kurz nach diesem ersten Erfolge vermehrte er seinen Ruhm durch eine der schönsten deutschen Tragödien, die ›Sappho‹, die unmittelbar neben Goethes ›Iphigenie‹ genannt werden darf. Grillparzer schrieb die ›Sappho‹ als kleiner Beamter mit einem Jahresgehalt von 50 Pfund Sterling. Die allgemeine Begeisterung über dieses Meisterwerk bewog seine Gönner, ihn Seiner Majestät für die Anstellung als Hofkonzipist mit jährlich 120 Pfund Sterling zu empfehlen. – ›Laßt mich mit eurem hitzköpfigen Grillparzer in Ruhe‹, sagte der Kaiser verdrießlich, ›der würde ja Verse schreiben, statt Akten.‹« Charles Sealsfield.

Grillparzers Entwürfe für Schuberts Grabschrift
Wanderer! Hast Du Schuberts Lieder gehört? Unter diesem Steine liegt er. (Hier liegt, der sie sang.)
Den Besten stand er nahe, als er starb, und doch war er kaum noch auf der Hälfte seiner Bahn.
Die Tonkunst begrub hier einen reichen Besitz, aber noch viel schönere Hoffnungen.
Er gab der Poesie (Dichtkunst) Töne (Klänge) und Sprache (Rede) der Musik. Nicht Frau und nicht Magd, als Schwestern umarmten sich die Beiden über Schuberts Haupt, Grab.
Er hieß die Dichtkunst tönen und reden die Musik.

Mitte September 1829

Franz Grillparzer (1791–1872)
(Stahlstich von Stöber, 1840,
nach einer Zeichnung von Dannhausen)

Pauline Anna Milder-Hauptmann
(1785–1838)
(Punktierstich von David Weiß)

Caroline Pichler
(1769–1843)
(Zeichnung von Benedetti)

»Die erste Oper, die er (Schubert) hörte, war die *Schweizerfamilie* von Weigl. Er war entzückt, und die Milder sowie Vogl rissen ihn zur Bewunderung hin. Später hörte er Medea von Cherubini, Johann von Paris, Aschenbrödel von Isouard, die Zauberflöte etc.
... Aber über alles ergriff ihn Iphigenie auf Tauris von Gluck. Er war ganz außer sich über die Wirkung dieser großartigen Musik und behauptete, Schöneres könne es auf der Welt nicht geben. Er sagte, die Stimme der Milder durchdringe sein Herz und die Arie der Iphigenie im zweiten Akt mit einfallendem Frauenchor wäre das Schönste, was er je gehört, wenn nicht alles übrige ebenso schön wäre.« J. v. Spaun
Brief Anna Milders an Franz Schubert aus dem Jahre 1824: »Erlauben Sie mir..., Ihnen schriftlich zu sagen, wie sehr mich Ihre Lieder entzücken, und welchen Enthusiasmus sie der Gesellschaft gewähren, wo ich selbe vortrage. Ich habe vernommen, daß sie mehrere Opern geschrieben haben, und wünsche, von Ihnen zu erfahren, ob Sie nicht geneigt wären, eine Oper in Berlin geben zu lassen, und ob ich mich für Sie bei der Intendanz verwenden kann oder soll. Ihre ergebene Dienerin *Anna Milder*« (Schubert schickte ihr die Lieder »Versunken«, »Geheimes« und widmete ihr angeblich den zweiten »Gesang der Suleika« aus Goethes *Divan* sowie die Szene »Der Hirt auf dem Felsen« für Sopran, Klavier und obligate Klarinette nach Wilhelm Müller und Wilhelmine von Chézy, geschrieben im Oktober 1828.)
Pauline Anna Milder, geboren 1785 in Konstantinopel, gestorben am 29. Mai 1838 in Berlin, war die Tochter eines österreichischen Kuriers.

Nach dem Tode ihres Vaters lebte sie als Zofe in Wien, wo Schikaneder ihre Stimme entdeckte. Sie wurde Schülerin von Tomascelli, Salieri und J. M. Vogl. Beethoven schrieb für sie die Rolle der Leonore im »Fidelio«. 1810 heiratete sie den Juwelier Hauptmann. Ihre größten Triumphe feierte sie in Berlin, wohin sie 1816 engagiert wurde. Nach Gastspielen in Rußland und Schweden nahm sie 1826 in Wien definitiv Abschied von der Bühne, sang aber noch bis 1829 in Konzerten.

Caroline Pichler, »Denkwürdigkeiten aus meinem Leben«:
»Vielleicht eines der wunderbarsten Rätsel der Inspiration ist die Anlage zur Musik und Komposition... Es liegt etwas Wunderbares, Geheimnisvolles in diesem Sinne für Harmonie, und noch mehr in der Fähigkeit, selbst Harmonien und Melodien zu schaffen. Sie findet sich oft bei Menschen, die außer dieser Himmelsgabe wenig geistige Fähigkeiten oder doch wenigstens Bildung besitzen... Mozart und Haydn, die ich wohl kannte, waren Menschen, in deren persönlichen Umgange sich durchaus keine andere hervorragende Geisteskraft und beinahe keinerlei Art von Geistesbildung, von wissenschaftlicher oder höherer Richtung zeigte...
Auch Schubert habe ich gekannt... Auf ihn paßte, was seine übrigen Fähigkeiten betrifft, genau dasselbe, was ich von jenen beiden großen Genien sagte. Auch er brachte das Schöne, das Ergreifende seiner Kompositionen fast unbewußt hervor, ja, ich darf mich hier auf eine Anekdote berufen, die ich aus unsers berühmten Sängers Vogl eigenem Munde habe. – Das, was er vor einigen Wochen aus der Tiefe seines Gefühles hervorgeströmt hatte, ein sehr schön komponiertes Lied, kannte er nicht mehr, als es ihm Vogl zeigte, und lobte den Satz, wie etwas aus einer fremden Seele Entsprungenes, ganz aufrichtig. So bewußtlos, so unwillkürlich sind diese Hervorbringungen.«
Caroline Pichler hatte Schubert wahrscheinlich 1820 bei Matthäus v. Collin kennengelernt. Schubert, der schon 1816 zwei ihrer Gedichte vertont hatte, schrieb 1821 das Lied »Der Unglückliche«.
Der Salon der Pichler, Tochter des Hofrats von Greiner, war der literarische Mittelpunkt im vormärzlichen Wien. In ihrem Hause in der Alserstraße trafen sich literarische, künstlerische und politische Berühmtheiten aus ganz Europa, u. a. der Däne Thorwaldsen, der griechische Freiheitskämpfer Ypsilanti, Carl Maria von Weber, Grillparzer etc. Anselm Hüttenbrenner erzählt, wie Schubert auf die übertriebene Begeisterung solcher Salondamen reagierte:
»Eines Abends sagte er mir leise ins Ohr: ›Du, diese Frauenzimmer sind mir zuwider mit ihren Artigkeiten. Sie verstehen von der Musik nichts, und was sie mir da sagen, geht ihnen nicht von Herzen. Geh', Anselm, und bring' mir heimlich ein Glasel Wein.‹«

Heinrich Hoffmann von Fallersleben (1798–1874)
(Stich v. Hoffmeister nach einem Bild von Fröhlich)

Antonio Diabelli (1781–1858)
(Lithographie von Kriehuber)

Gioacchino Rossini
(Foto aus dem Jahre 1855)

Gioacchino Rossini (1792–1868)
(Lithographie nach einer Zeichnung von Ary Scheffer)

August Heinrich Hoffmann, am 2. April 1798 in Fallersleben geboren, studierte zunächst in Göttingen Theologie und widmete sich dann der vaterländischen Literatur. 1823 wurde er Kustos an der Breslauer Universitätsbibliothek, 1830 außerordentlicher, 1835 ordentlicher Professor der deutschen Literatur. Reisen nach Österreich (1827 und 1834), Dänemark, Holland, Belgien und in die Schweiz.
1842 wurde er wegen politisch anstößiger Grundsätze und Tendenzen (nach Veröffentlichung seiner »Unpolitischen Lieder«) ohne Pensionsanspruch seiner Professur enthoben. Aus mehreren Ländern polizeilich verwiesen, ließ er sich – nach unruhigen Wanderjahren – 1853 in Weimar nieder. Neben wissenschaftlichen Arbeiten publizierte er vor allem Gedichte und volkstümliche Lieder. Bekannt wurde er vor allem durch den Text zur deutschen Nationalhymne. Weit verdienstvoller sind freilich seine Sammlungen von Kinder- und Volksliedern. – Schubert lernte Hoffmann von Fallersleben im August 1827 kennen. Er hat nichts von ihm vertont. Das Porträt, das Hoffmann in seiner Autobiographie von Schubert gibt, spiegelt etwas auch die Enttäuschung wider, daß der Komponist offenbar kein Interesse gezeigt hat, Hoffmannsche Texte zu vertonen.

Antonio Diabelli, geboren am 6. September 1781 zu Mattsee bei Salzburg, erhielt die erste musikalische Ausbildung als Chorknabe im Kloster Michaelbeurn und später in der Domkapelle zu Salzburg, wo Michael Haydn ihn in Komposition unterrichtete. 1803 kam Diabelli nach Wien, lebte als Klavier- und Guitarrenlehrer, trat dann in die Firma des Musikverlegers Cappi ein und übernahm 1824 das Verlagsgeschäft auf eigene Rechnung. 1854 verkaufte er seinen Verlag an C. A. Spina. Seine Kompositionen (Opern, Messen, Kantaten, Kammermusikwerke) sind bis auf die instruktiven Klaviersonatinen und -sonaten weitgehend vergessen. Sein Name indes ist durch Beethovens berühmte Variationen über ein (Walzer-)Thema Diabellis in die Musikgeschichte eingegangen.
Diabelli war der Hauptverleger Schuberts. Außer Liedern in Kommission (darunter »Erlkönig«, »Gretchen am Spinnrad«, »Der Tod und das Mädchen«) sind bei ihm erschienen: die Wanderer-Fantasie, Walzer, Ländler und Eccosaisen für Klavier in zwei Heften, die Messe in C, zwei Offertorien, drei Marches militaires für vier Hände, die Wiener Damenländler (»Hommage aux belles Viennoises«, 1826), vier Polonaisen für Klavier und die Ouvertüre zur Oper »Fierabras«, für Klavier zu vier Händen, arrangiert von Carl Czerny.
Während die deutschen Verlagshäuser wie Schott in Mainz oder Breitkopf und Härtel in Leipzig zu Lebzeiten Schuberts kein einziges Werk von ihm verlegten, ist Diabelli das übelste Beispiel eines ausbeu-

terischen Musikverlegers, dem Schubert, um nicht zu verhungern, seine Werke gegen einen Hundelohn zum Verkauf anbieten mußte. Rossini, der »Schwan von Pesaro«, war Schuberts insgeheim bewunderter und zugleich bestgehaßter Rivale der Opernbühne. Sein »Tancredi« war schon 1816 italienisch und 1818 deutsch in Wien gegeben worden und hatte jenen Rossini-Taumel ausgelöst, der sich erst mit der Wiener Aufführung von Webers »Freischütz« etwas legte. Allerdings nahm damals (1821) Grillparzer gegen Weber und für Rossini Stellung.

Das Gut Atzenbrugg zwischen Tulln und Traismauer, etwa 35 Kilometer von Wien entfernt, wurde von Schobers Onkel Josef Derffel verwaltet. Hier verbrachte Schober mit seinen Freunden (Schubert, Spaun, Gahy, Philipp Karl Hartmann, Ferdinand Mayerhofer von Grünbühel u. a.) die Sommermonate.
Eines der beliebtesten Gesellschaftsspiele der Freunde in Atzenbrugg war die lebende Charade, ein Wort- oder Silbenrätsel, das durch eine pantomimische Szene personifiziert wird. Das in diesem Falle zu erratende Wort heißt »Sündenfall«. Schober, der sechste von links, stellt – bezeichnend genug – die »Schlange« dar, Kupelwieser, rechts neben ihm, den »Baum der Erkenntnis«.
Die Darstellung Schuberts (am Klavier) hat Schober für das beste Porträt des Komponisten gehalten.

Gesellschaftsspiel der Schubertianer in Atzenbrugg
(Aquarell von Leopold Kupelwieser, 1821)

In Wien geboren, hatte Bauernfeld mit Moritz von Schwind im Gymnasium »auf der Schulbank gesessen«. Nach seinem Jura-Studium begann er, sich der Literatur zu widmen. Er übersetzte Shakespeare (für die Wiener Ausgabe, die zwischen 1824 und 1826 erschien) und verfaßte selber Dramen. Schubert lernte er im Februar 1825 kennen. Mit Schwind, Kupelwieser und Jenger gehörte er zu dessen engsten Freunden.
Bis 1848 war Bauernfeld Beamter der Lotterie-Direktion unter Josef von Spaun. Sein »nichts weniger als erstes« Lustspiel, »Die Brautwerber«, wurde im September uraufgeführt. Es war, wie der Autor schreibt, ein »succés d'estime oder ein Ehrendurchfall«.
Bauernfeld, der für Schubert das Libretto zum »Graf von Gleichen« schrieb, hatte seine großen Bühnenerfolge erst nach des Komponisten Tod. 1831 mit der Komödie »Leichtsinn aus Liebe«, ihr folgen 1834 »Bekenntnisse« und 1835 »Bürgerlich und Romantisch«.
Gegen Ende seiner Karriere, 1876, kann er zufrieden feststellen, daß er in der gerade publizierten Jahrhundertbilanz des Burgtheaters den zweiten Platz auf der Liste der meistgespielten Autoren einnimmt.
Neben Lustspielen schrieb er Gedichte, Prosa und zahlreiche Feuilletons für Wiener Zeitungen, Zeitschriften und Almanache.
Seine »Gesammelten Schriften« erschienen in Wien zwischen 1871 und 1873 in zwölf Bänden, darunter befinden sich auch seine zahlreichen Erinnerungen an Schubert.

Eduard von Bauernfeld (1802–1890)
(Lithographie von J. Kriehuber)

Schlüssel zum „Schubert-Abend“ von Moritz v. Schwind

Nach Alois Trost

Gezeichnet von Hans Mauer

1. Karl Pinterics
2. Josef Witteczek
3. Franz Lachner
4. Ignatz Lachner
5. Eleonore Stohl, verehelichte Schrotzberg
6. Friedrich Diez
7. Sophie Hartmann, verehelichte Diez
8. Karoline Hetzenecker, verehelichte Mangstl
9. Marie Pinterics
10. Karl v. Schönstein
11. Benedikt Randhartinger
12. Josef Gahy
13. Johann Steiger v. Amstein
14. Johann Michael Vogl
15. Ferdinand Mayerhofer v. Grünbühel
16. Anton v. Doblhoff-Dier
17. Franz Schubert
18. Josef v. Spaun
19. Franz v. Hartmann
20. Anton v. Spaun
21. Unbekannt
22. Kunigunde Vogl, geborene Rosa
23. Ludwig Kraißl
24. Josef Kenner
25. Marie Ottenwalt, geborene v. Spaun
26. Ludwig Ferdinand Schnorr
27. Moritz v. Schwind
28. Anna Hönig, verehelichte Mayerhofer v. Grünbühel
29. August Wilhelm Rieder
30. Leopold Kupelwieser
31. Therese Hönig, geborene v. Puffer, wieder verehelichte Gutherz
32. Anton Dietrich
33. Franz v. Schober
34. Romeo Franz Seligmann
35. Ernst v. Feuchtersleben
36. Franz Grillparzer
37. Justine v. Bruchmann, verehel. Smetana
38. Eduard v. Bauernfeld
39. Franz v. Bruchmann
40. Johann Senn
41. Johann Mayrhofer
42. Ignatz Franz Castelli

Bildnis an der Wand: Karoline Komtesse Esterházy

Musikalienhandlung Haslinger (Nach einem Aquarell von Franz Weigel)

Neben Diabelli, Sauer & Leidesdorf und Anton Pennauer war Tobias Haslinger einer der Hauptverleger Schuberts. Bei ihm erschienen vor allem die Spätwerke des Komponisten, u. a. die »Valses nobles« für Klavier, die Acht Variationen über ein Thema aus Hérolds Oper »Marie« für Klavier zu vier Händen, die Impromptus Nr. 1 und 2 aus dem Jahre 1827 und – vor allem – »Die Winterreise« in zwei Heften, 1828.

Tobias Haslinger, 1787 zu Zell (Oberösterreich) geboren, kam 1810 nach Wien, trat als Buchhalter in die Steinersche Musikalienhandlung ein und wurde, als Steiner sich 1826 zurückzog, alleiniger Besitzer der Firma. Er starb 1842.

In Steiners Geschäft im Paternostergäßchen fand sich regelmäßig Beethoven ein, und Anselm Hüttenbrenner berichtet, wie Schubert und er sich »an den kernigen, mitunter sarkastischen Bemerkungen Beethovens weideten«. Es ist nicht ausgeschlossen, daß Schubert bei einer solchen Gelegenheit dem »Generalissimus« – wie man Beethoven nannte – vorgestellt wurde.

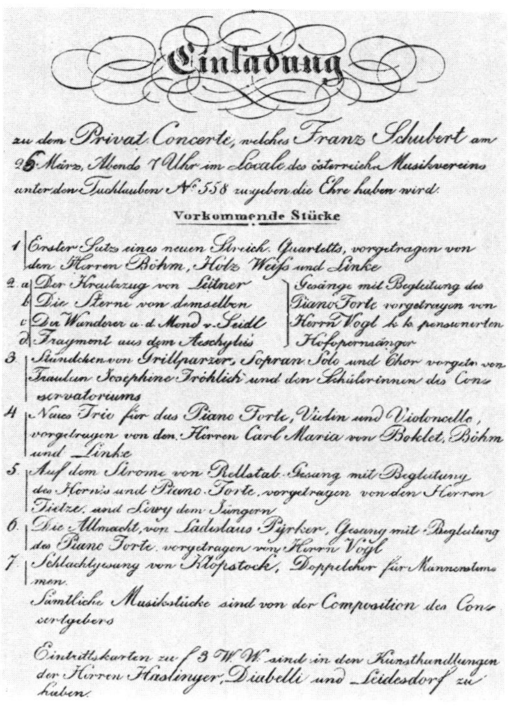

Einladung

zu dem Privat Concerte, welches Franz Schubert am 26. März, Abends 7 Uhr im Locale des österreich. Musikvereins unter den Tuchlauben No. 558 zu geben die Ehre haben wird.

Vorkommende Stücke

1. Erster Satz eines neuen Streich Quartetts, vorgetragen von den Herren Böhm, Holz Weiß und Linke

2. a. Der Kreutzzug von Leitner
b. Die Sterne von demselben
c. Der Wanderer a. d. Mond v. Seidl
d. Fragment aus dem Aeschylus
Gesänge mit Begleitung des Piano Forte vorgetragen von Herrn Vogl k. k. pensionirten Hofopernsänger

3. Ständchen von Grillparzer, Sopran Solo und Chor vorgetr. von Fräulein Josephine Fröhlich und den Schülerinnen des Conservatoriums

4. Neues Trio für das Piano Forte, Violin und Violoncello, vorgetragen von den Herren Carl Maria von Bocklet, Böhm und Linke

5. Auf dem Strome von Rellstab Gesang mit Begleitung des Horns und Piano Forte, vorgetragen von den Herren Tietze, und Lewy dem Jüngern

6. Die Allmacht, von Ladislaus Pyrker, Gesang mit Begleitung des Piano Forte, vorgetragen von Herrn Vogl

7. Schlachtgesang von Klopstock, Doppelchor für Männerstimmen.

Sämtliche Musikstücke sind von der Composition des Concertgebers

Eintrittskarten zu f 3 W. W. sind in den Kunsthandlungen der Herren Haslinger, Diabelli und Leidesdorf zu haben.

Schubert im Alter von 27 Jahren
(Aquarell von Wilhelm August Rieder, Mai 1825)

Schwind bezeichnete dieses Bild als das
»beste Porträt« Schuberts.
(Es trägt links Schuberts Unterschrift.
Die übrigen Vermerke sind später zugefügt.)

Lebensdaten und Werke

1797 31. Januar: Franz Peter Seraph Schubert als zwölftes Kind des Schullehrers Franz Theodor Schubert und seiner Frau Elisabeth nachmittags um $^1/_2$2 Uhr in Wien geboren. Am 1. 2. findet die Taufe statt in der Lichtentaler Pfarrkirche »Zu den vierzehn Nothelfern«.
Friede zu Campoformio. Österreich tritt Belgien und die Lombardei an Frankreich ab und erhält Venetien.

1801 Umzug der Familie Schubert vom Haus auf dem »Himmelpfortgrund« (heute Nußdorferstraße 54) in die Säulengasse.
Friede zu Lunéville zwischen Österreich und Frankreich. Rheinpfalz fällt an Österreich.
Novalis gestorben.
Schiller: »Die Jungfrau von Orleans«.
J. Haydn: »Die Jahreszeiten«. (Oratorium)
Beethoven: »Die Geschöpfe des Prometheus«. (Ballett)

1802 Napoleon wird Konsul.
Beethoven beendet die 2. Symphonie.

1803 Franz Schubert tritt in die Schule seines Vaters ein.

1805 Schlacht bei Austerlitz. Napoleon besiegt Österreich und Rußland.
Luigi Boccherini gestorben.
Beethoven schreibt das Klavierkonzert in G-Dur und die Kreutzersonate.
Franz erhält den ersten Musikunterricht. Der Vater unterrichtet ihn im Violin-, der neunzehnjährige Bruder Ignaz im Klavierspiel. Gesangsstunden bei Michael Holzer, Chorregent der Lichtentaler Pfarrkirche.

1807 Franz singt Sopransoli in der Pfarrkirche und beteiligt sich als Bratschist am häuslichen Quartettspiel.
Jean Paul: »Levana«.
Infolge der »Kontinentalsperre« allgemeine Verteuerung.
Fichte: »Reden an die deutsche Nation«.

1808 Franz besteht die Aufnahmeprüfung als Sängerknabe für die Hofkapelle und tritt als Schüler der ersten lateinischen Klasse ins Wiener k. und k. Konvikt ein, wo er bis 1813 wohnt. Hier schließt er Freundschaft u. a. mit Josef von Spaun, Anton Holz-

	apfel, Josef Kenner, Albert Stadler und Johann Michael Senn. Spanischer Aufstand gegen Napoleon. Beethoven schreibt die 5. und 6. Symphonie.	
1809	Napoleon vor Wien. Nach fünftägiger Beschießung, wobei auch das Konvikt einen Treffer erhält, zieht Napoleon in die Stadt ein. Tod Joseph Haydns.	
1810	Andreas Hofer zu Mantova erschossen. Schuberts erste Kompositionen.	8. April–1. Mai: Fantasie f. Klavier zu vier Händen in G-Dur (D. 1) 1. Streichquartet in wechselnden Tonarten (D. 18)
1811	Staatsbankrott in Österreich. Einführung einer Zwangswährung: das Papiergeld wird auf ein Fünftel seines Nennwertes herabgesetzt. (»Wiener Währung«) C. M. von Webers »Abu Hassan« in München uraufgeführt.	30. März: »Hagars Klage« (nach Schücking) 29. Juni–12. Juli: Ouvertüre f. Streichquintett (D. 8) »Des Mädchens Klage«, Lied nach Schiller »Leichenphantasie« nach Schiller »Der Vatermörder« nach Pfeffel (26. Dez.) Streichquartett in D-Dur (verschollen) Ouvertüre zu J. E. Albrechts Komödie »Der Teufel als Hydraulicus« (D. 4)
1812	28. Mai (Fronleichnam): Tod der Mutter Schuberts. (Typhus)	Ouvertüre in D-Dur (D. 26) beendet am 26. Juni

	18. Juli: Schubert beginnt das Studium des Kontrapunkts bei A. Salieri. Er besucht weiterhin das akademische Gymnasium, tritt aber wegen erfolgten Stimmbruchs aus der Hofsängerkapelle aus. Rußlandfeldzug Napoleons. Körners »Zriny« in Wien aufgeführt. Beethoven schreibt die 7. und 8. Symphonie.	Streichquartett in D-Dur (verschollen) 28. Juni: Salve Regina f. Sopransolo, Orch. und Orgel in F-Dur (D. 27) 27. Juli–28. August: Trio in B-Dur (D. 28) f. Klavier, Violine und Violoncello (nur 1 Satz) 25. September: Kyrie in d-Moll (D. 31) Musik zu Kotzebues »Der Spiegelritter« (Fragment) Oktett f. Bläser (D. 72), beendet am 18. Aug. 1813. (Erhalten nur Menuett und Finale) 2. Streichquartett in C-Dur (D. 32) 3. Streichquartett in B-Dur (D. 36) Orchester-Ouvertüre in B-Dur (D. 11) Orchester-Ouvertüre in D-Dur (D. 12) 7 Variationen für Klavier in F-Dur (D. 156) 2 Lieder für Singstimme und Klavier: 1. »Klaglied« nach Rochlitz 2. »Der Jüngling am Bache« nach Schiller
1813	Schuberts Vater heiratet am 25.4. die Seidenfabrikantentochter Anna Kleyenböck. Franz verläßt das Konvikt. Um dem Militärdienst zu entgehen, besucht er die	3.–7. März: 4. Streichquartett in C-Dur (D. 46) 8.–16. Juni: 5. Streichquartett in B-Dur (D. 68) März/April/Mai 3 Kyrie in d-Moll, B-Dur

	Präparandie zu St. Anna und bereitet sich auf den Schuldienst vor. Deutscher Befreiungskrieg gegen Napoleon. 16.–19. Oktober: Völkerschlacht bei Leipzig. Theodor Körner gefallen. Richard Wagner geboren.	und F-Dur (D. 49, 45, 66) 27. September: Kantate zur Nahmensfeyer des Vaters (D. 80) 28. Oktober: Symphonie in D-Dur (D. 82), dem Konviktsdirektor Lang gewidmet, beendet. 19. November: Menuette und Deutsche Tänze für Orchester (D. 89 und 90) begonnen. 30 Menuette f. Klavier (10 verloren, die erhaltenen 20: D. 41) Lieder nach Hölty, Matthisson, Fouqué und Schiller. Ferner 20 Männerterzette.
1814	Schubert wird Schulgehilfe beim Vater. Napoleon nach Elba verbannt. Wiener Kongreß. Theodor Körners »Leier und Schwert« erscheint posthum. Schubert hört im Mai Beethovens »Fidelio« in der 3. Fassung. Schubert lernt durch Spaun Mayrhofer kennen. 16. Oktober: Aufführung der F-Dur-Messe in der Lichtentaler Pfarrkirche unter Schuberts Leitung. Das Sopransolo singt Schuberts Jugendgeliebte Therese Grob.	17. Mai–22. Juli: Erste Messe, F-Dur für Soloquartett, gem. Chor, Orch. und Orgel (D. 105/185) 7. Streichquartett in D-Dur (D. 94) 5.–13. 9.: 8. Streichquartett in B-Dur (D. 112) 30. Oktober: Musik zu Kotzebues Schauspiel »Des Teufels Lustschloß« begonnen. 19. November: »Gretchen am Spinnrad«, Lied f. Singstimme und Klavier nach Goethe. Weitere Lieder nach Texten von Goethe, Matthisson und Mayrhofer.

1815 »Heilige Allianz« zwischen Rußland, Österreich und Preußen.

Kotzebues »Geschichte des deutschen Reiches« erscheint. (Das Werk als reaktionär während des Wartburgfests 1817 verbrannt.)

Trotz täglichen Schuldienstes eines der schöpferischsten Jahre in Schuberts Leben (»Liederfrühling).

15. Februar: Variationen f. Klavier in F-Dur beendet (D. 156)

Sonate E-Dur f. Klavier (D. 157) vom 18.–21. Februar geschrieben.

2.–7. März: Zweite Messe in G-Dur (D. 167)

9. März: Drei Gesänge f. gem. Chor

24. März: Zweite Symphonie beendet (D. 125)

25. März–1. 4.: 9. Streichquartett in g-Moll (D. 173)

4.–6. April: Stabat mater (Fragment) f. Chor und Orch. (D. 175)

10. 4.: Offertorium »Tres sunt« für Chor und Orch. (D. 181)

15. April: Graduale in C-Dur (D. 184)

»Adrast«, Oper nach J. Mayrhofer (Fragment)

8.–19. Mai: »Der vierjährige Posten«, Singspiel nach Th. Körner (nur 1 Akt)

27. Juni–9. Juli: »Fernando«, Singspiel nach Albert Stadler (1 Akt)

26. Juli: »Claudine von Villa Bella«, Singspiel nach Goethe begonnen. (Von den komponierten 3 Akten ist nur der erste erhalten.)

18. November–31. Dezember: »Die Freunde von Salamanca«, komisches Singspiel nach J. Mayrhofer. (Der

		verbindende Text ist verlorengegangen.) Ferner etwa 145 Lieder (u. a. »Heidenröslein« am 19. August, mehrere Ossian-Gesänge, im September entstanden, und – im Spätherbst – »Erlkönig«).
1816	Schubert bewirbt sich (vergeblich) um die »erledigte Musik-Director-Stelle« zu Laibach. Spaun schreibt an Goethe und schickt diesem Schuberts Lieder. Goethe antwortet nicht. L. Spohrs »Faust« in Prag unter C. M. von Webers Leitung aufgeführt. E. T. A. Hoffmann vollendet die Oper »Undine«. Aufführung von Rossinis »Barbier« und »Othello«. Aufführung der (verschollenen) Kantate »Prometheus« bei Prof. Watteroth unter Schuberts Leitung.	21. Februar: Deutsches Salve Regina in F (D. 379) 28. Februar: Stabat mater in F (Übersetzung von Klopstock) (D. 383) Ende Februar: Salve Regina in B (D. 386) April: Symphonie in c-Moll (»Die Tragische«) beendet (D. 417) 17. Juni: Kantate »Prometheus« beendet. Juni: Rondo in A f. Violine und Streichorch. (D. 438) Juli: Messe in C-Dur für Chor, Soli, Streicher (ohne Violen) und Orgel (D. 452/961) September–3. Oktober: Symphonie in B (D. 485) 11. Streichquartett in E-Dur (D. 353) ferner Kammermusikwerke, Orchester- und Chorwerke sowie über 100 Lieder nach Texten von Goethe (»Mignon«- und »Harfner«-Lieder), Hölty, Jacobi, Klopstock, Mayrhofer, Os-

		sian, Salis-Seewis, Schiller, Stolberg, darunter »Der Wanderer« nach Schmidt von Lübeck.
1817	18. Oktober: Wartburgfest. Metternichs Agenten berichten ihrem Auftraggeber von Studentenunruhen in Göttingen, Mainz und Breslau. Schubert, der vermutlich schon seit dem Herbst 1816 bei Franz von Schober im Haus »Zum Winter« wohnt, lernt den Hofopernsänger Johann Michael Vogl kennen. Auseinandersetzung mit der Sonatenform.	Zwischen März und August: 7 Sonaten resp. Sonatensätze für Klavier (D. 557, 566, 575, 537, 568, 29, 604) September: Streichtrio in B-Dur (D. 581) November: 2 Ouvertüren im ital. Stil (D-Dur und C-Dur) (D. 590/D. 591) Chöre (u.a. »Gesang der Geister« nach Goethe), Kammermusik- und Klavierwerke, ca. 60 Lieder, darunter »Der Tod und das Mädchen«, »Ganymed«, »An die Musik«, »Die Forelle« und »Gruppe aus dem Tartarus«.
1818	Januar: Erste Veröffentlichung eines Schubert-Werkes. Im »Mahlerischen Taschenbuch« erscheint als musikalische Beilage das Lied »Erlafsee« nach einem Text von Mayrhofer. Umzug der Familie Schubert ins Schulhaus in der Roßau. Aufführung der »Ouvertüre im italienischen Stil«, D-Dur, im Gasthof »Zum römischen Kaiser« am 1. März. Im Sommer hält sich Schubert als Musiklehrer beim	Februar: Symphonie in C-Dur (Kleine) beendet (D. 589) Vierhändige Klavierwerke Deutsches Requiem (Trauermesse) für Bruder Ferdinand geschrieben. Lieder, u.a. Drei Sonette nach Petrarca, Vertonungen von Texten Grillparzers, Körners und Mayrhofers.

	Grafen Esterházy in Zseliz (Ungarn) auf. Im Herbst, nach der Rückkehr, heftige Auseinandersetzung mit dem Vater. Schubert zieht zu Mayrhofer. Karl Loewe vertont den »Erlkönig«. Grillparzers »Sappho« uraufgeführt.	
1819	Beginn der Freundschaft mit dem Maler Moritz von Schwind. »Karlsbader Beschlüsse«: Pressezensur in Deutschland und Österreich. Verfolgung der studentischen Burschenschaften. Ermordung Kotzebues. Turnvater Jahn verhaftet und unter Polizeiaufsicht gestellt.	Januar: »Die Zwillingsbrüder«, Singspiel nach Georg von Hofmann beendet. »Die Zauberharfe«, Musik zum Schauspiel von Hofmann begonnen. Ouvertüre in e-Moll im Februar beendet. (D. 648) Herbst: Forellenquintett, A-Dur (D. 667) Verschiedene Chor- und Kammermusikwerke, Lieder, u. a. nach Texten von Goethe (»Prometheus«), Grillparzer (»Berthas Lied«), Schiller (»Die Götter Griechenlands«), Mayrhofer (»Nachtstück«) und Novalis.
1820	4. April: Schubert dirigiert die »Nelson«-Messe von J. Haydn in der Altlerchenfelder Kirche. 14. Juni: Erstaufführung des Singspiels »Die Zwillingsbrüder« in der Hofoper.	Februar: »Lazarus oder Die Feier der Auferstehung« (D. 689) Mai: 12 Ländler und 6 Ecossaisen für Klavier zu vier Händen. Oktober: Arbeit an »Sakuntala«

	19. August: Aufführung »Die Zauberharfe« im Theater an der Wien. 21. November: Therese Grob heiratet. E. M. Arndt verliert wegen liberaler Gesinnung seine Bonner Professur. Robert Owen, engl. Sozialist, veröffentlicht »Das Buch von der Neuen Welt«. März: Verhaftung Johann M. Senns, bei der wahrscheinlich Schubert vorübergehend in Polizeigewahrsam genommen wurde.	Dezember: Streichquartettsatz c-Moll (D. 703) Chorwerke und Lieder (u. a. Psalm .23 für Frauenstimmen, »Frühlingsglaube« nach Uhland)
1821	Schubert trennt sich im Frühjahr von Johann Mayrhofer. Josef von Spaun geht für 5 Jahre nach Lemberg. 7. März: J. M. Vogl singt erstmals öffentlich den »Erlkönig«. (Gesellschaft der Musikfreunde) Am 2. April erscheint das Werk im Druck. (Als op. 1) Verlag der ersten Liederhefte. (In Kommission bei Cappi & Diabelli) Während des Sommers verschiedene Reisen Schuberts nach Atzenbrugg, Ochsenburg und St. Pölten in Begleitung Schobers. Beginn der Schubertiaden. Ständige Gäste: M. von	Februar: »Gesang der Geister über den Wassern« für 8 Männerstimmen mit tiefen Streichern (D. 714) Februar/März: Weitere Goethevertonungen, u. a. »Grenzen der Menschheit« und »Geheimes«. April: »Mignon« I und II 20. September: Beginn der Arbeit an der Oper »Alfonso und Estrella« nach einem Libretto von Franz von Schober. Oktober: Fünfte Fassung der »Forelle«.

Schwind, Kupelwieser, Rieder, Dietrich, Mohn, von Gahy, v. Doblhoff, Derffel, Bruchmann, Witteczek. (s. Abb. Ein Schubertabend bei Spaun.)
Intensive Arbeit an der Oper »Alfonso und Estrella« zusammen mit Schober in St. Pölten.
Griechischer Aufstand gegen die Türken. Tod Napoleons.
Metternich wird österr. Innenminister.
Webers »Freischütz« uraufgeführt.
Baudelaire und Dostojewski geboren.

1822 Schubert zieht zu Schober in den Göttweigerhof.
Begegnung Schuberts mit C. M. von Weber anläßlich der Wiener »Freischütz«-Aufführung.
3. Juli: Schubert schreibt die Traum-Erzählung »Mein Traum«.
Verschiedene öffentliche Aufführungen von Schubert-Liedern in Wien, die z. T. ausführlich in den großen Musikjournalen besprochen werden.
Gegen Ende des Jahres zieht sich Schubert eine syphilitische Erkrankung zu.

27. Februar: »Alfonso und Estrella« beendet.
Mai: Messe in a-Moll (Fragment)
September: Messe in As-Dur beendet (D. 678)
November: Wanderer-Fantasie in C 6 D. 760)
Symphonie in h-moll (»Unvollendete«) begonnen. (Am 30. Oktober) (D. 759)
Ferner: versch. kirchenmusikalische Werke, Kammermusik und Lieder.

	Grillparzer schreibt »Das goldene Vlies«. E. T. A. Hoffmann gestorben.	
1823	20. Februar: Erstaufführung von »Gretchen am Spinnrad« durch Frl. von Linhart (Ges. der Musikfreunde). Schubert zieht zu Josef Huber in die Innere Stadt, Stubentorbastei. Ausbruch der Krankheit. Aus Geldnot tritt Schubert die Eigentumsrechte an seinen Werken ab. Schubert verbringt den Mai über im Spital. Hier komponiert er vermutlich schon die ersten Müller-Lieder. 20. Dezember: Aufführung der »Rosamunde« im Theater an der Wien.	Februar: Klaviersonate in a-Moll (vom Verleger Felix Mendelssohn-Bartholdy gewidmet) (D. 784) März/April: »Die Verschworenen« (»Der häusliche Krieg«), nach einem Libretto von Castelli 25. Mai–2. Oktober: »Fierabras«, Oper in 3 Akten nach dem Libretto von J. Kupelwieser. Herbst: »Rosamunde«, Musik zum Schauspiel von Wilhelmine von Chézy Mai–Nov.: »Die schöne Müllerin« nach Texten von Wilhelm Müller (D. 795) Vertonungen nach Goethe (»Über allen Gipfeln«), Rückert (»Du bist die Ruh«), Collin (»Der Zwerg«) und Stolberg (»Auf den Wassern zu singen«) Ländler, Deutsche, Ecossaisen, Walzer für Klavier.
1824	Im Sommer zweiter Aufenthalt Schuberts auf Schloß Zseliz in Ungarn. Nach der	Januar: Variationen über »Trockene Blumen« für Flöte und Klavier (D. 802) Februar–1. März: Oktett für Streichquintett und Bläser, F-Dur (D. 803)

	Rückkehr wohnt er beim Vater im Schulhaus in der Roßau. H. Heines »Harzreise« erscheint. Beethovens »Missa solemnis« uraufgeführt. Beethoven arbeitet an den späten Streichquartetten. Anton Bruckner geboren.	Februar/März: 13. Streichquartett in A-Moll (D. 804) März (?): 14. Streichquartett in d-Moll (»Der Tod und das Mädchen«) begonnen. (D. 810) April: Salve Regina für Männerquartett a capella, C-Dur (D. 811) Juni: Sonate in C-Dur (Grand Duo) für Klavier zu vier Händen (D. 812) Zahlreiche Werke für Klavier zu vier Händen. November: Sonate für Klavier und Arpeggione, a-Moll (D. 821) 31. Dezember: »Reiterlied« für Baßsolo und Unisonochor.
1825	Schubert wohnt im Fruhwirthaus neben der Karlskirche in Wien. Schubert schickt Goethe die Lieder »An Schwager Kronos«, »Mignon« und »Ganymed«, ohne je eine Antwort zu erhalten. Im Sommer dritte Reise nach Oberösterreich. Besuche in Linz, Steyregg, Salzburg, Gastein und Gmunden. Schober kehrt aus Breslau, Kupelwieser aus Rom zurück. Bekanntschaft Schuberts mit Eduard von Bauernfeld.	März–Juli: 7 Gesänge aus Walter Scott, einschließlich dem »Ave Maria« April: Klaviersonate in C-Dur (»Reliquie«), unvollendet (D. 840) Mai (?): Klaviersonate in a-Moll (D. 845) Sommer: Symphonie (»Gasteiner«), verloren. Klavier- und Chorwerke.

	Die »Schubertiaden« leben wieder auf. Aufführungen von Schubert-Liedern in der »Gesellschaft der Musikfreunde« im »Haus zum Roten Igel«. In Berlin singt Anna Milder im Jagorschen Saal am 9. Juni »Suleika« II und den »Erlkönig«. 1. Dezember: Tod Alexanders I. Nikolaus I. wird Zar von Rußland. Dekabristenaufstand niedergeschlagen. Jean Paul stirbt. Puschkins »Boris Godunow«. Boieldieus »Die weiße Dame« uraufgeführt.	Dezember: Grande Marche funèbre à l'occasion de la mort de S. M. Alexandre Ier, Empereur de tout les Russies, c-Moll, für Klavier zu vier Händen (D. 859)
1826	Schubert lebt im Frühjahr und Sommer vorübergehend im Vorort Währing mit Schwind bei Schober. (Vergebliche) Bewerbung Schuberts um eine Kapellmeisterstelle am Kärntnertortheater. Intensive Bemühungen Schuberts um einen Verleger für seine Werke. Briefe an Nägeli in Zürich, H. A. Probst, Breitkopf und Härtel in Leipzig. Spaun kehrt aus Lemberg zurück. Am 15. Dezember große Schubertiade bei Spaun. Anwesend sind:	Januar: Schubert beendet das Streichquartett in d-Moll (»Tod und Mädchen«) (D. 810) 20.–30. Juni: 15. Streichquartett in G-Dur (D. 887) Grande Marche héroique zur Krönung von Zar Nikolaus I. für Klavier zu vier Händen in a-Moll (D. 885) Rondo brillant für Klavier und Violine (D. 895) Juli: 3 Shakespeare-Lieder Oktober: Sonate in G-Dur (D. 894) Deutsche Messe für gem. Chor, Bläser und Orgel (D. 872)

Schober, Schwind, Grillparzer, Kupelwieser, Mayrhofer, Bauernfeld, Derffel, Gahy, Vogl, Huber, Baron Schlechta u. a.

Männerchöre und Lieder, u. a. nach Texten von Goethe, Seidl, Schlechta

Im Sommer arbeitet Schubert nicht viel. Er hat kein Geld zum Reisen. Wartet auf Bauernfelds Libretto zur Oper »Der Graf von Gleichen«.

Uhland und Schwab geben Hölderlins Gedichte heraus.
Eichendorff: »Aus dem Leben eines Taugenichts« erscheint im November.
Johann Peter Hebel gestorben.
Mendelssohn: Ouvertüre z. »Sommernachtstraum«.
C. M. Weber stirbt kurz nach Vollendung des »Oberon«, der am 12. April in London noch unter Webers Leitung am Coventgartentheater aufgeführt worden war.
Wilhelm Liebknecht geboren.

1827 Schubert wohnt auf der Bastei beim Karolinentor.
Im Februar Umzug ins Haus »Zum blauen Igel«.
26. März: Tod Beethovens.

Januar: »Zur guten Nacht« für Baritonsolo, Männerchor und Klavier. Nach einem Text von Rochlitz (D. 903)

29. März: Beethovens Beerdigung.
Schubert geht als Fackelträger neben dem Sarg.
Mai bis Juni: Schubert wohnt in Dornbach, im Gasthof »Zur Kaiserin von Österreich«.
Juni bis Anfang September: Schubert wieder im Haus »Zum blauen Igel«.
Beginn der Arbeit an »Der Graf von Gleichen«, nach Bauernfeld.
7. August: Moritz von Schwind verläßt Wien und geht nach München.
September: Schubert in Graz bei Familie Pachler. (Mit J. B. Jenger)
30. Sept.: Wilhelm Müller gestorben.
Oktober: Rückkehr nach Wien. Arbeit an der »Winterreise«, 2. Teil.
26. Dezember: Erstaufführung des Klaviertrios in Es-Dur (D. 929) in der Gesellschaft der Musikfreunde.

Heines »Buch der Lieder« erscheint.

Februar: »Schlachtgesang«, nach Klopstock, für doppelten Männerchor (D. 912)
»Die Winterreise«, nach W. Müller, 1. Teil (D. 911)
Sechs Moments musicaux f. Klavier (D. 780)
Vier Impromptus für Klavier op. 90 (D. 899)
Fantasie für Viol. und Klavier in C-Dur (D. 934)
26. April: Allegretto in c-Moll für Klavier (D. 915)
Juli: »Ständchen« nach Grillparzer: 1. für Altsolo, Männerchor und Klavier (D. 920)
2. dass. für Frauenchor (D. 921)
Juli/August: Klaviertrio in B-Dur (D. 898)
Ende August: Arbeit an der Oper »Der Graf von Gleichen«
12. Oktober: Kindermarsch in G für Klavier zu 4 Händen (dem kleinen Faust Pachler gewidmet) (D. 928)
Oktober: »Die Winterreise«, 2. Teil
November: Klaviertrio in Es-Dur (D. 929)
Vier Impromptus für Klavier op. 142 (D. 935) (im Dezember beendet)

Chorwerke und Lieder: u. a. »Vor meiner Wiege« (Leitner), »Schiffers Scheidelied«

		(Schober), »Romanze des Richard Löwenherz« (W. Scott), »Il traditor deluso« (Metastasio), »Augenlied« (Mayrhofer), »Das Weinen« und »Der Kreuzzug« (Leitner), Die Ballade »Edward« (nach Percy, übers. von Herder)
1828	12. Jan.: Der Tenor K. A. Bader singt, begleitet von F. Mendelssohn-Bartholdy, Schuberts »Erlkönig« in Leipzig. 20. Jan.: Erstaufführung der Fantasie für Violine und Klavier (D. 408) im Landständischen Saal in Wien. 28. Jan.: Letzte große Schubertiade zum Abschied Josef von Spauns. 26. März: Schuberts Privatkonzert im Lokal des Österreichischen Musikvereins »Unter den Tuchlauben«. Zu der für den Sommer geplanten (zweiten) Reise nach Graz kommt es wegen anhaltender Kopfschmerzen Schuberts nicht. Ebenso muß er die Einladung nach Pest absagen. Anfang Oktober unternimmt Schubert mit seinem Bruder Ferdinand und zwei Freunden eine Fußreise nach Eisenstadt. Besuch am Grabe Haydns.	Januar: Vertonung von Leitner-Gedichten. U.a. »Der Winterabend« und »Die Sterne«. Ab Mitte Januar Beschäftigung mit Heines Gedichten. März: Symphonie in C (D. 944) begonnen; »Mirjams Siegesgesang« für Sopransolo und gem. Chor mit Klavierbegleitung (D. 942) April: Fantasie in f-Moll für Klavier zu vier Händen (D. 940) Mai: Drei Impromptus für Klavier (D. 946); Allegro in a-Moll (»Lebensstürme«) (D. 944) Juni: Messe in Es-Dur (D. 950) Juli: 92. Psalm f. Bariton und gem. Chor (für den Oberkantor Salomon Sulzer komponiert und in der Synagoge uraufgeführt) August–Oktober: »Schwanengesang« (D. 957), Lieder nach Texten von Heine,

Schubert, der seit September bei seinem Bruder Ferdinand in der Vorstadt Wieden wohnt, überkommt am 31. Oktober, bei einem Fischessen mit seinen Brüdern, plötzliche Übelkeit. (Ekel vor der Speise)
3. November: Schubert hört in Hernals das Requiem, das Bruder Ferdinand komponiert hat.
4. November: Schubert meldet sich bei Simon Sechter, dem späteren Lehrer Bruckners, zum Kontrapunkt-Unterricht an.
11. November: Schubert bettlägerig. Er verweigert jegliche Nahrung.
19. November: Nach anhaltenden Fieber-Delirien stirbt Franz Schubert nachmittags um 3 Uhr an Bauchtyphus.
21. November: Beisetzung Schuberts.

Rellstab und Seidl, darunter »Der Doppelgänger« und »Taubenpost«.
September: Streichquintett in C-Dur (D. 956)
3 Sonaten für Klavier, in c-Moll, A-Dur und B-Dur (D. 958–960)
Oktober: »Hymne an den Heiligen Geist« für zwei vierstimmige Männerchöre (Fassung mit Bläserstimmen) (D. 964)
November: Mit den Korrekturen zur »Winterreise« beschäftigt.

Personenregister

Die in den Bildlegenden und in der Zeittafel genannten Namen sind hier unberücksichtigt geblieben. Mit * versehene Seitenzahlen beziehen sich auf Angaben in den Fußnoten.

1 Sein Bruder Matthäus ist der Verfasser des Gedichtes ›Der Zwerg‹, das Schubert zu einem seiner kühnsten Lieder inspirierte. Die Deutung, wonach Schubert mit diesem Werk seine Stellung zu Beethoven bewußt oder unbewußt (freie Zitierung des Schicksalsmotivs aus der Fünften in der Begleitung) ausgedrückt habe, scheint mir an der eigentlichen Lebensproblematik Schuberts vorbeizuzielen.

Bildnachweis: Sämtliche Abbildungen im Bildteil (mit Ausnahme der Seiten 2, 3, 12, 18 und 19 unten, die O. E. Deutschs Dokumentation entnommen sind) sind uns freundlicherweise vom Bildarchiv Preußischer Kulturbesitz zur Verfügung gestellt worden.

Inhaltsverzeichnis